华为没有秘密

【珍藏版】

华为如何敬畏和坚守常识

吴春波◎著

中信出版集团 | 北京

图书在版编目（CIP）数据

华为没有秘密：珍藏版 / 吴春波著. -- 2版. --
北京：中信出版社，2016.7（2025.7 重印）
ISBN 978-7-5086-6342-5

I. ①华… II. ①吴… III. ①通信 – 邮电企业 – 企业
管理 – 经验 – 深圳市 IV. ①F632.765.3

中国版本图书馆CIP数据核字（2016）第126169号

华为没有秘密

著　　者：吴春波
策划推广：中信出版社（China CITIC Press）
出版发行：中信出版集团股份有限公司
（北京市朝阳区东三环北路27号嘉铭中心　邮编　100020）

承 印 者：北京通州皇家印刷厂

开　　本：880mm×1230mm 1/32　　印　　张：15.25　　字　　数：425千字
版　　次：2016年7月第2版　　印　　次：2025年7月第18次印刷

书　　号：978-7-5086-6342-5
定　　价：58.00元

CONTENT | 目 录

第二部分　管理与机制

第三部分　狼性与活力

PREFACE | 自 序

跟着走的旁观者

这不是一本著作，确切地说，这是一本旁观者的观察记录，汇集的是笔者对一家公司的观察、记录、心得、感悟、思考与体验。

1995年12月，笔者第一次以咨询者的身份，与华为结缘，转眼已经18个年头了。当年的华为，有1 200名员工，销售额为15亿元人民币，是一家为活下来而苦苦挣扎的小公司，与那些声名显赫的大公司相比，华为如同一棵柔弱的小草。第一次进入华为，令笔者印象深刻的只有两点：其一是老板非常有个性，与深圳的那些老板们不一样；其二是华为的员工年轻，公司像个大学校园。回头来看，一个教书匠能够与一个世界级的中国高科技公司产生交集，或许是命中注定，或许是运气好，但这种机遇是可遇而不可求的。华为改变了大家的人生道路。

在早期，作为管理顾问，笔者在华为还能有指点江山或者说指手画脚的感觉，毕竟当年华为的管理处于“乱中求治”的建构阶段，没有能力也没有觉悟进行系统的管理体系的建设。随着公司的高速发展，华为在“治中求乱”中构建了经营与管理的均衡体系，当年的良好感觉也逐渐消失。笔者曾在网上看到一个段子，说的是一位伟人的女儿问其父亲：在长征时您干什么了？伟人操着浓重的四川口音回答："跟着走。"复问：光走吗？回答："有时候也骑牲口。"管理大师彼得·德鲁克曾自称"旁观者"，并著有以此为书名的自传。对于伟人和管理大师，笔者只能望其项背，不敢与其齐肩。在华为的十几年，笔者对个人的角色定位，其实就是一个微不足道的"跟着走"的"旁观者"。与华为一路同行，边走边看，边看边思，有点儿心得，有点儿感悟，记录下来，于是就有了这本书。

感谢命运的垂青，感谢任正非先生的认可，感谢华为的平台，让笔者能够零距离地与一家公司共同走过十余年，能够近距离地观察一家公司由弱到强的痛苦的成长过程。作为亲历者，笔者见证了华为在成长发展过程中的点点滴滴，风风雨雨，也目睹了华为成长路上的那些里程碑式的大事件：市场部大辞职，《基本法》，"先僵化、后优化、再固化"的世界级管理体系的引进，NVQ（国家职业资格）任职资格管理体系、IPD（集成产品开发）、ISC（集成供应链）、IFC（国际金融中心），与思科之争，"从泥坑里爬起来的就是圣人"，集体降薪，自主创业，7 000人集体辞职，"雄赳赳，气昂昂，跨过太平洋"，轮值CEO（首席执行官），美国国会调查，呼唤炮火，等等；笔者还经历过"华为的冬天"，感受过"北国之春"，目睹过"一江春水向东流"，忧思过"华为的红旗到底能打多久"。

华为自小到大，一直坚持"以客户为中心""以奋斗者为本""长期坚持艰苦奋斗"的经营哲学和成长逻辑，经过26年的努力，华为成为改变世界经济格局的中国力量，这自然引起了世人的关注。大量的学者及出版物都在执着地从不同的角度探索并研究华为及任正非成功的秘密、基因、密码、秘诀、秘籍、真经和关键要素。在早期，本人也怀有如此的预期。但很遗憾，笔者至今都没有找到华为成功的所谓秘密，或许只缘身在此山中。如果说笔者对华为有什么重大发现的话，那就是"常识"，即对企业成长和经营管理常识的探索，对常识的遵从、敬畏和坚守。据此，《华为没有秘密》才得以问世。这一书名，可能不合时宜，也可能会让读者失望，但作为一个长期近距离的旁观者和零距离的参与者，笔者看到和感受到的是一个没有秘密的华为。华为真的没有秘密！

经历过华为由一棵弱不禁风的小草，成长为企业丛林中的一棵大树，是一种幸运。如果不能记录这棵大树的成长年轮，则是暴殄天物式的浪费。哲人言：理论是灰色的，实践之树常青。在华为的大树下，作为一个蹩脚的画工，忙里偷闲地炮制点儿灰色的理论，已成为一种习惯和生活方式。笔者文科生一个，不懂技术，至今对华为高深的通信技术仍一知半解，所谓的管理学专业也是半路出家，似懂非懂。因此，笔者的观察与思考聚焦于企业的成长、企业人和对人的管理。具体而言，在华为，笔者关注的重点是企业成长、企业成长中的人、机制与制度、管理之道与管理之术。于是，就有了“成长与创新”“管理与机制”“狼性与活力”“文化与梦想”和“近观与远思”等5个部分。没有完整的理论体系，也没有高远的视野，更缺乏博大精深的知识，这些文章只不过是对华为原汁原味的记录和点滴零碎的思考。如本人的微博所言：“写作本书，犹如窑工。把华为的思想与实践材料掰开了，揉碎了，去粗取精，串联并合，钩心斗角，勾画描述，怀着工匠的职守、敬畏、虔诚、平静、理性的心态，经制坯、阴干、素烧、上釉、炮制而成。此器物，属民窑，而非汝、官、哥、定、钧五大官窑；非御制，亦非官监民制。”“不说教，不搬弄，不卖弄，不媚俗，不江湖，不扒粪，不预设前提，不讨巧，不剪刀，不糨糊，不敷衍，不放弃，不绕道。”如果这些思考能够对中国的企业和企业家们带来一点儿启发，或者带来一点儿思考的线索，就足够了。

书中的文章，有的作为学术研究论文公开发表过，有的发表在华为内部刊物上，还有的只是自娱自乐式的即兴写作。这些文章时间跨度达18年，涉及华为成长与发展的各个阶段，因此，必定有其历史局限性。为了呈现华为成长的沧桑感，也为了尊重和记录历史，笔者没有对书中的文章进行修饰，因此，其中必有谬误、偏见、错误与不妥之处。此外，书中的文章也横跨笔者不同的年龄段，从而立之年，到不惑之年，再到知天命之年，尤其是早期的文章，现在看来有点儿年少的张狂和非理性，敬请读者谅解。

因为不再想写个后记了，所以把该在后记里写的致谢词一并写下。首先感谢任正非先生，感谢您对本人的开放、宽容和灰度；感谢华为人，感谢华为的高层领导，感谢的内容恕不一一列出；感谢华为，感谢五位人称为“君子”的彭剑锋教授、包政教授、黄卫伟教授、杨杜教授、孙健敏教授，感谢田涛先生、牛文文先生；感谢本书编辑沈家乐女士、宋冬雪女士和项阳女士。真诚地感谢！

是为序。

2013年10月4日于求是楼

第一部分

成长与创新

企业的初始逻辑和终极目标有两个：一个是活下去，另一个是长大。活下去不容易，长大更不容易。企业活下去与长大靠什么？不是靠政策，不是靠环境，也不是靠运气，更不是靠愿望——哲人言：通往地狱的道路是由美好的愿望组成的；市场经济不相信眼泪，也不同情弱者。市场经济的普世逻辑永远是优胜劣汰，适者生存，物竞天择。在企业的丛林里，在一定的时空里，能够容纳的企业数量是有限的。一家企业生存下来，就会威胁到其他企业的生存；一家企业长大了，就会挤压其他企业的生存空间，进而使得某些企业出局。企业犹如森林里的一颗种子，一旦落地，就必须本能地扎根，持续地吸收大地的营养与水分，然后拼命地向上生长，不断吸纳阳光与雨露，以获取自己的生存空间，这样它才能在丛林里活下去，长大。

26年前，华为就像一粒渺小的种子，植根于贫瘠的土壤，几经风吹雨打，几番生死存亡，终于活了下来，成长了起来。回首过去，华为活得并不潇洒，但毕竟没有夭折；华为已经是一棵大树，但还没有参天；在胜王败寇的价值体系下，人们更愿意关注或褒扬所谓的“华为奇迹”，并持续地将其强化为企业神话。但是，对于管理学和管理实践来讲，更重要的在于，探寻华为持续成长背后的成长基因，研究华为持续成长过程的内在逻辑，分析华为持续成长过程中的管理哲学。因为，这不仅对中国企业的未来成长有所裨益，对华为未来的成长也更有价值。

华为没有秘密，任正非没有密码

一

1988年，作为集体转业基建工程兵的任正非脱下了军装，为了满足女儿离开穷山沟的愿望，来到南国的深圳创业，创立了深圳华为技术有限公司。当时，他们的资源太“有限”了——2.4万元钱，七八个人，没有技术，没有产品，没有市场，没有客户，有的只是满腔的热血、激情和冲动。因为无知，他们选择了竞争激烈的通信领域；因为没有可依赖的资源，他们选择了自我创业。创业阶段的华为很弱小，弱小到可以被省略，沉没于深圳600多家通信企业之中。创业阶段的任正非一定很迷茫，华为的路在何方？华为的未来在哪里？华为之梦能否实现？他们在“七国八制”的夹缝中寻找着生存空间，探寻着公司的生存价值和存在理由。

经过了20多年，借着中国改革开放的大好时机，任正非领导的华为公司经过艰苦奋斗，在屡战屡败、屡败屡战中搏杀，今天已成为中国企业界的翘楚，成为中国制造的楷模、典范和标杆。在激烈的市场竞争中，华为已脱颖而出，成为国内知名的电信制造商，加入“巨大中华”的行列，而且让其排列顺序按规模颠倒过来，改变了世界通信制造业的竞争格局。

在今天，华为已经拥有近9万名员工，2007年销售额达到125.7亿美元，超越北电，进入全球通信设备制造业前五强。2008年，华为销售额达到233亿美元。

对于华为和任正非，国内学界和企业界给予了很多关注，它们从不同角度探讨不可复制的“华为现象”和创造这一现象的企业家，供中国企业学习，而实际上，这往往徒劳无益。华为没有秘密，任正非没有密码。倒是有几组数字值得中国的企业和企业家们深思：

至少在10年前，任正非就将“我们保证按销售额的10%拨付研发经费，有必要且可能时还将加大拨付的比例”写进了《华为公司基本法》（以下简称《基本法》）。2007年，华为以1 365件专利申请数跃居世界总排名的第四位，紧跟在松下、飞利浦和西门子之后，成为拥有专利数最多的中国企业；华为的销售收入中，有72%来自国际市场，2008年，这一比例继续扩大。

在今天，任正非领导的华为已经成为一种现象，甚至连华为的竞争对手（华为内部称为“友商”）都无法否认这样一个事实：华为的影响力已经不容忽视，它已经成为改变世界通信领域竞争格局的重要力量。

华为的崛起，是外国跨国公司的灾难。

——英国《经济学家》

华为公司对网络市场的长期影响就像丰田和本田两家公司对汽车行业的影响那样。

——《商业周刊》

中国的华为正在改写全球电信业的生存规则。

——《金融时报》

这家公司已重复当年思科、爱立信卓著的全球化大公司的历程，如今这些电信巨头已把华为视为“最危险”的竞争对手。

——《时代周刊》

在今后几年里，思科将只有一个竞争对手，就是华为。

——思科CEO钱伯斯

任正非的故事如果放在美国的话，那也是一个令人惊异的成功者的故事。

——3Com公司前CEO布鲁斯·格莱夫林

国内的学者和企业家给予了任正非及其领导下的华为以高度的评价，其中不乏诸多溢美之词。但我们更重视国外媒体和企业家的评价，因为一家公司和一个企业家如果能得到国外同行的褒扬，才足以说明他真正赢得了尊重。而在中国，能让国外同行和对手尊重的企业和企业家并不多，在国外被尊重是比伟大更高级的评语。

任正非和华为的未来还会像以往一样，充满艰辛与坎坷，历经磨难，但对于经历过“IT（信息技术）严冬”并曾到经受了十余年“严冬”的日本取过经的企业家来讲，任正非一定会从容淡定地应对；对于一家以活下去为目标的“怕死”的企业来讲，华为一定会好好地活着。

至于许多人关注的华为是否会上市，任正非一直没有表明态度，因为他对资本市场有着深刻的理解，对此保持高度的审慎和敬畏。当看到一家家高扬资本运作大旗，最终被资本运作得满地找牙的企业时，我们能够理解任正非的良苦用心。笔者倒不希望华为在短期内上市，一家非上市的、中国的、民营的、高科技的企业（而不是“集团”），如果能早日成为世界级企业，或许更有非典型意义。至于华为的接班人问题，任正非并没有回避，其实早在十几年前，他就深思熟虑过这个问题，并在《基本法》第一百〇二条中进行了明文规定。笔者认为，选择接班人并不重要，重要的在于缔造企业优秀接班人的生成机制。华为的问题不是人选太少，而是可选择的人太多。

二

在探究华为成功的同时，我们不能不关注其领导人。成功的企业背后或前面，必定有一位成功的企业家，华为也不例外。

可以说，任正非具备了企业领袖所共有的天赋、素质和能力。

十余年的军旅生涯，给予他的是坚毅、果敢、坚韧、谦恭、责任、执行、务实、使命、奉献、信仰、自律、敬畏、开放和合作。

20多年的华为管理实践，给予他的是对商业规律与商业模式的领悟，对企业运作与成长规律的深刻思考，对公司内外部环境变化的敏锐感知，对国内外市场与行业发展的正确判断，对客户需求及其变化的准确把握。

20多年管理华为的实践，使任正非通过系统的思考和梳理，不断地提出自己的假设，持续地验证这些假设，并形成了自己的管理哲学和管理理念：坚守均衡、灰色和妥协，关注大势、方向和节奏，坚持不断地进行自我批判，信守在商言商和实事求是，追求无为而治，崇尚天道酬勤和艰苦奋斗，坚信“从泥坑里爬起来的人就是圣人”“是太阳总会升起的”“烧不死的鸟是凤凰”。

几十年跌宕起伏的人生苦难，给予他的是对人生的顿悟，对人性的深刻把握，对生活和生命的热忱，对事业的执着与偏执，对利益相关者的诚信，对家人和员工的关爱，对自己的持续不断的自我批判。

几十年孜孜不倦的学习与领悟，给予他的是不断地进步、成长和提升。笔者曾在一篇短文中写道：他是“华为公司进步最快的人”，其成功之道是“读万卷书，行万里路，干一件事”。看《莫斯科保卫战》，他悟出的是中层不决策；看《野战排》，他悟出的是不同领导者对于团队的影响；看《汉武大帝》，他思考的是如何看待个人的荣辱；看《千手观音》和《可可西里》，他诠释了华为文化的内涵；听《北国之春》和《喀秋莎》，他想到的是“我们每一个人的成功，都来自亲人的无私奉献，我们生活、工作和事业的原动力，首先来自妈妈御寒的冬衣，来自沉默寡言的父兄，故乡的水车、小屋、独木桥，还有曾经爱过你但已分别的姑娘……”

作为企业领袖，任正非的上述特质来自其所领导与管理的公司与事业；而他所管理的华为公司的成长，又反证了其作为企业领袖的巨大影响力。如果说，管理学是人们对企业成功实践的总结，那么企业领袖则是以其巨大的影响力来造就企业的成功实践。

在任正非的领导下，华为公司成为中国高科技企业成长的领先者。其标杆意义在于，探索出一条在中国发展与管理高科技企业的道路，这条路因之由混沌变得清晰。

在任正非的领导下，华为成功地探索出在中国如何管理与运营国际化的大公司，探索出既有中国特色又与国际接轨的商业模式、经营模式、营运流程、内在机制和管理体系，并创造性地解决了国际先进企业管理模式如何在中国成功落地的课题，实现了国外先进管理体系的中国化。

在任正非的领导下，华为成功地探索出了IT企业的治理结构、企业价值观体系、战略管理体系、研发管理体系、市场营销体系、干部管理体系、人力资源管理体系、财务管控体系、供应链体系等。

在任正非的领导下，华为成功地完成了由“活下去”到“走出去”，再到“走上去”的惊险一跳。它依靠独特的国际化战略，改变行业竞争格局，让竞争对手由“忽视”华为，到“平视”华为，再到“重视”华为。

在任正非的领导下，华为成功地探索出了一个有特色地管理知识型员工、激励与约束知识型员工、回报知识型员工、分享知识的管理平台，实现了知识资本化和资本知识化的成功结合，体现了知识的价值，开发了知识的潜力，提高了知识工作者的效率。

在任正非的领导下，《基本法》成为改革开放以来第一部企业宪章，不仅引领了中国企业对企业文化建设的实践，而且其企业文化建设实践也为中国企业所效仿。

三

在外界面前，任正非似乎很神秘：他不接受记者采访，不在电视台露面，不出席各种峰会。《中国企业家》杂志社社长刘东华认为：“任正非几乎是中国最有静气和最有定力的一个企业家。”

其实，任正非并不神秘，他的解释是：“我为什么不见媒体，我有自知之明。见媒体说什么？说好，恐怕言过其实；说不好，别人又不相信，甚至还认为虚伪。只好不见为好，因此，我才耐得住寂寞，甘于平淡。我知道自己的缺点并不比优点少。这并不是所谓的刻意低调，外界总喜欢将成绩扣到一个人头上，不然不生动，以虚拟的方法塑造一个虚化的人。”

“我不认为自己像外界传说的那样有影响力，但是很敬业、无私、能团结人。这些年，华为有一点儿成绩，是全体员工的团结努力，以及在核心管理团队的集体领导下取得的。只是整个管理团队也很谦虚，于是就把一些虚荣虚拟地加到了我的头上，其实难副。”

在华为公司内部，任正非也很低调，但并不神秘。他是个性情中人，有个性，有喜怒哀乐，有儿女情长；他没有专车，没有专职司机，没有专门的餐厅，每天按时驾私车上班，边开车边听40分钟的外语；身患多种疾病，但去国内外出差却很少带秘书，周末自己拖着行李箱、抱着书在世界各地机场出没；自掏腰包买公司的手机；自签文件对自己的失误进行惩罚；自动申请降薪；自我稀释股份，让公司85%的员工持股；自愿申请买断工龄，将“001”的工号变成10万多号；自称“有病的老头子”；他曾失败过，痛苦过，忧郁过，也曾被妖魔化过。这才是一个真实的企业家。

俗话说：言为心声，闻其言，知其人。或许我们可以从任正非的讲话中对他的为人略窥一二。

在刻意或者无意保持低调的同时，任正非以自己的思考、理性、智慧和勤奋，不断地让中国企业界分享着他的思考，《华为的红旗到底能打多久》《华为的冬天》《北国之春》《华为公司的核心价值观》《在理性与平和中发展》等都成为许多中国企业的管理读本，其中有许多名言都被传颂。

“因为优秀，所以死亡。励志创业难，守业难，知难不难。高科技企业以往的成功，往往是失败之母，在这瞬息万变的信息社会，唯有惶者才能生存。”

“什么叫成功？是像日本企业那样，经九死一生依旧能好好地活着，这才是真正的成功。华为没有成功，只是在成长。”

“10年来我天天思考的都是失败，对成功视而不见，也没有什么荣誉感、自豪感，而是危机感。”

“先僵化，后优化，再固化。”

“小改进，大奖励；大建议，只鼓励。”

2008年，任正非荣膺“2008年度25位最具影响力的企业领袖”终身成就奖。这一殊荣来得虽然有点儿迟，却是众望所归。企业领袖的核心是影响力，任正非以自己沉默的力量，影响了华为公司，影响了中国的企业和企业家，也影响了全球的通信行业。我们有理由向他表示敬意并献礼，他也有资格享受这份嘉奖。

但是，以笔者对他的了解，任正非一如既往地又要使主办单位小小地尴尬一下——他肯定不会出席颁奖大会。

但有一点是肯定的，任正非会对他的员工讲：“我在技术上、管理上、财务上，基本上是个半明白人，处在边学习、边实践的状态，因此，我必须，也只能谦虚地团结一群人，发挥集体管理的作用，推动企业的发展。我是一个很普通的人，即使有一点儿影响力，也仅仅在华为内部。”“对于外界和媒体的各种议论，大家不要太在乎，还是好好地努力工作。我也一样，也不会背上包袱的，也会像你们一样活泼、轻松、记性不好的。我还会继续为公司的未来而努力工作的。”①

笔者认为，这些话可以作为任正非的获奖感言。

华为没有秘密：这是一个因艰苦奋斗而成长起来的公司；任正非没有密码：这是一位因艰苦奋斗而成就的企业家。

（本文原载于《中国企业家》杂志2008年第23期，应邀为任正非荣膺“2008年度25位最具影响力的企业领袖”终身成就奖而写，发表时有改动）

---

① 引自任正非被《时代周刊》评为“2005年度全球最具影响力的100人”时的内部讲话。

附：关于任正非登上《时代周刊》的几点说明

2005年，任正非被美国《时代周刊》评选为年度“全球最具影响力的100人”一事，公司事先并不知情。一直以来，公司未曾就此事与《时代周刊》有任何往来，不知他们是因何评选任正非的。但我们认为，任正非是不愿担此称号的。

任正非并不认为自己像外界传说的那样有影响力，但是他很敬业、无私、能团结人。他认为，这些年，华为有一点儿成绩，是全体员工的团结努力，以及在核心管理团队的集体领导下取得的。只是整个管理团队也很谦虚，于是就把一些虚荣虚拟地加到了任正非的头上，使他其实难副。

他明白自己的“体重”，因此当外界议论说他好时，他不激动，因为他明白自己的不足；当外界议论说他不好时，他也从不辩解，时间长了自然就澄清了。任正非仅仅念了三年大学，就发生了“文化大革命”。参加工作后，也仅仅从事一般的行业，也就是大家下军棋时用到的“工兵”。从部队转业时，任正非仅是普普通通的技术副团职。由于历史的局限性，任正非认为自己在技术上、管理上、财务上，基本是个半明白人，处在边学习、边实践的状态，因此，他必须谦虚地团结一群人，发挥集体管理的作用，推动企业的发展。他是一个很普通的人，即使有一点儿影响力，也仅仅是在华为内部。

任正非为什么不见媒体，他有自知之明。见媒体说什么？说好，恐怕言过其实；说不好，别人又不相信，甚至还认为他虚伪。只好不见为好，因此，他才耐得住寂寞，甘于平淡。他知道自己的缺点并不比优点少。这并不是追求所谓的刻意低调，他在内部管理上是敢抓敢管的，但是这些管理办法都是经团队反复研究过的，并非他个人的智慧。外界总喜欢将成绩扣到一个人头上，不然不生动，以虚拟的方法塑造一个虚化的人。总之，公司领导集体并不认为任正非先生如媒体描述的那样。

公司的离职员工，不断地写一些关于华为的书和文章，公司是不赞成的。华为需要安安静静地发展，紧紧聚焦在业务上。批评公司，公司是接受的，《管理优化》报是一份文责自负、原文照登的报纸。这些年来，该报在批评公司上做出了较大的贡献。员工从爱护公司出发，不在外界议论公司，不随意向外界提供材料，更不在自己的同学、朋友中和生活的小区里张狂，给外人造成轻浮的印象。他们还提醒自己的家属，在小区里要保持安静，不要轻易与人发生矛盾。真正不躁动是不容易的。

公司在管理上是高度透明的，公司的各种文件、《华为人》报、《管理优化》报，以及各种会议，倡导的就是以沟通的方式进行的管理，即公开、透明的管理。而我们的一些员工仍然喜欢从网上、从外界来了解华为。您生活在这个公司，能看到外界看不到的东西，应该比外界更了解公司，只是您可能没有认真去体会。《时代周刊》也是一种媒体，与中国的媒体一样，大家读一读、笑一笑就过去了。对外界和媒体的各种议论，大家不要太在乎，还是好好地努力工作。任正非先生也一样，他也不会背上包袱的，也会像大家一样活泼、轻松、记性不好。并会继续为公司的未来而努力工作。

华为：均衡发展模式的成功

2009年，华为再次引起中国业界的关注，诸多企业都把华为作为学习的标杆，有的企业甚至提出要成为某某领域的华为。引发这一现象的背景是，在金融危机中，华为不仅一直保持良好的增长势头，而且其国际化步伐一直迈得坚实有力。2008年，其国际收入已占销售收入的75%；而且国际专利申请数量超越了丰田和飞利浦，名列世界企业第一；在《商业周刊》杂志评选出的“全球十大最具影响力企业”中，华为是中国唯一上榜的企业。笔者认为，华为作为一家中国的、非上市的、民营的高科技企业，只是一种“现象”。对于中国企业来说，其模仿与借鉴价值并不大，但是隐含于“华为现象”背后的经营与管理哲学和理念，则值得中国企业和企业家思考。

把握住企业经营管理的基本底线

企业是什么？简单来说，企业是功利组织。

什么是功利？最通俗的定义是：利益。

如果上述两点成立，我们就可以这样界定：企业是追求组织利益的特定组织。

对于所有企业来讲，持续地追求利益，是企业可持续发展的第一推动力，是企业创立、成长和发展的内在基因。在这个世界上，最无耻的企业是持续亏损的企业，最失败的企业家是长期为企业带来赤字的企业家，因为他们违背了企业和企业家的本质。不能赚钱的企业是被异化了的企业。

每一家企业都想赚钱，但愿望永远代替不了现实，市场经济永远不相信眼泪，也不相信愿望，它永远垂青于那些拥有实力和功力的企业。企业靠什么来实现自身对利益的追求？靠企业自身的“功”。也就是说，以企业内部的“功力”，求外部市场的“利益”。

在资源约束的条件下，在非垄断的竞争条件下，企业要实现自身的利益目标，必须拥有内部能力，才能持续地获取来自外部的利益。可以说，企业当前的获利水平，是由其目前所拥有的自身能力决定的；企业未来的获利水平，是由其未来所拥有的自身能力决定的。

当企业缺失自身能力而追求外部利益时，必然走向投机或机会主义。在中国企业发展的30年历程中，不成熟的市场经济确实为企业提供了许许多多的机会，也有许许多多的企业确实因抓住了机会而获得了暂时的高回报。但暂时的获利永远不是企业的终极目标，一个残酷的现实是，许多企业因投机行为付出了巨大的代价：有的陷入衰落，有的归于沉寂，有的走向消亡，也有的因抛弃投机、弥补自身的能力而得到了重生。

这就是市场经济的公平与公正性所在。

这也决定了企业不得不做出理性的选择：保持内部“功”与外部“利”的均衡。

企业内部的“功”，即企业的内部能力，包括经营能力和管理能力。

经营与管理是企业两个永恒的课题，也是人们最熟悉的常用语，但常常被人等同或混同；实际上，我们的很多迷惑往往都起源于对这些基本概念及常识的错误理解。把握经营与管理的本质，也是正确把握公司政策的重要前提。

经营，对于任何组织来讲，都是组织效益的最大化。这一目的使得经营与管理有了本质性的差别。

经营是以客户为中心。企业的效益并不是来自企业的内部，企业的产品与服务在未进入市场之前，仅仅存在理论上的效益；只有通过市场，实现从产品到商品的转变，并被客户认可之后，企业才有可能实现效益。华为提出，客户是企业生存之本，为客户服务是企业存在的唯一价值和理由，因为它是企业效益的源泉。唯有保持经营的持续扩张，才有可能为更多的客户提供产品和服务。而管理的目的服从于经营的目的。企业内部的管理并不能解决企业赚钱的课题，但它能为企业赚钱提供强有力的支撑。管理意味着高效率，它是与低效率做斗争的工具与手段。

此外，管理还要实现效率最大化，这就要求它必须以工作绩效为核心。企业的效率在内部表现为工作绩效，它包括组织绩效和个人绩效。因此，企业强化管理的目的，就是持续地提高组织内部每一个环节和每个人的工作绩效。管理的核心价值在于效率，它必须保证工作有效率。管理起源于企业的经营行为和经营目的，其使命应服从于经营的使命。从这一层意义上讲，管理就是工作效率的提高。这既是管理的目标，也是衡量管理水平高低的重要标准。

华为在20多年的发展过程中，一直聚焦于功利，在商言商，这得益于任正非的经营管理理念与信条。基于企业基本的和朴素的商业逻辑，在理性和智慧思考的基础上，构建企业的发展理念，并始终如一地敬畏、坚守和执行之，是任正非及其领导下的华为成功的基因和内在动力。

经营与管理的动态均衡

经营与管理在目标指向、定位与功能上是有区别的，但两者又是统一的。统一于企业这一功能组织中，作为企业的两种职能，相互依赖，共同作用，进而实现组织的共同目标。

以客户为导向的效益是经营的核心价值观，而效率则是管理的核心价值观。两者无疑是有差异的，但也有共性存在。两者最重要的共性在于，它们同属于企业的两种职能，其共同的价值主张都是高绩效。

正如管理大师彼得·德鲁克所言："管理是为了组织的绩效而存

在，是使一个机构能够产生外部绩效的工具。”不论是经营的高效率，还是管理的高效率，其基础都来自一个共同的价值链：外部绩效是实现企业效益的前提。

从客户角度来看，其价值观非常朴实、务实，他们只需要低价、优质和完善的服务。客户在选择企业的服务时，实际上是对企业效率和绩效的选择。因为只有实现高效率和高绩效的企业，才能符合其价值观的基本要求。客户的价值观决定了企业的价值观，经营与管理的核心价值观也由此而定。

企业经营与管理的关系就如太极八卦图，两者在其中实现了完美的结合。这是一种均衡，一种“有灰度”的美。所谓的均衡，从经济学意义上讲，就是指在相互作用的关系中，每一方都同时达到了约束条件下可能实现的利益最大化目标，使得这种状态可以长期持续存在。经营与管理的结合就是：依靠管理的高效率来实现经营上的高效益。当然，经营与管理的均衡并不排斥企业对其中之一有所侧重。企业依据对方向与节奏的把握，在一定时期将重点放在经营或管理上，正是为了在更高层次上实现两者的均衡。

但在现实中，很多企业没有实现这一均衡，即经营与管理是失衡的。主要表现为：过分重视经营，将全部精力聚焦于企业的效益，或者以经营替代管理，使得先进的经营模式与落后的管理并存。那些只注重经营、不抓管理的企业的成功案例，为很多企业忽视管理问题提供了借口。对于中国企业来讲，管理无疑是一块“短木板”。事实往往是，管理蚕食了经营的效益，使得企业难以实现持续的存在。

中国并不缺少优秀的企业家，他们具有敏锐的市场感觉、经营理念和宏伟的经营战略与经营目标；中国也并不缺少优秀的人力资源，不缺少充满活力的巨大市场潜力，这与中国企业在世界市场中的地位形成了巨大的反差。中国企业究竟缺什么？不是经营能力，而是管理能力，这其中包括企业的业务运作能力、资源整合能力、人力资源管理能力、研发能力、知识管理能力、财务管理能力、客户关系管理能力等。

所以从长远来看，辉煌的经营永远是短暂的，只有实现了经营与管理的动态均衡，企业才能基业长青。

华为的成功：均衡的发展模式

任正非的经营管理理念可归结为均衡的思想。自2001年起，在任正非总结的华为“十大管理工作要点”中，不管内外部环境发生了怎样的变化，“坚持均衡发展”一直被放在第一条。可以说，任正非的经营管理思想的核心就是均衡，这是其最高的经营管理哲学。任正非自称是一个“有灰度”的人。他认为，介于黑与白之间的灰度，是十分难掌握的，这就是领导与导师的水平。没有真正领会的人，是不可能有灰度的。

“继续坚持均衡的发展思想，推进各项工作的改革和改良。均衡就是生产力的最有效形态。通过持之以恒的改进，不断地增强组织活力，提高企业的整体竞争力，以及不断地提高人均效率。”这是华为长期坚守的核心价值观。

华为20多年的成长与发展之路，是建立在动态地实现功与利、经营与管理的均衡基础之上的。通过持续的改进、改良与改善，华为不断地强化与提升经营管理能力，使企业走上了一条良性发展之路。华为的成功，再次以中国式的案例说明，均衡的管理是企业真正的核心竞争力。

2005年，伴随着国际化步伐的加快，华为重新梳理了自己的使命、愿景和发展战略。其战略定位是：

1. 为客户服务是华为存在的唯一理由，客户需求是华为发展的原动力；

2. 质量好、服务好、运作成本低，优先满足客户需求，提升客户竞争力和赢利能力；

3. 持续管理变革，实现高效的流程化运作，确保端到端的优质交付；

4. 与友商共同发展，既是竞争对手，也是合作伙伴，共同创造良好的生存空间，共享价值链的利益。

从上述战略中不难看出，华为的战略既关注经营（第一条），又关注管理（第二条）；既关注企业外部（第一条与第四条），也关注企业内部（第二条与第三条）。可以说，基于其经营管理哲学的华为战略，是一个充满了均衡的战略。

在经营模式方面，华为的宏观商业模式是客户化导向，产品的发展路标是客户的需求，为客户提供完善和及时的服务是华为公司存在的唯一价值和理由。

在管理模式方面，华为的流程化组织建设，使其完成了对企业诸元素从端到端、优质、快捷、有效的管理。

在内部核心价值观方面，华为相应地构建以高绩效为特征的企业文化。任正非指出："在这20多年的痛苦磨难中，我们终于确立了'以客户为中心''以奋斗者为本''长期坚持艰苦奋斗'的企业文化，它使公司慢慢走出了困境。"

不难看出，华为所提倡的企业核心价值观，同样将内部价值导向（艰苦奋斗）与外部价值导向（客户）有机而均衡地结合到了一起。

从整体上看，这一模式有效地协调了客户价值、企业效益、管理效率和工作的高绩效，使企业内部实现了一种有效的和谐，一种动态的均衡。

可以说，华为提出的宏观商业模式与微观商业模式是建立在理性思考基础之上的，它使得经营管理的动态均衡变成了有实践意义的华为模式。

从世界一流企业的实践来看，因经营领域、服务客户的不同，它们在经营模式上差异很大，但这些企业都取得了成功。也就是说，并不存在最好的经营模式。我们同样也会发现，那些世界领先的企业，都有一些共同特征，那就是拥有世界领先的一流的管理方法，并实现了与经营的动态均衡，而人均效率就是一种衡量指标。世界领先的公司在许多方面都是普通企业无法比拟的，但人均效率是其优秀的主要标志。

或者说，世界一流企业的高效益背后，是由一流管理产生的高效率支撑的。华为公司在前期发展阶段，将企业的重点定位于经营。这对于一家还十分弱小的公司来讲，无疑是明智的选择，因为“活下去，是企业的硬道理”。而对于一家高科技企业来讲，要成长壮大，必须将企业的效益放在首位。1997年以后，华为公司依据公司的现状和外部环境的变化，转换了战略重点，强化了内部管理，通过引进世界一流企业的管理体系，促进经营效益的提高。

对于华为公司来讲，强化管理，推行以IPD、ISC为核心的管理变革，就是补长管理的“短木板”，因为对华为来说，管理是真正的核心竞争力。强化管理的目的正如任正非所言：“变革破坏了过去的平衡，但破坏不是目的，必须要实现新的均衡，并且努力实现持续的均衡。”也就是说，在更高层次上实现经营与管理的均衡。

对于公司各部门、项目团队及其主管来说，随着个人绩效承诺制度的实施，他们已经不是单纯的职能部门或职能管理者了，公司强化了其身上的经营职能，各部门的干部实际上已经转化为集管理职能和经营职能于一体的管理者。因此，管理者迫切需要进行角色定位和角色转换，进而实现个人在经营能力和管理能力上的均衡。

在经营职能上，部门必须真正建立内外部客户导向意识，整肃内部流程，实现个人的绩效承诺，从而支持公司整体目标的实现；在管理职能上，部门也需建立人均效率意识，通过强化内部管理，开发人力资源潜力，构建良好的组织氛围，提高本部门的组织绩效和个人绩效。

由此形成一个良性循环：在个体层面，实现个人能力与工作职责的动态均衡；在组织层面，实现部门经营目标与管理效率的动态均衡；在公司层面，实现功与利、经营与管理、组织战略目标与组织能力的动态均衡。

真正能够实现上述动态均衡的企业，必定是商业领域的赢家。

对于华为的未来发展，我们充满了信心。因为20多年来，在任正非的领导下，华为以均衡为其经营管理理念，这一理念经过了实践的验证，成功打造了华为这家世界级企业的软实力。

这是一种可怕的均衡的力量！

（本文原载于《中国经营报》，2009年10月10日）

谁能复制华为

中国企业的发展始终与国家命运休戚相关，从新中国成立前的民族资本工业的实业报国，到新中国成立后的“大庆精神”，再到改革开放后长虹、联想、华为等公司的产业报国，中国企业的信念始终未变。

回顾共和国60年的历史，如果没有华为这样的民营高科技企业的涌现，共和国60年企业史的辉煌将大打折扣。

但遍寻中国企业，除了那些大型或特大型、以各式垄断而闻名的国有企业外，我们很难找到一家以企业家精神为统领，依靠企业自身创新能力真正做大、做强的中国企业。因为自共和国成立以来，我们虽然有了为数不少的带“国”字头的世界500强企业，但还没有一家国际上公认的世界级企业，这不能不说是一种遗憾。因为按照欧美、日本人的经验，打造一家世界级企业，30年足够了；而打造一个世界级“企业群体”，60年亦足矣。

中国未来30年，能否出现更多的华为？这将是中国面临的考验。

遗憾的是，近些年来，自主创新、产业升级、自主知识产权等理念，已经成为中国政府和企业的共识，但并没有成为被中国企业所验证的伟大实践，除了遍地开花、名目繁多的科技园、创新园之外，中国企业的创新成果乏善可陈——90%以上的企业甚至没有自主的专利。用一位伟人的话来说就是：一个幽灵——创新的幽灵——在中国企业游荡。

在中国，为什么创新的理念不能生发出更多创新的实践?

问题的关键在于中国企业的创新土壤。中国经济高速增长的30年，为企业提供了诸多发展机会，在这些机会面前，很少有公司能耐得住寂寞，禁得起诱惑；当机会主义式的“拐大弯”“弯道超越”“贸工技”“以市场换技术”等理念横行时，有多少企业能像华为那样，真正把创新作为一种信仰、一种承诺、一种持之以恒的战略来实施？如果一家企业没有建立与世界接轨的管理平台和创新平台，没有建立有活力的创新管理体制，其管理体系支离破碎、捉襟见肘，企业如何能对创新活动进行有效的管理，对知识型员工的创新活动进行有效的激励和约束?

华为每年都坚持把10%的销售收入用于研发，但同时，华为又实事求是地公开承认:“自创业以来，18年尚无一项原创产品发明。”2007年1月，任正非在内部讲话中指出:“我们也不全靠自主开发，因为等自主开发出来了，市场机会早就没有了，或对手已在市场上构筑了优势，我们没法在竞争市场上获利，所以，我们经常采用直接购买技术的方式来缩短差距并构筑领先优势。”他阐明了华为研发过程中自主创新与继承的关系:“在我们未进入的一个全新领域进行产品开发，公司已拥有的成熟技术以及可以向社会采购的技术利用率低于70%，新开发量高于30%，不仅不叫创新，反而是浪费，它只会提高开发成本，增加产品的不稳定性。凡是说‘我的项目全部都是我做，未利用别人的成就’，这种人一定不能加薪。”

2009年，在任正非转发给笔者的短信中，有这样一段话:“可以说，企业永续发展的秘诀就在于创新和变化。然而，创新则意味着破坏，变革亦伴随着动荡。所以，如何控制创新与秩序的均衡，如何拿捏变革的节奏与分寸，恰恰是企业管理的真正难点。许多情形下，萧规曹随表现了企业核子基因的传承，而创新更多的是修补。变则通，说对了一半；另一半可能是，变则溃，则死。在创新成为时髦的当今，我们还是要多一些对过度创新的警惕。”由此可见，即使像华为这样的创新型公司，也对创新保持着一种敬畏，一种理性的思考，并坚持对公司的创新进行有效的管理。

在中国，华为目前只是个案，是一种现象。不可否认，在中国，还有很多企业依据自身的特点，经过企业家的智慧思考，走出了一条具有中国特色的成功的成长道路，我称其为“模仿性创新”之路。目前，这条道路被越来越多的中国企业所认同，走在这条路上的中国企业也越来越多，很多“隐形冠军”企业相继诞生，并且都提出了要“学习华为”。

但是，我们暂且不谈华为是否可以复制的问题，在长期处于浮躁和机会主义盛行的中国企业界，在社会舆论长期妖魔化华为的背景下，虽然中国企业有“学好”的愿望与动机，但我们所担心的是，这只是一次机会主义的、选择性的和赶时髦的群体无意识式的关注。中国企业善于学习，也善于忘记。在学习过程中，不论是“体”，还是“用”，多数企业往往会以短视的目光，以短期功利的目的，把学习他人作为一种运动，投机地选择学什么和不学什么，而不能像华为那样坚守“先僵化、后优化、再固化”的原则，坚持不懈地、老老实实地学一家。中国企业学得很累，但效果甚微。从学大庆、学鞍钢，到学联想、学海尔，再到学GE（美国通用电气公司）、学丰田，一路学下来，最后在学习的过程中迷失了自己，而不能像华为那样，通过学习世界级企业走出了混沌。

（本文原载于《21世纪经济报道》，2009年9月25日）

任正非的管理哲学与华为的成长逻辑

企业的假设来自企业创始者的假设。任正非的管理思想背后的基本假设是什么？他是怎样管理华为的？他管理华为的动机和假设是什么？

任正非说过："看哲学使人快乐，看历史使人痛苦。"通过哲学思考，人会沉浸在一种自由思考的快乐中；看中国的历史、现在及未来，人却会很悲观。任正非是否有自己的管理哲学体系？其基本管理哲学体系是什么？企业离不开哲学，管理一家企业，需要管理思想，而思想的形成要有基本的管理假设。企业的哲学根源在哪儿？企业思考的土壤和哲学根源在于对商业本质的把握，"在商言商"就是回归常识、回归朴素、回归真理、回归简单、回归商业理性、回归商业的本质。如果一家企业不能把握商业的本质，那么它就会推崇机会主义，而机会主义是没有未来的。它可以赚钱，却不能让一家公司成为伟大的商业机构。商业的本质其实并不神秘，它就是一些朴素的尝试，一些基本的底线、规则和范式。"真理都是赤裸裸的"，探寻常识、遵循常识、坚守常识、以商业常识来经营管理企业，就成为任正非20多年来所坚守的最基本的底线。做哲学思考的人都很孤独。任正非是孤独的，他在孤独中悟道，在孤独中布道，在孤独中建道，在孤独中述道。

是什么驱动了华为的成功？是华为的核心价值观中描述的利益驱动

力，驱动了全体员工奋斗。这是一场从精神到物质的转移，而物质又巩固了精神力量。拿破仑曾经说过，“精神和物质的比例是3∶1”，精神是3，物质是1，精神的力量是很重要的。让华为13万员工释放能量的背景是什么？是20多年来华为不断推行的管理哲学对全体员工的洗礼，员工身上那些小小的原子核在价值观的驱使下，发挥了巨大的原子能。可以说，华为的成功靠的就是哲学和制度的力量。华为的管理哲学提炼出来大致有这么几点：开放、妥协、灰度、自我批判、以客户为中心、以奋斗者为本、均衡。

“开放、妥协、灰度是华为文化的精髓，也是一个领导者的风范。”一种不开放的文化，就不会努力地吸取别人的优点，会被逐渐边缘化，是没有出路的；一个不开放的组织，迟早会成为一摊死水。任何组织的强大，其前提都是，该组织是一个开放的系统。任何自我封闭的组织，都不会有成长力和驱动力。在前进的路上，随着时间和空间的变化，必要的妥协很重要，没有宽容就没有妥协，没有妥协就没有灰度。如果我们不能依据不同的时间和空间来掌握一定的灰度，就很难对企业有合理、深思、笃实的诠释。开放妥协的关键，是如何掌握好灰度。每一个将来有可能担当重任的领导者，一定对开放、妥协和灰度有深层次的理解，这是将来成为领袖最重要的心态和工作方法。

开放

过去，华为就是一个“黑寡妇”的形象，它与外界的合作并不顺畅。任正非意识到，这样只会带来越来越多的敌人，而不会带来同盟者。对于开放问题，任正非受李冰父子修建都江堰的启发，得出“深淘滩，低作堰”。“深淘滩”，即强化管理、挖掘潜力。一家企业不能靠规模、靠物质投入来实现高增长，而要靠人均效率的持续增长。人均效率是个对标，华为人均效率的持续提高，其衡量方法就是对标。通过“深淘滩”，找到自己与别人的差距，并尽力将其缩小，挖掘自己的潜力。“低作堰”，即不到处建拦水坝，与利益相关者分享利润，形成同盟。未来的竞争是产业链的竞争，而不是一家个体企业的竞争，允许意见存在的做法就是战略储备。任正非做的诺亚方舟实验室就是从文化制度、产品层面和组织层面来培养意见的，有些意见在目前看来可能是歪理邪说，但在未来却可能是正确的，这就是一种开放；华为实行“鲜花一定要插在牛粪上”的战略，这个“牛粪”，可以是华为的“牛粪”，也可以是别的“牛粪”，不封闭起来自娱自乐搞创新，这就是一种开放心态；创新的导向是市场成功，市场成功的评价标准是客户需求，华为用了很多年的时间消灭了工程师文化，这也是一种开放。

开放是公司生存下来的基础，如果公司不开放，它最终会走向死亡。开放要以自己的核心成长为基础，加强对外合作。华为坚持开放的道路不动摇，开放是它的出路。华为提出，公司的运作是耗散结构，应该让公司的发展在稳定与不稳定、平衡与不平衡间交替进行，这样的公司才能保持活力。公司长期推行的管理结构，就是一个耗散结构，我们一定要消耗掉能量，使自己获得新生。如果不能开放，这个组织就没有能量交换，就会缺乏活力。

妥协

任正非最欣赏的领袖是拉宾，他觉得沙龙是一个政客，拉宾则是一个伟大的政治领袖。拉宾以土地换和平，必要时妥协，保持清静理性的头脑，保持弱者的姿态。任正非一直讲低调，华为的成功意味着成千上万的企业倒闭，砸了别人饭碗，不得不低调，他要猛劲地按住那帮年轻人躁动的心，这就是一种妥协。华为的决策体系中充满了争吵和妥协，通过争吵和妥协，华为集中了大家的智慧，在这种氛围中形成正确的角色，达成共识。宽容是领导者的成功之道，只有宽容才会团结大多数人，明晰认知方向，只有妥协才能减少前进路上的对抗因子，使企业坚定不移地走下去，唯有如此，企业才能达到正确目的。

灰度

做人力资源要理解企业、理解老板、理解人性，而理解人性其实很难。任正非对人性的管理，有一个很大尺度的把握，他认为人性就是灰度。任何黑的或白的观点，都是容易蛊惑人心的，因此，我们需要的是灰色的观点。介于黑和白之间的灰度，是十分难掌握的，这就是领导与导师的水平。坚定不移地走向正确的方向，来自灰度，来自妥协，来自宽容。我们常常说，一个领导人最重要的素质，是方向和节奏，他的水平就是合适的灰度。现实中的中国人是很极端的，不管是公共组织的运作，还是企业组织的运作，都在走极端。一个组织如果走向了极端，再回归灰度是很难的，其实黑和白是最容易走的，两条路非此即彼，冲向一端去即可。既有黑又有白，融合黑和白两种思想，形成合力可能是最难的。“我们各级干部要真正领悟妥协的艺术，学会宽容，保持开放的心态，就会达到灰度的境界，就能够在正确的道路上，走得更远，走得更扎实。”任何事物都有对立统一的两面，管理上的灰色是我们的生命之术。在华为的管理实践中，到处都充满了灰度。我们尊重员工，但也强调集体奋斗。华为的很多做法都是先将事物拉到一个端，然后再拉回来，最后形成闭合，绝对不走极端。在现实生活中也是如此，中国人本身的灰度决定了我们不能拿着一个简单的黑的或白的管理工具来管理中国人。

自我批判

自我批判是华为的核心价值观之一，也是华为的传统。正是这种传统，使得华为在只有七八个人时的那股劲，在发展到13万人时依旧保持着。华为的那股玩儿命精神，并没有衰落，这个队伍战斗力如初。我们在讲管理、讲变革、讲管理公司时，用一个不恰当的比喻，邓小平的伟大就是用走向市场经济的决心与11亿中国人民的惰性和人性在做斗争，而任正非是在和13万员工的人性和惰性做斗争。20多年的奋斗使我们领悟到，自我批判对于一家公司的发展有多么重要，但是很多企业都没有领悟到，如果没有坚持这个原则，华为绝对不会有今天。没有自我批判，我们就不会认真关注客户的需求，就不会密切关注并学习同行的优点，就会以自我为中心，被快速多变的经济环境所淘汰。只有那些善于进行自我批判的公司才能存活下来，我们要不断地进行自我批判，不断地进步，世界是在永恒的否定之否定中发展的，自我批判不是为了全面否定而批判，而是为了优化和建设而批判，使公司整体核心竞争力得到提升。只有具备牺牲精神的人，才有可能成为将军；只有长期坚持自我批判的人，才会有广阔的胸怀。任正非一直通过自我批判的哲学工具来锻炼队伍，选择优秀的人才。华为的自我批判不是口号，不是一种提倡，而是一种制度规定。

“开放”“妥协”“灰度”“自我批判”是任正非的管理哲学，“以客户为中心”“以奋斗者为本”“长期坚持艰苦奋斗”是华为从胜利走向胜利的三个根本保证，是华为的成长逻辑。这也是一种哲学思维，它植根于广大骨干的心中。华为人一直相信真理，并为之努力奋斗。当“以客户为中心”“以奋斗者为本”“长期坚持艰苦奋斗”的价值评价体系不断循环运转，并在运转中优化它的结构时，它就逐渐脱离了具体的人，形成一种形势，一种机制，并作为一种文化一直传承下去。

以客户为中心

产品的发展目标以客户需求为导向，企业管理的目标是流程化组织建设，最后由悟道到建道，变成制度，变成现实的企业实践。

以奋斗者为本

华为强调“海盗文化”，即把别人喝咖啡的时间用在工作上。中国人从上一代人那里继承下来的只有贫困与传统美德，要改变自己的命运，要改变组织的命运，只有一个选择——艰苦奋斗。当然，以奋斗者为本，还有另外一层含义，即要关爱奋斗者。铁军是打出来的，兵是爱出来的。古往今来，凡是能打仗的部队，无一例外都是长官爱惜士兵，不然就不会有士为知己者死。中国人的优良传统还包括杜绝腐败，怠惰就是一种最常见、最有害的腐败，人人皆有可能为之。狭义的腐败，即贪污、化公为私，只有少数人有这种机会和资源；但是怠惰，每一个人都有机会，所以华为把怠惰也定义为腐败。《中国企业家》杂志中曾有一篇文章指出，一家企业最大的社会责任，就是打造一个中产阶层，其中就提到了华为的力量。它说，华为的主要贡献就是打造了一个中产阶层，一方面让员工享受到自己奋斗的成果，是真正的以奋斗者为本；另一方面也让奋斗者享受到奋斗的成果，就是共享。

均衡

在管理哲学、管理思想形成的背后，是管理体系和管理机制的构建，也就是一种均衡。任何强者都是在均衡中产生的，均衡是一种美、一种力量，所以你说华为好在哪里？哪儿都好，但是哪儿又都不好，你说不出这家公司哪一方面很厉害，它擅长做什么，但不管是研发、营销还是人力资源，它都是均衡的。其实，管理的终极目标不是为了使企业在哪一方面非常优秀，值得炫耀，而是形成一种均衡。这种均衡状态是最好的，它就是生产力最有效的形态。持续坚持均衡地发展，将使各种工作得到改革和改良。均衡是一种境界，是以内部规则的确定应对外部的不确定性。在开放、妥协和灰度中走向均衡，是华为这些年的演变过程。这种均衡有和外部的均衡，也有自身经营管理体系的均衡，它实际上形成的是一个平台，就是华为的管理体系。这个平台不仅仅是一个单纯的虚拟化平台，它同时还嵌入了文化、战略、组织结构、流程、体系、模板、工具、衡量方法、求助体系和激励约束机制，并使这些要素在这个平台上实现平衡。

哲学是很玄妙的，有时我们会觉得它离我们很远，有时又会觉得它离我们很近。世界上最伟大的商业模式的缔造者不是乔布斯，而是佛祖释迦牟尼。寺庙是成功的连锁行业，不卖产品却拥有大批的忠实客户，这背后就是被广泛认可的价值观。佛教寺院在全球是最大的旅游地产，拥有统一的视觉标识、管理模式、文化模式，不用广告、不用交税，消费者就会自动上门，其商业模式才是最伟大的。寺庙是超苹果式的商业模式，具有朴实的价值和权威性。而且它信徒众多，从乞丐到富豪到政府官员，全部发自内心地尊崇它。其盈利模式独特，没有硬性的消费门槛，却利润丰厚；资源占用量小，远离城市，信徒却趋之若鹜，全国连锁，政府组织。宗教是一种信仰，信仰是哲学层面的，伟大企业背后总有伟大的管理思想，把这些伟大的管理思想提炼或者深化一下就叫管理哲学。

（本文依据2013年2月2日在华夏基石年会上的演讲稿整理而成）

华为的人、法、车、路

在20世纪八九十年代，我国的通信制造业有400余家，同时还有国外的“七国八制”，华为只是其中之一。到90年代四百家变成了“巨大中华”四家，华为是成立最晚、实力最弱的唯一一家民营企业。再到21世纪初，华为超越竞争对手，成功登顶，成为世界通信制造企业的老大。今天的辉煌，基于过去的苦难。在以往成长的过程中，华为到底做了什么？到底做对了什么？

有个流传已久的段子，版本众多，谁人首创，已经无法考证。

段子的背景是：从华为成立起，任正非就没有专车，更没有专职司机。公司的所有用车统一调度，客户优先。车辆紧张时，他步行上班。

任正非是个喜欢驾驶的人，爱驾驶的人有掌控力和驾驭力。早期其开车风格生猛，驾驶技术一般。坐过几次他的车，每次都印象深刻。

话说20世纪90年代末期，任正非终于把首台私家车给换了，那是一辆花了十万元买的广州标致，二手的。新换的车是当时最新款的宝马，有事没事他都喜欢在深圳的大街小巷上兜风，天窗打开，玻璃摇开，音响开到最大。那份惬意，那份张扬，可想而知。（再次提醒，这是个段子。任正非是国内公认低调的老板，“低调做人，高调做事”，开车属于做事。）

某天，任正非开车上路，超过一车，扭头一看，认识，是IBM（国际商业机器公司）前老板郭士纳，开着一辆半新不旧的车，在慢腾腾地前行。朋友相见，总得打个招呼。于是，任正非冲着郭士纳高喊：

“开过宝马吗？”

郭士纳没有回应，还在心无旁骛地开车。又转一圈，再遇郭士纳，任正非再喊：

“开过宝马吗?!”（他喊的时候，没有标点符号，感叹号为笔者所加。）

郭士纳依旧沉默，目不斜视。第三圈又重复着前面的问题，只不过任正非问话的音量再次提升（如此地执着）。这次，郭士纳先生绷不住了，不得不回应。

郭士纳：“您想表达什么意思？”（郭士纳懂中文吗？）

任正非：“请问宝马的刹车在哪里？”（任正非会英语吗？）

这就是任正非与郭士纳的偶遇。

这就是当年（1987—1996年）任正非和他领导下的华为的真实写照。

华为学会了踩油门，但没有学会踩刹车。华为与任正非开上的是他人造的车，当时还没有能力打造华为的战车。

华为与任正非的车行驶在他人修的路上，也还没有一条属于自己的跑道。

华为与任正非驾车去哪？目标何在？路在何方？一片混沌，上下迷茫。

学会了高速成长，但没有学会对成长的管理。这样突奔的结果，要么油料耗尽，半途而废；要么不知方向，随波逐流；要么直接撞墙，车毁人亡。

简言之，对于任正非与华为来讲，10年高速长，依旧两茫茫。人，迷茫；法，荒凉；车，没有；路，何方？

人——任正非

任正非经过“欲哭无泪”的10年发展，经过痛苦的思考，首先完成的是对企业经营管理本质的系统思考，对商业本质的深刻洞察，完成了从商人到企业家的角色转换，实现了凤凰涅槃式的自我否定与重生。他要改造华为的基因，整合华为的队伍，打造华为的战车，构筑华为的跑道。

正如彭剑锋教授提出的，中国企业家必须完成“从企业家的企业，转变为企业的企业家”，任正非选择的就是“把任正非的华为，转变为华为的任正非”。这是一条必由之路，也是一条不归之路。

正如柯林斯提出的，企业家不应该是报时人，而应该是造钟师。“他们主要致力于建立一个组织，一个会滴答走动的时钟，而不只是找对时机，用一种高瞻远瞩的产品构想打进市场，或利用一次优秀产品生命周期的成长曲线……他们努力的最大成果不是体现一个伟大的构想，不是表现人格的魅力，不是满足个人的自尊或累积个人的财富，他们最大的创造物是公司本身及其代表的一切。”

任正非认识到，一群头扎白毛巾，脚穿草鞋，出没于青纱帐的土八路，只能干点埋个地雷、放个冷枪、挖个公路、端个炮楼的勾当。他们与正规军较量只能是悲壮的结局，只能不断涌现董存瑞、杨根思式的悲壮英雄。他们或许能取得某个战役的胜利，但终不可能取得战略上的胜利。依靠他们攻城略地，建立公司的一番霸业，是不可能的任务。

领袖重要的作用之一，就是解构与建构，结束一个时代，构建一个时代。如果他不能结束一个时代，他只能退出历史的舞台；如果他不能构建一个时代，他的未来就不会有舞台。任正非解构了华为的旧时代，建构了华为的新时代。

可以说，没有任正非的自我蜕变，就不可能有华为的今天，这就是企业家的力量。中国有太多太多的商人，中国有太多太多自诩的或他诩的伟大企业家，而心存高远的有系统思想的企业家太少太少了。

法——基本法

法是规则，法是约束，正如行车走路，需要交通规则。如孔夫子言：随心所欲不逾矩。这是一种境界，孔夫子70岁方才达到这种境界。

历经三年，四易其稿，一百〇三条，六千余字的《华为公司基本法》（以下简称《基本法》），就是任正非与外部专家对华为未来系统思考的结晶，也是中国式的企业顶层设计。

《基本法》是在混沌状态下对华为未来成长的探索，明确了方向、目标、路径、战略等。

《基本法》是为华为建章立法，以结束以往的混沌、混乱与无序，进而为华为战车的快速前进建立交通规则。

《基本法》完成了“让规则守望华为”，因为比起让任正非守望华为，让规则守望华为，更靠谱，实现了“以内部规则的确定性，应对外部的不确定性”。

车——机制

华为的战车必须动力十足，构造简约，操控简单，内心狂野，外表沉静。

华为的战车是力出一孔，利出一孔，让更多的人出力拉车，而不是坐享其成。

田涛先生提出了一个命题：如何把学生军变成战士？把知识分子变成战马，而且还要套上笼头？核心就是机制，关键在于有活力的机制！任正非所作的就是形成一支能打敢拼、有组织、有纪律的铁军。然而，改造华为人的工作是何等的困难，17余万人，“80后”和“90后”为主体，不仅多为独生子女，而且还是知识型员工。

任正非及华为的实践在管理学的重要贡献，就是探索出了一条在中国发展与管理高科技企业的道路，就是寻找到了一条管理知识型员工的道路。

《基本法》完成后，任正非着手打造的就是这样一辆华为的战车，这是一辆以红菊花为车标的自我打造的宝马或特斯拉。

路——流程

人有了，车造了，法定了，剩下的就是路的问题了。

华为通过引进以IBM为代表的世界一流企业的先进管理体系（注意，前面那个段子的主角之一就是IBM的老板郭士纳），构筑了一条成长之路，华为的所有组织、部门、业务、职位、人员都纳入了高速公路，没有“羊肠小道”，也没有“胡志明小道”。这条路的特征就三个字：“端到端”（E2E，以客户需求为始点，以满足客户需求为终点）。（看看很多企业的“伪流程”，到处是山寨，到处是收费站，前方打胜仗，后方打前方。是“段到段”或“断到断”，而不是“端到端”。）

流程是保证华为战场快速前进的基础，使之领先于竞争对手半步。任正非言：“领先三步是先烈，领先半步是先进。”

任正非曾言：“没有《基本法》，华为会崩溃；没有IBM，就没有全球化。”

一个人（带领一群人），定了法，造了车，修了路，华为实现了蜕变。

当任正非完成了华为战车的打造，他也就由报时人，变成了造钟师，也变成了华为的拉车人，只不过他走在前面，掌舵，探路。

华为的“顶层设计”与“摸着石头过河”

“顶层设计”和“摸着石头过河”是两个伟大的战略思考方法论，而且是被成功实践证明了的。对于企业成长发展来讲，通过“顶层设计”和“摸着石头过河”两个角度来思考企业的未来发展，有助于构建企业的未来成长逻辑和发展路径。纵观华为的成长与发展历程，可以清楚地看到，“顶层设计”和“摸着石头过河”作为重要的战略思考方法论，一直存在于华为的成长动力、机制与平台的构建过程之中。

顶层设计

关于“顶层设计”，用最简单的话语来讲，就是从屋顶开始设计，它是一个系统工程学的概念，强调的是一项工程“整体理念”的具体化。

要完成一项伟大的工程，就要以理念一致、功能协调、结构统一、资源共享、部件标准化等系统论方法，从全局视角出发，对项目的各个层次、要素进行统筹考虑。这个工程对于组织来讲，不管是国家、企业，还是事业单位，都要有一个系统的理念、系统的结构、系统的资源共享、系统的思考。

在国外，顶层设计是组织系统理论的一个重要思想。第二次世界大战以后，这一工程学概念被西方国家广泛应用于军事与社会管理领域，是政府统筹内外政策和制定国家发展战略的重要思维方法。

这是顶层设计，顶层设计这个概念没有错。但是反过来看，中国改革开放的30年，并不是顶层设计的结果，不管是我们国家的经济系统、社会系统，还是政治系统，都不是顶层设计的结果。那么在这里，我们如果对中国30年改革开放的结果进行回顾，我们发现，不是“顶论”，而是“摸论”，即摸着石头过河。

摸着石头过河

摸着石头过河，实际上是邓小平理论的核心，“要坚决地试、大胆地闯”“杀出一条血路来”，这就是摸着石头过河很重要的理论，所以邓小平实际上是很实事求是的。邓小平理论中有几个很重要的理论：“猫论”“摸论”“不争论”。而中国经济的奇迹，正是在摸着石头过河这个思想指导下实现的，而不是顶层设计的基础上实现的。

所以，如果从哲学的角度讲，邓小平理论是实验哲学和实用主义。那么，改革是没有路径的。

组织的一切发展和成长都是逼出来的，不管是企业组织还是国家组织。所以，所谓的成功，都是事后的总结。我们看《基业长青》里面，讲到组织成功，讲到组织领袖成功的一条重要定理，就是稀里糊涂成功。如果哪个企业家说我是从顶层设计实现成功的，那肯定是谎话。

饥饿产生伟大。姓吴的和姓陈的，是因为饥饿产生的伟大。李自成，也是因为饥饿产生伟大。也就是说，逼到那个份上，他才会迈出自己的脚，而不是在一个伟大的思想指引下进行的。所以，摸着石头过河，是先迈步，后造路。

“以理想主义为旗帜，以拿来主义为原则，以实用主义为纲领。”这是对华为的概括。回顾华为这20多年来的发展，讲华为是通过顶层设计走出来的，鬼都不信，任正非也不相信。那么应该讲，华为这20多年来，主旋律还是秉承了邓小平理论，秉承了邓小平的智慧，那就是摸着石头过河，突出自发的创新机制、底层活力和创造力。

统一之意志，自由之灵魂。意志统一，梦的共识和愿景统一，我们往哪走，我们走向什么，这个是清楚的。但是具体的路径，具体的战略，到底怎么走，可能还要通过试的方式来解决。

中国企业的成长路径

中国企业成长路径有两个选择：一是顶层设计，二是摸着石头过河。对中国企业的成长路径来讲，我们不能否定摸着石头过河，也不能否定对于未来成长路径的顶层设计。每个企业都在摸着石头过河。所以，这里两个都要兼顾。

要有对未来成长路径的“顶层设计”，又要释放个体尤其是底层的创新能量。“顶论”和“摸论”应该是企业成长过程中两种主要方法论，摸着石头过河与顶层设计的较好契合是组织发展的长期保证。

“顶”与“摸”的选择应该以企业的时间和空间为依据，什么时候需要顶层设计，什么时候需要摸着石头过河，对这个的把握，实际上是公司最重要的战略，也是考验企业家能力和水平的标准。

从企业发展阶段来讲，在创业阶段，以“摸”为主，但是必须坚守核心价值观。如果没有核心价值观，这种“摸”就会变成我们现在看到的很多当今中国企业盛行的机会主义，就是炒一把就走，然后在低层次上，以短周期的生死作为企业的结局。

企业高速成长阶段，企业应该把更多精力用在顶层设计上，这是一般的理论和观点。具体到某一个企业，两种方法论实际上是折磨我们智慧的两种选择。“摸”和“顶”，必须把握方向，必须掌握节奏，必须基于商业常识，必须利于商业成功，这是我们的基线，离开这个基线，所谓的顶层设计、摸着石头过河，就是非理性的。

两种倾向

过度的“摸论”

1. 过度创新。创新是我们这30多年来的主旋律，不管是国家、企业，还是学校，大家都在喊创新。其实，对创新进行正确地把握和界定更重要。企业需要创新，企业更需要对创新进行管理。

2. 陷入机会主义。这30多年来，中国经济高速成长，为我们企业提供了更多的机会，这种机会是千载难逢的，也为每个人提供了更多的机会。所以，对企业来讲，对个人来讲，要抓住这种机会，否则就有愧于这个时代。但是，有机会和机会主义是两种不同的选择，所以任正非说过一句话：像诺基亚、北电这些企业，如果它们不上市，华为永远战胜不了它们。因为它们上市了，可能给华为带来了机会。因为上市公司，它的规划是以年度、财年为周期的，而华为的规划是以10年为周期的，它不需要看股东的脸色，不需要担心CEO被炒。所以，在这里面，我们的选择，有机会和机会主义，实际上在很多企业合二为一了。

3. 无序。很多公司很无序，这个无序状态在一个阶段是合理的，但是一个组织如果永远处于无序状态，耗散结构，那“熵死”就是它的结局。

4. 匪气和山寨。长期的无序会变成颗粒，最后我们看到，外表是一个组织，其实内部到处都是山寨，企业的匪气常年包围着整个组织。

过度的“顶论”

1. 扼杀底层创新。

2. 僵化与教条。企业失去了活力。

3. 精英主义横行。

4. 损失机会。对中国高度成长中，那么多机会，如果没有抓住，对企业来讲也是致命的。

5. 形而上。我们搞咨询的时候，在现实中，进行顶层设计的时候，是否要警惕这种倾向。

人类历史，都是野蛮战胜文明的历史。野蛮来自于摸着石头过河，来自于无序，来自于机遇。文明往往是顶层设计的结果，是顶层设计演化的结果。

“摸论”与“顶论”的基础

不管是摸着石头过河，还是顶层设计，都要有个基础，以及基本的出发点。

1. 对人性本质的把握。因为任何组织都是由人组成的，我们不管是摸着石头过河还是顶层设计，都要洞察人性。搞人力资源的人，要具备三个能力：第一个能力，理解企业的能力，理解组织的能力；第二，理解老板的能力，因为你是为老板服务的；第三，理解人性。

2. 对商业本质的把握。还是要回到原点，回到对商业本质的思考上。

3. 对组织状态的把握。

4. 对外部环境的把握。

5. 对商业成功的追求。

6. 对自身欲望的管理。即组织领袖对自身欲望的管理。

"冷暖有度：满腔热血 头脑冷静"。不管是摸着石头过河还是顶层设计，都要冷暖有度。

"高低兼顾：仰望星空 脚踏实地"。在我们组织成长中，无论以"顶层设计"为主体，还是以"摸着石头过河"为主体，我们必须把握住不变的、基础的东西，这些东西把握不住，会导致我们路径设计的失败。

企业顶层设计

顶层设计的范围

1. 企业梦设计。
2. 企业内部动力机制与利益机制设计。
3. 企业经营管理体系设计。
4. 企业平台设计。
5. 内部组织结构。
6. 内部流程体系的设计。
7. 内部管控体系的设计。

任正非说，还是要记住毛泽东的三句话："坚定正确的政治方向，艰苦朴素的工作作风，灵活机动的战略战术。"方向不能错，方向错了，一切皆错。坚持艰苦奋斗的作风。在一个混沌的世界，战略可能真的不重要，方向可能更重要，内部机制可能更重要。但是，不管怎么讲，一个企业到一定阶段，顶层设计是一个必须经过的阶段。

顶层设计过程中，我们要把握几个基本的原则

1. 坚守企业梦。顶层设计是以企业梦为导向。
2. 坚守开放。
3. 坚守妥协。
4. 坚守灰度。
5. 坚守保守。
6. 坚守拿来主义。
7. 坚守实用主义。
8. 坚守实践检验。

案例：顶层设计的成功案例

1. 英国光荣革命：为英国进行顶层设计，建立君主立宪制度，虚君共和，临朝不理政，为英国带来一个日不落帝国。

2. 日本的顶层设计，明治维新，脱亚入欧。

3. 阿拉伯世界，脱阿拉伯长袍换西装。最近我们发现，在阿拉伯世界中有一个现象值得关注，6个君主立宪制的国家都没出事，而总统制的国家问题很大。

4. 封侯制与封建制。封建制给中国带来几千年的顶层设计，解决了封侯制和分封制的问题。

这些都是一些成功的顶层设计的案例。成熟的组织，是以“顶层设计”为驱动力的。当组织发展到一定阶段以后，要做大做强，顶层设计是无法避免的一个阶段。如果一个组织长期摸着石头过河，是很危险的。因为早期河水比较浅、比较清，到了后期，河水比较深、比较混。而且，早期七八百人一起摸着石头过河还可以，如果企业规模越来越大，再摸着石头过河可能就会出问题。

华为的“顶层设计”

第一次顶层设计：《基本法》是一次里程碑式的、东方式的顶层设计——华为梦。在华为成长历史上，最重要、最关键的顶层设计，就是华为《基本法》。实际上，它体现出了华为梦，而且为华为未来的顶层设计指明了方向。

第二次顶层设计：在华为梦的基础上，以IBM为代表的制度设计，既有IBM的流程，也有HAY（合益集团）的职位和薪酬，也有英国的NVQ（英国的国家职业资格证书制度），员工持股计划，华为的治理结构等。这次顶层设计是基于10年的“摸着石头过河”，如果没有前期的“摸着石头过河”，我想这次的顶层设计可能就是空中楼阁。

第三次顶层设计：华为正在实施。以提高组织能力、提升个人效率、进一步优化流程、治理结构、运作模式（如战略思维、业务涉及、团队与绩效管理）为主要内容。这次顶层设计，华为是以自主的方式来完成的。虽然也有顾问，但顾问处于辅助地位。

第一次和第二次顶层设计都是拿来主义，第三次顶层设计是自力更生。没有《基本法》，华为会崩溃。因为10年摸着石头过河，累积了很多问题。如果没有后面的IBM，就没有全球的华为。

组织设计，是永远的辩证法，永远的形而上学。这是从华为顶层设计角度而言，我总结的三个阶段。我引用一段话，这是任正非公开文章中，对华为顶层设计的一个肯定：

> 到1997年后，公司内部的思想混乱，主义林立，各路诸侯都显示出他们的实力，公司往何处去，不得要领。
>
> 我请人民大学的教授们，一起讨论一个“基本法”，用于集合一下大家发散的思维，几上几下的讨论，不知不觉中“春秋战国”就无声无息了，人大的教授厉害，怎么就统一了大家的认识了呢？从此，开始形成了所谓的华为企业文化，说这个文化有多好，多厉害，不是我创造的，而是全体员工悟出来的。
>
> 我那时最多是从一个甩手掌柜，变成了一个文化教员。业界老说我神秘、伟大，其实我知道自己，名实不副。真正聪明的是

13万员工，以及客户的宽容与牵引，我只不过用利益分享的方式，将他们的才智黏合起来。

华为的“摸着石头过河”

从组织成长来讲，变化是永恒的。“摸着石头过河”也永远不会过时。

不断地培养英雄，不断地消除英雄。从华为人的角度来讲，一讲华为，就会回忆摸着石头过河的那10年，从创建到华为《基本法》之前的10年。那时候是遍地英雄下夕烟，到处都是董存瑞，扛着炸药包炸市场。那一阶段是公司高速增长期，也是一个极度混乱期。

高扬海盗的旗帜。摸着石头过河，还要有魂。

打造银饭碗，但饭碗里没有饭。从华为的薪酬体系来讲，它不是金饭碗，金饭碗带动的翅膀是难以飞起来的。华为打造的是银饭碗，但是银饭碗里没有饭。

15万大军，现在还能像创业当年那样，保持那股劲儿。是谁让这15万人还能够高速旋转下去？这个是我们研究企业成长过程很重要的问题。保持这个队伍的队形，保持它的活力，提升它的能力。

把秀才改造成战士。现在对于我们知识型企业来讲，怎样把秀才改造成战士，实际上就是德鲁克讲的知识员工的管理。怎样管理知识员工，而且是一个知识员工的群体。

把个体户变成铁骑雄兵，把干部变成蒙古将军。前几年华为的发展，就如同蒙古将军，成吉思汗，10万铁骑雄兵，踏遍欧洲的感觉。

给战马套上缰绳。我们不仅要把他们变成战马，战马还要控制。如果战马得不到控制，也是一个很大的威胁。

乱中求治，治中求乱。

任正非写了一篇文章《力出一孔，利出一孔》，以解决一个组织的动力机制问题。力出一孔，就是聚焦，尽管15万的个体都很柔弱，弱不禁风，但把15万人的力量凝结起来，使柔弱的水能够穿石，变成一个强大的动力。那么，这个强大的动力背后，就是一个公司的利益机制——利出一孔。

“分钱容易，奋斗不易”。这次华为“分钱分到手软”，但是奋斗不易，让这帮人奋斗起来很难。而分钱和奋斗是相互连接的，这些都没有成熟的理论，教科书上找不到，现有理论也没有提到。对一个组织来讲，要研究怎样通过摸着石头过河的方式，找到一个机制性的东西，给这个组织产生巨大的动力。

华为的“摸着石头过河”三个阶段

第一阶段（1988—1997年）基于生存，遍地英雄下夕烟。野蛮生长。

第二阶段（1998—2010年）全球化，顶层设计背后的管控。IBM流程。

第三阶段（2010年至今）三大BG（业务单元）的业务运作，底层创新。在明晰了自己的战略——云管端——的基础上，怎么做，没有现成的答案。华为强调底层创新，强调摸着石头过河，强调一线经验。华为很多东西，都是底层创新的结果。比如说，云管端，让一线呼唤炮火这个理念，也是一线提出来的；比如说，华为为了适应三大BG的运作，在杭州代表处试点，在一个统一的营销平台上怎样实施三大BG的业务运转和业务监控，这些问题也是没有标准答案的。任正非说“允许异见，就是战略储备”，允许底层能量的发挥。华为的“蓝军参谋部”，是专门攻击红军方案的，这也是一种摸着石头过河的理念。

华为对“摸着石头过河”的界定

既然允许试验，可以讲对错，但不能论输赢。

对人不能爱憎分明，对事不能是非分明。

“一部华为发展史，就是一部危机管理史。”实际上，也是一部摸着石头过河的历史。

自我批判是根本。

假定是人类最伟大的思维方式。

以客户为导向。

这里引用一段话，我觉得可以概括华为“摸着石头过河”的理念：

他是个讲话极富煽动性和感染力的“忽悠大师”，但他实在真诚地“忽悠”追随者，也真诚地“忽悠”自己，从而燃烧起上上下下的奋斗的火焰，最终将一个个的“假定”变成了真实。

——引自《下一个倒下的会不会是华为》

构筑华为的都江堰

从1988年创业，至2008年，华为走过了20年的艰苦创业历程。华为为此举行了各体系的“奋斗表彰大会”，任正非在大会上分别讲话，系统地思考了华为20年的成败得失，并在此基础上，完成了对华为未来成长战略与模式的全面定位。在营销体系提出的是“谁来呼唤炮火”，在研发体系讲的是“从汶川特大地震一片瓦砾中，一座百年前建的教堂不倒所想到的”，在财经体系阐述的是“市场经济是最好的竞争方式”，在运作与交付体系的讲话就是这篇《深淘滩，低作堰》。

“深淘滩，低作堰，逢正抽心，遇弯截角”是秦蜀郡郡守李冰父子提出的伟大的治水理念。

深淘滩，低作堰，用之于企业，既形象，又具体，更恰切。

深淘滩，指的是企业必须强化内部管理，不断地提升组织能力，充分开发人力资源潜力，持续地改进，不断地优化内部机制；职业化是中国企业内部管理的瓶颈。衡量职业化程度的指标，是人均效率，这就是李冰父子预埋的“卧铁”“岁修淘滩要淘到卧铁为止”。持续地提升人均效率，就是深淘滩。

低作堰，指的是企业必须优化外部产业环境，兼顾利益相关者的利益，不能以邻为壑，在强化产业链中的优势地位的同时，与上下游企业共享利益，共担风险。深淘滩，低作堰，实际上就是企业在不确定环境下的企业生存和成长之道。

李冰父子还提出了两句话“遇弯截角、逢正抽心”，讲的就是企业流程问题，在企业中，员工或部门的高效率，往往被流程的低效率所扼杀。

在《深淘滩，低作堰》一文中，任正非指出：“我们要清醒地认识到，面对未来的风险，我们只能用规则的确定来对付结果的不确定。只有这样我们才能随心所欲，不逾矩。才能在发展中获得自由。任何事物都有对立统一的两面，管理上的灰色，是我们生命之树。我们要深刻的理解、开放、妥协、灰度。深刻理解深淘滩、低作堰带给我们的启迪。智慧的光辉，将千秋万代永不熄灭。”

都江堰之行，给任正非的最大启发就是：以内部规则的确定性，应对外部环境的不确定性；以过程系统的确定性，来保证结果的可控性。

任正非曾憧憬过华为未来的管理蓝图：管理就像长江一样，我们修好堤坝，让水在里面自由流，管它晚上流，白天流。晚上我睡觉，但水还自动流。水流到海里面，蒸发成空气，雪落在喜马拉雅山，又化成水，流到长江，长江又流到海，海又蒸发。这样循环搞多了以后，它就忘了一个在岸上还喊“逝者如斯夫”的人，一个“圣者”，它忘了这个“圣者”，只管自己流。这个“圣者”是谁？就是企业家。企业家在这个企业没有太大作用的时候，就是这个企业最有生命的时候。所以当企业家还具有很高威望，大家都很崇敬他的时候，就是企业最没有希望，最危险的时候。所以我们认为华为的宏观商业模式，就是产品发展的路标是客户需求，企业管理的目标是流程化组织建设。同时，牢记客户永远是企业之魂。”

在这里他借用的是长江，都江堰位于岷江，属长江支流。是否可以理解，任正非正是通过“深淘滩，低作堰”的治理理念，来践行他心中华为未来的管理蓝图？

深淘滩，低作堰，在华为或许不仅仅是管理理念，任正非已经付诸实践，用来构筑华为的都江堰了。

伟大的管理理论，不是来自于管理学的教科书，也不是来自管理学家的凝思苦想，而是来自于对人类伟大管理的管理实践总结与提炼；伟大的管理理论都是朴素的，如钱钟书先生所言：真理都是赤裸裸的。都江堰是一项伟大的治水实践，李冰父子已逝，但他们构建的水利工程却数千年造福人类。

当任正非站在都江堰边，在惊叹古人的伟业的同时，也在吸取古人的管理智慧，也在系统地思考了华为20年的成败得失，于是“深淘滩，低作堰”成为了华为经营管理的核心理念之一。都江堰已存在2 000多年了，李冰父子的治水理念沉睡了2 000多年，为什么独有任正非将其纳入企业管理实践？

华为就是棵薇甘菊

在企业丛林中，任何一家创业公司都是一棵小草，一棵小树——渺小，脆弱，卑微，无助，迷茫。但都有一颗向上生长的初心，或出于本能，或基于基因——若问为什么，请问造物主。

正像原始森林或草原上，一颗种子落了地，就贪婪地攫取大地的营养和水分，然后拼命地生长。因为它们知道，在丛林中唯一的规则就是十二个字：物择天竟，适者生存，优胜劣汰。残酷的生存现实告诉它们：95%的阳光与95%的雨水都被那些先生先长者垄断了，要想取得生长的基本条件，它们别无选择：向着阳光，向着雨水，生长——向生而生。否则没有未来，没有明天，只能出局，只能报得三春晖，作为“化作春泥更护花”的肥料。

企业生长在市场经济的丛林之中，其“潜规则”，就是丛林法则，还是那十二个字。对于企业来讲，长大是硬道理，活下去更是硬道理。以此，更能理解任正非总裁为什么把“活下去”，作为华为的最高战略和最低战略了（顺便推荐一部日本电影《永远的零》，其主题就三个字：活下去）。以此，也能理解冯仑先生的“野蛮生长”论了，看其野蛮，实则理性，实则本能。

回到本题，回到华为。

华为就像薇甘菊。

薇甘菊（Mikania micrantha Kunth），菊科多年生草本植物，原产于南美洲和中美洲，现已广泛传播到亚洲热带地区，如印度、马来西亚、泰国、印度尼西亚、尼泊尔、菲律宾，以及巴布亚新几内亚、所罗门、印度洋圣诞岛和太平洋上的一些岛屿，包括斐济、西萨摩亚、澳大利亚北昆士兰地区，成为当今世界热带、亚热带地区危害最严重的杂草之一。大约在1919年，薇甘菊作为杂草在香港出现，1984年在深圳发现，2008年来已广泛分布在珠江三角洲地区。该种已列入世界上最有害的100种外来入侵物种之一，也列入中国首批外来入侵物种。

薇甘菊的生长特点：一是生长周期短。从花蕾，到盛花、授粉、种子成熟，再到种子传播，仅需要短短的两周左右的时间。二是生长速度快。它还可以节点生根，进行无性繁殖，根与节吸取营养。在内伶仃岛，薇甘菊的一个节在一年中所分枝出来的所有节的生长总长度为1 007米！故有些学者称其为“一分钟一英里的杂草”。三是生命力强盛。对生存条件要求极低，属于给点阳光就灿烂的主。四是侵略性强。由于薇甘菊的快速生长，茎节随时可以生根并繁殖，快速覆盖生境，且有丰富的种子，能快速入侵，通过竞争或他感作用抑制自然植被和作物的生长，甚至大树都被绞杀。

由此联想到唐末黄巢老乡的一首诗《不第后赋菊》：“待到秋来九月八，我花开后百花杀。冲天香阵透长安，满城尽带黄金甲。”这位农民起义领袖兼北齐皇帝，文采、情怀与任性了得，咏菊之诗不带一个菊字。（对比一下明朝开国皇帝朱元璋的咏菊诗：百花发时我不发？我若发时都吓杀？要与西风战一场？遍身穿就黄金甲。高下立分，后者还有模仿之嫌，同是皇帝，差距这么大？——人是有差距的，皇帝也不例外。）尽管黄巢赋的是菊花，而不是同属菊科的薇甘菊，但谁能否认这也是薇甘菊精神的真实写照。

纯属巧合，华为现用的司徽是一朵八瓣的红菊花（2005年5月8日前是一轮由15条射线构成的红日。有华为人戏言：换标之后，公司的工作时间由15小时，变成了8小时）。在华为的战略、组织与文化中凸现的就是薇甘菊精神。

任正非也是薇甘菊精神的崇尚者，这位博览群书、涉猎广泛的比喻大师，在华为很早就传播着薇甘菊的基因：

“你们知道薇甘菊吗？薇甘菊是一种杂草，号称‘植物杀手’，它只需要很少的水、很少的养分，就能生长很快，能够抢光其他植物的资源，使自己生长的空间和范围很宽、很广，它迅速地生长，覆盖了所有的植物，使它们没有阳光而死亡。我们做产品需要具备薇甘菊这样的能力，要在末端接入层成为霸主。要成为行业的薇甘菊，就必须具备实力，没有实力是做不了霸主的。”

再看《基本法》第十四条：“我们追求在一定利润率水平上的成长的最大化。我们必须达到和保持高于行业平均的增长速度和行业中主要竞争对手的增长速度，以增强公司的活力，吸引最优秀的人才，和实现公司各种经营资源的最佳配置。在电子信息产业中，要么成为领先者，要么被淘汰，没有第三条路可走。”

第二十二条：“我们的经营模式是，抓住机遇，靠研究开发的高投入获得产品技术和性能价格比的领先优势，通过大规模的席卷式的市场营销，在最短的时间里形成正反馈的良性循环，充分获取‘机会窗’的超额利润。不断优化成熟产品，驾驭市场上的价格竞争，扩大和巩固在战略市场上的主导地位。我们将按照这一经营模式的要求建立我们的组织结构和人才队伍，不断提高公司的整体运作能力。”

华为就是棵薇甘菊，在华为的战略、组织、文化与业务运作中处处凸现的就是薇甘菊精神。

当这颗卑微的种子落地于贫瘠的农村通信市场，没有抱怨，没有纠结，就本能地扎根，贪婪地攫取营养，快速地繁殖，持续地侵入他人的地盘，以压强原则，“一点两面三三制”地进入城市主流市场，绞杀那些“七国八制”的大树，继而反攻全球市场，形成今日的“全球尽是红菊花”格局，在全球彰显中国企业的力量。

当企业领袖，做企业，需要薇甘菊的霸气，需要血脉贲张的血性，需要敢于在强者面前亮剑的气魄，需要雄性荷尔蒙的无风飘荡。你不能傲视天下，何以君临天下。游荡在大观园里的孩子是难以成事的，小资、情怀、文艺青年、土豪金、小正太、小罗莉们没有未来。李玉和言：栽什么树苗结什么果，撒什么种子开什么花。

盐商出身不第的黄巢在起事之时，就喊出了“天下当兵强马壮者为之”。何等激荡人心的使命愿景！在当下的华为，任正非不断强调的“攻山头”“种庄稼”“抢粮食”“上甘岭”“班长的战争”“少校连长”“进攻就是最好的防御”，等等，张扬的就是薇甘菊的精神！

如何把薇甘菊的基因植入干部，这是个问题！

如何把薇甘菊的精神传承于员工，这是个问题！

如何形成薇甘菊的组织与流程，这也是个问题！

如何打造薇甘菊的业务运作模式，这更是个问题！

华为做到了，很多中国企业还没有想到过。

华为的毛尖草生长模式

对华为的解读，可谓汗牛充栋，每年有几十本专著出版（本月又购得四本，这也是本人唯一的电商行为），各类文章更是难以数计。各有各的角度，各有各的说法，公婆皆有理，唯有读者不明就里，陷入大量素材中，困顿着，迷茫着。

说明或解读一个问题，最好的办法是比喻，拟人化。因为每个人的逻辑思维能力是有差异的，面对差异化的思维领悟水平，在思想层面，降一下维，回归到最通俗易懂的层面，用客观存在的物（动植物），来解读一种人类组织现象，不失为明智的选择——既不阳春白雪，亦不下里巴人。

人曰：大师讲故事，讲师讲道理。吾非大师，但也不甘心于做一个照本宣科的讲师。

循此思路，把华为比喻开来，拟人一把。

此为开篇的话。

薇甘菊是华为精神与基因特质的象征，华为的成长发展模式则更像毛尖草的生长模式，本人称为“倒生长模式”。

9月份，曾连发四条微博，分析华为的毛尖草成长模式。可惜的是，几个转发，几个评论，几个点赞，然后归于落寞。只平添了些失落，无奈与惆怅，咱不是大V，粉丝寥寥，命该如此！（微博已死，博客以往，微信当立。）

WHO是毛尖草？没有多少人晓得，因为它长在遥远的非洲（薇甘菊长在南美，看来大陆的植物也都被驯化了，失去了野性）。

毛尖草的生长模式可以归纳为：

1. 在毛尖草成长初期，只有一寸多高，孤寂地眼见其他野草在疯长。

2. 其实毛尖草在“倒长”，在漫长的半年中，聚焦于根部的生长，其根系最深可达28米！它在积蓄力量。

3. 当雨季来临，毛尖草便转换成长模式，疯狂地生长，一天可以长0.5米，三五天后它便能够达到2~3米的高度。

4. 不久，毛尖草成为“草原之王”，高大，粗壮，浓郁。

毛尖草生长模式的特征是：聚焦、坚韧、沉静、内敛。稳打基础，积蓄力量，抵制诱惑，把握机会。以“倒生长”的方式为“正成长”积蓄力量，反周期发展而顺势而为。

“野蛮生长”几乎成为中国企业创业期的成长模式，也成为企业机会主义成长的借口，粗放经营、“风口理论”、“互联网思维”、“颠覆性成长”成为主流的价值判断。华为的“毛尖草成长模式”及“倒成长模式”，为中国企业反思其成长模式带来有价值的借鉴。

华为的毛尖草成长模式：纵观华为26年的成长曲线，与毛尖草的成长模式极为相似，可称之为“毛尖草成长模式”。

在成长初期，打好基础，积蓄力量，在聚焦业务发展的同时，关注内部管理：优化组织，搭建平台，梳理流程，构建队伍，构筑文化。关注外部机会，但不作机会主义。关注短期利益，但不因短期利益而牺牲长期的发展。中国许多企业在成长初期所出的问题，不是因为成长速度太快，而是因为高速成长撕裂了脆弱的内部管理。

华为当年的《基本法》、引进世界一流的管理体系、组织优化、人才引进等，实际上就是像毛尖草那样在积蓄未来成长的力量，在他人竞相奔走的时候，倒退几步，深蹲下来，调整呼吸，积蓄力量，瞄准目标，控制步伐，为冲刺做准备。（正如朱元璋的谋士朱升，在朱元璋扛起反元大旗时建言："高筑墙，广积粮，缓称王。"）

当公司对机会与环境作出准确的判断时，开始发力，开始释放能量，实现反周期成长。而此时，先行的竞争对手们因为跑得太快，已经身衰力竭，气喘吁吁。华为的超越就是一个必然，也是一个自然。

很多企业都在学华为，以华为为标杆。笔者认为，学华为的当下，不如学华为的过去，学华为的成长路径。

华为的"毛尖草式的倒生长模式"值得中国企业深思。

在互联网思维盛行的当口，华为发布了企业形象广告。广告引用的是"千年扫地僧"李小文先生照片。任正非亲自撰写的广告词："华为坚持什么精神？努力向李小文学习""在大机会时代，千万不要机会主义。"

窃认为，中国的企业家们（不是商人）应该挂在办公室的墙上，每天默读三遍。

制度的力量

看过任正非的《一江春水向东流——为轮值CEO鸣锣开道》，首先感觉是真实，真实纯朴的文字、真实的自画像、真实的心声吐露。依笔者十余年的观察了解，这就是真实的华为CEO。但这并不是文章的核心，通读完文章之后，让人感觉这是曾经的CEO对轮值CEO们的真情期待，对轮值CEO制度的热切期盼。

谁执权杖

自现代企业诞生以来，企业高层权力的设计和管理一直是企业实践和管理理论长期探讨的问题。如何传承企业的权力？如何制约权力？到底应将一家企业的命运托付给谁？由谁对企业承担其终极责任？没有固定的模式，只有似是而非的观点。所谓的法人治理结构，也只能在表面上给予企业可选择的模板，而没有从"顶层设计"上为企业带来有效的制度体系和可选择的方案。

从历史角度来看，一个伟大国家或企业的崛起，都离不开制度的设计。企业依靠制度的力量，激发员工的主观能动性，如同在核撞击后，产生核反应和核聚变，从而释放个人的力量，更好地凝聚全体员工的力量，为组织的可持续发展带来巨大的动力。英美国家的长期领先地位靠的不是哪位英明的君主或总统，而是伟大的制度（当然，缔造制度的“造钟人”是伟大的）。日本的明治维新也是如此。中国近30余年的发展成果，也来自改革开放的市场经济制度的设计。据测算，与计划经济时期相比，在市场经济时期，中国的人均效率提高了33倍。这就是制度造就的人的能量的充分释放。

实现公司权杖有序传递的核心问题是接班人的培养与选拔。从古今中外的实践来看，其途径主要有两种：

一是通过人选接班人，即由执政者选定下一代接班人。这种选择方式成功的前提有三：首先是选择者的英明和判断力；其次是被选择的对象众多；最后是被选择对象的可依赖性。但是，实践证明，选择接班人是非常困难的，其难度比组织中任何问题都大，许多英明领袖都没有很好地完成这一任务。据研究，中国古代皇帝选择出的接班人，成功率只有10%。真正英明的皇帝绝大部分是开国皇帝，是自己冲杀出来的，或者是在乱世、衰落和危机中通过竞争脱颖而出的。

二是通过制度选接班人，即建立规则，依靠竞争机制，通过价值观的筛选，选拔出优秀的接班人。虽然这种选拔方式劳民伤财（美国选出奥巴马，用了一年半的时间，花费了26亿美元），但能够保证所选接班人的可靠性和有序性。

在1787年的立宪会议上，美国的建国先贤们考虑的不是“谁当总统”，而是在历时长久的争吵中，针对下列问题达成了共识：我们能够创建什么样的制度，使国家在我们死后仍然能拥有很多优秀的总统？我们希望建立哪一种长治久安的国家？要靠什么原则建国？国家应该如何运作？我们应该制定什么样的指导方针和机制，以便创造一个有梦想的国家？这就是美国能够成为一个伟大国家的原因，也是其具备伟大国家文化的原因。

在现实中，我们看到的往往是，许多企业或者因权力交接和权力争夺，或者因接班人的平庸而陷入困境。它们往往都不是在市场竞争中壮烈倒下的，而是祸起萧墙，才使企业最终走上不归之路。

再看那些百年老店，它们之所以能够基业长青，一个很重要的原因，是它们有效地建立了权力的交接秩序，有效地抑制了权力争夺可能对企业造成的伤害。

企业的接班人如何培养，权杖交给谁，如何交接，如何传承，历来是企业的一个必须面对和思考的现实问题。

报时人，还是造钟人

不可否认，伟大公司的创立与发展，离不开伟大的企业家。企业家的使命是在混沌中为企业找到前进的方向，构建经营管理哲学，寻找根本的发展动力，并依据个人魅力，凝聚企业员工的力量，持续地为组织做贡献。也就是说，企业的创始人对于企业最重要的价值是，为企业植入伟大公司的基因。

企业家就像伟大的建筑师，“专心致志地构建一种大而持久的制度，并不刻意成为伟大领袖。他们追求的是制造时钟，而不是成为报时人。”（引自《基业长青》）

伟大的企业家之所以伟大，在于他们为企业构建了一个永远报时，甚至当他离开企业后仍然可以报时的时钟；而那些“伪大”的企业家，则为了自身的光环，不时地炫耀着自己的发现和构想——报时。

通过对那些基业长青的百年老店的研究，我们发现，要创造和建立高瞻远瞩的伟大公司，绝对不需要拥有伟大的构想或极具魅力的领袖。“魅力型领袖带来的伟大构想和建立高瞻远瞩的公司之间可能是负相关的。”

轮值CEO制度

华为的轮值CEO制度，是继员工持股制度之后，又一次重要的制度设计。员工持股制度是以制度的形式安排财富的分配机制，解决的是公司的动力问题；轮值CEO制度则是以制度的形式确定了公司权力的交替秩序，解决的是公司未来可持续发展的问题。前者让火车头加满了油，后者保证了火车头的正确方向。

轮值CEO制度是通过制度力量来削减个人的影响力，把个人法定的权力让渡给一个群体——华为的“接班人们”，在公司中形成“造钟人”群体，让他们轮流执政，不断地在循环中接受洗礼，不断地吐故纳新。

轮值CEO制度通过制度的形式，避免了因个人失误将企业带到错误的方向，使公司的决策机构和决策机制更加科学合理。此外，它还保证了经营管理决策的可依赖性，使得公司的火车不仅跑得快，而且永远沿着正确的方向前行。

轮值CEO制度构建了华为的权力交替规则与秩序，让华为的火车头加满了油，让华为的时钟上满了弦。它为企业提供了充满活力的机制，保证华为一直站在历史的延长线上。

轮值CEO制度的核心，就在于通过有计划的制度安排和“顶层设计”，为公司注入制度的活力，打造一座非机械式的基于公司使命、愿景和价值观的“精神”时钟。

下一个倒下的不会是华为

华为用26年的时间将自身打造成为一家全球化的公司，其原因是什么？我得到的题目是，“下一个倒下的是谁”。我不是算命先生，不敢胡乱预测，但是我们看到，不断有企业倒下，不仅在中国，在国际上亦是如此，如摩托罗拉、诺基亚、阿尔卡特等。所以，我并不是危言耸听，下一个倒下的是谁，取决于两方面因素：

第一是组织的活力，组织的活力意味着企业的动力。很多企业在刚创业的时候要什么没什么，但是有激情、有冲动、有玩儿命精神。企业借此就能够由小到大，乘着外汇市场的东风快速走下来。但是我们最怕的是，当一家企业什么都有，却没有精神、追求、梦想、冲动了，企业的组织活力就会下降，这是核心的问题。

第二是人力资源惰性。人身上充满了正能量，也充满了负能量，我们要激励正能量，当然也要约束负能量。什么是人的正能量，它和组织的关系是什么？实际上每个组织，尤其是人力资源管理者都必须要思考：怎样把人的正能量有效地激发出来，这也是一个核心问题。

下一个倒下的会不会是华为？没有确切定义。其实对于这个命题，华为一直在思考。我认为，华为是一家怕死的公司，在中国，怕死的企业长寿，很多企业不怕死，但最终都陷入发展困境。下一个倒下的会不会是华为？我觉得至少从目前来看不是华为，为什么呢？在我们书里，有这样几幅图片，从图片来看，华为的员工在异国他乡，身体倒在泥泞的土地上，为华为的“战车”扫平前进的障碍。对此，网民有这样的评价：“如果这样的公司倒下，天地不容。”因为他们在玩儿命，在把自己的力量和公司战略、目标结合起来。

所以从这个角度来讲，这是华为人身上所散发的狼性，我觉得26年来，华为人的狼性没变，他们是狼，不是喜羊羊。我们对狼性会有一些本能的误解，但对华为人来说，其狼性就是敏锐的嗅觉，就是关注客户、市场。我们看到，许多企业的倒下更多是因为对客户的傲慢。而华为人一直秉承自己的基本原则，永远做“乙方”，永远以“乙方”的心态面对大大小小的客户。华为在成长初期对客户保持着一种敬畏，当它日渐成长为巨人时，它还是对自己的客户保持着一种敬畏。所以，华为人永远信上帝，信上帝就是信客户，这就是嗅觉。在华为，任正非一贯主张扫除那些眼睛永远盯着老板、屁股对着客户的人，他永远追求客户至上，他所需要的是屁股对着老板、眼睛盯着客户的员工，因为这样的员工才能感知客户、市场、精神追求的变化。一旦闻到热味、看到机会，就会本能地扑上去，不需要开会、讨论、沟通。所以，华为人的狼性特征可以概括为三点：一是敏锐的嗅觉，二是不屈不挠、奋不顾身的进攻精神，三是群体奋斗意识。

现在，奋斗越来越不合时宜了，如果谁讲奋斗，人家会觉得他很可笑，但奋斗是一个普世的价值，因为在市场经济的丛林中，领地是有限的。当一家企业做大以后，它就会侵占其他企业的领地。所以当市场容量达到一定程度时，企业要生存，就必须具备一种狼性。市场经济不相信眼泪，它不同情弱者，其坚守的唯一规则就是优胜劣汰。对企业内部来讲，一分耕耘、一分收获，种瓜得瓜、种豆得豆，所以关于狼性到底是不是人性，大家见仁见智。但任正非认为，狼性就是一种积极向上的人性。

华为要保持这种狼性，要坚守“三感”：高层要有使命感，中层要有责任感，基层要有饥饿感。组织的狼性是在组织内部培养的，一谈到狼性，我们就会想到攻城略地。但事实上，狼性无处不在，小改进、大改进，不断地改进自己的工作、挖掘人力资源的潜力都是狼性的体现。

谈到奋斗，很多人说，老外也会奋斗，尤其是一些发达国家的人，他们全是“富二代”，因为他们的先辈奋斗过，所以他们有资格享受先辈们奋斗的成果。但我们看看现状，尤其是在一些福利国家，全民腐败，所以还要那些“富二代”勒紧裤腰带过苦日子。在华为，员工很少有“富二代”“官二代”，都是一帮“屌丝”，屌丝们要改变命运只有一条路——奋斗。那些成功的企业哪个没有奋斗过？因为中国人从先辈那里继承下来的只有贫穷和良好的美德，我们没有什么可享受的奋斗成果。所以，我们要改变自己的命运，除此之外别无选择。我觉得狼性就是正能量，奋斗也是正能量，而且它是任何一个组织和企业所必需的。

其实，人是有惰性的，刚才我讲人有积极向上的一面，但是人也有惰性，比如说贪婪、自私、懒惰。当企业发展到一定阶段以后，组织的疲劳症就会开始出现。员工的疲劳尚在其次，如果老板、领袖患上了疲劳症，就会产生三头主义、关联交易、生活腐化等现象。华为董事长孙亚芳说，华为不想成为世界第一，但它不得不走在成为世界第一的路上，未来能够阻碍他们前进的唯有内部腐败，是组织的疲劳、员工的疲劳和领袖疲劳。这一方面表现为怠惰，另一方面表现为安于现状、不思进取，这种现象实际上在很多企业中都存在。批判自己的负能量，正视正能量，然后坚持组织对体制的长期建设，有利于企业建立组织的机制。与其说华为的文化是狼性文化，倒不如说它是海盗文化。

华为致力于打造银饭碗，但饭碗里没饭。其实，我觉得华为的人力资源管理有一个很重要的成果，就是把这些秀才变成战士。华为员工基本上都是知识型员工，90%以上都是从学校出来的。在华为，他们变成了战士，而不是奴隶、奴才。我们知道，知识型员工的团队意识很差，怎么将其变成一支铁军，把干部变成蒙古将军，就成了一个至关重要的问题。现在，战士有了，部队有了，将军也有了，我们还需要一个成吉思汗那样的领袖。在非战争年代，企业的将军、国家的将军都不可能有变化，但是我们的经济将军却会不断更替，所以华为是有一点儿悲壮的，它让自己的将军在极其艰苦的条件下不断扩张、攻城略地，而我们的人力资源还要对其进行管理，把它变成战马，而不是野马。华为只是力出一孔地关注客户，坚持力出一孔，下一个倒下的就不会是华为。其实，在企业中我们可以看到，分钱容易，奋斗不易，使一支队伍不堕落、不懈怠，保持那种狼性，保持奋斗精神其实是很难的。

要想保持这种狼性，企业需要具备两个要素：第一，组织的自我批判；第二，个人的自我批判。外在的市场、客户只是一个影响因子，而不是决定因子，所以从这个角度来看，一个组织的活力还是来自组织本身。从华为的核心价值体系的角度来讲，其胜利可以归为三点：

1. 以客户为中心，而不是以员工为中心。以员工为中心，这家企业就会变成一些人的利益小团队。以股东为中心，企业就会被绑上资本的枷锁。其实，对我们企业好的只有一个人，是谁呢？政府要税收，供应商要货款，员工要工资、奖金，只有客户给我们送钱，所以我们要善待客户，眼睛盯着客户，这是常识。但是我们看到，很多企业在成长初期，对待客户是“读我千遍不厌倦、我对客户如初恋”，但成长起来以后，企业却摒弃了这种理念。

2. 以奋斗者为本，既不能让奋斗者流汗，也不能让奋斗者流泪。企业当然会为客户好，但也不能让奋斗者吃亏，否则没有人愿意做奋斗者。所以，华为认为，要给奋斗者以合理的回报，因为他们是公司财富的创造者。

3. 长期坚持艰苦奋斗，这种艰苦奋斗指的是精神上的，不是让华为人把钱都埋在祖宅的地下，不是让他们做苦行僧。为什么这么讲？因为华为26年来一直就是这么干的，用华为人的话来讲，跟在这些领先企业背后，一路狂追，追着追着发现前面没人了，新加坡的企业问任正非，华为为什么会成功。任正非说，不喝咖啡，把喝咖啡的时间用在奋斗上，这就是现在的华为。

我们来看个案例，这是华为董事会、监事会的宣誓，他们的宣誓内容是，“只有无私，才会公平、公正，才能团结好一个团队；只有无私，才能无畏，才能坚持原则；只有无私，才敢于批评和自我批评，敢于改正自己的缺点，去除自己的不是；只有无私，才会心胸宽广，境界高远，才会包容一切需要容纳的东西，才有能力肩负起应该承担的责任”，有人说，华为是在作秀。

在华为“心声社区”中，更多的是对公司的批判，对公司问题的揭发，比如我们研究的管理问题。所以，华为在不断地根除自己身上的一些不好的东西，这其中很重要的一点就是自我批判。

华为有一份《管理优化》报，其作用有二：第一是知识共享，第二就是自我批判。2012年华为员工奖金125.7亿元，但高管层却未能分摊一二，因为他们认为，自己并没有完成2012年的绩效。任正非、孙亚芳以及其他11位董事会成员在2012年都是零奖金，这就是狼性，也就是对这个组织的惰性保持警惕。实际上，人力资源管理比内部的一些机制、操作手段、制度还重要，因此，一些必要的警醒也非常重要。

在华为时，我的办公桌右下角放着一张垫子，这就是华为的垫子文化：困了，拉开垫子就睡觉。虽然我到华为报到后唯一买的办公用品就是这张垫子，但非常欣慰的是，如今我到华为看看，这张垫子还在。如果华为人都睡在很舒服的席梦思床垫上，在每个阳光明媚的下午，坐在华为大学平整的草地上，跷着二郎腿、喝着咖啡，下一个倒下的肯定就是华为。我觉得企业精神不能堕落，否则，这家企业便不可救药了。

狼性不是培训出来的，它是一个系统工程：

1. 在文化上，我们张扬狼性，所以到底以什么为本，值得我们思考。我们的选项非常多，第一是以人为本，第二是以客户为本，我觉得二者是两个不同的选项，不可能达到完美的统一。

2. 绩效管理。华为对员工的绩效考虑，就是在甄别一个人的狼性。

3. 薪酬管理。为那些具备狼性的人付酬，为奋斗者付酬，昭示狼性基因，尤其是在狼性基因不断衰落，“80后”“90后”，甚至“00后”人身上的狼性基因越来越少的时代。但是我觉得，狼性基因很难复制，企业只能从任职资格管理、流程管理、控制野性、末位淘汰、消除懈息等方面做出努力。所以我们讲，狼性文化可以张扬，但是更重要的是制度问题，我们很多企业在制度上都出现了问题，使奋斗者不能得到应有的回报。

谈到组织管理，我想到了三个核心问题。从内部人力资源管理的角度讲，华为26年的发展一直践行着这三个常识：

第一，各尽所能。

第二，按劳分配。

第三，多劳多得。

在你所在的公司中，员工都各尽所能了吗？尽到什么程度？你所在的公司实施的是真正的按劳分配制度吗？有多少是按劳分配的，有多少是按学历分配的，有多少是按工龄、年龄、职称、职务分配的？您所在的公司真正做到了多劳多得吗？我觉得这三个常识就是人力资源的机制和活力的源泉，这会让奋斗者不吃亏，激励奋斗者，激发正能量。

关于末位淘汰制，我一直在讲激励正能量和抑制负能量之间的关系。我们当然要把人力资源管理的重点放在激励正能量上，但我们可能还要关注一下，要抑制哪些负能量。抑制负能量就是少劳者少得，长期不为公司做贡献的人应该被淘汰，因为不淘汰这些人，就是对奋斗者的不尊重。所以，企业既要解决扬善的问题，也要解决惩恶的问题，中国的国企改革就是从这儿开始的。您所在的公司是否做到了“干部能上能下”“工资能高能低”“员工能进能出”？如果做不到，表明我们的组织在退化，下一个倒下的有可能就是你所在的公司。

企业要为能输出正能量的人提供机遇，为长期不为公司创造价值的人做出约束，抑制他们的负能量。也就是说，激励人的真善美，抑制人的那些负面的东西。所以，核心问题就是赏罚，我们在评价制度上要由人评价转向由制度评价，由人发工资转向由制度发工资，只有激发公司的那些正能量，整个组织才能在未来实现长治久安。

（本文为2013年6月29日
第7届中外管理人力资本发展论坛的演讲记录稿）

华为登顶这5年

柔性组织、激发活力、提升效率，是华为变革管理的5年。

5年前（2008年），正是华为成立20周年，华为销售额超千亿元，华为总裁任正非曾经预言的“三分天下必有其一”的梦想基本实现。

但是在华为，没有鲜花，没有仪式，没有庆典。华为一直在开会，任正非一直在演讲，从2008年5月讲到2009年4月。通过5次讲话，任正非系统地思考了华为20年的成败得失，并在此基础上，完成了对华为未来成长战略与模式的全面定位。华为以这种方式度过了自己的20岁成年礼。

任正非共进行了5次讲话，分别是：《让生命的火花，点燃无愧无悔的青春》，主基调是以客户为中心，成功基于奋斗；《从汶川特大地震一片瓦砾中，一座百年前建的教堂不倒所想到的》，主基调是百年老店，从一砖一瓦开始；《谁来呼唤炮火，如何及时提供炮火支援》，主基调是：呼唤炮火，组织联动；《市场经济是最好的竞争方式，经济全球化是不可阻挡的潮流》，主基调是优胜劣汰，天道酬勤；《深淘滩，低作堰》，主基调是静水潜流，无为而治。

在总结过去20年的发展时，任正非说，过去，华为实行高度的中央集权，防止了因权力分散而失控，避免了因发展初期产生的问题而拖垮公司，但20年后，华为有条件讨论分权制衡、协调发展，以摆脱中央集权的效率低下、机构臃肿，实现客户需求驱动的流程化组织建设目标。因此，过去5年可以说是华为变革管理的5年。

华为的发展可以分为三个阶段：

1997年前，华为为了活下去，在市场中左突右闯，乱中取胜，野蛮生长；2007年前，以从IBM引入IPD、ISC等为代表，华为逐步引入世界级管理体系，进行组织的顶层设计与制度构建；而2007年起，华为开始雄赳赳气昂昂跨过太平洋，全面实现全球化运营。此时，华为必须变革以释放组织活力，适应全球化运营。

让一线呼唤炮火　释放组织活力

军人出身的任正非一直在学习现代军事思想。作为组织，军队和企业性质接近：目的性强，面临惨烈的竞争，效率导向，追求快速行动、执行力、权威、激励性。2006年底，企业家冯仑的文章《未来的组织》给了任正非极大启发。这些内容也被任正非引述到2009年在销服体系奋斗表彰大会上的讲话《谁来呼唤炮火，如何及时提供炮火支援》中。

这篇文章是华为管理层的必读文章。文章中，冯仑说军事组织变革是商业组织变革的先导，因为军队研究的是在变动环境下的对抗性博弈，管理学说大部分则是环境假定下的对抗博弈。现代军事的一大变化是前端组织全能化，后台变成系统的支持力量：以前前线的连长要指挥炮兵，需要报告师部请求支援，而现在，特种战士一封Email（电子邮件），炮兵就能开打。也是在这篇文章中，冯仑提出了以三人为小组的战斗单元概念，包括一名信息情报专家，一名火力炸弹专家，一名战斗专家。

在这次讲话中，任正非明确提出，华为正面临流程与组织整改的时机。也正是以这篇讲话为起点，华为开始构建从前端的铁三角（客户经理、解决方案专家、交付专家）、机动力量海军陆战队到重装旅、片联、联合勤务的完整流程体系。而在此之前，华为虽借助IBM疏通了供应链和研发流程，但研发、供应链流程并没有与华为的营销体系打通。

流程的变化改变了华为的组织结构，带来了全新的权力配置方式。在向一线放权上，华为形成了新的理念：让听得见炮火的人呼唤炮火，把指挥部建立在听得见炮火的地方，在上甘岭上选拔干部。在最近召开的干部大会上，华为提出了“班长的战争”概念，班长需要更多的主动权，而不是让坐在总部的人指挥战争。任正非还提出“少将连长”概念，不仅给连长们权力，还要给他们利益。

2007—2012年，华为营业收入增长1.34倍。2012年，在《财富》500强排名榜上，华为排名315位，爱立信排名333位，华为成为世界通信制造业的第一。伴随华为越来越强大，直至登顶，如何避免组织内部滋生自满情绪，如何避免领袖、组织、个人的惰怠，成为华为的新问题。过去5年，华为不断尝试从组织上简化管理，释放创新能力。

2008年，华为开始实施EMT（经营管理团队）轮值主席制度，并逐步过渡到轮值CEO。为了获取组织活力，华为在不断增强组织的弹性，比如，通过心声社区等方式听取内部的批评意见。

2007—2012年，华为员工人数增长0.79倍。大量“80后”员工的涌入，逼迫华为改变自己的管理方式，最典型的是激励方式的改变。过去，华为的激励刚性较强，更重视物质激励，以业绩为导向，缺乏灰度。五年后的今天，华为越来越重视多元化激励、非物质激励和即时激励，疏松华为人力资源平台，发挥人的主观能动性。就像我发布过的一条微博，物质激励如父爱，如山，厚重；非物质激励如母爱，如水，温暖。而要激发创新精神，就必须强化非物质激励，强调对员工的关爱，给员工以认同和成就感，激发人力资源的潜力。就像这次干部大会的一幅招贴画，非物质激励像阳光，照到哪里哪里亮。

变革组织格局

2010年，华为通过成立运营商网络、企业业务、消费者业务和其他业务四大BG，实现了新的业务布局，初露格局峥嵘，BG的建立，让华为不断释放决策的自主权。经过三年的发展，华为各BG运作已初步成型。

更重要的变化是，华为开始在新的业务领域，植入互联网的基因。过去，华为太制造业，现在开始学习互联网精神。

华为开始应对互联网时代的冲击，开办了电商网站，华为各位高管开了微博，华为员工制作了充满“80后”语言的校园招聘广告，华为在《人民日报》等媒体连续刊发充满正能量的企业形象广告，制作了教老外读准华为发音的who are we（我们是谁）病毒视频。过去，这些东西不可能出现，而现在，华为身段开始变得柔软。

过去5年，持续开放的华为也实现了最后的开放——对媒体开放。非上市公司华为开始每年定期发布财报、社会责任报告和信息安全报告；华为的首席财务官开始面对公众接受采访；任正非开始接受媒体采访，在新西兰召开了首次新闻发布会；华为以内部邮件的形式，正式回应外部关切的上市和接班人问题。这要在过去是不可思议的！

经过20年发展后，华为也开始提炼出自己的经营管理哲学。伴随着《下一个倒下的会不会是华为》和《以奋斗者为本》等书的出版，华为成功要素、经营管理哲学、核心价值观、成长逻辑也开始传递到外界。

华为确实改变了很多，但其核心的东西没变：坚守自己的梦想没变，核心价值观和文化没变，平台战略没变，聚焦管道没变，一如既往地对常识的敬畏与遵从没变，以客户为中心，以奋斗者为本，长期坚持艰苦奋斗的企业之魂没变，华为以往的价值观“在商言商”没变。华为仍在强调文化、战略、平台、人力资源政策、管理体系和流程的统一。

美国市场危机与超越美国

这5年如同前25年一样，华为的发展同样充满了奋斗的艰辛和曲折。最大的挑战来自美国市场。

2008年初，贝恩资本联手华为收购美国网络技术公司3Com的计划流产。2011年，华为收购服务器公司3Leaf再次遇阻。此外，华为在美国的正常商业活动多次遭遇政治阻力，美国国会围绕所谓华为威胁美国国家安全开展调查。这是华为过去5年发展最大的一个槛。

如果说当年被思科起诉时，华为只能听天由命，这次华为掌握了主动。华为的战略基调是联合欧洲制约美国，此后的发展充分说明了这个战略的正确，美国的调查没有引发欧洲、澳大利亚、日本市场的连锁反应。华为依靠自己的力量赢得了认可。

前段时间华为有一个高层跟任正非说，老板，我现在很迷茫，20年前你蛊惑我们说，20年后三分天下我们有其一，现在我们已经做到了，下一步我们的目标是什么？这句话对任正非刺激很深。在10月17—19号的干部大会上，华为发布了自己新的梦——“超越美国”。华为已经登顶，没有谁可以超越，唯有美国。

超越美国，能否实现，我不知道，但是我确定的是，不断给自己设定新的梦想，是牵引一家公司走得更远的重要力量。25年来，华为一直就是一个被梦想牵引的公司。

而只有重新焕发企业内部的激情，才能实现超越美国的目标。因此，在物质激励上，华为也在不断加大力度，今年初，华为给员工发了125亿年终奖金，提高了本科和研究生的底薪，其核心无不是为了“给火车头加满油”，为了超越，广揽天下英才。

2013年，华为提出了在2012年基础上销售额翻倍的目标——2017年销售额将达到700亿美元。相信未来5年，华为会更潇洒，有任正非在5月的讲话为证：

“如能真正激活我们的队伍，5年后将会很强大，这个强大就证明我们华为‘潇洒走了一回’。我们说，‘我以今生赌明天，我以青春换此生，不在沉默中死亡，就在沉默中爆发’，何不潇洒走一回！”

华为的“剪刀差”之美

到底用什么标准判断一个企业经营管理状况？换言之，什么样的公司才是好公司？众说纷纭。

第一，判断感知。我觉得，我认为，我判断，我估计，等等，在这方面，中国人很擅长。由此，迫使很多公司不断地制造话题，制造新闻，制造绯闻。也迫使企业的老板们不断地站台，论坛，获奖，微博，博客，微信，朋友圈等。于是，受众们发扬中医的“望闻问切”，由此得出自己的判断。当然，客户们也可以通过个人的消费体验，做出对某个公司的个人判断。

第二，数据验证。即通过企业的经营管理数据分析，通过纵向的和横向的比较分析，得出定量的判断。这方面的指标有杜邦公式、平衡计分卡、EVA（经济增加值）等。当然，如果企业如果长期亏损，还可以用融资的ABCDF轮、市值、商业模式、老板或企业在各大富豪榜上的排名等来显示。

第三，理论界定。管理学家们（其中包括很多经济学家）也可以通过规范的或者实证的分析研究，归纳总结出好公司的诸多标准。从德鲁克大师的“创造客户”，到克林斯的“基业长青”“从优秀到卓越”，再到圣吉的“学习型猪组织”，再到互联网思维的“猪”“风口”，不一而足。

近来，在研读华为的年度财务报告，从2006年首份年报到2014年，计九年。重点关注的是三个指标：销售收入、利润和员工人数。

销售收入

销售收入反映的是企业经营与管理的综合状况，将几年销售收入联系起来看，就是企业的成长发展轨迹，也就是企业的“年轮”，或称“历程碑”。

华为的销售收入曲线是上扬的。透过销售收入曲线，看到华为成长发展过程特征，平缓成长，没有大起大落，没有大拐点。由此，联想到任正非先生在2014年的新年献词《发扬乌龟精神，赶上龙飞船》中所说的：“华为就是一只大乌龟，25年来，爬呀爬，全然没看见路两旁的鲜花，忘了经济这20多年来一直在爬坡，许多人都成了富裕的阶层，而我们还在持续艰苦奋斗。爬呀爬……一抬头看见前面矗立着‘龙飞船’，跑着‘特斯拉’那种神一样的乌龟，我们还在笨拙地爬呀

图1　华为1987—2013年销售收入

爬，能追过他们吗？”华为的成长发展模式就是“乌龟”模式，依靠执着与坚韧，跟在那些兔子后面爬，爬着爬着，就拉近了与他人的距离，爬着爬着，就与别人齐头并进了，爬着爬着，前面就没人了。

如本人微博所写：“华为像龟，认定目标，心无旁骛，艰难爬行，漂洋过海，在全球爬行，是海龟，也是陆龟。遇山爬山，遇水涉水。经得起诱惑。不投机，不取巧，不拐大弯，不弯道超越，跟着客户，亦步亦趋，爬行着满足客户的需求，爬行着赚着小钱。爬着，行着，追着，赶着，经过26年，这只龟就超越了兔子，就变成了一只大象。”华为的成长发展路径和“轨（龟）迹”证明了这一点：华为像龟，华为就是象龟（陆生龟类中最大的一种，以腿粗像象脚而得名）。

利润

利润反映的是企业经营管理实际效果，也是对股东价值回报的体现。销售收入与利润不一定存在正相关关系，因为“挣钱”与“赚钱”是两个不同的概念，前者指的是销售收入，后者指的是利润，在中国企业500强里，亏损企业的身影并不鲜见，2014年亏损企业就占8.6%。作为功利组织，不管用谁的钱，都必须赚钱，否则就变成了慈善机构。企业必须赚钱，不赚钱的企业是可耻的，不赚钱的企业家连商人都不算，自称伟大，其实“伪大”。资本不是天使，当然也不是魔鬼，它要求有回报。有了回报，资本就是天使，没有回报，资本就是魔鬼。当然，资本的回报有长期的，也有短期的，但资本的剩余价值索取权是神圣的且不可侵犯的。诸多企业热衷于玩资本运作，最终被资本玩得满地找牙，就是最好的例证。

华为的利润曲线，也是上扬的。2014年华为的利润比其身后四位友商的利润总额（30亿美元）还多15亿美元。由此证明，华为保持强势的持续盈利能力。在今年的达沃斯论坛期间，任正非向记者透露：“我认为为什么我们赚那么多钱，我们只是不吭声而已，我们最不吭声的部门，肯定是赚钱最多的部门，它都不一定讲，到底哪个部门，其实我也不知道。喊着最厉害的，肯定是不怎么赚钱的，大喊着说你们来买啊来买啊，所以不应该说这个管道产业不赚钱，这不一定是一个正确的看法。”

驱动华为利润的持续增长的关键因素是什么？

其一，持续的研发投入。在于华为以“压强原则”（现在称“针尖战略”）在研发的长期的持续投入。早在20年前的《基本法》中，华为就给自己定下了纪律：“我们保证按销售额的10%拨付研发经费，有必要且可能时还将加大拨付的比例。”同时也选定了自己的利润成长路径：“我们的经营模式是，抓住机遇，靠研究开发的高投入获得产品技术和性能价格比的领先优势，通过大规模的席卷式的市场营销，在最短的时间里形成正反馈的良性循环，充分获取‘机会窗’的超额利润。”据统计，2003—2014年华为在研发的累计投入超过1 900亿元，2014年研发投入占销售额的比重达到14.2%。而几乎在同期，国内某著名高科技企业的研发投入10年累计44亿元，还不到华为一年的研发投入。当然国内其他企业也好不到哪去，据统计中国企业的研发投入占销售额的比重平均只有0.3%！这个世界很公平，投入决定回报；种瓜得瓜，种豆得豆；天上没馅饼，地上有陷阱。任正非把华为成功的

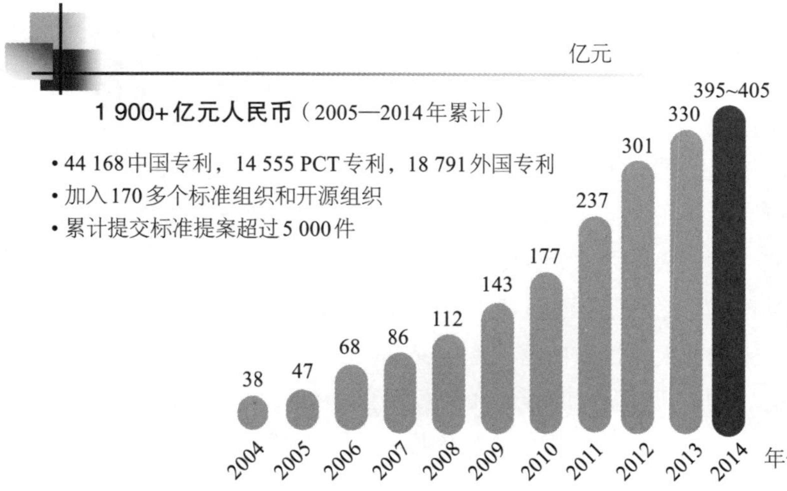

图2 华为2004—2014年研发投入

原因归结为一个字：傻。没错，华为的成功确确实实是“傻成功”。“在大机会面前，千万不要机会主义”，此言诚也，诚言美也，诚言亦难也！创新就意味真金白银的持续投入，没有持续的投入，创新永远是墙上的标语口号，永远是义和团口中的“刀枪不入”的神咒。

其二，持续的管理改进。华为CFO（首席财务官）孟晚舟在解读2014年华为财报时提到：利润的稳健增长得益于两点：一是“以客户为中心，以奋斗者为本，长期坚持艰苦奋斗”的核心价值观文化建设，二是不断在内部推行管理和组织变革，简化管理，提高效率，激活组织”。如2012年通过管理改进，包括变革项目和流程建设项目，使得公司的管理费用率下降了0.7%，占集团总费用4.7%，又如2013年公司期间费用率与上年同比再下降1.6%，再如，2014年通过财务风险等控制措施，在坏账收回贡献的利润增加就超过28亿元。持续的管理变革，对公司的管理和运营真正产生了正向的作用，实现了公司端到端运作效率的提升，降低了公司内部运作成本。降低的成本费用，就是利润。利润的增加无非两个途径：开源和节流。也就是学者所讲的：内涵的和外延的。

其三，全球化运营。全球化不等于国际化，前者是指在全球范围内的资源整合与业务运作，后者特指的是国内公司想走出去的内心向往。全球化企业最幸福：可以挣和赚全世界人的钱，而且是24小时全年无休地挣钱和赚钱，赚到的钱可以是英镑、美元、欧元和日元，也可以是越南盾、缅甸元、科多巴、博利瓦、奈拉和法拉西。“东方不亮西方亮，黑了北方有南方”。中国企业也很幸福——拥有一个13亿人口的持续增长的巨大市场，不像日本企业，不敢做大，一做大，国内市场饱和，必须走出去，而中国企业没有这种压力感和紧迫感，这也是中国企业走不出去的客观原因。而华为走出去——国际化——全球化的压力与动力来自于自身的主观驱动。来自于“风萧萧兮易水寒，壮士一去兮不复还。探虎穴兮入蛟宫，仰天呼气兮成白虹”的壮怀！来自于“俄罗斯幅员辽阔，但我们没有退路，身后就是莫斯科”的悲壮！

员工人数

伟人言：“人多力量大。”学者言：“人是资源，人是资本。”这没错。人力资源规模增加，意味着企业业务规模的增长，意味着企业价值创造要素的增加。但是，从另一个角度看，前面的话其实只讲对了一半。用常用输入法在电脑上打下“HR”，都会出两个单词：好人，坏人。人力，既是资本，也是成本。笔者给人才下了个定义：人才=U235，搞好核发电，搞不好核辐射。作为人力资源，像煤炭、石油等自然资源一样，只是一个客观的存在，人力资源需要开发，需要燃烧，才能产生能量，创造价值。如果人力资源不能够创造价值，在财务报表上反映出来的结果是：增加了可变成本，提升了产品价格，进而扩大了销售额，但削减了利润。而且，人力资源的增加必然会给企业的管理带来巨大的挑战，何况当下企业新增人力资源的主要构成是那些“哈哈”着的“80后”和“90后”们，那些只会“呵呵”的“80前”们的面对的挑战，可想而知，你懂得！

华为的人力资源规模一直在增长，27年的成长历程中，华为没有整体裁员过，即使在“IT泡沫”破灭后也如此。从1987年成立的2人，到1988年的14人，2000年员工规模达到16 000人，15年后增长了10倍，本年初达到172 000人（其中有40 000多外籍员工）。

企业持续扩大人力资源规模，是企业社会责任的体现。修路架桥，那是企业家的责任，作为一个企业，最大的社会责任是缴税（近10年，华为已累计给中国政府缴税2 000亿，2014年向中国政府缴税337亿元人民币）和吸纳就业。华为对国家的最大贡献，就是为中国的优秀人力资源在本土提供了施展才华，实现个人价值的平台，中国优秀的人力资源种子不需要漂洋过海，在美利坚大地上生根、开花、结果，到最后混不下去了，再以“海龟”的名号回来蒙事蒙钱。

华为人力资源增长的减缓，主要原因在于“减人增效涨工资”的政策，也就是任正非所企盼的“五个人的活，三个人干，拿四个人的工资”的人力资源管理的愿景，这是一个客户、公司、股东和员工“四赢”。一方面，通过为人力资源提供有尊严的和有竞争力的薪酬，吸引优秀的人才；另一方面，通过价值评价体系，持续地淘汰落后的员工；同时，通过激活内部机制，激发活力，保持人力资源队伍的战斗力；实现“三个一切”：团结一切可以团结的人，调动一切可以调动的积极性，挖掘一切可以挖掘的潜力。

纵观华为的销售收入增长曲线、利润增长曲线和人力资源增长曲线，可以看出：它们整体都是向上的，在按照各自轨迹向上的过程中出现了交叉（这个交叉的时点大致出现在5年前），利润增长曲线超越销售收入增长曲线，销售收入增长曲线和利润增长曲线又超越了人力资源增长曲线，由此形成了三个“剪刀差”：利润增长快于销售收入增长，利润增长快于人力资源增长，销售收入增长快于人力资源增长。

这就是华为的“剪刀差”之美！

这是一种“新常态”的成长之美！

这是一种有效增长之美！

这是一种均衡增长之美！

学华为，学什么，为什么学不会？

在今年的达沃斯论坛上，任正非先生曾讲道："华为没有秘密，学华为，可以学得会。"但对许多中国企业来讲，学华为，真的很困难。

没有秘密的华为有什么？在华为成长发展过程中，起主导作用的是商业经营管理的常识，这些朴素的商业常识构成了华为的经营管理哲学和成长逻辑。常识是可以习得的，商业常识亦如此。

那么，学华为，到底学什么？

黑格尔说：人类最大的教训就是人类从来没有从历史上吸取教训。同样，我们很多企业也很少从领先企业的实践中，吸取教训，或者吸纳经验，从而形成自己企业的管理哲学和成长逻辑。

任正非曾讲过："思想家的作用就是假设，只有有正确的假设，才有正确的思想；只有有正确的思想，才有正确的方向；只有有正确的方向，才有正确的理论；只有有正确的理论，才有正确的战略。"而正确假设与思想，来源于持续不断的学习与痛苦的思考。

学华为，学什么？

1. 经营管理：开放、妥协、灰度、均衡

任正非管理很重要的思想，就是灰度，灰度是什么？黑是一个极端，白是一个极端，介于白与黑之间广阔的空间，就是灰，华为实际上就是在灰度的空间上。我们读《基本法》，会看到里面大量都是灰度语言：民主决策、权威管理、从贤不从众，这都是灰度，这是它从制度上的创新。

2. 经营理念：坚守常识，在商言商

华为所坚守的是常识，这些常识就是商业基本常识；企业成长不需要秘密，要的是探索、敬畏、遵从和坚守常识。如果讲任正非主要的经营管理理念，其实就这四个字——在商言商，即遵从商业常识。

3. 企业文化：愿景驱动，造梦与践梦

文化就是长期的牵引力，很多企业做企业文化都是机会主义，想解决眼前的问题；文化不解决眼前的问题，文化解决未来的问题。

很多企业做文化，急功近利，今天种下粮食，明天就等着收割。企业文化是一个长期的系统工程，以华为为例，我总结了9条企业文化建设的经验：第一，建立宪章；第二，高层以身作则；第三，高层的传播；第四，舆论宣传；第五，制度牵引；第六，培训引导；第七，荣誉激励；第八，行为规范；第九，仪式浸染。其中，宪章的建立、高层以身作则和制度的牵引是华为企业文化建设最重要的三个方面。

8年前，华为的EMT成员站在台上举起了右手，向下面的干部宣誓：

（1）正人先正己，以身作则，严于律己，做全体员工的楷模，高级干部的合法收入只能来自华为公司的分红和薪酬，除此之外不能以以下方式获得其他任何收入：绝对不利用公司赋予我们的职权去影响和干扰公司的各项业务，从中谋取私利，不以任何形式损害公司利益……（2）高级干部要正直无私，用人要五湖四海，不拉帮结派……（3）不窃取、不泄露公司商业机密，不侵犯其他公司的商业机密；（4）绝不接触中国的任何国家机密，以及任何国家的任何国家机密；（5）不私费公报；（6）高级干部要有自我约束能力，通过自查、自纠，自我批判，每日三省吾身，以此建立干部队伍的自洁机制，绝不允许“堡垒从内部攻破”……我们坚决履行以上承诺，并接受公司监事和全体员工的监督。

华为每年都进行集体宣誓，从高层到中基层，层层宣誓。有人认为这是在作秀，即使作秀，也不妨秀一把，让员工知道我们在想什么，我们在说什么，我们在做什么。任正非说了一句很经典的话：我不自私，我就敢治那些自私的人。

4. 治理结构：高层民主，从贤不从众

华为是《财富》500强中唯一一个没有上市的，但其高层治理结构与上市公司没有任何差异。战略与客户委员会、财经委员会和人力资源委员会构成公司的三大战略决策结构。EMT则是经营管理决策机构。

5. 成长管理：乱中求治，治中求乱

华为这20多年形成了一个成长机制：机会牵引人才，公司提供了机会，高人就会源源不断地来，公司提供了机会，这些高人就会突破技术，技术突破产品，产品拥有市场机会，使公司进入良性发展。在从无序走向有序的过程中，抓住主要矛盾和矛盾的主要方面，构建耗散结构，保持组织的活力。

6. 利益机制：分享分担，向责任与贡献倾斜

无论是从持股员工人数，还是员工持股的比例来看，华为是全世界最大的员工持股公司，华为现在有8万多员工共同和任正非持有华为的股份，任正非现在的股份只占1.42%。不让雷锋吃亏，给火车头加满油，由评价分配制向获取分享制转变。

7. 企业战略：压强原则，聚焦压强，力出一孔

华为的战略有一个很核心的原则就是压强原则，最近也叫针尖战略，就是把自己所有的力量凝聚到一个点上，要么不做，要做就堵上去，《基本法》说："我们坚持压强原则，在成功的关键因素和选定的战略点上，以超过主要竞争对手的强度配置资源，要么不做，要做就极大地集中人力、物力和财力，实现重点突破。"这就是华为的战略，这些战略很简单，但是要坚守也很难。

8. 内部机制：拉开差距，激发活力，提升效率

机制是什么？机制看不见、摸不着，机制的显现是靠制度，制度给我们以支撑。很多企业随着长大，机制慢慢退化，第一，拉车的人

越来越少；第二，抱怨越来越多，第三，山头林立，形成帮派。所以小富即安，不思进取，惰怠，都是机制退化的表现。解决组织活力的必经之路，就是要拉开差距，实现多劳多得。

9. 管理理念：管理平台，系统架构，IT 变革

华为的成功是管理体系的成功。华为坚持的一个理念——“管理是真正的核心竞争力”，而不是技术，不是人才，不是产品，也不是老板，华为就是靠管理这个平台，凝聚大家的力量，然后在这个平台实施战略。

10. 人力资源：价值创造、价值评价、价值分配

华为的人力资源是一个金刚石的结构化模型，即价值创造、价值评价、价值分配。

首先是价值创造。调动一切可以调动的因素，以客户为中心，为客户创造价值，然后挖掘这些价值创造要素，激活要素，任正非说：“华为没有可以依存的自然资源，唯有在人的头脑中挖掘出大油田、大森林、大煤矿。”我们把这些能量调动起来，创造更多的价值。其次是价值评价。评价是什么？论功行赏，干得好干得坏要评一评。再次是价值分。给干得好的人、奋斗者多发，叫激励，给干得一般的人发合适的，叫回报，给那些干得不好的少发，这就叫约束。

11. 人才管理：职业通道，分类管理

在华为，人力资源管理体系基本上可以概括为四句话：以岗定级，以级定薪，人岗匹配，易岗易薪。其核心是基于职位，而不是基于人或职务。要把职位放在天平上量一量，看看谁重要；测完就打分，级别出来以后，把它乘上人民币，就是这个坑值多少钱，这就是职位评价。坑做完了，就种萝卜，萝卜就是人，你这个萝卜适合哪个坑，把适合的放到这个坑里，这就叫人岗匹配，也叫知人善任，也叫把合适的人放在合适的位置上；然后我们对萝卜评价，你适合这个坑，然后就干这个坑的活，拿这个坑的钱；萝卜进了坑，要看你长大了没有，这就是看你的绩效。华为对人、事、“坑”都有一套评价的体系。

12. 干部管理：能上能下，持续赋能，消除惰性

干部的选拔与晋升要靠劳动态度，劳动态度是一票否决制，你劳

动态度不行，能力再强也上不去。劳动态度的评价是通过关键事件法来实现的。

13. 流程管理：客户导向，端到端打通

简单解释华为的流程就是三个字“端到端”，这个流程是从客户来，最后到客户去。这就是华为的流程，华为只有一条路，没有羊肠小道，所有的部门，所有的人，所有的业务，都在这条高速路上。用任正非的话说，流程就是修好堤坝，水在这个管道里自动自发地流，水流到海里蒸发成空气，空气遇到冷空气变成雪，下到喜马拉雅山，喜马拉雅山上的雪融化，变成水，流到江里，如此反复。

14. 组织管理：矩阵结构、组织能力、弹性化

华为是典型的矩阵结构，是什么样的？一个平台，每个人都有两个领导，任何点上都有两个头，比如说在这个点上他的头是管运作与交付的，他处于这个位置，他又有一个负责解决方案的领导。华为没有事业部，事业部是一个扩张机制，以包代管，最后事业部做大了，尾大不掉，造成资源不共享的难题。所以，华为始终是一个平台，三大BG都在华为这个平台上做，这是它的组织特点，就是营销分离。

15. 研发管理：面向市场成功，持续开放创新

华为在研发上是消灭工程师文化，把工程师变成工程商人，就是消灭技术导向文化，研发人员也要客户导向。同时，华为是一个创新能力比较强的公司，但是华为保持着对创新的高度警惕，也一直强调对创新进行管理，没有管理的创新是可怕的。所以，任正非讲了一句话：华为所有员工、上上下下都讲创新的话，就是华为的葬歌。华为的创新是70%的继承+30%的创造，创新不是推倒重来；在华为，坚决反对新官上任三把火，反对推倒重来，反对改革，华为提倡的是改良、改进、改善。什么叫创新？任正非的解释，70%的继承是牛粪，30%的创造是鲜花，鲜花一定要插在牛粪上，这才叫创新。

学华为，为什么学不会

学别人，僵化地学，不是投机地学，不是叶公好龙式的学，把别

人学透了，再根据自己的实际情况优化，优化完了固化下来，把学的东西变成实践，变成制度，变成体系，不是狗熊掰棒子，掰得多，丢得多，最后两手空空。这就是华为在学习领先企业时坚守的三句话：“先僵化，后优化，再固化。”

对于（企业）学华为，为什么学不会，到底该怎么做，有以下总结：

（1）学习的前提是痛苦的自我批判；

（2）学习是建立在理性的智慧思考基础上；

（3）学习不是模仿，也不是拿来；

（4）学习是成长的机会，但不能机会主义；

（5）学习是一个持之以恒的过程；

（6）学习是为了付诸实践；

（7）学习首先要谦卑地降下身段；

（8）学习的大敌是强调特殊性；

（9）学习它，首先是深刻理解它；

（10）学习别人，别迷失自己。

第二部分

管理与机制

企业是个组织，组织中存在各种能量，有正的，有负的；有真的，有假的；有积极的，也有消极的。企业自身能量的状态决定了企业的生存与运作状态。企业中的能量此消彼长，交互融合，以不同的作用机理和作用方向影响着组织，进而决定组织的兴衰存亡。企业经营管理的命题在于，持续地激发内部的正能量，吸纳来自客户和市场的正能量；持续地抑制内部的负能量，抵御来自外部的负能量，并将其转化为正能量，保持自身机体的健康，构建企业自我修复机制，不断地增强企业自身的活力。

在回答“下一个倒下的会不会是华为”这一问题时，任正非的答案是：“如果我们能坚持‘力出一孔，利出一孔’‘下一个倒下的就不会是华为’；如果我们放弃了‘力出一孔，利出一孔’的原则，‘下一个倒下的也许可能就是华为’。历史上的大企业，其发展一旦过了拐点，便会进入下滑通道，很少有重获成功的。我们不甘倒下，那么我们就要克己复礼，团结一心，努力奋斗。”文中的“力”，指的就是华为的组织能力，或称组织能量；而“利”指的则是华为内部的各种利益要素，这些要素可以帮助企业生成组织能量。企业大事，唯赏与罚。赏罚是利益调整，赏罚能产生能量，它是机制的本质，亦是管理的本质。

华为的管理创新逻辑

华为将管理视作自身的核心竞争力，反对闭门创新。

20多年来，华为一直跟在别人的后面不断地追，紧盯着客户，把别人喝咖啡的时间用在工作上，一路狂奔，追着追着发现前面没有人了，这是任正非最大的担忧。他说，华为还没有做好成为商业领袖的准备，带领这个行业往前走。

我们有本书叫《下一个倒下的会不会是华为》。有人说我们是在炒作，但这本书对华为内部来讲就是一个警告：下一个倒下的会不会是华为？如果员工倒下了，倒在泥里，就像大家在书中那张照片上看到的那样，华为就不会倒下，至少不会是下一个倒下的；但如果员工在咖啡厅里喝着咖啡，享受人生，华为就会倒下。

梦想牵引华为

2008年，时值任正非被《中国企业家》杂志评为“2008年度25位最具影响力的企业领袖”终身成就奖之际，我曾应邀写过一篇文章，标题是“华为没有秘密，任正非没有密码”。如果一家企业靠秘密长大，那么这家企业肯定是黑社会。作为管理顾问，我也一直在探寻华为的成功基因或者所谓的成功的秘密。很遗憾，十余年了，我依旧没有找到。所以，我觉得华为真的没有秘密，任正非也没有密码。

但是，华为能够成为世界级企业，或许有它的非典型意义。会不会像很多企业喊出的口号那样，它们会成为第二个华为？这要打个问号。华为到底可不可学，华为究竟可不可复制？

哪些不可学？术不可学，学了也学不像。道可学，道正则术通。很多企业都想学华为某一点上的术，比如管理制度、营销模式等，但是学到后面就被一面墙给挡住了，因为价值观不一样。但道可学，因为华为的这些经营之道不是秘密，也不是密码，而是一种商业常识，商业的共性大于差异。所以，要学华为，就要先把华为的价值观学透，在这个前提下再学华为的术，就相对简单了。

我觉得，华为作为一个管理学现象，其意义在于，它为中国企业提供了成为制造业领袖的管理思想体系，探索出了在中国发展与管理高科技企业的道路。

我把企业的领袖分为两类：一类叫商人，一类叫企业家。企业家和商人最大的区别就在于梦的不同。北京奥运会有一句歌词：有梦想谁都了不起，有梦想就会有奇迹。

“通信行业三分天下，华为将占一分。”这句话是任正非在1994年讲的。1995年他在公司员工大会上讲这句话时，我也曾亲耳听到，但当时听的时候，没有人相信。1994年，和华为同行业的都是百年老店，是一个个巨人，华为要仰视这些竞争对手，但是华为有梦。《基本法》在1997年就提出，华为要做“世界级企业”，这就是梦。华为一直被自己的梦想牵引着，孤独地走在成为世界级企业的路上。

所以，华为是一家有梦的公司，其梦想不仅植根在任正非的头脑中，而且通过各种机制传递给每个人。每个人心中都有一个小梦，数万个人汇集成一个大梦。所以，我们在书上写道：“15万大军，孤独地走在追梦的路上。”

现在，华为已经在通信业立足，而且成了行业老大。任正非的梦实现了，华为是不是没有梦了？不是。现在，华为又有新的梦，这个梦更大——做信息产业的霸主。

2017年，华为的目标销售额要达到700亿美元。2012年，其销售额是350亿美元（合同销售额），2013年的目标是400亿美元，准备再用5年时间翻一番。困难虽然大，但我相信华为的能力。有个梦总比干一天算一天强得多，这就是华为未来的格局。

华为的战略：活下去

华为的成功来自创新，首先是战略创新。

有句话叫“战略无密可保”，什么是华为的战略？有一次，我陪任正非见一位著名的经济学家，这位经济学家反复问这个问题，但任正非一直回答说华为没有战略。后来，我又问他，华为的战略到底是什么？他说，只有三个字——活下去。活下去，既是华为的最低战略，也是华为的最高战略。

为了活下去，华为的眼睛必须始终盯着客户。

第一，为客户服务是华为存在的唯一理由。很多企业大包大揽，对社会负责，对员工负责，对利益相关者负责，但就是不对自己负责。华为从“乙方”的角度来对待客户，即便发展到今天，华为还是谦卑地为客户服务着。

第二，怎样为客户服务？落实到产品和服务上，就是质量好、服务好、运作成本低。做到这三点，天下无敌；做不到这三点，客户就不会选择你，而会选择你的竞争对手。这样，你的生存压力就增大了。

第三，怎样做到质量好、服务好、运作成本低？持续管理变革，实现高效的流程化运作，确保端到端的优质交付。有人问，任正非的座右铭是什么？我说“没有”，但他经常说的一句话是，“在商言商”，即回到商业的本质来思考问题。

第四，与友商共同发展，它们既是竞争对手，也是合作伙伴，华为要与它们共同创造良好的生存空间，共享价值链的利益。

全世界各类组织90%的战略都以失败告终。华为的战略得以有效落实，依赖的不是任正非，也不是特殊的人才，而是整套管理体系。华为认为：管理是真正的核心竞争力。华为的成功是管理平台的成功。

华为拥有技术研发平台、中试平台、制造平台、采购平台、营销平台、资源平台、融资平台、服务平台、管理平台、数据平台等，这些平台中的组织文化、战略方向、组织结构、流程管理、管理体系、管理模板、管理工具、衡量方法、求助体系、激励约束机制自成一体。华为20多年来的发展实际上就是构建这个平台的过程，其未来的发展也是基于这个平台。有了这个平台，撒上什么种子都能发芽，都能收获粮食，别的公司根本无法与其竞争。

在战略创新上，华为坚持“压强原则”①，即集中所有优势，实现重点突破、系统领先。换句话讲，就是“杀鸡用牛刀”。

华为在战略上最值得肯定的是20多年来经得住诱惑、耐得住寂寞，在自己擅长的领域做自己擅长的事。很多企业做大后就觉得自己是万能的，看着别人赚钱，就到处“插足”，最后把自己的企业做成了国民经济；学者也给它们找理由，说不要把所有的鸡蛋放在一个篮子里，但很多企业最后连自己都不知道把鸡蛋放在哪儿了，搞得遍地都是小野鸡。

华为20多年来坚守两个“高投入”不动摇，一个是投资研发，一个是投资于人。20多年来，华为保证将至少10%的销售收入用于研发，只许花完，花不完要追究责任。如果通过搞风投、买地来赚钱，太容易了。所以华为没有泡沫，不管是遇到了冬天还是遇到什么，都能活得很好。华为坚持对人力资源的高投入。《基本法》规定：华为坚持人力资本的增值优于财务资本的增值。相对于利润和财务指标，华为更看重人力资本的增值和回报。华为对任正非也有一个考核指标，就是人均效率。任正非关注人均效率，任何部门都不能通过人海战术完成

① 《基本法》第二十三条：我们坚持“压强原则”，在成功的关键要素和选定的战略生长点上，以超过主要竞争对手的强度配置资源，要么不做，要做，就极大地集中人力、物力和财力，实现重点突破。任正非曾用坦克和钉子的比喻说明“压强原则”：坦克重达几十吨，却可以在沙漠中行驶，原因是宽阔的履带分散了加在单位面积上的重量；钉子质量虽小，却可以穿透硬物，是因为它将冲击力集中在小小的尖上，二者的差别就在于后者的压强更大。

任务，华为形成规模是在人均效率提升的前提下实现的。①

创新：鲜花插在牛粪上

华为的创新还体现在决策制度的创新。

在决策上，华为遵循的第一条原则是民主决策、权威管理。有人说任正非独裁，但实际上，任正非在决策层面绝对没有独裁。其决策一定要经过细密的思考，在华为的EMT会议上围绕问题的讨论太多了，一个伟大的决策就是在妥协和讨论中形成的。第二条原则是贯彻“小改进，大奖励；大建议，只鼓励”的方针。华为反对员工心存高远地站在山顶上看未来，担心自己的员工都变成北京的出租车司机——车开不好，却整天给国家领导人支招。对于员工来说，做好小改进就是对公司的贡献。

此外，华为还有管理创新。1997年，随着公司的规模做大，任正非产生了一种恐惧。员工越来越多，产品线越来越多，客户越来越多，他发现管理不了这个公司了，怎么办？于是就有了《基本法》（1995年开始萌芽，1998年3月审议通过）。为什么《基本法》搞了3年？原因在于要统一思想。《基本法》给华为的未来指明了方向，有了《基本法》之后，“农民”要脱下“草鞋”换上“皮鞋”，但中国没有“皮鞋”，所以只能花大价钱到国外买。1997年，华为引进世界级的HAY、NVQ，从IBM引入了IPD和ISC，然后又做财务、客户关系管理等。这个过程很艰难，因为每一次变革都是对利益的一次剥夺和重新分配，华为的很多高层都在这个过程中离开了公司。

任正非一直警惕创新，华为是一家不创新的公司。很多企业都在创新，华为却一直反对内部改革，不允许新官上任三把火，它要求的是继承。华为的创新是在技术层面上的创新，其创新一定要带来商业上的成功。华为考核创新的一个指标是新产品占当年销售额的比重。

---

① 有人曾将华为和其他标杆企业的人均效率进行过对比测算，1999年，华为的人均效率和微软的比率是1∶8.8，而现在，华为和这些标杆企业只差60%，提高了将近10倍。

任正非说，华为不能有院士，它不允许有研究蜘蛛腿上有毛的人，它是一个商业组织，在商言商。如果我们为了追求创新而创新，会把公司带到不归路上。

任正非说，创新就是把鲜花插在牛粪上，华为就是“牛粪”，人家的东西就是“鲜花”,“牛粪”给“鲜花”提供营养。继承就是“牛粪”，创新就是“鲜花”。[①]

华为的管理核心

华为的管理核心有三句话：第一，企业文化上的高绩效导向；第二，商业模式上的客户化导向；第三，业务运作的流程化导向。

有人做过调查，在中国的500强企业中，80%以上的企业，其企业文化中都有“以人为本”这四个字。华为却不是以人为本，而是以事为本，用我们人力资源的话说就是高绩效导向。高绩效也是国外领先企业的企业文化中一个通用的导向。华为不反对以人为本，它在2012年给员工发了125.7亿元奖金（华为2012年的利润为154亿元），发钱发得手软。由此可见，华为是把以人为本作为结果，而很多企业则把以人为本作为前提，本末倒置。

世界上哪支军队最有战斗力？答案是索马里海盗。为什么？因为它有良好的分赃机制。任正非说，华为的人为什么战斗力比别人强？因为华为有一个好的“分赃机制”。华为人并没有多么优秀，多么出类拔萃，但他们却被一个平台、一种力量、一个梦想、一个方向整合起来，这就是华为的人力资源管理。

华为的人力资源管理所遵循的原则只有三句话：价值创造、价值评价、价值分配。用任正非的话来说，价值创造是将人的头脑中的价值提炼出来，以客户为中心，全力为客户服务。价值评价的原则就是按劳分配，而很多企业都是按资本、职务、学历、资历、关系进行分配。

---

① 见任正非2010年在华为云计算战略发布会上的发言，原话为：“华为长期坚持的战略，是基于‘鲜花插在牛粪上’的战略，从不离开传统去盲目创新，而是基于原有的存在去开放，去创新。鲜花长好后，又成为新的牛粪。”

价值分配就是多劳多得，华为的理念就是不让“雷锋”吃亏，也就是以奋斗者为本。

在华为，有一个不成文的规定，新员工到公司报到一个月后就要“取消”一切学历。因为，学历是“茶壶里的饺子”，你要拿报酬，就得把饺子从茶壶里倒出来。华为给事发工资，而不是给人发工资。而且评价人的不是人，而是制度，因为制度最客观。在华为，有三大评价体系：一是任职资格评价体系，二是职位描述体系，三是绩效衡量体系。这些体系皆来自国外，都不是华为的独创。华为最大的创新就是把这三者融合到自己的体系中，最后和报酬挂钩。

要激励那些为公司做出贡献的人，就要约束甚至限制那些“搭便车”的人，要告诉员工不上进的后果是什么。企业大事，唯赏与罚。罚当其劳，有能者自进；罚当其责，无能者减退。华为是这样规定的：第一，完不成绩效承诺的主管降职或免职；第二，副职不能晋升为正职，这把副手跟主管绑在了一条船上，所以他们得肩并肩一起奋斗；第三，一个部门所有员工都不能加薪，这又把员工绑在一条船上；第四，从本部门调出的降职使用，没有退路。所以，“海盗”是评出来和考出来的，不是选拔出来、培养出来的。

客户化导向

以客户为中心绝对不是一种理念，而是一种实践，怎样让每一个人都拥有这种实践？2012年6月，华为在上海的一名研发人员发了一条微博，我转发了。微博说，他们部门去海底捞聚餐，聚完餐到前台开发票，前台问发票抬头写什么，他说华为公司。当他回到餐桌时，他发现新上的果盘是用水果组成的华为的标志，这给了他很大的震撼。这条微博在华为公司引起了巨大的反响，8块西瓜皮就能解决的问题，为什么海底捞能做到，华为做不到？需要智商吗？需要人才吗？根本不需要。在这个行动的背后是什么？是理念、文化、机制、流程。

我曾在华为看到其内部文件。文件要求，公司所有员工和干部都要体验一次海底捞，体验一次顺丰速运。[①]华为不断吸取别人的正能量，甚至把对华为的批评、谩骂都变成了正能量来改进自己。那么，它为什么改进自己？为客户。

怎样为客户服务？这是一个组织问题。华为是一个流程组织。在准备接待大家的过程中，任务要经过审批，要界定客户等级，然后确定接待这个客户用什么样的车，送什么鲜花等，而打理这些事物的只是一个小女孩，因为它们已经流程化了。

华为的流程也是运用端到端模式，从客户的需求出发的。客户也许不知道自己要什么，但是客户有烦恼，有挑战，华为就要深入一线了解客户的挑战和压力，理解他们，并从中找到研发的方向，然后通过集成产品开发、客户关系管理、集成供应链，满足客户需要。所有部门都不能凌驾于这个流程，也不能改变这个流程。所以华为就形成了优质、低价、快速的服务模式。

华为的组织不是直线职能制，而是扁平化的。华为没有事业部，所有的部门、平台都面向客户。在很多企业中，问题的第一推动力往往都是老板，这使得很简单的问题一直存在，需要老板自己去发现。因为大家的眼睛盯的都不是客户，而是老板。

华为的文化是以客户为中心，以奋斗者为本，长期坚持艰苦奋斗。以客户为中心是方向，以奋斗者为本是动力，长期坚持艰苦奋斗是机制。你也许会说，人家都在外面享受生活，我干吗要艰苦奋斗？华为找的是同路人，道不同不相为谋。

（本文由李传涛先生根据2013年1月20日
在黑马—华为特训营上的演讲整理而成）

---

① 2012年12月28日，华为EMT会议做出决议：《关于体验顺丰速运、海底捞服务的倡议》，倡议全体员工：体验一次顺丰速运，吃一次海底捞，感受他们的服务。

管理才是企业真正的核心竞争力

企业最基本的使命是活下去

企业的使命是什么？是活下去。

活下去，看起来是非常简单的要求，但在现实中，这一简单的要求却成为诸多企业“不可能完成的任务”。中外企业发展的实践为我们提供了许许多多的案例。有人概括中国企业的生存状态是“长不大”与“活不长”，虽有些偏激，但也不无道理。造成这种状况的原因有许多，现实中主要存在三种力量：

一是激烈的竞争。这种竞争包括产品的竞争、服务的竞争、人力资源的竞争、市场的竞争和机制的竞争。在中国，因为市场经济的不完善，竞争就更显得残酷和惨烈。竞争的实质是对最终客户的竞争，失去了客户稳定和持续不断的需求，企业就失去了其存在的价值和理由。满足客户的需求是企业存在的唯一理由，这一理念的提出无疑有着深刻的内涵。

二是机制的退化。对于企业来说，一个好的机制可以把平庸的员工变成优秀的人才，一个坏的机制却可以把优秀的人才变成庸才；好机制可以让坏人干好事，坏机制可以让好人干坏事。

当企业发展到一定规模之后，创业初期所拥有的激情、活力、冲动会不断地耗散，大企业病会慢慢显露。令韦尔奇引以为豪的是，他在公司内部建立了“活力曲线”，并使GE这个企业巨擘始终保持小企业的活力。

三是企业内部的矛盾。企业发展到一定阶段后，企业内部矛盾开始显现，员工的心态、追求、关注点和行为方式也都有所变化，他们开始居功自傲，不思进取，这会侵蚀公司的优良文化。

企业经营管理的核心首先面临的就是这三个问题，这也是企业可持续发展的关键问题。也就是说，我们要寻找一种力量，使企业能够活下去并长大，成为百年老店，这是最关键的。

核心竞争力是企业生存之本

能够使企业生存并发展的力量何在？换言之，是什么要素支持那些长寿企业永葆青春？什么是企业幸福的原子？

答案很简单，是企业所具备的核心竞争力。企业之间的竞争已经到了“核竞争”的时代，所谓核竞争，就是核心竞争力的竞争。

核心竞争力是不能通过交换得到的，反之，通过交换得到的都不是核心竞争力。

核心竞争力也不能通过学习与模仿取得，它具有很强的排他性。

核心竞争力不是企业中几个要素的简单组合，它具有很强的整体性，在某种意义上讲，核心竞争力不是取决于企业的优势和长项，而是在更大程度上取决于企业的“短木板”。

核心竞争力为企业提供了进入多样化市场的可能性，也为最终产品提供了巨大的附加价值。可以说，只要拥有了核心竞争力，企业就会赢得在市场上的主动和竞争优势。

有人将核心竞争力归结为四点，即“偷不去，买不来，拆不开，拿不走”，这是十分贴切的。

那么，企业核心竞争力的要素是什么呢？很显然，不是技术，不是所谓的人才，更不是产品。因为这些要素都不具备核心竞争力的基本特征，它们只是企业的核心技能，而核心技能并不等于核心竞争力。

能够形成企业核心竞争力的唯有管理。原因有四：第一，只有管理才能把企业的核心技能聚合起来，形成整体力量和系统优势，并在激烈的市场竞争中处于优势地位，赢得竞争的胜利，为企业的持续发展提供生生不息的力量。第二，企业只有依靠系统的管理，才能最终摆脱对人才、技术、产品的依赖，才能适应激烈的外部市场变化。第三，良好的管理体系能够降低企业对优秀人力资源或少数稀缺人才的要求，降低对管理者整体管理能力的要求，进而为企业的持续发展提供稳固和长远的基础。第四，企业经营管理的实践证明，那些优秀的世界领先企业可能在某项或某几项核心技能方面并不出类拔萃，但在整体管理能力和整体管理水平上无疑是最优秀的。可以说，世界领先企业之所以世界领先，在于其领先于世界的管理。衡量企业领先的重要指标不是其员工规模和销售额，而是其效率。特别是人均效率。唯有管理才能带来人均效率的持续而稳定的提高。

以人为本

在经营管理理论和实践中，有一个词非常时髦，很多企业都把它作为自己的经营理念或企业文化，这就是“以人为本”。与此相关，诸多企业把所谓的人才作为企业管理的关注点，在理念上重视人才，在实践上迁就人才。

确实，在知识经济环境下，企业价值创造的源泉发生了根本性的变化，但知识并不等于人才，它是指能够为企业创造价值的知识，是企业可管理的、能使企业全体员工共享的知识，而不是指某一个个体的知识，更不是文凭和学历所代表的知识。

以人为本的前提是，人的整体素质达到了较高的水平，其中包括职业道德、职业技能和职业规范。如何实现以人为本呢？

第一，员工必须有信仰，并一贯地忠实于自己的信仰。信仰是员工与企业达成的心理契约。没有信仰的人是可怕的，因为信仰支配着员工的动机和行为。

第二，员工必须有信用。作为企业的员工，最基本的信用就是职业道德和职业规范，员工必须敬业。

第三，员工之间必须相互信任。信任是团队精神的基础。当然，信任还包括企业与员工之间的信任和上下级之间的信任。

在这三个最基本的条件都不具备的情况下，以人为本也许只能停留在口号上，或者变成一个温柔的陷阱。

实际上，以人为本并不是一种新的管理理念，也不是西方管理理念的舶来品，它是孟子提出的。在我们所掌握的资料中，没有一家国外优秀企业把以人为本作为自己的经营理念，诺基亚的中文广告是“科技以人为本”，而其核心价值观却是“尊重人——尊重人的责任感”。

企业的发展有三个命题——企业有前途，工作有效率，个人有成就。

其核心就是工作有效率。工作没效率，企业就不会有前途；企业没有前途，员工就不可能有成就。当企业不能持续地经营下去，员工将失去在企业工作的权利与机会，到那时，以人为本只能变成一句美丽的谎言。相反，员工的工作有效率，才能支撑企业的可持续发展，在企业的发展过程中，员工的个人价值也才能得到提升。简言之，员工的成就与发展必须建立在企业发展的基础之上，否则，以人为本就是无源之水，无本之木。在IT界的冬天里，这一点已成为不争的事实。

所以，在企业的经营管理中，以人为本只能是结果，而不是前提。

片面地提倡以人为本，必将阻碍企业的经营管理，使得企业无法将经营管理的核心聚焦于效率以及核心竞争力的提升上。

关键在于充满活力的内部机制

企业可持续成长的活力之源

每一家企业都希望成为百年老店，都想成为长寿公司。但不是任何企业都能够做到，原因很简单，市场的容量在一定时期是有限的，各类资源也是有限的。为争夺有限的生存空间，企业之间的竞争是不可避免的。有竞争就必然有淘汰，企业是否被淘汰，不是取决于其基业长青的愿望，而是取决于其自身的机制与力量，取决于其自身的抗体。

当宏观经济形势一片大好时，企业生存似乎不是一个大的问题，也很少有企业思考这个问题，“台风来了，猪都会飞”。问题是，任何宏观经济都有周期性，当企业随着经济周期的变化而思考生存问题时，往往为时已晚。

纵观那些已经倒下的企业，其原因固然有外力的作用，但根本原因还在于内部，在于其自身生长的基因，在于企业能否保持持续的危机意识和创新精神，构建良好的内部机制，进而长期地保持自身的内在活力。

那些所谓的成功企业，确实会因企业家的辉煌而辉煌，但大多数企业也确实会因企业家的衰落而没落。因此，企业的长寿不能依靠某一个或某几个只有短暂生命的企业家，尽管我们并不否认企业家及其精神是企业的第一推动力，但企业家毕竟是有寿命的，他们是稀缺资源，是可遇而不可求的少数精英。将一家企业的命运托付给一名企业家，无疑是极其危险的。

企业家最重要的使命是寻找企业生存之道，构建可持续成长的制度体系和内在活力。

摸着石头过河，确实颇有创意，但只是权宜之计，况且市场经济不是小河沟，而是汪洋大海，水太深，也太浑。而且还有一个更现实的背景，中国企业家对企业及市场经济的了解是很肤浅的，这丝毫没有贬低中国企业家智商的意思。因为从邓小平先生的南方谈话开始，我们才与市场经济、产权和现代企业制度拥有零距离的接触，屈指算来才仅仅十余年时间。没有长期的企业实践做背景，悟道实际上是很困难的。

那么，企业的生存之道在何方？在先行者那里。资本家做企业已经有几百年的历史了，他们最先领悟了企业的生存之道，领悟了企业经营管理与市场经济的本质。从整体意义上看，资本家在经营管理企业的过程中，比我们更实事求是，更务实，更理智。比起我们的盲目创新，谦虚而系统地学习和继承他人已有的东西，既是一条捷径，也是一条必由之路。当然，这种学习不是简单的模仿，不是引用几句名言警句，更不是引进一些管理技术和方法，而是新的思维方式和价值观体系的确立。

要想理性地思考企业的问题，我们必须建立一个客观的价值体系，一个正确的思维方式和出发点。其中最重要的就是，基于企业本质问题的思考。也就是说，要回到原点，回归企业的“基本面”，要在商言商。

当然，企业家的职能不仅仅是思考和学习，还必须实践，即通过现实的经营管理活动创造价值。同时，企业还要不断地适应社会经济的发展，适应市场和客户的变化，适应企业经营管理规律与趋势，适应竞争对手的变化。否则，企业必将走向失败。

通过对企业生存之道的哲学思考，我们就能确立企业基本的生存价值和生存意义，进而保证其持续地生存下去。

保持内部活力的关键

中国是个人力资源大国，企业并不缺少优秀的创新型人才，问题是，那么多优秀的人才，为什么创造不出一流的业绩？为什么我们还没有世界级的一流企业？

问题显然出在机制上。没有充满活力的人力资源生成机制，没有与世界领先企业接轨的运作机制，一流的企业是不会凭空产生的。

我们缺乏的是培育与引导人成才的机制与制度，是优秀人才成长的土壤与舞台，是优质的人力资源生态环境，是良好的人力资源经营和模式，是科学规范的人力资源开发工具和方法。

企业的机制是一种力量——激励力与约束力，是能够使内部员工的行为和行为结果向着企业所期望的方向转化的力量。也就是说，这种机制之所以有活力，在于它能够时刻引导员工，使员工持续地增加自己的投入，使好人做好事，坏人也做好事，而且能够做更多的好事。

企业成功的关键，不在于企业中拥有多少人才，而在于其运营机制。一个好的机制不但能够不断地造就人才，使优秀的人才脱颖而出，还能够吸纳更多的外部人才，使人才实现高绩效。吸引人才并不困难，困难的是让人才为企业所用。企业能否吸引、留住和有效使用人才，并不取决于企业是否出手大方，而在于其能否构建一个使人才脱颖而出的机制，一个能使其发挥作用的舞台。

什么样的机制缺乏活力？答案无疑是“大锅饭”机制。因为在这种机制中，无论员工干与不干、干好与干坏、干多与干少、创造价值与破坏价值、奉献与偷懒，得到的评价和获取的利益都是一样的，员工因此丧失了开发人力资源和提升职业化能力的直接动力。没有落差，没有倾斜，没有矛盾，没有激励，就不会有动力。这种机制对员工产生的导向是，减少个人的劳动投入和智力投入，使个人投入在低水平上保持与回报的一致。所以，“大锅饭”机制概括起来说，就是“干部能上不能下、工资能高不能低、员工能进不能出”。在这种机制下，好人也会做不出好事。

那么，什么是有活力的企业机制?

企业机制的关键在于，不能让“雷锋”吃亏，奉献者应当得到合理的回报。只有在为企业做出贡献的员工不吃亏的情况下，才会有更多的员工增加自己的投入，因为一个生机勃勃的企业机制，其基本原理在于能够激励与回报那些为企业创造价值的员工。这就是有活力的机制与缺乏活力的机制的本质区别所在。从另一方面讲，扬善必须惩恶，企业在保证不让奉献者吃亏的同时，也不能让投机者获利，偷懒者必须受到应有的惩罚。也就是说，使小人不得志，让好人不吃亏。

企业的机制必须依赖内在的制度和体系支撑，其中主要包括：

一是以核心价值观为内涵、以绩效为特征的优秀企业文化，它为企业提供的是生生不息的长期牵引力。

二是对全体员工的激励与约束体系，它为企业提供的是持续不断的内部动力。企业必须通过科学的评价制度，在定性上，确定谁是奉献者，谁是偷懒者；在定量上，明确每一个人的价值贡献。其中的关键在于，由人评价人转向由制度评价人。企业必须通过公正的分配制度，给予不同的价值贡献者以不同的回报，并通过回报体系的设计，来激励员工的价值创造行为。

三是与世界先进企业接轨的科学规范的内部管理体系，它为企业提供了长期持久的推动力。

牵引力、内部动力和推动力构成了企业机制的主要内容和基本框架。对于企业来说，它可以没有资源，但不能没有机制，且有活力的机制更重要。

外部环境变化为企业的生存发展提出了新挑战

进入21世纪后，中国企业步入了新的发展阶段，拥有了一个新的发展平台，企业的内外部环境都在悄悄地发生着变化。

基于以往的成长和发展，企业家开始思考企业的未来，关注更广大的国内市场和国际市场；与之相伴随的是，企业面临的风险与挑战也在与日俱增。当然，我们也应该看到，伴随着企业实力的增长，企业的内部实力和外部竞争力都得到了增强，企业应对外部环境的能力与整合资源的能力都有所提高。可以说，机会与挑战共存，风险与优势相伴。

外部环境的变化与政策是不以某一家企业的意志为转移的，因为环境的变化拥有自身的内在规律，而宏观经济政策的出台是政策主体的意志和多种要素博弈的结果，它们不可能为某家企业量身定制。

同时，任何环境的改变、政策的干预都不会强制和直接地干预企业的内部运作，不会直接限制企业进行理智的思考，而会或多或少地给企业留下“自由裁量”的空间。

因此，在外部环境与政策发生变化时，企业应基于自身的战略，积极地应对和规避来自外部的风险，保护自身的核心竞争力不受伤害。这种应对和规避没有善恶之分，面对外部的挑战和风险，为了保护企业的机制和活力，企业唯一的理智选择就是应对。

所以，企业必须敏锐地感知外部环境的变化，理智地应对风险与把握机会。外部求适应：适应市场，适应客户，适应社会；内部求活力：创新机制，保持活力，谋求发展。这是当今中国企业无法回避的课题。

在外部的挑战与变革面前，每家企业都有不同的表现：有些会未雨绸缪，积极地预测和应对变化，从而使企业走向卓越；有些会随大流，跟随变化，从而使企业落入平庸；有些会漠视、逃避、抵抗变化或无所作为，从而使企业被淘汰出局。

变革的主要力量源于企业家对变革的狂热与偏执，这是企业发展永恒的推动力。作为心存高远的企业和企业家，在面临生存和发展的挑战面前，唯一的选择是在有限的空间中，利用有限的资源，发挥无限的创新精神，谋求一种有限的平衡。在顺应外部变化的同时，依靠企业自身机制的力量，谋求生存和发展，积累资源，储蓄能量，以面对未来更大的挑战。

企业创新：不仅仅是一种理念

伟大的企业家创新是通过将一种现有的命题转化为一个有效的企业来实现的。

——彼得·德鲁克

知识经济时代，日新月异的技术、瞬息万变的市场需求和日趋激烈的市场竞争，在为企业带来更多机会的同时，也向企业特别是高科技企业发出了严峻的挑战。当企业直面更加激烈的国内竞争和国际竞争时，它们也面临着一个重大的且具有普遍性的问题，那就是如何增强核心优势，持续不断地提升核心竞争力，冲破长期困扰中国企业“长不大”和“活不长”的生存瓶颈。如何准确把握企业创新以及企业如何创新的问题，直接关系到中国企业生存和发展的重大课题。

中国企业从来不缺少先进的理念，它们缺少的是实施理念的坚毅与执着，是智慧的实施方案、机制和制度，创新也是如此。创新是企业普遍公认的经营管理理念，但它绝不仅仅是一个理念问题。当理念成为共识时，将其付诸实施就成为亟待解决的问题。

正确把握企业创新

企业创新首先是一个理念问题，而不是一句简单的口号。当创新成为人人言之而不为之的一句口号时，它只能像一个幽灵一样在企业的天空游荡。企业创新的前提是，它必须对创新有一个正确的理解与判断。

首先，我们应该弄清企业的创新是经营创新，还是管理创新。从一般意义上讲，企业的经营和管理是一体的，但严格区分起来，企业经营是向外扩张的，面向市场、客户、合作伙伴及竞争对手，它所追求的是组织的效益，解决的是企业的生存问题；而企业内部的管理是收敛的，面向的是流程、业务、分工和人力资源的开发和利用，所追求的是组织的效率，解决的是企业的可持续发展问题。

过去，人们把创新看作是冒险。在知识经济条件下，对于企业来讲，不创新才是最大的冒险。

从中国企业的现状来看，我们并不缺少优秀的经营者和具有创新精神的企业家，我们缺少的是高素质的职业管理者，中国企业的效率明显低于国外企业就是一个有力的佐证。而另一方面，企业的经营管理者将更多的精力用于所谓的经营创新，即市场开拓、品牌经营、资本运作等。结果，企业的经营成果被巨大的管理黑洞所吞没，失衡的经营与管理使许多企业失去了可持续发展的内在动力与机制。

其次，企业的创新是继承性的创新。它并不意味着推倒重来，而是一种扬弃，是在继承企业以往经营管理成果和成功要素的基础上的创新。一家企业未来的成功往往取决于其过去存在的要素。企业只有智慧地运用以往成功的要素，才可能把握未来的成功。盲目地模仿其他成功企业是一种非常幼稚的想法；赶时髦地推崇某种模式，只能使企业迷失发展的方向。

西方企业经历了几百年的发展，已为企业的经营管理提供了众多可资借鉴的思路与方法，这是企业共有的财富。对于中国企业来说，与其做一些没有价值且具有很大风险的创新与探索，还不如踏踏实实地学习和引进他人的成功做法。一家企业如果连基本的学习和判断能力都不具备，何谈其创新能力？

创新是一个系统，它既包括技术创新、市场创新，还包括制度创新和机制创新，同时也包括企业文化、经营管理理念等方面的创新。如果仅仅将企业的创新定位于某一企业的局部，是不能从根本上解决企业深层次的问题的。

创新不是颠覆性地将一切推倒重来，创新离不开继承，它必须继承以往的成功要素和已有的成果。

华为公司所坚持的“小改进，大奖励；大建议，只鼓励”“先僵化，后优化，再固化”“创新是70%的继承+30%的创造”“创新就是改进、改良和改善”等理念及其丰硕的成果，证明了企业把握创新理念的重要性。

创新必须以市场为导向

创新市场需求是市场竞争的核心

企业创新需要整体的思路，需要整体的目标牵引。以市场为导向，应该成为引导企业创新的主导力量。

创新是企业生存与发展的命脉，它来自企业对市场变化的敏锐洞察和对客户需求的正确把握。

从国内外那些企业或成或败的案例中，我们可以看出，寻求机会、满足需求，是后进企业的行为准则；关注客户需求，制造机会，引导需求，是先进企业的实践。

创新客户的需求，就是要抢先一步发现或引导客户需求，以客户的价值观、满意度为导向；就是要变被动为主动，不仅仅要捕捉机会，适应市场，而且要去创造机会，引导消费。只有这样，企业才能做到与众不同，形成差别优势，并通过强化这种差别优势来提升企业的核心竞争力，从而超越对手，为企业开拓更大的生存与发展空间。

创新需求还要求企业必须从市场需求释放的有微小变化的信号中，识别可能发生的市场变化，快速做出反应，从而使公司能赶在客户需求真正显现之前，有组织、有计划地调动与配置资源，先于竞争对手开发出客户所需要的技术与产品，并通过大规模席卷式的市场营销来覆盖市场，实现技术创新、产品创新和市场创新的有机协同和相互转化。

核心技能是企业创新的关键

当新的市场机会出现后，能否全方位、一体化地满足客户需求是市场竞争的关键，是否拥有核心技术又是关键中的关键。核心技术是一家企业自主拥有的、其他企业不可模仿的综合技能，它是企业核心竞争力的主要组成部分，构成了企业独特的竞争力，保证了企业在市场上占据不可替代的地位。

企业的“机会窗利润”来自核心技术。要拥有自己的核心技术，一方面，企业必须坚持“压强原则”，要经得住其他投资机会的诱惑，有所不为才能有所为，重点突破，系统领先，将资源集中配置，摆脱在低层次市场上角逐的被动局面，寻求对未知领域研究的系统突破，从而依靠点滴的技术积累，逐步摸索出企业的核心技术架构。也就是说，企业的核心技术之路，必须依靠研发的高投入获得产品技术和性能价格的领先优势，使企业在达到并保持高于行业平均增长速度的同时，逐步建立和巩固企业的技术优势。当然，企业的技术优势不是凭空产生的，其关键在于加大对研发的投入，而这恰恰是中国企业的劣势。

另一方面，企业必须积极探索在互利基础上广泛的开放合作方式，通过“强强联合”进一步巩固和发展自己的核心技术体系。任何一家企业都不能长期地垄断技术，知识经济既是竞争经济，也是合作经济，开放与合作是技术发展的大趋势。闭门造车式的技术创新，难免会使企业被淘汰，只有加强企业间的合作（包括与竞争对手的合作），它们才能在利益共享的基础上共同发展。

以市场来检验创新成果

企业是功利组织，创新成果是否有价值，最终取决于客户的评价，取决于市场的检验。可以说，客户手中的“货币选票”，决定着企业创新成果的命运。

客户的价值观是企业创新的牵引和导向，客户满意度是创新成果的评价标准。脱离了国情，脱离了市场需求的创新，其风险才是最可怕的。企业只有满足以上创新需求，才不致陷入自制的需求泡沫中。

为此，企业必须改变传统的研发管理体制，将对研究成果负责转换为对最终产品负责；通过建立科学的价值评价体系，对研发人员的行为和结果进行正确的引导，消除不顾市场变化、幼稚而盲目的创新。

构筑企业创新的平台

有效地管理创新

创新意味着高风险和高投入，企业家必须智慧地解决创新过程中出现的问题和矛盾，建立充满活力且控制有力的创新管理体制，对创新进行有效的管理，避免无序的创新撕裂企业的管理。

企业可持续发展的实质就是不断创新，没有创新就不会有发展。一家企业能否不断地自我否定，长期地保持创新能力，仅仅依靠客户是不够的，因为市场需求是公平地面向每一家企业。

对于企业来说，创新是一种整体行为，必须由统一的创新文化来引导。在企业内部，不仅要有创新的机制，还要有创新的理念。企业要建立基于创新的核心价值体系、企业文化和共同愿景，将创新意识贯彻在每一个人的头脑中，使创新成为一个共识和承诺，成为在统一理念指导下的理性的集体行为。

在企业组织层面，传统的功能型组织不利于企业创新机制的形成，因为这种组织模式强调的是专业技能、部门职责和自上而下的责任体系；而流程型组织和时效型组织更关注客户的需求和技术领先，从而能够为创新提供有效的组织保证。从中国企业的现实来看，很多企业的组织架构都是以功能性为特征的，这是造成中国企业创新能力不足的重要组织原因。

营造鼓励创新的良好组织氛围

企业创新的天敌是教条的限制，为此，企业必须建立和弘扬创新型企业文化，从而形成一支宏大的具有相同价值观和开拓创新能力的队伍。

在对员工创新活动予以保护的同时，企业还必须对此进行正确的引导和鼓励，使之在相互影响和相互激励中，将个体的创新行为纳入公司整体的创新过程当中。

鼓励员工创新，就应当允许员工犯错误。只要不犯重复的错误和不可挽救的错误，就给予其创新的机会，使员工在错误和挫折中尽快成长。

建立充满创新活力的经营机制

吸引和使用创新型人才

企业创新不仅要有理念平台，还需要有肥沃的土壤和充足的水分，以培育创新的种子。中国并不缺乏科技创新的种子，而缺乏培育种子的土壤。许多优良的创新种子漂洋过海，到太平洋彼岸去生根发芽，一个重要原因是，中国企业的创新土壤太贫瘠了。

在知识经济环境中，人力资本是企业价值的主要创造者。企业之间的竞争，归根结底是人才之间的竞争。企业要吸引优秀人才，首先必须为他们提供更多的创新机会，建立使优秀人才脱颖而出的机制，给予优秀人才展现个人创新能力的舞台，并由此吸引更多的人才。其次，在用人机制上，企业要打破论资排辈的传统，使优秀人才脱颖而出。再次，企业必须让各级管理者担起选拔、培养和举荐人才的责任，把下属是否优秀作为考核各级干部的一条标准。最后，企业必须建立对人才进行有效管理的人力资源管理制度，最大限度地挖掘员工的潜能，激发员工的创新意识。尊重人才，但绝不迁就人才。

给予创新成果以合理的回报

知识经济的核心是财富的创造方式和知识拥有者的致富方式发生了根本的变化，它要求企业的人力资源回报体系做出相应的变革。

只有对员工的创新行为和创新结果给予充分的肯定，做出正确的评价，并予以合理的回报，才能使创新活动持续进行下去。创新者如果不能分享创新成果，在下一轮创新过程中就会失去创新的活力和动力。

也就是说，在企业中需要构建围绕创新活动的“价值创造、价值评价和价值分配”的价值循环链，形成全力创造价值、科学评价价值和合理分配价值的良性循环。

解决对知识劳动回报的问题，不能仅仅依靠短期激励，还需要有长期的经济报酬，这就是国外企业普遍采用的员工持股计划，即通过将员工的部分劳动所得转化为股本，以员工持股的形式，回报于员工，使员工真正与公司结成利益和命运共同体。这种回报方式不同于企业内部传统的回报劳动投入的分配方式，它更强调对知识拥有者的知识贡献的回报，对创新行为和创新成果的回报。

静水潜流与华为国际化

历经9年的艰苦拓展，经过屡战屡败、屡败屡战的尝试后，华为终于实现了海外市场的全面突破。华为不仅完成了国际市场布局，使国际市场销售实现连年翻番式增长，同时还打开了高端市场，使自己的国际品牌地位和行业地位得到不断提升。而且，华为还形成了与国际接轨的营销方法和模式以及大平台服务体系，积累了海外市场本地化建设的经验。更为重要的是，海外市场的开拓，不仅带动了国内市场的发展，也使华为走出“IT严冬”，进入了新的发展时期。

国际化是对国际规则的适应

华为进入国际市场，是一种必然的趋势，同时也是一个充满艰难困苦的历史过程。对于任何想实现国际化的企业来说，国际化的道路并不是其产品或服务进入国际市场那么简单，也不是国际市场销售额比重上升可以衡量的。国际化意味着华为需要全面了解新的市场规则，即从学习规则、理解规则、掌握规则，到运用规则和主导规则；意味着华为的经营战略和管理体系全面与国际惯例接轨，也就是说，企业的经营管理理念、经营战略、组织运作体系、企业文化、内部运作体系、管理机制与制度等要全面接受国际市场规则的考验。华为能在走出国门的考试中合格，取决于其自身的素质与能力，以及其走出国门前的修炼。国际化的成败，取决于华为积累的基本功。

在国际化过程中，华为公司应该是比较扎实和富有成效的，其以生存为底线的国际化道路的尝试，不论是成功的经验，还是失败的教训，都是一笔宝贵的财富。

国际化是一种长期的承诺与持之以恒的战略

华为进入国际市场是一种历史的必然。华为董事长孙亚芳说："过分依赖国内市场对公司来说是相当危险的。"走出去就有机会，但国际市场同样拒绝机会主义，拒绝短期行为。国际化是一种战略选择，它更需要持之以恒的承诺和持久的投入。在国际化的道路上，华为绝不会一帆风顺，必须经受一番痛苦的磨炼。但只要认定了国际化这条路，我们就要坚定地走下去。国际化的关键在于过程，而不是结果。走国际化的道路，应该首先成为企业领袖的忠实信仰。在这条路上，企业领袖应该具有盛田昭夫们当年的勇气、信念和执着。国际化战略不能成为机会主义的战略，更不能作为规避国内激烈竞争的一种借口。

华为国际化的成功归因于其长期秉承"压强原则"，"在成功的关键要素和选定的战略生长点上，以超过主要竞争对手的强度配置资源，要么不做，要做，就极大地集中人力、物力和财力，实现重点突破"。敢于将有限的资源投入战略领域，实现重点突破、系统领先，既是华为在国内市场领先的成功经验，也是国际市场共同遵循的一项原则。

华为进入国际市场不是短期的投机行为，而是基于公司"活下去"的基本目标做出的举动。在华为，"活下去"与"走出去"是紧密相连的。要活下去，就必须走出去；而只有走出去，才能活下去。可以说，华为的国际化是以生存为底线的国际化，是以活下去为目标的国际化，因而在国际化道路上，华为走得非常执着和坚定。事实证明，国际市场并非坚不可摧，有投入，就会有回报。在那里，"农场法则"更流行。

华为在进入俄罗斯市场时，正是用前苏联卫国战争期间被那里的军民广为传诵的名言作为其战略宣言："俄罗斯大地辽阔，可我们已无退路，后面就是莫斯科！"没有攻不下的市场堡垒，只有攻不下市场堡垒的人。华为在俄罗斯市场上，历经8年，从颗粒无收到满载而归，关键就在于其对国际化战略的信仰和坚持。

国际化必须以客户为导向

华为在国内市场上的成功，依赖的是以客户为导向的核心价值观。在国际市场上，要取得成功，也同样必须坚持这一核心价值观。低廉的人力成本，产品或服务的低价策略，并不是进入国际市场的通行证。不可否认，对于没有品牌知名度的中国企业来说，依靠价格优势，取得局部市场的突破，在进入国际市场的早期不失为一种理智的选择。但是从长期来看，价格优势不能成为中国企业的核心竞争力，因为这种优势本身就很脆弱，而且低价策略所受到的打压和限制也会越来越多，客户可以选择你的产品，但不能认同你的品牌，竞争对手也同样不会给予你尊重。

华为董事长孙亚芳曾说："正反两方面经验教训反复证明：当我们遵循客户需求导向时，可以化危为机；当我们背离客户需求导向时，局面就会转机为危。以客户需求为导向，是经过实践检验的生存之魂，是我们留给未来者的宝贵财富。"

国际化的关键是企业的核心竞争力

中国企业实现国际化的优势同样是核心竞争力，其中包括企业的核心技术和市场营销能力。应该说，只有走出去，企业的核心竞争力才能得到最客观的检验。国际市场不相信眼泪，它倡导的是实力。华为在进入国际市场时，坚持把"最好的产品拿出去"，而其让"国际竞争对手能够平视华为"的根本就在于自身的实力。有实力，企业在国际市场中才能"到哪里都是主场"。华为在国际市场上遇到的竞争压力，并不比国内市场上的竞争压力大，但它依旧成功了，原因就在于其自身的实力。

在国际化过程中，企业极为注重对知识产权的保护，这无疑是重要的，但更重要的是，企业要有自己的知识产权。华为每年有高于营业额10%的研发投入，“即使在最困难的IT低谷时期，也保障了占销售收入10%以上的研发投入”。这使其在国际市场竞争中拥有了一个较高的起点。质量好、服务好、运作成本低、优先满足客户需求，是华为取得国际化成功的关键。而做到这一点，企业必须以核心技术和自有知识产权为后盾。

国际化的瓶颈是企业的管理体系

企业的国际竞争力是在国内培养的，而国内竞争力是在企业内部竞争中培养的。一家企业如果在国内都不具备强势的竞争优势，那么在进入国际市场，面对更强大的竞争对手时，其后果可想而知。企业的国际竞争力是对其国内竞争力的最好检验，而国内竞争力是企业内部机制与活力的最好体现。那些不能构建规范的充满活力的内部机制的企业，即使在国际市场上偶有收获，也是一种侥幸。国内企业与西方企业的差距往往不是技术和质量，而是企业的管理水平。国际跨国公司强大的市场竞争力，来自其内部先进科学的管理机制和管理体系。构建适应国际市场的管理运作体系，适应国内与国际市场的业务运作体系与流程，是中国企业进入国际市场必须解决的首要课题。

在国际市场上，国外企业选择一家中国企业的产品，其看重的无疑是价格、质量和服务，而国外企业选择一家中国企业作为合作伙伴，注重的则是企业的整体管理能力和成长能力，也就是说，企业的内部机制必须具有可复制性和可预期性，即能够持续地进行管理改进，且其经营管理行为依据的是流程、制度和机制，而不是个人。

华为在国际市场中的可持续发展，依靠的是其多年来构建的与世界一流企业接轨的管理体系和充满活力的企业机制。正是早期与国外通信巨头的竞争与合作，使得华为认识到先进的企业内部管理体系在国际化过程中的基础作用，这也是华为义无反顾地走向国际化的信心来源。华为一直信奉并坚持的一条重要理念是：管理是真正的核心竞争力。同时，管理也一直是华为的最大瓶颈。截至2008年，任正非已连续5年为华为提出“十大管理工作要点”，并将此作为引领华为管理变革的纲领。自1997年以来，华为在公司运作、质量体系、财务、人力资源4个主要方面进行了持续不断的变革，遵循“先僵化，后优化，再固化”和“小改进，大奖励；大建议，只鼓励”的管理原则，经过7年的努力，基本建立了与国际接轨的管理运作体系，国际上对华为产品的认可，其实是对华为整体管理体系的认可与尊重。

华为国际化的成功可以从不同的方面去探讨，但其成功的关键还在于宏观商业模式、内部运作模式和优秀的企业文化。华为董事长孙亚芳说，华为要“持续建设柔性的供应链能力，赢得快速、高质量、低成本供货保障的比较竞争优势”“奉行客户至上和诚信的服务文化，贴近客户，持续追求客户满意度，有力支撑市场发展，实现与客户的长期共赢”“建立与公司业务基本适应的财经服务与监控体系”“引入业界最佳研发管理模式，强化大平台支撑”。

国际化的前提是对人力资源的全球化管理

企业国际化的第一步是使一部分人力资源与国际市场接轨，对此，企业不仅要实现对国内人力资源的有效管理，而且还要关注国际市场中企业的人力资源管理。而进入国际市场的人力资源，往往以知识型员工为主，管理知识型员工本身就是国内企业的弱项，也是它们普遍面临的挑战。要实现国际化，首要的前提是实现人力资源管理理念和方法的国际化，其中包括企业文化的国际视角、绩效管理体系和薪酬体系与国际接轨、以国际化视角对人力资源的开发与培养、员工职业能力的提升、管理者管理技能的提升，以及适应国际市场的干部队伍的建设。国内有些企业之所以在国际化道路上步履维艰，一个重要的原因是，它们没有建立与国际接轨的人力资源管理体系，导致适应国际化的人力资源队伍和干部队伍的匮乏，以及相应激励机制与约束机制的滞后。

华为坚定地进入国际市场的信心来自其经过长期努力构建的与世界接轨的人力资源管理体系，其中包括以高绩效为特征的企业文化价值体系，职位分析与职位评价体系，任职资格体系，以职位为基础的薪酬体系，以绩效承诺和中期述职为主体的绩效管理体系，以员工持股、股票期权和虚拟股票权为主体的长期激励体系。华为的人力资源管理是与国际接轨的，因而在人力资源的跨文化管理方面，它遇到的障碍也小得多。同时，华为以此储备了一支强大的人力资源队伍，而进入国际市场使这支队伍有了更宽广的舞台。华为于2001年召开的人力资源大会和2003年召开的干部大会，不仅是其人力资源管理和干部队伍建设的里程碑，同时也是华为人力资源国际化管理的里程碑。华为董事长孙亚芳说："通过人力资源大会和干部大会，我们贯彻落实了长期坚持艰苦奋斗、奋发图强的精神，激励各级干部用内心之火、精神之光点燃了部属的信心，在IT冬天里保持了队伍的稳定，为公司新发展做了一定的人才储备。"任正非提出："破除了狭隘的民族自尊心就是国际化，破除了狭隘的华为自豪感就是职业化，破除了狭隘的品牌意识就是成熟化。"对走在国际化道路上的华为来讲，这无疑是人力资源和干部队伍建设的新课题。

国际化必须均衡国内市场和国际市场

中国企业在进入国际市场时，必须清醒地认识到国际化带来的一系列冲击。国际化使得企业在国际和国内两个市场上同时开展业务，因此企业的经营管理体系必须覆盖国内市场和国际市场。在企业还不能在国内市场上站稳脚跟，其国内市场份额还不能达到较高水平的情况下，盲目国际化必然会分散企业有限的资源，从而使企业在两个市场上都陷入被动。企业的国际化是以国内市场的成功为前提的。

华为在国际化道路上较好地均衡了国内与国际两个市场。华为坚信："均衡就是生产力最有效的形态。"它把国内市场与国际市场有机地结合起来，以国内市场的稳固支持国际市场的发展，以国际市场的发展带动国内市场的增长，从而实现国际市场与国内市场的均衡发展。华为海外业务每年以接近100%的速度增长。2003年，华为的国际市场份额占总销售额的27%；2004年，这一数字达到40%；2005年，其海外业务收入占总营业额的一半；2007年左右，华为海外市场的收入占华为总营业额的72%。而这一比例的实现是以国内市场营业额的增长为前提的。

在以生存为底线的国际化道路上，华为走得很艰难，也很执着。9年的国际化道路，迈出的虽然只是一小步，却是有决定意义的一步。华为未来的路还很长，需要解决的问题也很多，但即使如此，华为还要义无反顾地走下去。

任正非最喜欢的一句名言是：静水潜流。这是华为国际化过程中的经验之谈，发人深省。对走在国际化道路上的华为来讲，这句话尤为适用。

如何管理知识型员工

一个不可回避的转变

中国企业正经历着由传统经济到知识经济的转变。这种转变来自价值创造要素的变化，也就是说，知识正在或将替代土地、劳动和资本，成为主要的价值创造要素，知识劳动也将成为更有效的高附加值劳动。所谓的知识经济，其特征是社会财富主要来自拥有知识的人的自愿合作，各人的知识在共享、分享中产生知识创造。

传统经济向知识经济的演变，其本质是价值创造要素的转换。在知识经济中，知识成为重要的价值驱动力。这种基于创新的价值驱动力，在某种程度上可以改变传统经济的旧规则，如利润的平均化趋势和平均利润的下降趋势。正如比尔·盖茨所言，在知识经济中，人类创造财富的方式和个人致富的方式发生了根本的变化，知识就是金钱。

知识的重要性，决定了拥有知识的人的重要性。知识型员工是企业人力资源的构成部分，但作为企业价值的重要创造要素，他们又不同于一般的人力资源，他们是优质的人力资源。对于各种组织来讲，组织是居于首要地位的，而组织中的人的责任则要为实现组织目的做贡献。知识型员工的重要性高于一般人力资源的原因，在于其对于实现企业战略的价值。

在传统经济中，企业中的人被定义为“人事”，其管理职能为“人事管理”，其基本的管理假设是：人是成本，是减利要素。它所关注的是人的工作，其管理目的是节约以人力成本为主体的期间费用，从而提高企业的盈利水平。

在知识经济中，企业中的人被定义为“人力资源”或“人力资本”。其管理职能为“人力资源管理”，基本假设是：人是资源，关注人的工作和工作的人。人力资源管理的目的是通过对人力资源的开发与管理，投资于人力，实现人力资本的升值，进而为企业创造更多的价值。

现代人力资源管理的新课题

知识经济的特性，决定了人力资源开发与管理的重要命题。如何管理企业的人力资源，特别是优质的人力资源，即知识型员工，成为现代人力资源开发与管理的新课题。

管理大师彼得·德鲁克对此做了深刻的揭示。在《21世纪的管理挑战》中，他精辟地阐述道：“20世纪中，‘管理’的最重要、最独特的贡献，就在于它将制造业里体力劳动者的生产效率提高了50倍之多。”①也就是说，经过百年的管理实践，企业已经积累了一套系统的管理体力劳动者的技术与方法，而且实践证明，这些技术与方法是行之有效的。换言之，百年的企业管理实践，证明了管理对于提高企业生产效率的巨大作用。

而对于管理知识型员工，不论是国外企业，还是中国企业，都缺乏系统的工具与方法。所以，彼得·德鲁克认为：“21世纪，‘管理’所能做的与此同样重要的贡献，就是必须提高知识工作者和知识工作的生产率。”“提高知识工作者的生产率，是21世纪管理学的最大挑战。”“20世纪，企业最有价值的资产是它的生产设备。21世纪，最可贵的资产（不论是商业机构或非商业机构），会是他们的知识工作者和

① ［奥］彼得·德鲁克：《21世纪的管理与挑战》，九州出版社2001年版。

知识工作者的生产力。”①

企业中的人力资源，像深埋在地层中的煤炭、石油，如果没有经过开发，这种资源不会自发地喷涌出来。资源的开发必须有合适的工具与手段，当资源被开发出来以后，必须有良好的平台与机制使用这些资源，使之转化为产生价值的能量，这就是所谓的人力资源的开发与管理。

知识型员工的管理，不同于一般员工，他们是人力资源中的优质资源。

知识型员工具有新的特点：

第一，知识型员工由于拥有知识资本，因而在组织中有很强的独立性和自主性。这为企业中的团队运作提出了挑战。

第二，知识型员工具有较高的流动意愿，他们不希望终生在一个组织中工作，由追求终生就业转向追求终生就业的能力，这为企业如何保留优质的人力资源提出了挑战。

第三，知识型员工的工作过程难以直接监控，工作成果难以直接衡量，这使价值评价体系的建立变得复杂而不确定。

第四，知识型员工的能力与贡献之间差异较大，其内在需求也存在不确定性和多样性，这使得人力资源的整体管理与个性化服务产生了矛盾。

第五，知识型员工在团队中所处的领导与被领导的地位被划分得很模糊，从而为人力资源管理的权威性提出了挑战。

所以，如何根据知识型员工自身的特点，构建以知识型员工管理为重点的人力资源管理体系，持续地开发知识型员工的潜能，提高知识型员工的生产效率，成为企业亟须解决的新课题。而现实中企业创新能力不足、知识型员工效率低下的现实，更使得这一课题的解决具有紧迫性和严峻性。

---

① ［奥］彼得·德鲁克：《21世纪的管理与挑战》，九州出版社2001年版。

来自现实的挑战

从现实来看，中国的人力资源不但数量巨大，质量优秀，而且现代人力资源开发与管理的理念也早已深入人心。中国并不缺乏优秀的人力资源种子，缺乏的是培育这些优秀种子的土壤和阳光，以致许多优秀的种子漂洋过海，到异国他乡的土地上生根、开花。

但是，我们同时也看到，中国人非常重视理念、名分和时尚，因此表面的转变是比较容易的。但问题或许并没有这么简单，在功利性的企业组织中，观念的转变固然重要，但仅仅停留于观念的转变，是没有任何价值的，因为观念属于上层建筑，不能创造价值，它只有与生产力相结合才能创造价值。其实，中国企业并不缺少先进的理念，甚至在某些方面还很超前，它所欠缺的是以系统的制度、机制、体系与方法支撑理念的能力。为实现这一目标，企业必须构建在现代人力资源管理理念指导下的人力资源管理的机制、制度与体系。

在现实中我们看到，许多企业都高扬现代人力资源管理大旗，但做的却是传统人事管理的工作。我们提倡重视知识和人才，却不能为知识拥有者和优质人力资源发挥作用提供良好的机会；我们渴求人才，却没有形成良好的人力资源生态环境和良好的人力资源经营模式；我们提倡创新与职业化，却在员工培训教育的投入方面显得非常吝啬；我们在外部劳动力市场上深感人才的难寻，却又对大量的内部劳动力视而不见。

造成这种现象的原因有很多，但有一点是不容忽视的，那就是企业的经营管理者对人力资源管理体系的理解存在问题，他们没有系统地把握现代人力资源管理的实质，对人力资源管理的定位不准确，加之企业人力资源管理者职业素养的缺乏，使中国企业的人力资源管理实践呈现一种非常尴尬的落后局面。

拥有一流的人力资源，却不能创造出一流的业绩，这就是中国企业在现实中遭遇的尴尬。问题当然不能从知识型员工本身找，而应从企业的以下几方面考察：

是否具有培育与引导人成才的机制与制度；
是否具有人才成长的土壤与舞台；
是否具有人力资源开发的工具与方法；
是否具有良好的人力资源经营模式；
是否具有优质的人力资源生态环境。

如何管理知识型员工

知识型员工的管理，既要符合现代人力资源管理的一般原理，又要符合知识型员工的特点。对中国企业来讲，需要做好以下几方面工作。

第一，对知识型员工的管理重点必须聚焦于提高其工作效率上。提高工作效率，是企业管理的永恒课题。企业必须建立重视人才的理念，但这不能作为迁就人才的借口，在管理面前人人平等，知识型员工也不能例外。企业必须为知识型员工搭建良好的舞台，为他们提供更多的创新机会，并构建优秀人才脱颖而出的机制。这需要企业建立有效的人力资源管理体系，最大限度地调动知识型员工的潜力，而不是一味地妥协和迁就。

第二，企业必须建立优秀的企业文化体系，建立人力资源开发的核心价值观，向员工提出企业的价值主张和核心价值观，并以此作为企业人力资源管理的系统纲领，吸引更多的知识型员工，凝聚知识型员工的力量。而这种企业文化的核心仅仅归结为人云亦云的“以人为本”，是远远不够的。企业文化的核心应是高绩效文化，通过提高知识型员工的个人绩效，来支撑企业的高效率。

第三，企业必须建立科学合理的价值评价体系，对知识型员工及团队的价值创造过程和价值创造结果予以准确的评价，而不是模糊地考评工作态度、工作能力和工作绩效。只有在价值评价层面区分出绩优和绩差员工，才有可能对不同的知识型员工及其团队予以不同回报。否则，“拉开薪酬差距、薪酬向绩优员工倾斜”就是一句永远不可能实现的空话。许多企业的实践表明，价值评价的“大锅饭”，必然造就分配体系的"大锅饭"，而对员工来说，分配的"大锅饭"是没有激励作用的。

第四，企业必须建立合理的价值分配体系，依据价值评价的结果，对知识型员工的价值贡献给予合理的回报与激励，而不是根据工龄、学历、职称或职务来支付薪酬。只有对知识型员工的创新行为和创新结果予以充分的肯定，做出科学的评价，并给予合理的回报，知识型员工才能将自己的创新活动持续地进行下去；如果知识型员工不能分享其创新带来的价值，他们在下一轮创新过程中就会失去活力和动力。他们不会再向企业贡献知识，而仅仅提供一般的体力劳动。知识型员工向企业持续贡献知识的前提是，企业承认其知识贡献，并对其贡献予以合理的回报。需要强调的是，对知识型员工的回报，不能仅仅依靠短期激励，还需要有员工持股计划或股票期权等长期激励，即通过把知识型员工的知识转化为内部股权或外部期权的方式，将员工的知识转化为资本，实现知识的资本化。

第五，企业必须构建符合知识型员工需要的职业资格体系和培训开发体系，从而使对知识型员工的回报更具有针对性和科学性。通过职业资格体系的设计，使得知识型员工的职业发展道路更顺畅，改变知识型员工千军万马地走职务晋升的独木桥；通过建立知识型员工的培训体系，不断地提升员工的职业能力和整体素质，改变对知识型员工的知识只有索取、没有回报的现状。

只有当这些体系、机制真正建立起来以后，企业才可能形成对知识型员工的有效管理，从而不断地提升知识型员工的生产效率和价值创造能力，人力才能成为真正的资源，知识才能真正具有力量。

均衡：企业经营管理的核心命题

任正非曾讲："最有效的企业管理往往来自人所共知的常识。"经营与管理是企业两个永恒的课题，也是人们最熟悉的常用语，但常常被人等同或者混同，我们在现实中的很多迷惑都源于对这些基本概念及常识的错误理解。其实，无论是经营，还是管理，都没有那么复杂，把握经营与管理的本质，也是正确把握公司政策的重要前提。

在企业实践中，经营是先于管理出现的。管理是经营发展到一定阶段后的产物。随着现代企业的发展，经营与管理越来越多地融合在一起。但这并不能否定二者在职能和内在运作机理上的差异。

经营的目的就是效益的最大化

经营，对于任何组织来讲，都是组织目的的最大化。也就是说，经营的目的就是赚钱，这是由企业的功利性决定的。不能赚钱的企业是被异化了的企业，因为它违背了企业的本质特征。

实现效益最大化的目的，赋予经营本身以下主要特征，并使得经营与管理有了本质性的差别。

1. 经营是以客户为中心。企业的效益并不是来自企业的内部，其产品与服务在未进入市场之前，仅仅存在理论上的效益。只有进入市场，实现从产品到商品的惊险一跳，并被客户所认可之后，企业才有可能实现效益。客户是企业生存之本，为客户服务是企业存在的唯一价值和理由，因为它是企业效益的源泉。

2. 经营具有扩张性。它具有很强的外部导向性，企业只有将自己的产品和服务扩张到更大的范围，才有可能为更多的客户提供产品和服务。

3. 经营必须通过民主决策。经营关乎企业的生死存亡，决策必须要有理性和智慧，使得权力智慧化和知识化。经营决策如果仅仅成为少数人的权力是可怕的。

4. 经营注重整体。经营要在整体层面上把握众多的客户需求、市场格局和市场走向。因此，经营者必须有宏观思维，有长远的战略眼光。

5. 经营的通行规则是竞争和优胜劣汰。其基本原则服从于市场经济的基本原则，这就是“丛林法则”，即物竞天择、适者生存、优胜劣汰。

6. 经营必须保证公司有前途。对企业自身来讲，经营的未来价值在于使企业保证长期稳定的现金流，实现可持续的发展。

管理的目的是效率最大化

管理的目的服从于经营的目的。企业内部的管理并不能解决企业赚钱的课题，但它能为企业赚钱提供强有力的支撑。管理意味着高效率，它是与低效率做斗争的工具与手段。

实现效率最大化的目的，赋予管理本身以下主要特征，并使得管理与经营有了本质性的差别。

1. 管理必须以工作绩效为核心。企业的效率在内部表现为工作绩效，它包括组织的绩效和个人绩效。效率来自工作绩效，管理的高效率是通过工作的高绩效体现出来的。企业强化管理的目的，就是持续地提高组织内部每一个环节和每个人的工作绩效。管理的核心价值观是效率。

2. 管理具有控制性。相对于经营的扩张性而言，管理具有明显的控制性。这一特性的存在是由管理的目标决定的。放任自流是最没有效率的工作状态，高效率必须建立在有效控制的基础之上。

3. 管理必须权威执行。民主决策之后，企业便进入管理的实施阶段，在这一过程中，最关键的核心和要点是管理的权威性。因此，经常被人倡导的“民主管理”实际上是一种有违管理学常识的误区。

4. 管理注重细节。因为效率存在于细节。管理不会产生惊天动地的大事，不会造就英雄。

5. 管理通行的规则是合作和适者生存。合作包括管理者与被管理者的合作，它是产生高效率的重要途径。管理拥有公平的规则和标准，因此是否遵循管理的规则和能否达到管理标准的要求，决定了员工能否继续为企业服务。

6. 管理必须保证工作有效率。管理起源于企业的经营行为和经营目的，其使命应服从经营的使命。从这一层意义上讲，工作效率的提高既是管理的目标，也是衡量管理水平高低的重要标准。

经营与管理的动态均衡

经营与管理在目标指向、定位与功能上是有区别的，但两者又是统一的，统一于企业这一功能组织中，并作为企业的两种职能，相互依赖，共同作用，进而实现组织的共同目标。

企业经营与管理的关系犹如太极八卦图，两者在其中实现了完美的结合，这就是一种均衡，一种“有灰度”的美。所谓均衡，在经济学意义上讲，是指在相互作用的关系中，每一方都同时达到了约束条件下可能实现的利益最大化目标，因而这种状态可以长期持续存在。经营管理的结合就是，依靠管理的高效率，来实现经营上的高效益。当然，经营与管理的均衡并不排斥企业在重点上的关注。企业依据对方向与节奏的把握，在一定时期将重点放在经营或管理上，正是为了在更高层次上实现两者的均衡。

但在现实中，很多企业并没有实现这一均衡，即经营与管理是失衡的。主要表现为：过分重视经营，将全部精力聚焦于企业的效益，或者以经营替代管理，使先进的经营模式与落后的管理并存。对于中国企业来讲，管理无疑是一块“短木板”。一些只重经营不抓管理的企业的成功或辉煌案例，为很多企业忽视管理问题提供了借口。结果，管理蚕食了经营的效益，经营的效益因为失去管理效率的支撑，使得企业难以实现可持续发展。

所以从长远来看，企业仅仅拥有经营的辉煌是不够的，只有实现了经营与管理动态均衡的企业才能基业长青。任正非提出的“均衡就是生产力的最有效形态”，其含义也正是基于这一考虑，“拧麻花”原理同样适用于经营与管理的关系。

经营与管理的核心价值观

客户导向下的效益是经营的核心价值观，而管理的核心价值观是效率。两者无疑是有差异的，但也有共性存在。其共性在于，它们同属企业的两种职能。效益与效率的共同基础是绩效，因而它们具有共同的价值主张，这就是高绩效。

所以说，企业的高绩效文化，在根本上是由企业经营与管理的本质决定的。

为什么要提倡高绩效？因为从广义来看，不论是经营的高效率，还是管理的高效率，其基础都来自一个共同的价值链：“管理是为了组织的绩效而存在，是使一个机构能够产生外部绩效的工具。”（彼得 · 德鲁克语）外部绩效是企业效益的前提。

从客户角度来看，其价值观非常务实：低价、优质和完善的服务。他们在选择企业时，实际上是对企业效率和绩效的选择。因为只有实现高效率和高绩效的企业，才能为客户提供符合其价值观基本要求的产品服务。客户的价值观决定了企业的价值观，经营与管理的核心价值观也由此而定。

华为所确定的经营管理模式就是建立在这一基本价值观之上的。

在经营模式方面，华为的宏观商业模式是客户化导向，产品的发展路标是客户需求导向，把为客户提供完善和及时的服务作为公司存在的唯一价值和理由。

在管理模式方面，华为的微观商业模式是流程化的组织建设，企业诸元素由此完成了从端到端、高质、快捷、有效的管理。

在内部核心价值观方面，华为相应地构建了以高绩效为特征的企业文化。

从整体上看，这一模式将客户价值、企业效益、管理的效率和工作的高绩效有机地结合在一起，实现了一种有效的和谐，一种动态的均衡。

可以说，任正非提出的宏观商业模式与微观商业模式是建立在理性的思考基础之上的。其实质是，经营管理的太极图变成了有实践意义的华为模式。

构建华为的太极图

从世界一流企业的实践来看，因经营领域、服务客户的不同，其在经营模式上存在很大差异，但不同经营模式的企业都取得了成功。也就是说，在经营上，并不存在世界一流。但我们同样也会发现，那些世界领先的企业都具备一些共同的特征，那就是世界领先的一流的管理及其与经营的动态均衡，而衡量指标就是人均效率。世界一流公司在许多方面都优于一般公司，但较高的人均效率是其优秀的主要标志。

或者说，世界一流企业的高效益是由一流管理产生的高效率支撑的。华为公司在前期发展阶段，将企业的重点定位于经营，这对于一家还十分弱小的公司来讲，无疑是明智的选择，因为“活下去，是企业的硬道理”。对于一家高科技企业来说，要成长壮大必须将企业的效益放在首位。1997年以后，中国企业依据自身的现状和外部环境的变化，转换了战略重点，强化内部的管理，并通过引进世界一流企业的管理体系，在管理上与一流企业接轨，通过管理的效率来促进经营效益的提高。

对于华为公司来讲，强化管理，推行以IPD、ISC为核心的管理变革，就是补长管理的“短木板”，因为对华为来说，管理才是真正的核心竞争力。强化管理的目的正如任正非所言：“变革破坏了过去的平衡，但破坏不是目的，必须要实现新的均衡，并且努力实现不断的均衡。”这种均衡就是在更高层次上实现经营与管理的均衡。

对于公司各部门、项目团队及其主管来说，随着个人绩效承诺制度的实施，其已经不是单纯的职能部门或职能管理者了，公司强化了其身上的经营职能，各部门的干部实际上已经转化为集管理职能与经营职能于一体的管理者。因此，他们面临着一个迫切的角色定位和角色转换问题，进而实现个人在经营能力和管理能力上的均衡。

在经营职能上，企业必须真正建立内外部客户导向意识，整肃内部流程，实现个人的绩效承诺，从而支持公司整体目标的实现；在管理职能上，企业必须建立人均效率意识，通过强化内部管理，开发人力资源潜力，构建良好的组织氛围，提高本部门的组织绩效和员工的个人绩效。

为此，各部门及其主管除了要构建个人的太极图，即实现个人经营能力和管理能力的动态均衡外，还需要构建所负责部门的太极图——实现部门经营效益与管理效率的动态均衡。

活下去，是企业的硬道理

每一本国外畅销书，都能让中国企业界兴奋很长一段时间。斯宾塞·约翰逊让许多不吃奶酪的中国人满地找奶酪，韦尔奇的自传让不是CEO的人也开始思考如何成为世界优秀的CEO。而柯林斯的两本畅销书，又让中国企业在思考如何从优秀到卓越，如何基业长青。

对于中国企业来讲，基业长青或从优秀到卓越，都是非常遥远的事情，这一愿景不会因为我们的思考而提前实现，它属于重要但不紧急的事情。企业在不同的阶段会面临不同的问题，高瞻远瞩与深思熟虑固然没错，但回避现实问题，不能直面现实，无疑也是一种逃避。

中国大多数企业所面临的关键问题是什么？什么是重要且紧急的问题？

是活下去！活下去，是中国企业的硬道理。因为只有活下去，企业才会有基业长青的机会，才会有从优秀到卓越的成长轨迹。

活下去不容易，许多企业，甚至曾辉煌一时的企业都如过眼云烟，或夭折，或被并购。市场的竞争、需求的变化、内部的矛盾、战略的失误，都会使企业出师未捷身先死。造成企业短命的原因千差万别，但归结为一条，就是它们失去了永续成长的内在动力，丧失了抵御外在环境的免疫力。企业要活下去，必须具备持续成长的动力。

企业持续成长的动力来源于其核心价值观

企业成长的动力不是天然形成的，也不取决于它目前和未来所能够掌握和调动的资源，因为资源总会枯竭的，只有可持续的和可转存的资源才会生生不息。在企业所有资源中，人才、技术、资本、产品等都会坏损、削减，以至消失，唯有其核心价值观是可以传承的。只有可传承的才有生命力。

企业的核心价值观必须为其员工所接受，企业文化必须为员工所信仰，否则形同虚设。

企业的核心价值观源于创业者，它是创业者对企业自身发展进行的长期哲学思考的结果，是对企业成功经验和失败教训的总结。企业的核心价值观能否被新一代企业家及员工所接受及其接受的程度，将决定其核心价值观能否延续和延续的时间。纵观国内外那些辉煌一时的短命企业，客观地讲，其创业者并不是庸才，许多人甚至可以称为业中豪杰。其悲剧发生的更深刻的原因，要么是创业者没有形成自己的核心价值观，要么是其核心价值观没有被员工接受。

构建使核心价值观得以传承的机制

核心价值观不能通过宣传和弘扬而为员工所接受，它需要机制的培育与牵引。企业一方面要依照自己的核心价值观创立有活力的机制，使核心价值观得以落实；另一方面，企业内在的机制会进一步强化核心价值观，并将其内化为员工的自觉行为。许多企业不是没有核心价值观，而是其核心价值观得不到机制与制度的支持，甚至两者背道而驰。所以，在200多年前，美国的建国先贤们讨论的不是谁当总统，他们思考的是："我们能够创建什么样的程序，使国家在我们死后仍然能拥有很多优秀的总统？我们希望建立哪一种长治久安的国家？要靠什么原则建国？国家应该如何运作？我们应该制定什么指导方针和机制，以便创造我们梦想中的国家？"

需要强调的是，任何机制与制度的实施都依赖于人。机制与制度要发挥预期的作用，就要求企业拥有核心价值观，并坚信自己的核心价值观，对企业家本人来说更是如此。

当然，这不是企业能够活下来的全部因素，只是其活下去的必要前提。此外，企业还必须具有自己的核心竞争力。它一方面来源于企业的内外部竞争，另一方面来源于企业的核心价值观。核心价值观培育和强化了核心竞争力，是核心竞争力的主要构成要素。

当一家企业拥有了自己的核心价值观，并为员工所接受，而且构建了核心价值观的传承机制，企业的核心竞争力就会得到不断提升，企业就会拥有更旺盛的生命力，进而具备持续成长的动力，并且活下去。

丛林与农场：市场经济的铁则

知识经济或谓新经济，已成为一个非常时髦的词，它为企业带来了一系列全新的理念。正因如此，我们的企业变得浮躁起来，员工的薪酬胃口被调高起来，企业家误认为企业的经营管理发生了质的变化，认为新经济是对旧经济的颠覆性改变，认为可以抛弃原有的基本理念和方法，在经营管理上割断与传统经济的联系，而以全新的规则进行新经济的经营管理。

其实，无论是新经济体系中的企业，还是传统经济体系中的企业，其区别仅存在于产业领域和需求内容方面，但两者在相当长的时间内都不存在替代关系，传统经济并没有因为新经济的出现而式微，反而显示出其强大的生命力。企业管理的命题与假设是适用于任何企业的，这就是企业管理的普遍意义与准则。从实质上讲，它们都是功利性的企业，传统企业必须遵循的经营管理铁则，在新经济企业中依旧发挥作用。

道理很简单，传统经济与新经济运行和存在的前提是市场经济。市场经济所通行的法则既适用于传统经济，也适用于新经济，这一点是不以人的意志为转移的。新经济虽然使得价值创造的源泉发生了转移，使价值的分配方式和企业的经营运作模式发生了变化，但其内在的运作机理依然是市场经济的普遍原则，即传统经济长期遵循的基本原则。网络公司的泡沫和IT企业所遭受的严冬，再一次证明了产生于传统经济中的市场经济规则的力量：适之者昌，逆之者亡。

传统经济所遵循的基本原则概括起来有两个：一是“丛林法则”；二是“农场法则”。

“丛林法则”是自然法则在企业丛林中的使用和延续，其高扬的旗帜上书写着8个大字：优胜劣汰，适者生存。竞争是普遍的准则，新经济下的企业不仅要同传统经济中的企业竞争，而且还要同自己的同类竞争。这对尚处于刚刚发育阶段的新经济中的企业来讲，是非常残酷的，可谓腹背受敌。一方面，竞争的核心是对消费者的争夺，满足客户的需求是企业存在的唯一价值和理由，而在消费者的支付能力固定的情况下，其消费需求是投向传统经济，还是投向新经济，这取决于消费者而不是企业。当消费者对新经济企业的需求不能持续增长时，我们就会质疑其存在的价值和理由。另一方面，在新经济企业之间，其竞争的焦点不是人才或盈利模式，而是企业能否以更经济的手段，为客户提供低价、优质和高效的服务。这一切都归结于企业的核心竞争力，它为企业提供了不可替代的理由。

“农场法则”是农业经济法则在传统经济与新经济中的延续，其含义是：第一，要像农民耕耘土地那样，春播、夏种、秋收、冬藏。企业的成长与发展，必须有阶段性。它不可能跨越自身的生命周期，一夜之间成为巨人。当一家企业没有形成有效的管理体系时，长大是危险的；当一家企业不能自主地掌握自己的命运时，扩张是致命的。如果你不能为企业探索出一种可持续发展的盈利模式，表明你的服务或产品不会为客户所接受，企业也就没有存在的价值；当你不能为股东带来回报或盈利的希望，那些投资者就会用手投票，企业家的脚也就别无选择。实事求是永远是企业经营的最高原则，依靠一时的操作和包装，即所谓的资本运作，企业或许会得意一时，但不会永远得意；顾客可能会对其有所关注，却不会投以人民币，注意力不能变成经济。第二，对于新经济企业中的员工来说，其回报取决于个人的付出，天上不会掉馅饼，一份耕耘，一份收获。新经济并不意味着高报酬，个人劳动效率的不断提高且被客户所认同是涨工资的唯一理由。否则，他们得到的终将被剥夺。

概言之，新经济并未改变存在于传统经济中的规则，因为：

企业的使命未变——活下去永远是企业的硬道理；

企业成功的关键要素未变——核心竞争力；

企业的生存方式未变——活力与机制；

企业管理的核心未变——人均效率的持续提高；

企业经营的核心未变——盈利能力与现金流。

所以，我们在拥抱新经济的同时，千万别忘了旧规则。

新经济并没有改变旧规则

新经济在为企业带来一系列理念和方法的同时，却并没有改变传统经济中的规则，这主要表现在以下几个方面：

企业家的使命未变

同传统企业家一样，新经济体系中的企业家（或经营者）使命没有发生任何改变，这就是彼得·德鲁克在许多年前所讲的三大使命：一是保全公司，二是制定战略，三是调控方向。与传统经济相比，新经济对企业家的要求有过之而无不及，其原因在于，新经济的高速发展造成了未来的不确定性，使商业模式变得不成熟，也为风险投资者带来了巨大的压力。具体表现为：企业家必须依靠自己的经营能力维持企业较小的利润率，以补偿运营中的成本，抵消因创新可能发生的损失，支持企业未来的发展。

“天天思考失败”的任正非提出，“唯有惶者才能生存。”英特尔总裁格鲁夫认为，“只有偏持狂才能生存。”他们从不同的角度道出了自己的成功之道。前者讲的是如何生存的问题，后者讲的是在能够生存的前提下，如何活得好一些的问题。

企业家如果忘记了自身的使命，穿上那双能给人带来短暂愉悦和长期痛苦的“红舞鞋”，把企业作为个人表演的舞台，那么其个人的职业生涯注定是一场悲剧。因为当你不能为企业探索出一种可持续发展的盈利模式时，你的服务或产品就不会为客户所承认，企业也就失去了存在的价值。

企业的追求未变

不同的企业对自己的使命有不同的定位，有的定位于股东利益最大化（以美国企业为代表），有的定位于员工利益最大化（以日本企业为代表）。前者急功近利，甚至铤而走险，后者使企业内部失去活力。对于一家企业来说，其根本的使命是活下去。IT企业的速生速灭，反证了这一观点。对于企业来说，活下去并不是一件轻松的事。与传统企业相比，新经济体系中的企业活下去更难。

在中国，无论是传统企业，还是新经济体系中的企业，其普遍存在的一个通病是“活不长”和“长不大”。我们的企业要么在小规模上苦苦挣扎；要么一夜暴富，随之轰然倒塌。只有生存下去，企业才会有长大的可能，活下去是硬道理。企业的使命在于可持续发展。

企业靠什么活下去？靠本事，即核心竞争力。核心竞争力是企业所独有的，竞争对手不可模仿。技术、人才、市场、生产都不是核心竞争力，而是核心技能。所以，对企业来说，活下去和长大的基础才是核心竞争力。盈利模式固然重要，但更重要的是，企业能否形成自己的核心竞争力，因为这关系到企业的生死存亡。

企业内部的管理宗旨与原则未变

经过上百年的发展，传统经济中已形成一些规范的经营管理原则，而且这些原则已为企业的经营管理实践所证明，也就是说，它已形成了一些有规律性的东西。至少从目前来看，新经济也必须遵循这些基本原则。

企业经营的目的是取得长期稳定的效益，企业管理的目的是持续不断地提高员工的工作效率，而经营管理的核心就是通过高效益实现高效率，这是所有企业的共性。

在传统企业中，管理的宗旨是收敛型的，即管理的任务表现为降低成本，扩大产销量；其实质是如何提高效率，即劳动生产率。人均劳动生产率是传统企业的主要竞争手段，也是其能够活下去的根本保证。在新经济下的企业管理的宗旨依然是效率，通过科学规范的管理和内部机制的激励与监控，提高员工的工作效率，以节约人工成本，因为人工成本在新经济企业中所占的比重远远大于传统企业。从某种意义上说，提高效率，本身就是一种盈利行为。

与传统企业相比，新经济企业更注重经营，注重盈利模式。其管理相对脆弱，但其管理对象却更复杂。那些深陷困境的企业，并不是其造血功能不足，而是因其管理不到位造成失血过多。管理就是生产力，它永远是企业生存的根本，数百年来企业发展的历史证明了这一点。尤其需要注意的是，新经济企业中的员工以知识型员工为主，其薪酬的市场水平和个人的薪酬预期都比较高。在这种情况下，如果不能通过提高效率来有效地开发和利用人力资源，企业的可持续成长就失去了源泉。

企业管理的核心未变

人力资源管理是企业管理的核心，离开了人力资源管理，企业管理就失去了对象。因为在任何企业中，人力资源都是推动企业生存与发展的动力。

在新经济中，知识起着至关重要的作用，知识经济的核心是人类创造财富，以及个人致富的方式发生了根本性的变化。但这并不意味着人力资源管理的任务发生了转移。人力资源管理的基础是对作为知识基础的一般劳动的管理，只有提高知识拥有者的一般劳动效率，其知识的作用才能更好地体现出来，两者是正相关关系。当其无法达到一般劳动效率时，其拥有的知识就不能表现为现实的价值，它就会等同为一般劳动。也就是说，知识劳动是叠加在一般体力劳动之上的，仅有知识劳动投入，而没有一般体力劳动的投入，是不可想象的。因此，对知识劳动的管理依旧是建立在对一般体力劳动管理的基础之上的。也就是说，新经济条件下的人力资源管理依旧离不开这个基础。如果企业仅仅强调知识的作用，而忽视了对知识拥有者的效率管理，知识拥有者就会沦为一般劳动者，其人力资源的价值就必然遭到浪费。

新经济确实为企业带来了许多改变，但这种改变并未赋予企业和企业家进入自由王国的自由；它没有从根本上否定传统经济规则，因此，要驾驭新经济，必须从了解旧规则开始。

简单的企业

企业很复杂

做企业真的不简单，这恐怕是绝大多数企业领导者的共同感受，有人甚至把企业称为“绞肉机”——专门绞杀经理人性命的机器。那么，为什么还有那么多人在做着老板梦？因为不简单！其中充满了诱惑、机遇、搏杀、变数、冲突、矛盾、博弈和能够充分满足人的各种欲望。

企业首先是一个功利组织，功利就是利益，是欲望。“天下熙熙，皆为利来，天下攘攘，皆为利往。”利益会把人本性中仇恨的战神唤醒，使得欲望的战车失控。为了利益，白会变成黑，友会化成敌，爱会生为恨；为了利益，原则、契约、底线、承诺、共识等约束通通被抛在脑后。人世间的悲欢离合，生离死别，沧海桑田，其背后都有利益的魔影在飘荡。在企业中，有限的空间、资源与无限的欲望，每天都在碰撞，构成企业生存发展的主旋律。于是，好端端的企业垮了，还没长大的企业死了，如日中天的企业倒了。出师未捷身先死，长使英雄泪满襟。这可爱又可恨的功利，真不知道企业该如何面对。

企业是各种关系与矛盾的组合，其中有购销调存，有人、财、物，有产、供、销，有管理与被管理，有生存与发展，有扩张与集约，有激励与约束，有婚丧嫁娶，有生老病死。从产供销，到人财物；从内部管理，到外部经营；从客户需求，到竞争对手；从近期效益增长，到未来可持续发展；每时每刻，企业中都交织着各种关系，充满了矛盾，可谓剪不断，理还乱。特别是在企业规模不断扩大，员工数量与客户数量不断增加的情况下，这些关系与矛盾会被成倍地放大。呈几何式增长的管理问题和经营问题，使得许多企业陷入不能自拔的困境。每一个方面都构成了矛盾的元素，每一种关系都交织着矛盾与冲突。处理不妥，或是关注不到，使其激化、堆集，进而碰撞、扩大，甚至爆发，矛盾和冲突就会蔓延。而且，这些关系与矛盾，沿着企业的职能关系与科层结构，指向企业的高层管理者，成为矛盾的焦点，并处于各种关系的旋涡之中。

我们常常羡慕国外那些大小企业的老板，他们有时间打高尔夫，有时间与家人出去度假，有时间在公众媒体上曝光，有时间乘自己的公务专机环球旅行，有时甚至还去太空旅行，那份洒脱、悠闲，让人嫉妒、羡慕。羡慕之余，想想人家也是应得的。国外的企业生生不息地发展了几百年，它们从前辈那里继承了许多东西，而中国企业和企业的经营者注定此生要劳作奔波，因为历史注定这一代人是创业者。我们一穷二白，没什么可继承的，只有沉甸甸的包袱。邓小平先生南方谈话以后，我们才跌跌撞撞地进入现代企业制度之门。在这之前，法人治理结构、市场经济、两权分离、科学管理，我们是只闻其声，未见其影。在经济体制转轨的过程中，迷茫与失落始终伴随着中国企业和企业的老板们。在经济体制转换的夹缝中，我们的回旋空间是那样的狭小。

不同的企业有不同的难处，民营企业空手创业，没有资源，没有靠山，没有背景，在夹缝中寻找生路。相对于民营企业来说，国有企业或许更难一些。国有企业先于民营企业而生，历史的包袱更重，它不是一张白纸，而是写满了历史。因此，留给企业的创新空间是有限的。计划经济给我们留下了许多不该留下的东西，当进入市场经济之后，我们不仅要破除解构，还要创新建构。几十年的累积使我们无法轻装前行，必须背负厚重的历史，去追赶那些先行者。这本身就不公平，但我们别无选择。

俗话说，企业是一盘永远下不完的棋。做企业，做一个企业人，说易行难。

企业本身又很简单

实际上，当我们在纷杂的矛盾中，抓住了问题的本质，就会进入简单的企业王国。

老子说："治大国若烹小鲜。"如果单从字面上理解，治理一家企业，管理一个部门，做好一项工作，与"烹小鲜"一样简单。

老子说："道生一，一生二，二生三，三生万物。"在这个世界中，一切由简单开始，我们眼中的世界之所以复杂了，是因为人们把它看得复杂了。

老子还说："人法地，地法天，天法道，道法自然。"天不变，道亦不变，在复杂的变化中蕴藏着简单的不变，这些不变才是本质。

经营之神松下幸之助在被问及其一生成功的秘诀时，他的回答只有4个字："下雨打伞。"看来，松下先生深知"大方无隅，大器晚成，大音希声，大象无形，大道至简"的道理，经营之神也并不复杂。韦尔奇谈及GE的成功时，将其概括为："让GE始终保持小企业的活力。"道理就这么简单。

任正非认为："管理就像长江一样，我们修好堤坝，让水在里面自由流，管它晚上流，白天流。晚上我睡觉，但水还自动流。水流到海里面，蒸发成空气，雪落在喜马拉雅山，又化成水，流到长江，长江又流到海，海水又蒸发。这样循环多次以后，它就忘了一个还在岸上喊'逝者如斯夫'的人，一个'圣者'，只管自己流。这个'圣者'是谁？就是企业家。"这就是企业家心目中的简单企业。

乔致庸在管理乔家大院时，没有复杂的管理学著作，没有深奥的管理学大师，也没有那么多的管理理念，却把"汇通天下"的事业搞得风风火火。原因在于其对商业精神的深刻把握，在于其对客户需求的精确理解。乔致庸及其员工其实也是一群很简单的人。

一位房地产公司的老总把自己的企业文化概括为："不要胡思乱想。"看起来有点儿异类，但仔细一想，很有道理。想必这位老总曾深受思想复杂的员工的困扰。

看来，真理都是共同的，成功一定有方法，失败也一定有借口。真理并不复杂，它其实很简单。

这个世界很简单，企业的世界也很简单，就职于企业的人也应该很简单。

企业的简单在于其功利性的本质，存在的价值和理由在于其外部价值，即为客户服务。离开了客户，组织就丧失了自身的价值，组织中的人也就失去了工作的价值。组织的价值决定了组织中人的价值。因此，任何员工的工作都必须聚焦于客户的价值，以客户价值为导向，为客户创造价值，并分享客户带来的回报。这是由人和工作的内在价值所决定的。

简单产生快乐

做企业本来是快乐的，因为它要服务于社会，服务于公众，服务于员工。

做工作本来也是快乐的，因为它会创造价值，生产财富，让人们得到回报。但为什么会有这么多的痛苦与烦恼？短暂的人生，如果整天不能快乐，这是莫大的不幸。

人生本来也是快乐的，生命的意义在于制造快乐，分享快乐。快乐赋予生命以意义，赋予生命以价值。

我羡慕欧美人，他们富足而快乐，能够把工作与生活区分开来，有时快乐地工作，有时享受生活的快乐。看他们的肥皂剧，那么粗糙的情节，居然能使他们那么放肆地开怀大笑。而我们的观众都快把相声小品演员逼疯了，换来的却只是礼貌的掌声。

我羡慕日本人，他们把工作作为生活的一部分，以工作为乐。如果不让他们工作，简直是要他们的命，尽管"过劳死"已成为日本的国民病，但他们还是一如既往地拼命工作。他们的劳动强度极高，但其人均寿命却名列世界前茅。据说，第二次世界大战后，美军看到瓦砾遍地的日本民居的窗台上摆满了花时，断言大和民族还有希望，理由是他们热爱生活。

我羡慕中国的少数民族，尽管他们的生活并不十分富足，但这并没有成为他们不快乐的理由。优美的旋律，奔放的舞姿，构成了他们生活和工作的一部分。

我羡慕我们的童年，尽管每个人都以几声啼哭来到这个世界，但“快乐的童年”几乎是每个人对那段日子的相同概括。每天，太阳都是新的，每件事都是有意思的，充满了阳光，充满了期待，充满了快乐。有时我想，我们这些成人什么时候能够再像孩童那样，肆无忌惮地开怀大笑。

这一切不能不让人痛苦地思考。据说，人一思考，上帝就会发笑。思考本来是上帝赋予人的功能，它不是上帝的特权。上帝都笑了，为什么我们不能快快乐乐的呢？

个人的天性使得快乐地生活和工作成为人生的信条。当置身于企业中时，人们在无意中失去了许多快乐的感觉。那么，我们如何找回那失去的快乐呢？

我们为什么不能敞开心扉，吐露真言？为什么要顾左右而言他？为什么要揣摩？为什么要察言观色？为什么要八面玲珑？为什么要向阿庆嫂学习？为什么不能快乐一些、简单一些？

千万次地问，为什么我们不快乐？

因为我们太复杂了，烦恼皆由复杂生。

因为我们不简单了，快乐源自简单。

快乐就是简单。

简单自我

企业中的员工不是简单的个体，它以分工协作的方式参与企业的运作，所以任何员工在企业中都不是个体贡献者，而是组织价值的贡献者。因此，在企业中，大多数员工都不是直接为外部客户提供价值，而是通过为所在部门提供价值而间接地为外部客户做贡献。因此，为所在部门或其他人做贡献，是员工为客户做贡献的基础。

由此，企业员工在企业中的价值体现为：以分工协作的方式，持续地提高个人的工作效率；以个人的优异绩效，为所在部门做贡献，从而提升部门绩效，为外在客户做贡献。个人绩效、部门贡献和客户价值，构成了企业员工最简单、最朴素的底线。在企业中，要推行简单主义，对于已经身处企业中的员工来说，也必然要遵循简单的价值观和行为准则。

做一个简单的企业人，必须要有整体观和未来观，以企业利益和客户利益，而不是个人利益作为选择和判断个人工作绩效的标准。

做一个简单的企业人，关键在于聚焦。聚焦于客户价值，聚焦于组织贡献，聚焦于个人绩效，聚焦于职业化能力的提高，聚焦于企业整体和未来的目标。

做一个简单的企业人，必须围绕工作效率，消除工作中人为的或非人为的烦琐程序，致力于效率的不断提升。

做一个简单的企业人，必须构建一个和谐简单的人际关系，以企业的价值观为准则，摆脱繁杂的人际关系，基于企业利益和工作流程，在互助过程中创造价值。

做一个简单的企业人，必须善于忘记，抛弃以往工作中的恩恩怨怨，轻装上阵，做好当下的工作，为未来的工作积聚潜力。

做一个简单的企业人，必须善于透过现象看本质，善于抓住“短木板”，集中力量协调资源，解决关键问题。

和谐产生效率，简单提升效率，烦琐制约效率，完美牺牲效率。

偶见皇明太阳能董事长黄鸣先生的博客中有《企业选择优秀人才的标准——“简单”》一文，我不禁陷入沉思。该文提出了一个非常重要的命题，也是一个非常简单的命题：“最优秀的人才，对社会、对公司最有价值的人才，最根本的品质就是简单。”“脑袋不长草的人，就是简单的人。”作者提出的奉行简单主义的外部选人标准，无疑是正确的。

据了解，黄总的文章得到了许多企业的认同，华为公司EMT办公会议把该文列为干部学习文件，并要求相关部门组织各级干部层层学习。这也从一个侧面证明了，真理都是朴素的、简单的。

通读《企业选择优秀人才的标准——“简单”》，不由得让人想到，对于这个难度不大的问题，作为一个研究人力资源管理的学者，我为什么没有想到。前思后想，终于得出了结论，原来自己太复杂了，太不简单了。

以内部规则的确定性应对外部的不确定性

2009年的金融危机将许多企业脆弱的内部管理体系打回了原形。经过“冬天”的历练，中国企业的管理者不得不反思企业以往以资源掠夺式和机会导向式的高速增长掩盖了内部经营管理体系的脆弱。30年的传统经济增长模式已终结，未来企业发展将进入不确定的时代，其经济增长模式将转向内敛式的以效率为导向的增长。但是，现在的管理体系（包括人力资源管理体系）能否支撑这一转变？我们的人力资源管理体系是否足够有力？任正非提出：“以内部的确定性应对外部的不确定性”，以此作为企业度过“冬天”和公司未来发展的战略定位。但做出这一定位的前提是，企业内部管理体系的有效与高效。对中国企业来说，这也是重要的未来大趋势和大方向。

关注人均效率、关注制度体系建设、关注队伍建设、关注内部机制与活力、关注企业文化的修正、关注企业内部组织与人的利益关系，应该是2010年人力资源管理的大趋势，但这仅是对那些领先企业而言的。对于那些平庸的企业来说，在2010年，它们将继续犹豫和彷徨。这种转变背后的深层次原因是：时代变了，世界变了，外部环境变了，企业的发展与增长模式也不得不变。

这是一个多事之秋。中国企业经历了一次洗礼，但只有少数企业的人力资源管理进入了成年礼。“冬天”给中国企业的人力资源带来了很多的思考，也带来了诸多挑战。

另一方面，政府诸多相关法规政策的出台，对企业内部的人力资源管理造成了许多冲击。大量出现的劳动争议、裁员及维权案例都对企业现在和未来的人力资源管理产生了深刻的影响。与此同时，中国严峻的就业形势，对企业的人力资源管理亦有深刻的长期影响。

从长远来看，2009年的特殊经历使中国企业开始反思，并在此基础上进行理性思考，采取有效的管理实践。通过这次特殊的经历，更多的企业或许会变得更理性，更加重视人力资源管理体系的建设。

遵循市场经济的基本规律，学习发达国家的先进经验，放松对企业人力资源管理的政府规制，避免出台一些超越政府职能的干预办法，让企业的人力资源管理权力真正回归企业，使企业保持活力，使员工关系实现有效平衡。

如果我们把解决劳动力就业行为和失业问题寄希望于大中型国有企业，那么中国的就业压力将进一步加大，而不是缓解，由此引发的社会问题将会进一步增多。政府的政策无法彻底提升企业的活力和竞争力。

从长远来看，挑战远远多于机遇，企业发展的外部环境不是优化，而是恶化了。只有那些领先企业才能享受到强化管理的“红利”，而大多数企业将不得不付出更大的代价，来弥补自身在管理及人力资源管理方面的欠缺。其中包括：现代人力资源管理体系的维护与建设、企业文化的反思与构建、人力资源队伍的建设与整编、员工及管理者整体能力的提升与强化，以及高层管理者人力资源管理理念的重构与实践。

（原文载于《首席人才官》2010年第1期）

华为的价值

华为，1987年诞生于中国改革开放的窗口——深圳，凭借着中国通信市场快速发展的外部环境，由弱小到成长壮大，由一个一切都“有限”的民营企业，从中国的农村，走向城市，走向全球，成长为全球化运营的世界级公司。作为成为中国制造的楷模、典范和标杆，华为本身就具有非典型的案例价值。

华为的价值在于，成功地迈出了由“活下去”到“走出去”，再到“走上去”的惊险一跳，让竞争对手由“忽视”华为，到“平视”华为，到“重视”华为，在竞争激烈的全球通信市场，彰显了中国企业改变市场竞争格局的中国力量。任正非先生21年前的梦想是“10年之后，世界通信行业三分天下，华为将占一份”，不仅化为现实，而且华为还成功登顶。本人曾在微博戏言：作为华为的友商是不幸的，华为的价值在于使友商公司的名称不断地拉长，以至出现了“诺西”“阿朗”“索爱”等令人费解的名称，其实华为也是悲壮的。

其悲壮在于：一个中国本土的创立20余年的公司依靠自身的内涵型发展和本国的人力资源（而不是依靠购并和资本运作），按照市场规则，与众多创立百余年的世界级跨国公司在通信制造领域展开全面的全球市场竞争。

华为的价值在于：探索出一条在中国发展与管理高科技企业的道

路。其中包括：在中国情境下和全球化运营背景下，企业运营平台和管理平台的系统构建，如企业的治理结构、企业价值观体系、战略管理体系、研发管理体系、市场营销体系、干部管理体系、人力资源管理体系、财务管控体系、供应链体系。

华为的价值在于：探索出一套在中国有效管理与开发知识员工的模式。其中包括：华为成功地探索出有特色管理知识员工、激励与约束知识员工、回报知识员工、分享知识的管理平台，实现了知识资本化和资本知识化的成功结合，体现了知识的价值，开发知识和知识工作者的潜力，提高知识工作者的效率。

华为的价值在于：成功地探索出在中国如何管理与运营国际化的大公司，成功地探索出有中国特色又与国际接轨的商业模式、经营模式、营运流程、内在机制和管理体系，并创造性地解决了国际先进企业管理模式如何在中国成功落地的课题，实现国外先进管理体系的中国化。

华为就在我们身边，对于身边的可触摸的活生生的商业案例，加以总结、分析与研究，作为学者来讲，既是责任，也是幸运。如果不能记录与分析研究这棵大树的成长年轮，则是暴殄天物式的浪费。

更加幸运的是，我们能够长时间近距离地深入华为，感受华为成长过程的酸甜苦辣，实地见证华为成长发展过程中的重大事件和点点滴滴的改进与进步，能够近距离地与任正非先生及华为的高层及员工亲密接触。

在经过长时间痛苦的思考，大量资料素材收集准备的基础上，于是才有了《下一个倒下的会不会是华为——任正非的企业管理哲学与华为的成长逻辑》一书。

写作本书，我们以读者为中心，试图展现一个真实的华为，展现华为真实的成长逻辑，展现出孤独者任正非先生的企业管理哲学。如果这些思考能够对中国的企业和企业家们带来一点儿启发，或者带来一点儿思考的线索，就足够了。

令我们意外的是，在隐秘状态下写成的此书，得到了华为的官方认可。同时，也得到广大读者的认可及反馈（至今，关于此书的读者反馈文章超过200篇，反馈意见及评论400余万字，并荣登线下和线上畅销书榜单，被评为企业家和创业家十大必读书，获2013年和讯华文财经图书大奖），由此也引发了中国企业界一场不大不小的研究与学习华为热。此书也先后出版了台湾繁体版、英文版和日文版。

衷心地感谢深圳市综研软科学发展基金授予的中国软科学奖的管理学专项奖。衷心地感谢各位专家的认可、褒扬和激励。衷心地感谢中信出版社和蓝狮子。衷心地感谢广大的读者。这将成为我们继续深入研究华为这一非典型案例的里程碑式的巨大推动力。

（本文为2015年5月8日与田涛先生合著的《下一个倒下的会不会是华为》获第五届“中国软科学奖·管理学专项奖”颁奖会上的发言）

第三部分

狼性与活力

企业是由人组成的，这些人有一个统称，过去叫“雇员”，现在叫“人力资源”，说白了，就是“各色人等”。把企业的人力资源组织起来，整合其意志，提升其能力，开发其潜力，提高其效率，以实现组织的战略目标，是企业内部管理的核心内容，同时这也是中国大部分企业最短的“短木板”。当企业尚处于人事管理阶段，它不得不面对人力资源管理的挑战，以及人力资本管理的冲击。对人力资源的管理，从本质上讲，就是对人性的管理，其前提是对人性本质的深刻洞察。比较而言，随着现代科学技术的发展，人们对客观事物及其规律的把握越来越深入，而其对自身人性的把握却鲜有本质性的突破进展，至今尚停留在善与恶、理性与感性等的假设层面。在企业管理过程中，对人力资源的不同假设，必然产生不同的管理哲学、管理体系和管理实践。

华为过去、现在和未来所面临的挑战，同样是人力资源管理。值得肯定的是，在26年的发展过程中，华为对人力资源的管理长期保持持续的关注，形成了人力资源管理的基本哲学，构建了具有华为特色且与国际接轨的人力资源管理体系。华为的发展实践证明，这些管理哲学与管理体系是可信赖的，也是卓有成效的。对于华为来说，未来的挑战依然存在，其中尤其值得关注的是：如何管理干部这一特殊的人力资源，如何管理知识型员工，如何管理“80后”员工，如何管理国际化的人力资源等。一言以蔽之，华为的人力资源能否活力不衰，狼性依旧。

人才与人材

人才不是核心竞争力

“人才”一词，越来越时髦，几乎每家企业都在提“以人为本”，都在宣扬“重视人才”“吸引人才”。于是，伯乐们越来越多，人才越来越稀缺，越来越难求，人才的自我感觉越来越好，人才的价格一路飙升。对于时髦的东西，我们就有探究的必要。因为在中国企业管理领域，任何受大家普遍追捧的理念，都会走向极致，进而走向反动。因为时髦中缺乏理智，时髦中会迷失自我。

何谓人才？这本身就是一个模糊的概念，其自身并没有明确的衡量标准，政府有关部门的定义是：取得中等专业学历的人。（如此看来，我们泱泱大国岂不是人才济济？）企业可能受此影响，也用一些简单和明显的标识作为判断人才的标准，于是人才与学历／职称／就职经验／是否海归等同起来。受此牵引，那些还没有达标的人才，没学历的补学历，有学历的补出国，有工作的忙跳槽，如同群马奔腾，直到把伯乐们看得眼花缭乱。

对于企业来讲，人才是那些认同公司的核心价值观，具有职业素养和较高工作技能，能够持续为企业创造价值的人。一名清洁工人，能够长期把地扫成世界一流，就是人才。一名员工能够安心于本职工作，持续提高工作效率，也是人才。以此标准衡量，企业中人人都是人才，人人都可能成为人才，中国企业缺少的不是人才，而是培育与牵引人成才的机制与制度。企业的功利性决定了，人才必须是那些能够为企业创造价值的人，而学历／职称／经验等与一个人的价值创造没有直接的联系。

我们在看重人才的价值创造能力的同时，还必须看到人才对于企业管理的反作用力，在管理面前，从某种意义上讲，知识越多越反动。人才是把双刃剑，使用好了，会提升企业的核心竞争力，成为企业竞争的利器；使用不好，反而会破坏企业的管理体系，成为企业的心腹之患。人才同样如同U 235，用好了可以发电，产生巨大的能量；用不好则会产生核辐射，造成巨大的破坏。因此，引进人才固然重要，但也有可能面临引狼入室的风险，面临人才潇洒走一回的无奈，以及人才变为庸才的尴尬。管理人才更重要。企业千万不能为人才设置管理上的特区，在管理面前，人人都应平等。

按照通俗的标准来看，企业中的人才很匮乏：一流的人才已经漂洋过海远走他乡，二流的人才进入政府部门谋求高官，三流的人才进外企当白领，四流的人才早已另起炉灶做起了老板梦。能进入企业的或许是五流人才，这些人要成就大业，只有抱团打天下，而一旦他们真正地凝聚在一起，就能够取得超一流的业绩。如果企业依赖于少数几个人才能生存发展，是很可怕的。这不仅会使那些具有人才潜质的员工失落，同时企业的管理必将屈从于人才，企业就会陷入重视人才但又必须迁就人才的两难境地。另一方面，企业中的人才一旦经受不住诱惑、耐不住寂寞，就会离企业而去，靠所谓的人才支撑的企业大厦将轰然倒塌。

在当今社会，人才越来越受到企业的追捧，几乎每家企业都把“以人为本”“重视人才”“吸引人才”等写进自己企业的理念中。于是，人才的自我感觉越来越好，人才的价格一路飙升。产生这种现象的背后，是一个错误的理念在做支撑，那就是人才是企业的核心竞争力。

要论证这个理念是错误的，我们必须对核心竞争力做出正确的界定。

什么是核心竞争力?

权威的定义是：核心竞争力是“在组织内部经过整合了的知识和技能，尤其是关于怎样协调多种生产技能和整合不同技术的知识和技能”(《哈佛商业评论》)。很显然，知识与技能不是核心竞争力，只有那些能起到协调和整合作用的知识与技能才是真正的核心竞争力。很显然，核心竞争力是一种被协调与被整合的力量。由此可以看出，核心竞争力不是人才，也不是人才区别于一般员工的特有技术和知识，这些技术与知识同产品或市场一样，不过是企业的核心技能，而核心竞争力与核心技能并不是同一个概念。当然，这并不否定核心技能与核心竞争力之间的内在联系。

有人将企业的核心竞争力描述为五大特征：

一是学不到，即核心竞争力具有不可模仿的特性；
二是买不来，即核心竞争力具有不可交换的特性；
三是偷不走，即核心竞争力具有不可转移的特性；
四是拆不开，即核心竞争力具有不可分割的特性；
五是离不了，即核心竞争力具有不可或缺的特性。

由此看来，人才显然不具备这五个特性。而与之完全契合的是企业的管理，所以说，管理才是企业的核心竞争力。

所以，在多年的人力资源管理教学与实践过程中，笔者很忌讳使用“人才”一词，更喜欢和更多使用的是“人材”一词。

人才是一个模糊的概念

在现代人力资源管理理念中，人人都是资源，人人都是人才，因为每一位员工都具备一定的知识与技能，而关键在于企业能否通过有效的管理将其协调和整合起来。

从另一个角度讲，中国并不缺乏优秀的人才，缺乏的是优秀人才成长的土壤与舞台，缺少的是优质的人力资源生态环境，是良好的人力资源经营和模式。引凤需要先筑巢，企业能否吸引、留住并有效使用人才，并不取决于企业是否出手大方，而在于其能否构建出一套让人才脱颖而出的机制，以及是否具有让人才发挥作用的舞台。正确的选择是，企业从外部劳动力市场上，引进的是人，然后依靠自己的机制与制度，使他们成材。

看重人才的价值创造能力无疑是正确的，但是我们还必须看到人才对于企业管理的反作用力。人才是把双刃剑，使用好了，会提升企业的核心竞争力，成为企业竞争的利器；使用不好，反而会破坏企业的管理体系，成为企业的心腹之患。

纵观那些辉煌一时的中国企业，其失败往往不是缺乏人才，相反，其人才结构远远高于同类企业，否则它们也难于脱颖而出。问题的实质是，它们缺乏对人才有效的管理体系。而那些优秀的国内外企业，其员工从个体来看，不见得如何优秀，而企业之所以优秀，在于其建立了一套有效的人力资源管理体系。所以说，发现人才重要，引进人才重要，留住人才也重要，管理人才更重要。

关键在于企业的机制

中国企业缺少的不是优秀的人才，而是培育与牵引人成才的机制与制度，缺乏的是优秀人才成长的土壤与舞台，是优质的人力资源生态环境，以及良好的人力资源经营和模式。

企业成功的关键，不在于企业中拥有多少人才，而在于其运营机制。一个好的机制不但能够不断地造就人才，使优秀的人才脱颖而出，产生高绩效，而且也能够使那些不是人才的人转化为企业所需要的人才；一个没有活力的机制，不但会消磨人才的创造力，使之变为庸才，产生负向的破坏力，还会使优秀的人才用自己的脚去选择更有活力的机制。吸引人才并不困难，困难的是让人才为企业所用。

什么是企业的机制？

企业的机制就是能够使其内部员工向着企业所期望的方向转化的力量。它包括三个方面：

一是以核心价值观为内涵、以绩效为特征的优秀企业文化，它为企业提供的是生生不息的长期牵引力。

二是对全体员工的激励与约束体系，它为企业提供的是持续不断的内部动力。

三是与世界先进企业接轨的科学规范的内部管理体系，它为企业提供的是长期持久的推动力。

可以说，牵引力、内部推动力构成了企业机制的主要内容和基本框架，这三种力量同时也构成了企业核心竞争力的主要内容。

从这个角度来看，对于企业来讲，比起人才来，核心竞争力更重要，机制更重要。

人力资源价值链管理

在知识经济中，中国企业起码从理念上开始越来越重视人力资源的开发和管理，但能够真正将人力资源管理纳入企业经营管理体系中的企业却并不多见，在中国企业中，虽然人力资源部门的组织框架已经建立起来了，但它实际上还在进行传统的人事管理工作。有人认为：中国企业中只有人事管理，而没有人力资源管理。此言虽有些偏激，但也不无道理。

造成这种现象的原因是多方面的，但有一点是不容忽视的，那就是企业的经营管理者对人力资源管理体系的理解存在问题。他们没有系统地把握现代人力资源管理的实质，因而在企业经营管理实践中对人力资源管理定位得不准确，加之企业人力资源管理者职业素养的缺乏，使中国企业的人力资源管理实践处于一种非常尴尬的落后局面。

那么，企业人力资源管理体系的主线和主体框架究竟包括哪些内容？我们究竟该如何建立企业的人力资源管理体系？传统的人力资源理论对此并没有做出应有的说明和界定。

人力资源管理价值链

企业是一个功利组织，其功利的源泉在于企业全体员工的投入，即企业中每一个人工作成果的集合。在企业外部，全体员工的工作价值表现为企业的效益；在企业内部，全体员工的工作价值表现为企业的效率。从这个意义上讲，人的工作价值构成了企业人力资源管理的核心内容。

进一步展开来说，价值创造、价值评价和价值分配构成了现代人力资源管理的主体体系。企业人力资源管理体系的建立应该围绕这三方面构成的“价值链”来构建。也就是说，全力创造价值、科学评价价值、合理分配价值及其三者的闭合循环，是企业人力资源管理体系建设的核心与重点。

价值创造体系、价值评价体系和价值分配体系的有机结合及其良性循环，是现代人力资源管理体系的重要特征，同时也是人力资源管理体系的基本框架。

价值创造体系

企业价值创造体系需要解决两方面的问题：

第一，企业的价值创造理念，即企业为什么创造价值的问题，也就是企业文化建设的问题。

价值的创造过程必须有核心价值观做引导，企业的核心价值观将全体员工的价值创造行为整合起来，凝聚起来，这就是培育和弘扬企业文化的过程，也是形成人力资源管理体系的前提和条件。在现实中，有文化的企业和没有文化的企业都在赚钱，因此企业文化建设与企业如何赚钱关系不大，但它却关乎企业在多长时间内会赚钱和赚多少钱，即决定了企业的存货时间和发展规模，那些“活不长”和“长不大”的企业在企业文化方面都会存在或多或少的问题。

科特勒等学者经过实证调查得出的结论值得我们深思：其一，企业文化对企业长期经营业绩起着重大的作用；其二，企业文化在21世纪前10年内很可能成为决定企业兴衰的关键因素。

第二，关于谁创造了企业价值的问题，即确定个人在企业价值创造过程中的重要度和价值贡献度。

从一般意义上讲，这是一个不是问题的问题，但它正是现实中“大锅饭”模式的理论依据，价值创造理念的“大锅饭”造就了企业分配的“大锅饭”。如果说全体员工创造了企业的价值，那么他们共同参与价值分配就是顺理成章的事了。

我们并不否认每一位员工都是企业价值的创造者，但不同的部门与职位对企业的价值贡献度是不同的。只有对此做出明确的界定，才能确定人力资源的开发重点。

在人力资源管理体系建设上，必须建立职位描述和职位评价体系，以制度的方式确定不同职位的职责和价值贡献度，这是现代人力资源管理的基础。

价值评价体系

价值评价体系要解决两方面的问题：

第一，价值创造过程问题，即如何充分发挥员工的主观能动性，挖掘员工的潜力，持续地提高工作效率，以创造更多的价值。

在人力资源管理体系中，这表现为绩效管理问题，其中包括绩效计划的制订、组织氛围的改善、员工素质的提高、任职资格体系的形成、管理风格的改善，以及沟通和培训教育体系的建设。

第二，价值创造成果的评价问题，即对每一个员工创造的价值做出科学的评价。

在人力资源管理体系中，这表现为绩效考核问题。通过绩效考核对员工的工作做出评价是对其贡献的承认，同时又是对下一周期工作的引导，更重要的是为价值分配提供客观的依据，使员工的绩效与其回报建立有机的联系。缺乏科学的价值评价体系，正是中国大多数企业在人力资源管理方面存在的通病，它导致企业在价值分配上的扭曲。

价值分配体系

价值分配体系所要解决的问题包括：

第一，为价值创造提供回报的问题，即确定企业的薪酬战略和薪酬政策。

价值分配既是对员工价值创造成果的回报，又是对价值创造要素的激励。当我们知道哪些是促使企业成功的关键因素时，我们也就知道了用什么样的薪酬政策去管理它。所以，在企业的价值分配体系中，我们首先要解决的是对什么样的成果和行为进行激励和回报，也就是要回答“为什么发工资”这一原命题。

薪酬政策实际上是一个选择行动，当我们选择回报和激励“人”，价值分配必然会导向与人相关的工龄、年龄、学历、职称和职务，员工也必然强化与此相关的行为。相反，当我们选择回报和激励“事”，价值分配必然会导向绩效，员工也必然会强化自己的高绩效行为。此外，我们可选择的还包括职位的价值、薪酬的市场竞争力以及素质与价值观等价值回报与激励因素。

第二，以什么样的方式和什么样的水平回报和激励员工，即薪酬模式的选择问题。

从人力资源管理体系的角度看，企业需要依照价值创造理念和价值评价结果确定薪酬等级、薪酬结构（基本工资、短期回报、长期回报与福利的构成及变化）、薪酬水平、薪酬升降方式等。需要强调的是，这些虽然都是技术性的人力资源管理技术，但它们离不开企业价值创造理念、企业文化、薪酬战略和薪酬政策的指导。同时，如何将价值评价结果与薪酬回报有机结合起来，是人力资源管理体系建设的重点和难点，也是验证企业人力资源管理体系是否有活力和扩张力的重要依据。

综上所述，建立价值创造、价值评价和价值分配的价值链，并使之形成良性循环，是指导企业构建人力资源管理体系的重要理念和可操作思路。

全力创造价值，科学评价价值，合理分配价值

——《基本法》辅导报告之二

《基本法》贯穿着一条主线，那就是“价值链”。它明确地回答了以往公司成功的价值何在，华为为什么会取得成功；华为公司存在的社会价值；华为公司的价值是如何创造的，哪些要素参与了价值创造，华为公司为谁创造价值，谁是华为公司价值的受益者；在公司内部如何进行价值评价，即确定每个人、每个部门对公司的价值贡献度；在公司内部，创造的价值应如何进行分配，即价值分配的依据和标准是什么？这些问题又可以归结为价值创造、价值评价和价值分配三个问题。从某种意义上讲，《基本法》的价值就在于使公司能够全力创造价值、科学地评价价值、合理地分配价值。下面，我们将围绕这三个方面的问题，对华为公司的价值链做一分析。

关于价值创造问题

一个不可回避的问题

价值创造一直是一个颇有争议的问题。价值学说构成了经济学的发展主线，也是划分经济学派的分水岭。可以说，价值创造已超出了经营管理学的范畴，成为经济学面临的一个重大课题。

从重农学派开始，经济学家就在探讨到底是什么创造了价值。古典学派把价值创造要素归结为“土地是价值之母，劳动是价值之父”，后来则发展到了“价值三要素论”，即资本、土地、劳动共同创造价值。李嘉图又将其统一于一个标准，即劳动时间。其后，法国的萨伊又加了“企业家”这个要素。

进入现代社会以来，特别是信息化社会的高速推进，人们发现，传统的经济学观点仍然没有完全解释价值创造问题。实践迫使人们不得不注意到一个新的价值创造要素。未来学家托夫勒在接受日本《产经新闻》驻美记者采访时谈道：通过互联网，跨越空间的信息革命将成为超过19世纪产业革命的历史性信息革命。美国华盛顿大学教授威廉·哈拉尔认为：在21世纪的第一个10年，随着自动化的实现，企业所需的蓝领工人和服务人员的数目在减少，美国可能出现“知识型经济”，即以知识为基础的经济。他预测，美国现有的20%的蓝领工人将减少到10%，甚至更少。非专业白领工人将从40%减少到30%到20%，其余60%~70%则由知识人员（指掌握技术的制造队伍、信息系统人员、经济人员、教授和科学家等）组成。[①]他还预测：借助多媒体，人们的年劳动时间可缩短到1 000小时（这意味着周工作日不到三天），实际上，美国已有1 200万人在家中上班，日本电气公司已设立“卫星办事处”（在距家骑车10~15分钟的办公室上班，既节省了上班时间，又避免了上班的拥挤）。美国经济学家所做的概括是：“第一次技术大变革使机械力代替了人力或兽力。现代信息和自动化新技术却要代替人的思想。”华为的实践，也证明了专家预测的现实性。

列举这些，主要是想说明这样一个问题：我们正在进入一个充满剧变的社会，信息化革命对价值理论发出了挑战。沿用传统工业社会的旧理论与概念会混乱人们的思想，误导人们的行为。尽管目前有许多人对价值创造问题做出了可敬的探索，如“第四产业”“智慧经济”“知识型经济”“知识产业”“智本论”等，但还没有到更深的层次探讨价

① ［美］威廉·哈拉尔：《知识型企业家的崛起》，载《未来学家》，1996年11、12月。

值创造问题，没有系统地回答价值创造的源泉问题。而这又是一个不可回避的问题，特别是作为华为公司的根本大法，《基本法》必须对这个问题做出明确和科学的回答。

《基本法》的回答

《基本法》比较全面、科学地回答了高新技术企业的价值创造问题："劳动、知识、企业家和资本创造了公司的全部价值。"（第十五条）

虽然只是短短的一句话，但它拥有深刻的内涵。有人在评价诺贝尔经济学奖获得者卢卡斯的合理预期理论时说，"道理很简单，却改变了经济世界。"这句话同样适用于《基本法》。

第一，它冲破了以往价值理论的束缚，向传统经济理论发出了挑战，并首次公开承认知识与资本是公司价值创造的源泉。现在的一些经济学家和管理学家一方面感觉到知识和企业家在企业价值中的作用，但又囿于观念束缚，不敢公开宣传这一观点。华为公司能够在《基本法》中公开自己的现状，并能够在实践中对其加以丰富和完善。

第二，《基本法》首次对价值创造要素的顺序进行了科学的排列，尽管国外学者已经提出了这4个要素，但对它们的顺序一直没有进行统一的排列。《基本法》中的排序是非常合理的，也符合华为的实践。首先，在现阶段，每家公司的运转都不能离开其成员的日常性、非创造性的劳动。许多员工还需要服从公司的安排，在自己的工作岗位上从事单调重复的劳动，但这同样也是创造价值的劳动，应该得到公司的承认（这也是任正非"不要忘记英雄"等系列讲话的用意所在）。其次，《基本法》重点强调了知识和企业家在公司价值创造中的重要作用。这两者都是一种创造性劳动，也叫智力劳动。它是指区别于一般劳动的，以智慧、管理和技术为表现形式的特殊劳动。知识与企业家精神是可以累积和不断开发的，也是可以复制的。再次，将资本排在第四位，是基于资本的全球化这一前提，它在理论上和实践中解决了华为公司资本的归属化问题，即否定了企业的全部资本归属于最初的出资者（第十七条）。而更重要的是，公司致力于资本知识化，即以资本为存在形式，把知识转化为公司的资本，并通过资本的不断增值来实现知识的增值。

第三,《基本法》提出,劳动、知识、企业家和资本四大要素共同创造了公司的全部价值,而不是部分价值。这意味着这四大要素是公司价值的唯一源泉。华为公司的价值只能靠辛勤的劳动、全面的知识、不断创新的企业家精神和雄厚的资本来创造。《基本法》还提出了价值创造的具体途径与策略,如战略领域、研究与开发政策、市场营销、中试生产等。而且,这四个方面也不是独立的,它们互为基础、相互转化。

第四,《基本法》有关价值创造的理论,实际上对于中国的经济发展,特别是对非国有经济的"第二次创业",也具有巨大的参考价值。它消除了长期困惑我们的一些误解,冲破了诸如"产权""所有制"等说不清、理还乱的概念束缚,以全新的思维,提出了既有华为特色又有普世意义的价值创造论。这或许是华为贡献给社会的又一宝贵财富。

《基本法》不仅回答了公司内部价值的源泉问题,还向社会提出了华为公司的社会价值和社会责任,这同样是华为价值理念的重要组成部分。如提出"我们以产业报国,以科技兴国为己任,以公司的发展为所在社区做出贡献。为伟大祖国的繁荣昌盛,为中华民族的振兴,为自己和家人的幸福而不懈努力"(第六条)。产业报国一直是华为人的共同追求,也是华为企业文化的重要内涵。毫不隐瞒地提出为所在社区做贡献,特别是为自己和家人的幸福而努力,这显示了华为人的宽阔胸怀、直率和无私。如果要写一本《华为怎么办》的书,完全可以循着这一思路来谋篇布局。

价值创造观的价值

表面看来,回答谁创造了价值,是一个理论问题,其实它更是一个重大的现实问题和实践问题。华为不是企业研究所,它所提供的不是理论,而是产品。那么,《基本法》为什么要在这一部分大做文章呢?实际上,它是为华为价值评价体系和价值分配体系建立的基石。不回答谁创造了价值,也就无法解决价值评价和价值分配问题。道理很简单,由谁创造了价值、对它创造的价值进行评价,到按照一定的标准进行价值的分配，这是完整的逻辑过程，也是实践中不可避免的问题。

古典经济学认为，土地、劳动和资本是价值的源泉。土地是根据肥沃与贫瘠程度来评价的，劳动是通过社会必要劳动时间来评价的，资本是以货币量来评价的。由此，我们得出了相应的价值分配模式：土地—地租，劳动—工资，资本—利润。具体归纳为：

表 3–1　价值分配模式

价值创造源泉	价值评价标准	价值分配形式
土地	肥沃程度	地租
劳动	社会必要劳动时间	工资
资本	货币数量	利润

华为公司的价值创造观虽然不同于传统经济学，但所要回答的问题的实质是相同的。如果不能回答价值创造的源泉问题，华为公司的价值评价体系和价值分配体系就如空中楼阁，失去了稳固的根基。如果不能正确地回答价值创造的源泉问题，就会对价值评价和价值分配体系产生误导，使这一体系土崩瓦解，这一价值链也无法循环下去。所以说，价值创造、价值评价、价值分配是三位一体的，价值创造是基础。只有清楚了谁创造了价值，才可能知道评价谁的价值，如何分配价值。这三者的关系可表示为：

表 3–2　价值创造、价值评价、价值分配三者的关系

	价值创造观	价值评价理念	价值分配理念
课题	价值创造源泉	价值贡献度	价值分配形式
结论	谁创造了价值	创造了多少价值	如何价值分配
性质	理念	依据	实现
现实	承认创造	如何创造的	得到什么回报

价值创造观是一种理念，但其能量是巨大的，它同样可以转变现实的生产力。谁能否认，200 多年前，马克思在伦敦图书馆的小路上思考出的劳动价值观和按劳分配理论对社会主义的巨大贡献；30 多年前，

在江西农村的“小平小道”上，邓小平的理论对于中国市场经济发展的巨大贡献。对于一家企业来说，确定组织成员共有的价值观，将其衍化为价值链，并使之不断地循环下去，同样也会为社会创造更多的价值。

关于价值评价问题

由价值创造到价值评价

在孩提时代，笔者曾思考过一个问题，谁创造了历史？毛泽东的回答是“劳动人民”，但为什么史书上全是帝王将相和起义领袖的名字？后来才知道，历史的创造者和推动者并非一回事。那么，究竟是谁创造了华为公司的价值？如果回答是“全体华为人”，这也没错。如果真是这样，问题就简单得多了，全体华为人分配其创造的价值，还要价值评价做什么？公司有一套工资制度就全搞定了，马克思也没有必要用三年时间写《资本论》了，我们每个人都可以成为牛克思、朱克思了。

现实并非如此简单，人是千差万别的，绝不能将其抽象化。虽然大家在同一公司，从事大致相同的工作，但不同的人实际上又是不同价值创造源泉的载体。有的人只是劳动的提供者；有的人是资本的提供者；有的人既是劳动的提供者，又是资本的提供者。他们在公司价值形成过程中的地位与作用是不同的。

另一方面，价值创造源泉只说明它能够创造价值，但价值创造源泉的拥有者是否创造了价值，实际创造了多少价值，却需要我们去衡量，即确定各价值创造要素的价值贡献度。对于公司来说，我们不但要承认员工创造了价值，而且还要知道员工是如何创造价值的，创造了多少价值，从而为价值分配提供准确的依据。在一个“数字化生存”的社会里，量化价值问题尤为重要。实际上，只要存在集体劳动，就必然要有价值评价。在原始社会中，虽然实行的是平均分配，但射杀野兽者可以优先参与分配，并分配到最好的部位。邓小平的理论实际上既是一种价值创造理念（抓鼠之猫创造价值），又是一种价值评价标准（抓到鼠之猫得到“好”的评价）。概言之，《基本法》在回答了价值创造源泉的问题后，必须解决价值的评价问题。

从价值分配的角度看，没有价值评价的价值分配，因为缺少了分配的依据，必然走向两个极端。一个极端是采用平均主义的做法，共吃“大锅饭”。计划经济下的国有经济已经吃了许多年的“大锅饭”了，但到最后，个人吃得面黄肌瘦，企业吃得弱不禁风。没有价值评价依据，你不知道该给谁多少，你也不敢多给谁多少。另一个极端是权力分配，企业权力拥有者依个人的意志，根据个人喜好进行专制性分配。结果造成收入分配不能公开，形成灰色收入；更严重的是，企业内部会形成巴结领导和官本位的风气，人人为谋得一官半职而不择手段。

所以说，价值评价是一条纽带，它把价值创造观与价值分配体系紧密地结合了起来。

价值评价体系是一种牵引

这里所谓的“牵引”有以下几种含义：

第一，价值评价不是被动地认同价值创造结果，即不管是如何创造价值的，创造了多少，我只要事后确认一下就可以了。价值评价是主动的，它贯彻在价值创造的整个过程中。在事前，它向每个价值创造者提出了价值创造的期望，即要求你创造多少价值。当然，这一要求不是统一的，而是根据每个人在价值创造中的地位和能力，提出的不同要求。在事中，它对每个人的价值创造过程进行监控和指导，以避免价值创造过程的偏向和资源的浪费。也就是说，对于每个人的价值创造，不仅要看创造了多少，还要看其投入了多少。建立在资源浪费基础上的价值创造会被制止，最终也不会得到公司的承认。

第二，价值评价不是一个静态的过程，而是动态的。也就是说，价值评价标准不是固定不变的，而是不断提高的。仍以“猫论”为例，当白猫抓不到老鼠，黑猫抓到一只老鼠时，后者得到的评价是好猫；但当白猫抓到两只老鼠，黑猫还是抓到一只老鼠时，对黑猫的评价就是懒猫了。再扩展一下，当狗都在纷纷拿耗子时，对白猫、黑猫的评价标准必然会提高，它们再抓一两只老鼠就交代不过去了。所以说，价值评价是一个水涨船高的过程，它不会宽容落后者，抓不到耗子的猫和抓得少的猫将承受很大的压力，并有沦落为野猫的可能性。也就是说，公司总是依据自身的战略和公司的发展，向价值创造者不断地提出更新更高的要求，以激发每一位员工不断地进行自我开发，向新的目标挑战。这如同跳高比赛，横杆不断地提高，跳过者将面临新的挑战，跳不过者将面临被淘汰的厄运。

这一动态价值评价标准可用公式表示为：

价值评价标准＝个人现有能力可以创造的价值＋经过自我开发后能够创造的价值

↓	↓
能力充分发挥	潜力开发

第三，价值评价的主体不是个人，而是公司。在价值评价体系中，个人可以对自己的价值创造进行评价，但这种评价不是核心的，而是从属性的。公司是价值创造的最终评价者。当然，公司可以通过授权的方式，委托各级部门主管对下属进行评价，但各级主管不得擅自调整评价标准，并就评价结果对公司负责。个人自我评价会导致自满情绪，人都有自身的弱点，光看自己，谁都会沾沾自喜（俗语说，孩子还是自家的好）。但当他与别人相比较时，往往又会以“人比人得死，货比货得扔”为借口，宽慰自己。尤其是价值评价结果与价值分配相挂钩时，人们总会觉得不公平，认为自己吃亏了。他们会质问，为什么我比他少拿，或者为什么我才比他多拿这么一点儿。同样，个人评价也会偏离公司的发展战略和核心价值观，导致非理性的冲动。如果个人认为多为公司挣钱，就应得到更高的评价，他就会对着计算机不搞开发，而炒四样（股票、期货、房地产、外汇）。这样，《基本法》为我们确定的战略领域（第二十条）就会成为一纸空文，公司就可能成为“个体户的集中营”。一位名人曾说：“个人不可能从纯粹的物质主义中得到满足。只有当我们投身于比自身更伟大的事业时，我们才真正是我们自己。”价值评价就是通过对个人给公司事业做出贡献的评价，引导和激励每一个人都投身于公司的成长和发展。

所以说，价值评价的主体只能是公司，它可以统一每个人的价值观，将每一个人、每一个部门的价值创造活动都统一于公司的价值目标。

由价值评价到人事考核

在实践中，我们面临的还有更具体的问题，即依据价值评价体系，建立可操作的评价方法，把理念转化为实践，使隐含于《基本法》中的价值评价理念（《基本法》中并没有对价值评价做单独的说明）显现出来，变成一种人们都看得见、摸得着的方法。这一任务就落到了人事部门的头上，即依据价值创造和价值评价理念，确立人事管理制度，并由这一制度衍生出可操作的方法，使得价值评价理念贯彻在现实的工作中。两者的关系可归结为：价值评价为人事考核提供了科学的理念，人事考核为价值评价提供了科学的方法。所谓人事考核，是指企业按照一定的标准（来自价值评价理念），对组织成员的价值创造过程和价值创造结果做出科学的评价。人事考核不是可有可无的，而是一种重要的管理职能。法兰克福 · H. 巴比森曾一针见血地指出了人事考核的重要性，他认为："不管有无制度，经营上总是要经常对人进行考核；如果缺少对业绩、能力的制度性考核，我们只能依赖一线监督者的意见做出人事安排，稍有疏忽，就会出现不平、不公，使得员工不满、损害士气和降低效率等。所以，明智的经营者都会采用人事考核制度，努力对员工的能力和业绩做出客观而公正的评价。"①在古今中外任何一个组织中，都存在着人事考核。孔夫子的"三省吾身"是自我考核评价，古代的科举制度则是人事考核。国有企业中流行的评先进、评模范，尽管效果不好，弊病多，但不可否认，它也是一种人事考核。对于中国大多数企业来说，考核更为重要。原因在于，员工的职业意识和职业道德水平还比较低，在过去当惯了主人公，还不习惯于被人考核。他们把考核理解为关、卡、压，甚至认为是阶级斗争的新动向；他们还没有与公司建立默契的心理契约。日本研究中国人事考核的专

① 彭剑锋、包政等：《现代管理制度 · 程序 · 方法范例全集：人事考核卷》，1996年11、12期。

家田中信彦形象地概括了三资企业中的人事考核为“不教不会，不考不动”。[①]所以说，对于大多数企业来说，人事考核任重道远。《基本法》也将完善考核体系作为强化管理力度的措施之一（第四十三条）。

需要特别强调的是，人事考核与价值评价并不等同。人事考核不能解决全部价值评价问题。考核评价永远不是目的，它只是一种工具或手段，起一种牵引、导向作用，而不是把人抽象化了，考核的不是人了。考核所能解决的，只是价值评价的核心问题。

华为公司的人事考核

建立在公司价值评价理念基础上并作为价值评价体系重要组成部分的人事考核，《基本法》对其做了明确说明。

1. 关于人事考核的目的。《基本法》认为，人事考核的目的是建立一支庞大的高素质、高境界和高度团结的队伍，以及创造一种自我激励和自我约束的机制（第五十一条）。

2. 关于人事考核的原则。《基本法》提出的人事管理准则，实际上也适用于人事考核，这就是“公正、公平和公开”（第五十二至五十五条）。

3. 关于人事考核的内容。《基本法》提出，人事考核内容包括：（1）工作态度；（2）工作能力；（3）工作业绩；（4）个人适应性和潜能；（5）管理能力（第六十八条）。

4. 关于人事考核的依据和标准。《基本法》提出，人事考核的依据和标准包括三项：（1）共同的价值观（评价工作态度的依据）；（2）挑战性目标与任务（评价工作成果的依据）；（3）现有的能力和工作潜力（评价工作能力的依据）（第五十三条）。

5. 关于人事考核体制。《基本法》提出，人事考核实行二级考核体制，即直接上级进行一级考核，上级的上级再进行二级考核（第六十八条）。

---

① ［日］田中信彦：《中国成功的人事与失败的人事》，日本经济新闻社，1996年12月。

6. 关于人事考核的责任权利。《基本法》提出，“各级管理者有责任记录、掌握、指导、支持、协调、评价、约束与激励下属人员的工作。”（第五十八条）“下属有权对认为不公正的处理，向直接上司提出申诉。”（第六十四条）

7. 关于人事考核体系。《基本法》提出，人事考核体系包括：（1）例常性考核；（2）适应性评价；（3）潜能测量；（4）定期述职；（5）人力资源开发投入产出评价。（第六十八条、第七十三条）

8. 关于人事考核体系。《基本法》在第六十九条做了明确的规定，包括面向股权分配的考核、面向安全退休金的考核、面向职能工资的考核、面向奖金的考核、面向晋升的考核等。

人事考核制度的特点

1. 把人事考核作为一个管理过程

人事考核不仅仅是对下属的工作态度、工作能力和工作业绩做出评价与排序，而且作为一种例常性的工作，人事考核还承担着对人的管理、监督、指导、教育、激励和约束功能。各级主管不仅要对下属进行科学的考核评价，而且还要承担起管理下属、培养下属和指导下属的责任。所以说，人事考核是一种管理行为，它贯彻于工作的全过程，这种管理行为要达到的目的有三个：一是让每个人都努力做好工作，为公司创造更多的价值；二是开发人力资源，挖掘每个人的潜能，不断地促使人力资本的增值；三是对员工的价值创造过程和价值创造结果进行评价和排序。

2. 实行分层分类考核与管理

人事考核最忌讳的是用统一的标准来评价不同的人和不同的工作，尤其是在高新技术企业，它造成的影响可以说是致命的。华为公司的人事考核制度则根据考核对象的不同，实行分层分类考核。其含义是：（1）以一级部门为核心组织实施人事考核；（2）依据经营管理权限及责任的大小，将员工分为高、中、低三个层次，不同层次员工的考核标准和考核内容是不同的；（3）按照工作岗位和工作性质相同的原则，将全体员工划分为不同的类别，相同的类别使用统一考核量表。类别的划分可以打破部门界限，如公司所有秘书实行统一的考核标准。在这种考核制度下，每一级管理者都需要承担考核的责任。

3. 发挥员工参与人事考核的积极性

公司的人事考核首先在一个部门试点，然后在中、基层员工中推行，而后在公司全面展开。每一阶段，公司都特别注意调动员工的积极性和参与精神。首先，人事考核制度的立足点，在于把人考活，而不是考死；在于把每个人的积极性和创新精神都充分地调动起来。用任正非的话讲，就是通过考核把每个人的能量有序地释放出来。其次，各部门考核量表都是在有关人员的指导下，由各部门自行设计的，这不仅使之更符合各部门员工的特点，增强了考核的可信性，而且也激发了各部门员工参与考核的积极性，许多部门的考核都搞出了特色。

4. 使人事考核制度化和规范化

主要表现在：一是形成了一套完整的考核体系，二是建立健全了完整的人事考核管理组织。公司人力资源委员会及各级分会业已成立并开始运作，它的一个重要职能就是对人事考核方针、政策的决策；人力资源部负责全公司人事考核的组织和管理工作；各一级部门中都成立了评审部，负责本部门人事考核的组织和实施。

5. 这是一套先进而科学的人事考核制度

首先，它是建立在公司价值创造和价值评价理念之上的，并融合吸纳了前者的灵魂。其次，它具有完整的体系和坚强的组织保证。再次，它吸纳了国内先进的人事考核技术，又充分考虑到了华为的现实。最后，实践表明，它并没有因为实施考核而对各部门工作和业绩产生负面影响。人们开始关注考核（当然也存在一定的阻力），公司的人事考核政策在大多数部门都得到了落实，1996年底参加月考核的人数已达1 728人，占公司总人数的57.3%。从考核结果来看，基本拉开了档次（S仍占25%，A占30%，B占35%，C占8%，D占2%[①]），并部分

① 在华为，当员工的考核得分≥85分时，对应的等级为“S”；得分为75~84分时，对应等级为“A”；得分为50~74分时，对应等级为“B”；得分为50~64分时，对应等级为“C”；得分≤49分时，对应等级为“D”。——编者注

地与员工奖金挂钩。同时，公司根据新的考核结果，评定了安全退休金和股金。

如何进一步搞好人事考核

《基本法》提出，“建立客观公正的价值评价体系是公司人事管理的长期任务。”（第六十八条）公司的人事考核制度还处于探索阶段，今后随着人事考核工作的全面展开，随着人事考核结果与工资报酬更紧密的挂钩，人事考核工作的力度和难度将进一步加强。对此特提出如下建议：

1. 必须遵循《基本法》的思路，从价值创造、价值评价和价值分配的高度认识人事考核的价值与意义。

2. 真正承担起考核者的责任，把人事考核作为一个管理过程，不仅在口头上，而且要在行动上重视人事考核。

3. 在考核过程中加强沟通、交流、指导和培训，提高人事考核的可信性。

4. 关注被考核者，为人事考核提供尽可能完整的信息资料。

5. 学习人事考核技术，避免陷入人事考核的误区。

6. 冲破阻力，放弃狭隘的部门利益，坚定不移地执行公司的人事考核政策与规定。

7. 把人事考核与日常的管理工作和部门的工作目标结合起来，要什么，考什么；什么难，考什么。

8. 指导与教育下属认识人事考核的重要性，为考核奠定坚实的群众基础。

关于价值分配问题

处于价值链上的价值分配

人们经常用做馅饼来比喻公司事业的发展。如果说价值创造解决的是做馅饼的原料和如何将馅饼做大的问题，价值评价解决的是馅饼的切法问题，那么价值分配解决的就是切好的馅饼如何分配出去的问题。在华为公司的价值链上，价值分配体系处于一个非常重要的地位。

这个问题解决不好，必然导致价值链的脱节，使价值创造理念和价值分配体系无法实现，激励机制、导向和牵引作用也无从谈起，反而会带来各种矛盾，把公司带入灾难性的境地。在企业中，各种矛盾与冲突说到底是由利益关系引发的。可以说，由价值创造到价值评价，基本上不涉及利害关系；而到价值分配阶段，利害关系则较为明显。国内外许多企业由辉煌到失败，除了战略决策失误外，其中一个最大的原因是没有解决好价值分配问题。对此，任正非指出，“华为公司要解决生存问题，价值分配是个主要问题。”“国有企业改革的关键是价值分配制度。”①

价值分配体系所要解决的问题包括两个层面：

在内部微观层面，价值分配体系要进行一种转化，即把公司创造的价值转化为可以分配的价值，任何一家公司都不能将其创造的全部价值完全分配给员工，在这些企业内部，实际上也存在着价值的分配和再分配问题。否则，价值分配就会像打家劫舍者们分赃一样，偷多少分多少。公司创造的价值应有三个方面的分配去向：（1）分配给社会——承担社会责任；（2）分配给公司员工——为自己和家人的幸福；（3）分配给未来，作为公司未来发展的资本——进一步做大事业。所以说，价值分配不是被动的分配过程，而是资源的重新配置过程，它既是价值链循环的终点，又是价值链循环的新的起点。

在这一层面上，价值分配体系的关键不是提出分配方式，而在于首先确立其理念，即与价值创造和价值评价理念相一致的价值分配理念。其后的工作才是将理念演化为具体的工资报酬制度。具体来讲，这一理念涉及以下几个方面：

1. 价值分配的目的
2. 价值分配的对象
3. 价值分配的依据
4. 价值分配的表现形式和实现形式

---

① 任正非在1996年10月25日与人大专家就《基本法》举行座谈会时的讲话。

5. 价值分配的原则

6. 价值分配的标准

7. 价值分配的工具

8. 价值分配的界限与水平

9. 价值分配的重点

10. 价值分配的制度

在外部宏观层面，价值分配体系要进行建构，即对价值分配的结果进行重新梳理、重新配置和再次转化。它涉及的是价值创造要素的重新集聚、组合和增值问题，这是价值链循环的转折点，即：

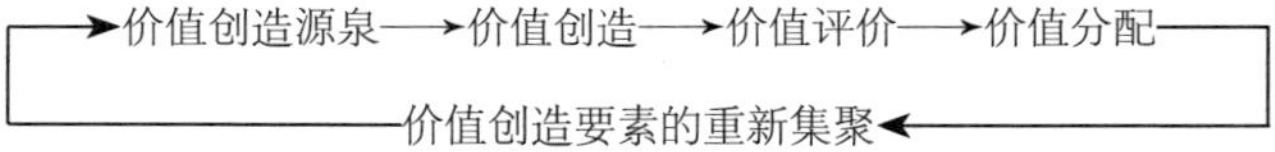

这一层面涉及的具体问题包括：（1）企业全部资本的所有权问题（是否归属于最初出资者）；（2）价值创造源泉（劳动、知识以及企业家的管理和风险的贡献）如何转化为资本问题；（3）内外部风险资本及转化问题。这些问题归结起来就是公司的产权制度问题，也就是公司的所有制形式问题。

如何分配价值

《基本法》中对于价值分配做了非常明确的阐述，这些阐述可以归结为以下几个方面：

1. 价值分配的原则（第十八条）

即按照什么原则进行价值分配，答案是：按劳分配与按资分配相结合。

（1）这里的“劳”既包括一般意义的劳动，也包括作为知识载体的劳动（它应该依赖于前者）。

（2）这里的“资”既包括一般意义上的资本，也包括知识资本和作为企业家精神体现的企业家的管理以及所承担的风险。

（3）这里所讲的结合不是固化的，两者间有一个可调的比例。

（4）分配给两方面的数量同样也不是固化的，它取决于公司的内外部环境。

（5）价值分配原则实质上是价值创造理念的直接体现。两者的关系表现为：哪些要素创造了价值，哪些要素的提供者就有权参与价值的分配（但在数量上不是对等的）。

（6）这个理念是建立在给奉献者以合适的回报这一理念基础之上的（第四条）。

2. 价值分配的依据（第十六条）

即根据什么标准进行价值分配，答案是："才能、责任、贡献、工作态度、风险承诺。"

（1）这些依据是价值源泉载体（提供者）的价值创造能力（才能）、在价值创造过程中的地位（责任与风险承诺）与表现（工作态度），以及价值创造的结果（贡献）。

（2）这些依据不是价值创造者个体的自然表现，而是公司依据一定的标准和程序考核评价后所认可的结果。

（3）这些依据有一定的顺序，不是自然的罗列，它反映了公司对各价值创造载体的重视程度和排序。

3. 价值分配对象（第十七条）

即哪些价值可以用来进行分配，答案是："组织权力和经济利益。"

（1）公司视组织权力（不是权利）为一种可以分配的价值，我们可以称之为"权力价值"，而且把它作为比利益更重要的一种分配价值。原因在于，在分配领域中，权力与权利存在着对等关系。《基本法》将其列于经济利益之前，意味着公司对组织权力的重视，故在价值分配的依据中，将"责任"列于第二位。华为人常讲，当官意味着奉献，官位是一种责任；《基本法》讲，"奉献者定当得到合理的回报"（第四条）。这意味着公司是"把工作作为工作的报酬"。

（2）这要求对已经拥有组织权力的管理者进行严格的考核评价（如定期述职制度和管理能力评价制度），并在这一前提下，使干部能上能下、制度化、规范化，否则会保护既得利益和既得利益者。

（3）这要求公司为没有组织权力的一般员工开放更多的管理职位，

公平地为他们提供进入公司组织权力层的机会（第五十四条）（如市场部的内部竞聘），否则将造成组织权力分配的不公。

（4）这引导员工不断地开发自身能力，特别是提升管理能力和管理素质，“依靠自身的努力与才干，争取公司提供的机会”（第五十四条），并在公平的竞争中脱颖而出，拥有组织权力，或争取更大的组织权力，进而享受到或更多地享受组织权力价值所带来的经济利益。

4. 价值分配的实现形式（第十七条）

即公司的价值以什么样的形式分配，答案是：“机会、职权、工资、奖金、股权、红利、福利以及其他人事待遇。”

（1）这是作为价值分配对象的“组织权力与经济利益”的具体表现。

（2）公司分配给个人的价值，分为三种：第一种是为个人所有并可以自由支配的货币或实物，如工资、奖金、红利和福利；第二种是最终为公司所有，个人可以在一定时期内受约束支配的，如机会与职权；第三种是最终为个人所有但公司拥有使用权的风险承诺，其数量是不确定的，它可以直接参与新的价值分配，如股权，也就是所谓的“资本转化”。

（3）这是一种多元的价值分配实现形式体系，它使可分配价值和价值分配结果多元化，当然也增加了价值分配体系运作的难度。

（4）这一形式并不完全是一次性的静态分配，它是公司内部价值分配和再分配的结合，是眼前利益分配和长远利益分配的结合。

5. 分配形式的确定依据（第六十九条）

即以上价值分配的实现形式在现实分配过程中应根据什么确定。《基本法》提出：

（1）工资——职能工资制

（2）奖金：
- 提取——与利润总额挂钩
- 分配——与个人或群体的贡献与责任挂钩

（3）退休金——工作态度

（4）医疗保险——贡献大小

（5）股金——贡献、责任与时间

6. 具体的分配政策

即为价值分配过程确定必要的界限，也就是价值分配要注意的问题和侧重点。

（1）以一般劳动为依据的价值分配，在个人之间要充分拉开档次（第十八条），从根本上否定平均主义（第五十四条）。

（2）但在部门、职能类别和职能层次之间的分配要保持相对的稳定，保持大致的动态平衡和比较平缓的起落，保持一定的交叉和重叠，这就是“分配曲线要保持连续和不出现拐点”（第十八条）的含义。

（3）在股权分配上，实行员工持股，但股权的分配要向有才能和责任心的人倾斜（第十八条）。

（4）在保证员工长期利益的前提下，满足员工短期利益（第六十九条）。为了实现长期利益，可以暂时有限制地牺牲短期利益，如自动降薪（第七十条），公司对分配过程中的短视行为持否定态度（第五十四条）。

（5）公司试图通过价值分配形成极具特色的建立在新理念基础上的产权制度（第十七条）。

7. 价值分配的评价标准（第十九条）

即以什么样的尺度来衡量价值分配的过程与结果是合理的、成功的、有效的，是符合公司的价值分配理念的。《基本法》提出，其标准是“公司的成就，以及全体员工的士气和对公司的归属意识”（第十九条），这包括三个方面：

（1）公司的整体业绩是否提高与提高的快慢，是否高于行业的平均速度和竞争对手的速度（第十三条）；

（2）是否调动了员工的积极性，产生了企业所期望的激励作用；

（3）员工是否认同了公司的价值理念和公司文化，真正形成了“命运共同体”“责任共同体”和“利益共同体”。

概括地讲，这三方面是否向更好的方向发展或改进，从长远来看还有一个标准，那就是自己和家人的幸福度（第六条），顾客、员工和合作者三方面满意度（第五条），以及事业报国的心愿是否达成（第六条）。

价值分配的核心形式——工资制度

1. 为什么是核心

（1）价值分配理念和价值分配体系必须通过工资制度来规范，使之成为可操作性的现实；

（2）工资制度与员工的经济利益密切相关，因为由此实现的价值分配，员工可以直接和经常地支配，是满足员工物质需要和精神需要的重要经济基础；

（3）它能够直接和经常地产生价值分配的激励作用和刺激作用；

（4）在全部价值分配上，工资制度分配部分的绝对值和相对值理论上是最大的；

（5）它是一种例常性的分配，分配周期基本是以月为单位，而其他形式基本上是以年或季度为单位。

2. 可选择的工资制度

一家企业究竟可以选择什么样的工资制度，取决于多种因素。从世界各国企业工资制度的演变过程来看，大致有四种类型的工资制度曾经或正在成为主导型的工资制度。

（1）职务工资制度

其特点是：根据职务（岗位）的性质、地位和责任大小确定工资。它是围绕职务价值和职务价值评价运转的。实质上，它是把价值创造因素具体化为职务（岗位）的价值。

其优点是：能够保证在同等岗位或拥有同等职务的人得到同等的报酬，即产生同工同酬。

其缺点是：价值分配的官本位，容易造成机构膨胀。要想涨工资，先提升职务。晋升集中于职务这一狭窄的通道。

其制度条件是：组织结构趋于稳定，职务权限明确。

目前，大多数国内企业都以这种工资制度为主，欧美国家也很流行，美国约有50%以上的企业都采用这种工资制度。

（2）年资工资制度

又称为“年功序列工资”，其特点是：根据员工的实际年龄和在公司的连续工龄确定工资。这种工资制度实质上是将价值创造要素具体化为工作时间，并认为个人的能力与工作熟练程度及个人连续的工作时间和年龄相对应。

其优点是：不需要复杂的价值评价体系，能够比较容易地实现定期升薪，具有一种稳定机制和安全机制。有利于内部劳动力市场的形成。

其缺点是：工资所生成的激励机制作用不明显，不利于员工的自我开发。

其制度条件是：产业处于高速增长期，而外部劳动力市场供求紧张。它是与终身雇用制度相配套的工资制度。

（3）职能工资制度

又称“职能资格工资”或“职能资格等级工资”。

其特点是：根据职工的职务执行能力、按资格等级确定工资。它实际上综合了职务工资和年资工资的合理内核，把价值创造因素具体化为不同等级水平的职务执行能力，按照每个人的实际职务能力来确定工资。

其优点是：倡导能力主义，强调个人能力与自我开发。

其缺点是：需要科学的价值评价体系，对某些年龄层员工和某些部门员工的工资水平有抑制作用。

（4）年薪制

它是在每年年初通过职务期望评价或目标业绩评价来确定一年的收入额，并按月度分别发放的工资制度。严格地讲，年薪制只是一种变相的工资制度。

其特点是：将价值评价和价值分配的时间扩展到一年。员工的收入基本由两部分组成：①基准年薪，分12个月等额发放；②奖金，为3~6个月的月薪；③业绩奖励，根据公司业绩确定。

目前，世界上有两种年薪制，一种是欧美型年薪制，称为“完全型或纯粹型年薪制”，收入全部表现为年薪。一种是日本型年薪制，称为“部分型或结构型年薪制”，将月工资部分年薪化，并辅助奖金和津贴。前者中看不中用，后者中用不中看。

其优点是：激活人才，弘扬挑战精神，有利于控制工资增长，加强工资总额管理。

其缺点是：需要科学的人事考核评价制度，可能导致员工在收入上两极分化，影响士气。需要指出的是，一些业绩部门划分不明显的企业或部门不适用年薪制。

在现实中，工资制度是处于不断演变过程中的，世界上不存在最完善的工资制度。以日本为例，其主体工资制度15年一变：前5年为导入期，中间5年为成熟期，后5年为衰退期。其大致过程为：①1945—1960年以生活费工资制为主（按照生活保障原则，发放工资）；②1960—1975年以年功序列工资制为主；③1975—1990年以职能资格工资制为主；④1990年至今，进入年薪制工资制为主阶段。

3. 华为选择的工资制度

《基本法》明确规定，“工资分配实行基于能力主义的职能工资制”（第六十九条）。

那么，如何理解这短短的一句话呢？换句话说，华为公司为什么钟情于职能工资制度？它所选择的依据是什么？

对于这个问题，我们可以从以下几个方面来思考。

第一，工资制度必须与华为公司的价值创造、价值评价和价值分配理念相契合。

（1）在价值创造方面，公司认为，在多种价值创造因素创造了公司的全部价值的基础上，更重视知识和高智力劳动、技术和企业家管理及风险累积在价值创造中的作用，并要求通过一定的分配制度给予其合理的回报。

（2）在价值评价方面，公司要求对价值创造的过程和结果予以科学的评价，并依据评价结果进行价值分配。工资制度的运作必须同考核评价紧密地结合起来。

（3）在价值分配方面，公司要求有一套完整的价值分配体系，并以制度的方式予以规范并实现较高透明度，做到公正与公平，达到充分的合理性。

（4）在总体上，公司要求工资制度能够充分吸纳其独特的价值理念，植入华为的精神之魂。可以说，这是选择工资制度的重要标准。

第二，工资制度的选择必须考虑华为公司的人事管理制度特点。

（1）公司主张实行自由雇用制（第五十六条），而且工龄、年龄等个人的自然因素在华为公司的价值创造源泉中没有得到承认。我们不能选择与终身雇用制相配套的年功序列制度。

（2）公司同时也反对官本位，主张能上能下，把“最重要的职务交给最有责任心和最有才能的人”，“把职务看成一种责任”，把“工作作为工作的报酬”，这使得我们不可能选择以职务价值为核心的职务工资制度。

我们用排除法，间接地缩小了可选择的范围。

第三，工资制度的选择必须考虑到华为的现实。

任何一套制度都不能脱离现实。从华为以往的工资制度来看，尽管它不太透明、不太规范，也没有做出明确的定义，但从理念上和具体操作上，不难看出，它带有非常明显的职能工资的特点。选择和制定工资制度时，我们必须注重其连续性，以避免价值分配形式的变动对公司整体经营管理带来的震动和冲击。

第四，工资制度的选择还必须考虑到我们现有的管理素质和管理能力。

目前，年薪制在国内外大行其道，我们是否可以选择它呢？答案是否定的。我们的人事考核评价真正实行还不到一年（有些部门尚未实行），部门业绩评价制度没有推行，项目管理与评价还处于探索阶段，在这种情况下引入年薪制，必将使之流于形式。而且我们的人事管理责任者对年薪制还没有心理上和理论上的准备，还不具有年薪管理的能力。日本年薪制专家告诫业界：“在职务工资、年资工资或不成熟的职能工资制度内，引入年薪制是危险的。”

但是，我们不排除在条件成熟的情况下，对高层管理者或一些特殊部门实行年薪制。而且职能工资在理念和运作形式上都与年薪制是相通的。当职能工资制运作得比较成熟时，向年薪制转化还是比较容易的。

所以，华为选择了职能工资制，职能工资制也选择了华为，这是合理的双向选择，也是唯一的选择。

4. 职能工资制度

（1）职能工资制度的理念

在职能工资制度的大旗上，写着4个大字："能力主义"，即依据每个人的能力、业绩，给予其公正的待遇。我们可以从以下几个方面来理解它。

- 尊重个人
- 弹性的个人主义
- 实绩主义
- 构筑紧张感
- 实力主义
- 势力主义
- 业绩主义
- 成果主义
- 挑战精神

（2）职能工资的特点

• 它内含激励机制，促使每个人努力提高自身能力，做好工作，并以此得到更好的人事待遇。

• 工资的分配依据不再是年龄、工龄和学历等个人自然因素，而是依据个人的职务执行能力（特别是潜在的能力）和实际的贡献。

• 它使企业对员工的工资支出不再表现为一种人工成本支出，而是因激励机制的存在成为人力资本投资。大量的研究成果表明，对人力资本的投资，其回报率比任何物质资本的投资更高。

• 它适应了现今企业重视知识、重视个人能力、强调员工不断进行自我开发的需要。

• 它保持了很高的透明度，能够保证价值分配的公开、公正和公平。

• 其工资结构是呈阶梯式的，其特点是小步慢跑。提升频率快、提升幅度小，并以薪点值方法控制整体工资水平。

• 在同一职能类别内可以充分拉开档次，使职能类别之间保持连续性，消除收入分配中的拐点。

• 虽然它不考虑职务，但职务晋升必须达到一定的职能资格等级。

• 它对特殊能力者和特殊贡献者留有特殊的提升余地。

• 它留有足够的接口，可以与人事考核制度和人事待遇制度相衔接。

• 在国内保持先进性。

（3）职能工资制度的基本框架与运作

①任职资格类别划分

任职资格，是指承担职务（岗位）的资格与能力，其构成内容包括：

• 基本素质：知识、技能与体能
• 专业技能：经验、熟练程度
• 个人品质：职业道德、修养
• 企业自身的性质与目标

任职资格划分，是指对承担职务（岗位）资格与能力的制度性区分，它包括：

• 分层：按资格能力的高低，分出不同的高低层次，是纵向划分。

• 分类：按承担职务（岗位）的性质，分出不同内容的资格能力，是横向划分。

②任职资格等级的划分

它是按任职资格构成要素与评定基准，对职能资格能力进行的制度性区分，是类别划分中的细分。目的是为任职资格能力的提高预设晋升阶梯，资格晋升可以是横向上升（晋级），也可以是纵向上升（升等）。

③职能等级上下限的确定

个人能力有大有小，不能设置统一的起点和终点。所以，企业要对各层员工的任职资格划分出等级下限和上限，下限是能力起点，上限是目标。

④职能等级进入

任职资格能力被分层、分类、分等、分级后，就形成一个框架，意味着有了起跑点、比赛路线、终点和年龄组，但问题是，运动员如何对号入座地进入起跑点。实质上，这是如何将现行工资制度与职能工资制度衔接起来的问题。

按照一定的原则，依据一定的标准，将每一位员工带入任职资格等级，这样员工的工资评判就有了三个标准：处于多少等、多少级，该等级对应的薪点值是多少。

⑤职能工资的运作

• 依据人事考核结果，实现任职资格等级晋升（降），从而对应的薪点值也会提高，达到提薪（降薪）的目的。这是将考核结果与工资晋升直接联系起来。

• 当满足一定的规定条件（滞留年限和人事考核结果）后，表现好的员工可以升到更高的职能等级，进而取得更高的报酬（按级差与等差由低到高逐步提升）。

• 公司依据上年的业绩、本年的目标和外部环境的变化，每年调整一次薪点值。薪点值是等级薪点的共同含金量。员工职能工资根据薪点数与薪点值可以推算出来。

至于你如何去消费它，公司就不管了。你要做的就是在下个月努力工作，提高能力，提升业绩，以后得到更高的人事考核评价，进而争取到更高的人事报酬待遇。

当然，这套制度还对新进入公司者的任职资格等级进行了界定，也对特殊升等、特殊升级、降等降级等做了具体规定。而且，职能等级不仅用于确定工资，还可以作为确定其他价值分配的依据，如医疗保险、股金等。

⑥其他工资制度

职能工资制度是华为的主体工资制度，适用于大多数职工，但对于特殊的部门和岗位，可采用特殊的工资制度，如对可计量类工种，如打印、复印、厨师、司机、保安、营销人员，可采用能力绩效制工资。对于高层管理者，也可以年薪制作为补充。但具体的理念、操作方式和管理都与职能工资有很多共同性和衔接性。

5. 职能工资离我们还有多远

《基本法》所提出的这套职能工资制度离我们并不遥远，换句话讲，《基本法》的规定有现实依据。可以说，职能工资制度呼之欲出。

（1）任正非在1996年2月11日听取职能工资制度汇报时就曾说："职能工资好！"随后，这套制度得到了公司领导的认可。这为职能工资制度的引进和实行创造了有利条件。

（2）公司先在市场部试点规范的人事考核制度，随后在公司绝大多数部门推行这种制度，已有57%以上的员工接受了新的人事考核制度，这为职能工资的推行打下了良好的基础，实际上它是作为有计划地推行职能工资的一环实施的。

（3）公司对人事管理的组织机构进行了调整，为职能工资制度提供了良好的组织保证。

（4）公司已经在组织力量方面对职能工资制度进行了深入的研究探讨，实际上已初步形成了职能工资制度方案。

可以说，职能工资制度的实行，只是个时间问题。如果说"万事俱备，只欠东风"的话，《基本法》的公布则如强劲的东风，将加快其职能工资制度的实施。

《基本法》中由价值创造、价值评价和价值分配构成的“价值链”非常清晰，它实际上不仅仅是理念，同样离我们很近。华为人讲效率，“看准了，就做”，“做了，就做好”。相信现实中的“价值链”将为更多的华为人所认同。伴随着华为的发展，它将更完善、更稳固、更有效地循环下去。

知本主义的价值链

中国是一个崇尚“主义”的国度，不论遇到什么新鲜事物，总喜欢用谨慎的眼光去翻看一下标签。如果没有，则要给它贴上一张。对于《基本法》提出的价值链，肯定也会有人以“主义”的眼光去审视，嘴里不说，心里也肯定在打鼓：这是什么主义？其实，华为公司，包括《基本法》并没有有意隐瞒或回避这个问题，相反，它无时无刻不在张扬自己的理念和信仰，那就是知本主义。其实，细读一下《基本法》，不难发现，它自始至终都在诠释知本主义。如果你暂时还读不懂《基本法》，就看同时发表的社论好了，其题目用大号字写着：知识资本化。

把知本作为主义

价值问题，一直是困惑人们的一个难题。马克思穷其一生精力写成了《资本论》，在为人类提供一笔宝贵财富的同时，也给我们留下了一大堆难以找到答案的问题。这样，我们这个复杂的世界就剩下两极了：不是资本主义，就是社会主义。即使企业合资了，也能根据股份的51%或49%判断出其属于哪个主义，反正非此即彼。

《基本法》提出的知本主义，不是在玩儿文字游戏，华为人没有这个时间，也没有这个雅兴。知本主义来自华为的实践，也来自华为人的理性思考。

华为公司是一家高科技企业，它具有所有高科技企业的共同特征，因此也可以称之为高知识企业（在外部特征上，华为公司可称为“三高”企业：高科技、高知识和高文化）。高知识虽然不能等同于高学历，但在现代信息社会，没有学历很难达到高知识，尽管国外有“半知识分子”一词（意为有高学历文凭，没有知识）。而对于那些高知识的拥有者（其中也包括企业家创造性的管理劳动），公司首先应予以重视，确定他们在公司中应有的地位，给予其合理的评价，使知识以合适的形式得以转化；同时要在理论上加以概括，最终在理念层次上形成一个完整的体系，作为指导公司经营管理和未来发展的纲领。这就是知本主义的出发点。

知本主义在公司价值链上的体现，表现在以下几个方面：

1. 在价值创造领域

知本主义认为，知识作为价值创造源泉之一，在价值创造过程中处于非常重要的地位，是重要的价值创造源泉，而且它是取之不尽、用之不竭的。知识的这种作用，马克思也予以充分的肯定。他认为，复杂劳动“比普通人需要较高的教育费用，它的生产可花费较多的劳动时间，因此它具有较高的价值”。这里讲的价值，实质上指的是知识对价值创造的价值。也就是说，知识是价值的源泉之一，而且是重要的价值创造源泉。

2. 在价值评价领域

知本主义认为，应该对知识创造价值的作用给予正确评价。评价的理念是，知识在价值创造过程中虽然也表现为一种劳动，但它并非一般的劳动，两者在单位时间内所创造的价值量是不同的。如果我们仍循着马克思的思路来理解，“比较复杂的劳动，只是自乘的或不如说多倍的简单劳动。因此，少量的复杂劳动等于多量的简单劳动”。这里所说的复杂劳动，其最典型的表现是知识劳动。也就是说，知识劳动所创造的价值应是一般劳动的几倍。而在实践层次，人事考核评价的首要任务是对两种劳动的价值创造量予以界定，即确定两者的倍数。

3. 在价值分配领域

知本主义认为，应该对知识创造价值的劳动给予合理的回报。人们加入企业组织不仅是为了创造财富，还为了获得预期的相应回报。如果这种回报与其价值创造过程中的贡献是不对应的，尤其是其劳动得不到正确评价时，个人就会感到一种失落，一种伤害，因为等量贡献换取等量报酬的平等权被剥夺了。在下一轮价值创造过程中，他们会以减少一般劳动和知识劳动支出的方式，报复价值分配制度，从而在低层次上保持贡献与报酬的对等。如果这种状况长期延续下去，它对企业，尤其是高知识企业是致命的。

4. 在人力资本开发领域

知识劳动从其自身的生成机理来看，是人力资本。知本主义则将其看作人力资本投资。人力资本专家舒尔茨提出："人口质量和知识投资在很大程度上决定了人类未来的前景。当人们考虑这些投资时，地球物质资源将会耗尽的预言就必然被抛弃。"同时，他还提出，"资源是会枯竭的，唯有文化生生不息。"其中的文化既包括企业文化，同时也包括知识，以及像阿基米德那样用一个支点去推动地球的知识拥有者。人力资本作为体现在人身上的体力、知识、技能、经验和劳动熟练程度的综合能力和素质，其生成是要付出很大代价的，其中一部分是由个人支出的。当企业进入价值创造过程之后，这部分支出应当得到回报。从另一方面来看，公司在这方面的投入又是一种投资，因为生产能力作为一种资本存量，可以通过对人的投资而提高。而对人的投资，其回报率比任何物质资本的投资都要高得多。对于任何公司来说，人力资本都是一种可再生资源。知识的资本化，使其成为公司永续利用的推动力。

5. 在产权领域

知识转化为资本，经价值的分配与再分配之后，其结果必然改变公司的产权结构。或言，价值链的循环使公司的产权结构保持在一个动态的平衡中，而产权制度又构成知本主义的基础。那么，与知本主义相适应的产权制度如何定性呢？现在还难以给出一个满意的答案，但有几点是可以肯定的：国有制≠公有制，这是两个包容与被包容的概念；人类社会发展的终极目标与走向是公有化，而不是私有化；股份制实质上是公有制，而且是一种有效率的所有制形式。与华为公司知本主义相对应的产权制度：第一，表现形式是股份制，但它又区别于一般意义上的股份制；第二，现实与未来走向是公有化，而不是私有化；第三，其实质是公有制，即具有公有制特征的公有制形式；第四，在现实中，表现为全体员工拥有公司股份，是公司产权的最终拥有者。作为经济资源的知识资本如果不能合理地存在，就会被滥用，被浪费。而知本主义使之保持合理、合法地存在。

把知识转化为资本

知本主义的含义绝不仅仅停留在重视知识、给知识劳动以合理的报酬上。这只是理念层次上的知本主义，即以知识为本。在更深层次上，知本主义则表现为一种制度，正如资本主义又代表着一种有效配置资源的社会制度和企业制度一样。换言之，在重视知识劳动的理念下，需要有一套完善的机制与制度，保证知识顺利地转化为资本，并使"知识劳动⟶创造价值⟶评价价值⟶价值分配⟶知识资本"这条价值链能够顺利地循环起来，而每一次循环，都使知识得到的回报增大，同时也使公司的整体事业扩大。

华为公司知本主义的实现，体现在股权和股金的分配上，这就是《基本法》提出的员工持股制度（第十八条）。在华为，股权不是按资本分配的，而是按知本分配的。《基本法》提出按劳分配与按资分配相结合。按劳分配解决的是一般劳动的报酬问题，按知分配解决的是知识劳动的回报问题；而股权分配解决的是将知识回报的一部分转化为股权，进而转化为资本的问题；股金分配解决的则是股权（进而也是资本）的收益问题。公司在价值评价基础上，以制度化的规范确定了各类价值的分配，实际上也完成了知识转化为资本的过程，从而使知本主义有了制度上的保证。

知识转化为资本不仅仅是一个转化问题，它的理论意义在于构建一种全新的价值理论。在实践意义上，知识转化为资本，不仅在企业内部形成了牵引机制和动力机制，而且也为公司的价值创造过程提供了一种新的源泉。这种源泉不是外延上的扩大，而是内涵的累积。它表现为知识劳动与资本的联动或内在转换。

知识转化为资本不是一种任意的转换，它不仅需要通过一套完整的价值评价与价值分配制度来保证，而且还需要具备一套价值观念，并能得到全体员工的认同。同时，还要有一个必要的条件，那就是企业创业者的宽大胸怀和对利益的让渡。从某种意义上讲，把知识转化为资本作为一种口号很简单，但在实践中，许多企业的创业者或所有者却难以过关。原因很简单，真正的转化意味着他们必须放弃自己的一部分利益。也就是说，在经济地位上，他们必须把自己置于与知识劳动拥有者平等的地位。对于创业者或所有者来说，其对企业的总体贡献（包括以往累积的和现在正在做的贡献）与实际所得是不对等的。换句话说，他们以违背等量贡献换取等量报酬为代价，换取了员工特别是知识型员工贡献与报酬的对等。这不仅仅是个人利益的出让，更重要的是牺牲自身利益来实现对公司价值理念的认同与践诺。这实际上是创业者们对知本主义的无私奉献。

知本主义并不会导致知识劳动与一般劳动在收入分配上的两极分化。那么，知本主义下的价值分配也会导致这种现象发生吗？回答是否定的。先看资本主义，在马克思的时代，确实存在着无产阶级相对贫困化和绝对贫困化的现象，但这是在资本主义尚不成熟这一特定历史阶段产生的。随着其分配制度的完善，大量知识劳动者进入中产阶级，在一般劳动者的收入大幅度提高的同时，社会也以收入再分配的形式给予其更多的社会福利，绝对贫困化已成为历史，相对贫困化也正在逐步消除。在知本主义条件下，价值评价和价值分配体系向知识劳动倾斜，知识转化为资本，这不可避免地会拉开收入上的档次。合理的差别、和谐的矛盾，是推动进步的力量。无差别也就没有竞争，无矛盾也就没有动力。那么，其长期结果是否会造成两极分化，形成食利阶层，从而滋长不思进取、坐享其成之风？客观地讲，有这种可能。但如果我们在制度上设定饱和线，使分配结果永远与个人的期望保持恒定的距离，它是不会成为普遍现象的。而且在企业外部，也有一种制约机制，它能够使个人拿到的和实际装入口袋里的永远不对等，这就是国家的个人收入所得税和遗产税的力量。它意味着，即使在公司内部，个人收入拉开了较大的差距，社会再分配杠杆也会缩小或消除这种差别；即使个人之间在同一时代保持较大的差距，这种差距也不会保持到其下一代。

知本主义的探索

《基本法》虽然对知本主义做了较为全面的探索，特别是对价值链的论述，让人不得不因其对重大问题把握的敏锐性以及逻辑思维的严密性而惊叹。谋篇布局、遣词用句都出自机杼，充满辩证法。但是，这并不意味着《基本法》已经回答了知本主义的全部问题。知本主义作为一种价值理念和全新的企业制度，并不能完全由个人设计。它依据公司在实践中的不断探索与创新，在理论层面上加以总结与概括。这既是丰富与提升《基本法》的过程，也是对知本主义的认同和探索过程。

《基本法》中提出的知本主义，已经具备了大体的框架和粗线条的理论体系，在此特做一小结：

- 制度理念——知本主义
- 制度特征——动力机制与牵引机制
- 制度机理——价值链的循环与扩展
- 主体体系——价值创造、价值评价与价值分配
- 核心内容——知识转化为资本
- 分配原则——按劳分配与按资分配相结合
- 实现形式——股权与股金分配
- 制度基础——产权构筑

探索是无止境的，知本主义的发展也是无止境的。《基本法》提出了知本主义理念，相信未来的它绝不会仅仅停留在理念上。塑造良性的经济机制，需要一种富有创新性的思想体系的支持。知本主义实质是在意识形态领域重新整合资源，这是一种永不枯竭的资源。

（本文为《华为基本法》辅导报告，

原文发表于1997年5月18日第58期《华为人》报）

从华为的管理实践看中国企业的全球竞争力

华为于1987年成立，靠21 000元起家，当时员工只有七八个人，几乎一无所有。在这过去的20多年，我认为，华为是低着头，沿着自己选定的道路坚定地跑了20多年，抬头一看，前面已经没人了。2009年，华为的销售收入是301亿，2010年的目标是360亿元，挑战目标是371亿元。一挑战，10亿美元就出来了。10亿美元相当于华为20世纪90年代时一年的销售额。2008年，华为的国际销售收入占75%，2009年有所下降，占67%左右。国际销售收入比例的下降，是因为中国3G市场的启动，华为出现了一个超千亿的办事处，就是中国区办事处。

华为走出来了。是什么牵引了华为的进步？我认为只有一个字：梦。跟大家分享三句话，第一句是任正非说的，他说，“10年以后，世界通信业三分天下，华为将占‘一分’。”第二句话，是华为董事长孙亚芳讲的，“我们不想成为世界第一，但是我们不得不走在成为世界第一的路上。”第三句话是任正非在2010年元旦前说的，“我们正走在成为世界第一的路上，没有什么能阻挡我们前进，唯有我们内部的腐败。”华为是一个有梦的企业，所以我在很多场合呼吁，中国的企业家应该心存高远，不要赚点钱就满足了。但同时，我们也应该看到华为比较理性的一面，看看我们到底应该向华为学习什么。

华为成长的标杆价值

很多人都在探讨华为的秘密。2008年，我写过一篇文章——《华为没有秘密，任正非没有密码》。一家中国的、非上市的、民营的、高科技的有限公司成长为世界级企业，或许更具有非典型意义，而不是典型意义。经历了20多年的成长和发展，我对华为的评价是，它已经成为中国企业界的翘楚，成为中国制造业的楷模、典范和标杆，成为国际知名的电信制造商，成为改变世界通信制造业竞争格局的中国力量，它已经探索出了一条在中国发展和管理高科技企业的道路。华为的成长和发展过程给中国企业带来了巨大的标杆价值。

第一，华为找到了中国企业的成长之路，包括商业模式、经营模式、运营流程、内在机制和管理体系，在中国建立起可复制、可延展、可持续、可衡量、可视的管理平台体系。这个管理平台体系并非管理体系，而是可见的。

第二，华为成功地探索出了IT企业的价值观体系、战略管理体系、研发管理体系、市场营销体系、干部管理体系、人力资源管理体系、财务管控体系、供应链体系。

第三，华为在任正非的领导下，走出了一条国际化的道路，成功地迈出了由“活下去”到“走出去”，再到“走上去”，做到了4个变化，让竞争对手由“鄙视”华为、“忽视”华为，到“平视”华为、不得不“重视”华为。这对中国企业来说，既是一种境界，也是一种影响力。做企业就要影响这个行业、影响消费者，甚至在国际舞台上影响更多的企业，改变世界竞争的格局。华为走到今天，还有一个东西现在还没得到，那就是定价权。什么是定价权？定价权就是行业老大的位置，也就是说，我想卖多少钱就卖多少钱。虽然华为的影响力还没达到这种程度，但这种格局正在形成。

第四，华为的人力资源管理体系走出了自己的一条路。华为在管理知识型员工、激励和约束知识型员工、回报知识型员工和建立分享知识的管理平台中，真正实现了对知识型员工的有效管理。知识经济的脚步刚刚到来，如何管理知识型员工，在世界上都是未解的难题。我们去各个企业看看，管理最好的往往都是生产车间和后勤员工，管理最不好的就是坐办公室看电脑的那些人。对知识型员工的管理是世界第一难题，但是华为的人力资源管理体系却做到了对知识型员工进行高效的管理。

第五，华为在中国企业文化建设上开启了先河。1998年出台的《基本法》是中国企业在改革开放初期的第一部企业管理宪章，它引领了中国企业的文化建设、机制建设、纲领性的愿景、使命建设实践，在这个意义上，华为开启了先河。

第六，华为成功地探索出了有中国特色的与国际接轨的一套体系，并创造性地解决了国际先进企业管理模式如何在中国成功落地的课题，实现了国外先进管理体系的中国化。华为引进了大量的管理方法，率先将IPD、ISC、IFC、CRM（客户关系管理）引入中国，使得这些先进的管理方法在中国得到了验证。

对于华为国际化的思考

接下来，再看看华为的国际化。

什么是国际化？第一，我认为国际化的深刻含义是全面面对新的市场规则，从学习规则、理解规则，到掌握规则、运用规则、主导规则，这是中国企业必须走的一条路。国际化意味着中国企业的经营管理与国际接轨，否则，我们只会为自己找一个美丽的借口，那就是“跨文化管理”。我曾经写过一篇文章，指出跨文化管理其实是一个伪命题。很多企业的国际化道路走不通，最后都归结为跨文化管理。跨文化管理有没有？确实有，在中国也有，北京人和上海人、山西人和山东人，甚至不同家庭出身的人都会面临跨文化问题。华为能够走出去，证明中国企业能够国际化，跨文化并不是中国企业国际化的最大障碍。最大的障碍是，我们对规则的理解、对管理体系的建设，因为全世界所有的商业都遵循统一的规则。在中国如此，在非洲如此，在丹麦如此，在欧美也是如此。

第二，国际化拒绝机会主义。中国企业在国际化的道路上，机会主义太多。把国际化作为一种坚守、一种承诺和一种战略，拒绝短期行为，是中国企业实现国际化必须确定的战略重点、战略要素和理念。在此，引用《基本法》中的一句话：“在成功的关键要素和选定的战略生长点上，以超过主要竞争对手的强度配置资源，要么不做，要做，就极大地集中人力、物力和财力，实现重点突破。”读这句话时，我想到了华为的战略，第一是“压强原则”，第二是“杀鸡用牛刀”。华为的国际化，就是一种承诺，一种坚守，禁得起诱惑，耐得住寂寞，华为选择了在自己擅长的领域做自己擅长的事情。拒绝机会主义，这是国际化的一个核心问题。

第三，国际化竞争的优势不仅仅是价格优势。很多企业都在探讨中国企业在国际化过程中的优势。一谈到优势，我们就想到了成本，想到了价格。个人认为，价格优势不能成为中国企业的核心竞争力，因为这种优势本身很脆弱。我们和越南竞争，和印度竞争，实际上我们已经失去了优势。国际市场不相信眼泪，它只相信实力。中国企业的竞争优势是相对廉价的劳动力成本，这种成本我们还在保留，但是还能保留多长时间呢？我们拭目以待。相对于廉价的人工成本，我个人认为，中国企业的竞争优势在于大量优质的、低价的知识型员工。首先，中国人聪明，按照英国的测量，中国人人均智商世界第一；其次，中国的人口基数大，有13亿人；最后，中国人穷过，穷过的人对财富的渴望呈级数增长。所以，利用大量优质低价的知识型员工进行创新、打造价格优势是中国企业走出去的一个关键所在。

那么，中国企业实现国际化的核心竞争力体现在哪儿呢？第一，企业的竞争力是在国内培养的。企业如果在国内都打不过竞争对手，出去就更不可能取胜了。很多企业在中国市场上的占有率不到10%，就高扬国际化的口号，这是很幼稚的。第二，国内的竞争力是在企业内部培养的，国内的员工同公司的兄弟姐妹都不竞争，进入国际市场后，肯定也竞争不过别人，因为他们缺乏竞争文化、竞争理念。第三，国际化更深刻的竞争是管理机制的竞争和文化的竞争。国内企业和西方企业最大的差距不在技术上，也不在质量上，而是在管理能力上。

金融危机的冬天给中国企业敲响了警钟，使中国企业学会了反思。过去高速成长的30年给中国企业提供了大量的机会，但也意味着一个时代的结束和另一个时代的开始，即资源掠夺式、机会主义导向的经营模式时代的结束，效益增长式、客户导向式的经营模式时代的开始。在此，中国企业要反思几个问题。第一，我们的企业文化到底应推崇以人为本的文化还是高绩效文化？以人为本现在成为企业文化的主旋律。但是，我始终认为，提倡以人为本是企业文化的一种堕落。新中国成立前的中国企业，实施产业救国策略，新中国成立后的中国企业倡导的是大庆精神、大寨精神、雷锋精神，改革开放后的中国企业讲求产业报国，后来全都成了以人为本了。这很可怕。第二，要重新完善企业的内部机制，弄清到底是利益博弈，还是利益均衡。在这30年里，中国企业相对于员工来说获得了更多利益，但是企业的员工和企业之间却处于利益博弈状态。把利益作为企业员工为企业创造价值的唯一动力，是很可怕的。花钱买不到积极性，买不到持久的积极性，只能买来唯利是图的小人。第三，反思我们的管理制度。我们的管理制度到底是石墨还是金刚石？石墨和金刚石虽然都是由碳元素组成的，但价值却相差很远。很多企业都有自己的管理，有自己的模块，但是这些管理模块都是平行排列的，对外毫无影响力，所以不能影响我们的市场，影响我们的客户，更不能影响我们的人力资源。因此，把管理从石墨变成金刚石，使企业走上系统管理和平台管理的道路，这可能是中国企业面临的一个重要问题。第四，反思我们的人力资源管理体系。国内企业之所以在国际化的道路上走得很艰难，一个很重要的原因是其没有与国际接轨的人力资源体系。中国人管自己的人尚可，因为我们还有传统文化，无非通过挖坑、设套、做局来达到目的，所以还算得心应手。一旦国际化，我们这套管理体系就出现了很多漏洞。没有强有力的国际化的人力资源管理体系，必然导致国际化的人力资源队伍和干部队伍的匮乏，以及相应的激励机制与约束机制的滞后。

中国企业面临两个市场，一个是国内市场，一个是国际市场。如何使管理体系在国内和国际市场上实现均衡，这是中国企业强化国际竞争力的一个很重要的方面。

对于华为管理平台体系的思考

我们再来看看华为管理平台体系的成长。

华为走出来的原因是什么？从任正非创业到1997年，华为像中国很多企业一样，在艰难地活命。随着1997年《基本法》的完成，华为进入了另一个阶段。在这个阶段，华为学会了高速增长和野蛮生长，但是没有学会对成长进行管理。正像那个笑话一样，任正非开着宝马，遇见了IBM的前总裁郭士纳，他开着一辆非常破旧的二手车。任正非超过了郭士纳以后，问了一句，“你开过宝马吗？”连问三次，郭士纳问：“你想说什么？”任正非很谦虚地问了一句：“宝马的刹车在哪里？”所以，任正非对“人大六君子”有个评价，说我们没给华为带来些什么，但我们6个人告诉了华为，这家公司还需要管理。所以，伴随着《基本法》的诞生，华为也由此进入了一个和世界级企业管理体系接轨的阶段。

华为的成长经历了两个冬天，却始终没倒，其背后就是这些管理平台体系的支撑。例如，华为是中国第一家采用HAY体系的公司；华为的任职资格体系来自英国国家职业任职资格体系，它也是国内唯一一家使用这一体系的企业；产品研发流程、供应链流程、财务流程都来自IBM。仅IPD和ISC，IBM就在华为干了5年，人数最多的时候有200多个顾问。华为就IPD和ISC这两个项目支付的顾问费，达到了5个亿。花5个亿买一套管理体系的企业不多。很多企业在请客、贿赂、吃饭等方面花多少钱都不心疼，但是在引进管理、培训和咨询上却斤斤计较。财务四统一，是毕马威做的，股权是韬睿做的，客户关系管理是埃森哲做的，企业文化是人民大学做的，生产工艺、质量控制是德国国家技术应用研究院做的，精益生产是日本丰田做的。华为找到了一套管理体系，当然这套体系不是免费的。华为要把自己从土八路变成正规军，唯一的选择是脱下草鞋穿皮鞋，华为坚持的原则就是，任何人都不允许改造皮鞋，先僵化地学习，皮鞋不合脚，先砍脚趾头。

有了这套与国际接轨的世界级管理体系，华为2009年在通信业的格局布阵上已经排名第二了。华为的背后是一些失落的巨头，像北电、阿尔卡特、朗讯、摩托罗拉等，前面就只有爱立信了，但在裁员五六千人之后，爱立信的利润也大幅下降。

华为的管理到底有什么秘诀？我在华为做了15个年头，没有发现任何秘诀。如果一家企业靠秘诀长大，那肯定是黑社会，不是企业。虽然在华为没有找到秘诀，但我认为，华为在管理上，有三点坚守。

第一，在商业模式上，华为坚守客户化导向。任正非反复讲，在这个世界上，最关爱华为的就是客户，政府指着企业要税收，员工指着企业要工资，只有客户给华为送钱。但是客户导向仅仅是个口号，写在墙上没用，如何在组织上、流程上、管理上、考核体系上真正实现客户导向，是个很艰难的过程。任正非曾在市场部大会上讲，华为一定要提拔那些屁股对着老板的人。屁股对着老板，就是眼睛盯着客户。很多企业的很多人，都是屁股对着客户，眼睛盯着老板，形成了伟大的奴才文化。第二，在内部运作模式上，坚守流程导向。商业模式确定了，接下来就是运作模式。内部怎么干？就是流程。流程要快，要高效，要可复制，要可测量。华为的流程平台实现了端到端的管理，从客户需求端来，到客户需求端去。第三，在企业文化上，坚持高绩效导向。要支持流程的高绩效运作，在文化上就必须坚持高绩效导向。最有效的企业管理往往来自人所共知的常识，而不是一些流行的、时髦的东西。

有了这三点坚守，有了华为的管理平台体系，华为的战略就能落地。战略地图画出来很容易，实施起来却很难。全世界90%的战略都以失败而告终，只有10%的战略能得到存活。华为的战略路径很清楚，未来怎么走，平衡计分卡解释得也很清楚。战略确定了，下一个问题就是找到战略的支撑平台。华为从1997年开始搭建这个平台，到今天为止，才算基本完成。这个平台为企业提供了强大的动力。它不是一个管理体系的概念，而是一个管理平台的概念。所以，华为的成功靠的不是能人，也不是英雄，而是体系，是平台支撑。这个管理平台就像金刚石一样坚不可摧。每家企业都有自己的管理方法，但它们要将其转化为一个强有力的、相互支撑的、有链接的、可循环的管理平台。

对于华为人力资源管理体系的思考

在这里，我们还需要强调一下华为的人力资源管理体系。华为的人力资源管理体系并不复杂，但其可贵之处在于，它让价值创造、评价和分配形成了链接和良性循环。经常有人问，华为的人力资源管理很厉害，为什么管1万人有效，管10万人还有效；支撑100亿元的时候有效，支撑2 000亿元的时候还有效？这套体系厉害在哪里？评价体系。用任正非的话说，华为人为什么愿意这么玩儿命地干？是“分赃分得好”，利益得到了均衡。

有钱怎么发出去，给谁多一些，给谁少一些？说到底，“分赃”是个评价难题。而华为就建立起了一套这样的评价体系。支撑这套评价体系的，是一个“铁三角”，分别是任职资格、职位和绩效。在这套“分赃”体系中，已经没有年龄、工龄、学历、职称、职务等信息，而是形成了一套面向绩效、面向客户的绩效评价体系。在“铁三角”关系上，首先，在职位上，对这个“坑”进行评价，然后评价人，也就是“萝卜”，看看他适合放在哪个坑里。然后把合适的“萝卜”放在合适的坑里，第三步是看萝卜能长多大，就是评估绩效。一切评估结果都和薪酬挂钩，其对应关系是：职位价值和工资挂钩，任职资格和职位等级晋升挂钩，工作绩效和奖金挂钩。很多企业的评价体系中都出现了工龄、年龄、学历、职称等因素，这些都是惰性因素，不具有激励性。

除了短期激励，对于长期表现突出的员工，华为还采用员工持股和股票期权的办法进行激励。很多国有企业业绩不佳，很重要的原因是长期激励不足，所以从员工到老板，都出现了短视行为。股票期权是一场静悄悄的革命，它改变了世界，让我们相信资本家；资本家做了，肯定没错。1997年我提出过两个口号：一是向资本家学习。中国的企业和企业家对市场经济了解得太少，不是我们的智商有问题，而是邓小平南方谈话后，我们才知道什么是市场经济。二是向农民学习，这是给员工讲的。学习农民的一份耕耘、一份收货；种瓜得瓜，种豆得豆；天上没馅饼，地上有陷阱；不要往上看，否则会摔得很疼。在商言商和一份耕耘、一份收获，都是人力资源管理体系如何看待价值创造、价值评价和价值分配的核心问题。

对于华为文化建设的思考

另外，我们谈谈企业的文化。我有两个基本观点：第一，企业作为功利组织，基于其内部的效益和功利，必须赚钱，企业的核心价值观应该以事为本，也必须以事为本。第二，基于企业外部客户的竞争和生存原则。企业的核心价值观应该是“以人为本”，这个“人”指的是客户，而不是员工。我不反对以人为本，但“人”应该有一个明确的界定。我认为，企业应该倡导并坚守的文化是以事为本和以人为本。中国企业在企业文化建设上，很多东西都没有被界定，老板可能清楚，但是员工不清楚，所以给管理设置了很多障碍，导致企业内部单纯地强调以人为本。

华为的文化几经变化，从产业兴国到《基本法》，到现在的以奋斗者为本、以客户为中心的有机结合，这是华为文化的主旋律。华为的干部有两大评价体系：绩效和素质。在选拔后备干部方面，华为已经量化了。要进入干部后备队伍，第一个条件是成功，也就是说，现岗位的综合贡献排名在前25%；第二个条件是进入华为大学，依据关键事件和干部九大素质的鉴定，有1/3的人通过组织鉴定，进入干部后备资源池。第三个条件是通过道德和华为价值观的筛选，保证这支队伍充满战斗力，不腐败。从华为的干部评价体系来看，其文化价值观已经得到了充分的展现。前面提到过，任正非在市场部大会上的讲话中提到：华为一定要提拔那些屁股对着老板、眼睛盯着客户的员工，就是以客户为本的表现。

从华为的成长、国际化到管理平台体系，我们讲了这么多，但很重要的一点，就是管理是一个平台，需要和多个管理要素和管理体系结合，形成一个相互链接和支撑的整体，使华为走得更远，走得更好。

任正非在2010年度市场工作会议的讲话中提到：各个国家代表处及系统部采用海军陆战队的作战队形，目的是在沙滩上撕开口子，让大部队登陆。让听得见炮声的人，来呼唤炮火，发现机会，咬住机会，将作战规划前移，呼唤与组织力量，以达成目标。地区部采用高度专业化的重装旅队伍，支持代表处的成功。地区部进行各种作战平台的建设、共享中心的建设，经验的总结和人员的培训，他们随时准备像蜂群一样，一窝蜂地对重要项目给予支持。片区联席会议借用了美军参谋长联席会议的组织模式，站在全球市场的高度来看待战略，合纵连横的目标，在需要胜利时，要胜利；在不需要胜利时，要敢于战略放弃。片区联席会议直接代表公司进行干部选拔、组织建设、决策与执行。供应链体系，包括研发的产品解决方案体系，采用联勤化后勤体系。后方的支持，依据前方的指令，联合所有业务、统一平台，提供联合后勤服务。

看完这个，我不禁感慨：华为这么打，自然所向披靡。海军陆战队、重装旅、联席会议，后勤联勤化，这是华为的利器。

华为的管理经历了5个阶段：第一个阶段是管理启蒙，理念建立；第二个阶段是管理体系与平台的建立；第三个阶段是管理落地，体系转轨；第四个阶段是管理验证，效果显现；第五个阶段是管理成熟，正常运作。但华为还不是最好的，从通信行业人均效率的比较来看，华为离世界一流企业还有一些差距。2008年，爱立信的人均效率为32万美元，思科59万美元，华为21万美元，然而华为2007年的人均效率只有16万美元。华为的国际化道路走了那么远，在管理上离世界一流尚有很大的差距，那么中国的其他企业呢？

最后，总结一下，说了华为的好多好话，没有别的，只想说明华为值得关注。现在有很多企业都在学习华为，但请不要迷信华为。

（本文根据2010年1月29日在华夏基石年会发言的录音整理而成）

为什么绩效主义专毁索尼

笔者曾与华为副董事长胡厚崑先生在微博上谈及《绩效主义毁了索尼》一文，引起热议。诸多学者、企业高管和人力资源管理从业者都参与进来。

在此，笔者先对《绩效主义毁了索尼》一文做出一些文本分析：

关于作者

文章作者署名为天外伺郎，真名叫土井利中，索尼公司常务董事、作家，是索尼公司CD产品和智能机器人实验室负责人。2006年，索尼新任CEO斯金格砍掉了他所负责的项目。

关于文章

本文发表于2004年1月的《文艺春秋》上，这是一份文学类刊物。在日本雅虎上搜索该文，无法搜到。

该文最早刊于2007年的《中国企业家》杂志，翻译时将原文标题中的“成果主义”翻译成“绩效主义”。在日文中，“成果主义”是指，对某一课题进行评价，重视课题本身结果的思考方式，经常在企业人事考核中使用。

IBM高管陈果认为：“2006年，索尼新任CEO斯金格砍掉了他负责的智能机器人实验室（典型的美式管理方法），他一怒之下在日本一份杂志上写了篇文章吐槽，没想到国内管理界却如获至宝。”

“没有什么产品比苹果iPod更让索尼不堪回首的了。苹果于2001年发售iPod，随后于2003年推出iTunes Music Store。在此之前，索尼已经在研发能下载音乐的电子产品了。”索尼前CEO斯金格说，“史蒂夫·乔布斯想到了，也做到了，但索尼没能付诸实践，因为做音乐的家伙不希望看到CD消失。”文中讲的“做音乐的家伙”，指的就是天外伺郎。

本人的一些观点

在国际领先公司中，绩效文化是基本的价值主张，绩效管理是基本的人力资源管理工具，绩效考核是基本的评价手段。那么，“绩效主义”为什么专毁索尼？

考核既是约束，也是报酬约束，是将个人的工作努力聚焦于部门、组织和企业的目标，最终聚焦于为客户做贡献，给长期不能为组织做贡献的部门和个人施加压力；激励是认可个人和部门的价值贡献，回报那些为组织做贡献的部门和个人。

在企业中，谁会反对绩效考核呢？（1）缺乏管理能力，不敢承担管理责任，不思进取，没有人力资源管理能力的部门主管；（2）不能胜任本职工作，长期绩效低下的员工；高绩效的管理者和员工是不怕考核的。

如果读一下郭士纳的《谁说大象不能跳舞》，相信你会得出这样的结论：绩效主义拯救了IBM。郭士纳上任后，一个重要举措是把沃森父子的“家庭文化”改造为“高绩效文化”。顺便说一下，绩效主义和高绩效文化都是一种价值主张。

因为绩效主义使员工失去了热情、创新精神，团队失去了活力，所以绩效主义毁了索尼。这是天外伺郎的逻辑，但该逻辑却有点儿不讲逻辑。把公司战略上的失误归罪于员工，那谁来承担战略的失误、市场的失误、产品的失误？

2007年，该文在《中国企业家》杂志上发表时，编辑尹生的一段话值得回味：

> 这是一篇4年前的旧文，在中国内地经媒体转载后，曾引发广泛的讨论。现在读来，文章所涉及的主题和观点非但没有过时，反而更加合乎时宜。
>
> ……
>
> 我并不完全赞同作者的观点，因为管理像索尼这样一家大型公司，如果完全不借用绩效体系，而仅仅依赖员工基于内部动力而行动的所谓激情，索尼可能死得更快。索尼的真正问题可能在绩效主义实施之前就已经埋下了种子，与大多数由盛而衰的伟大公司所共同遭遇的一样，比如成功导致的对创新的漠视甚至抵制。
>
> ……
>
> 本文的真正价值在于给正在努力学习乔布斯、天天闹着要创新和转型的中国企业家乃至其他行业人士一个提醒：在习惯了机会驱动和规模驱动的赚快钱模式之后，你真的具备了像乔布斯那样偏执地追求长期而持续的创新、面对更多的诱惑甚至风险也毫不动摇的定力吗？毫无疑问，井深大时代的索尼拥有乔布斯时代的苹果同样的秉性。如果没有这个前提，所有的创新和转型都是瞎掰。
>
> ……
>
> 在成功之前，中国企业家们必须寻找、开发和培育自己的“激情集团”，不要指望那些循规蹈矩的职业经理人会关心这些事。

绩效管理：促进优胜劣汰

在《劳动合同法》背景下，我们如何安全、有效地实施绩效管理？

2008年1月1日，新的《劳动合同法》正式实施，在新形势下，怎么能既保证遵守国家现有的法律，同时又能够增强企业的活力，保证企业“优胜劣汰”？其核心是构筑企业科学的人力资源管理机制和制度。这比人力资源的其他模块更重要，也更关键，但是中国企业缺的不仅仅是机制和制度，而是土壤和舞台、工具和方法，以及良好的人力资源生态环境。所以，我的核心命题是，“机制很重要，活力很重要，活下去更重要”。

如何使一项机制有活力？30年前我们就讲过，干部能上能下，工资能高能低，员工能进能出，这是真理，也是公理。但为什么这么有活力的机制在我们的企业中实现不了？让谁上，让谁下；让谁的工资高，让谁的工资低；让谁进，让谁出？笼统回答是让好的，什么叫好？说你好就好，说你不好就不好，所以这个机制永远飘在半空中。实践证明，“大锅饭”是最没有活力的机制了。我认为，活力机制的核心是建立科学的评价体系。如果企业的评价体系是“大锅饭”，必然造成分配体系的“大锅饭”，使其失去活力。

机制就是改变员工的行为和行为改革的力量，所以我们要寻求的是一种好的机制，也就是说，我们要构建一个让奉献者不吃亏的机制。

奉献者不吃亏，他就愿意继续做奉献者；其他人就会眼红，就会增加自己的投入，把自己变成奉献者；偷懒的人只有两个选择，或者把自己变成奉献者，或者离开公司。这样，公司就形成了一种很重要的观念，不是公正，不是公平，也不是公开，而是正义。

任何机制都靠制度支撑。用制度评价人时要回答三个问题：第一，定性评价。这个人属于奉献型的、打工型的，还是属于偷懒型的？不仅要评价人，还要以此评价部门。第二，定量评价。奉献的风险多少，打工的打多少工，偷懒的偷多少懒？第三，定期评价。

另外，在分配制度上，由给人发薪酬转为给事发薪酬，给人发薪酬必然导致“大锅饭”，你给什么人发工资就意味着你激励什么，工龄、学历、职务是不可能得到激励的，所以我们应该让员工汇报绩效，激励绩效，并对其进行科学评价。有了这个客观依据，我们的薪酬制度就完美了，就能换回企业的正义。所以，有活力的机制核心是对员工利益的调整。

人力资源管理最基本的假设是建立在利益基础上，所以它适用于所有组织。只有一个组织不适用，寺庙。这里面有个核心问题：企业不同情弱者，弱者由国家同情，“丛林法则”就是优胜劣汰、物竞天择、适者生存。对于员工来讲，种下什么就收获什么。人力资源管理是企业管理的代名词，这是管理大师彼得·德鲁克讲的。企业等于产品加服务，企业管理等于人力资源管理，人力资源管理就等于绩效管理。

“管事凭效率，管人凭考核。”绩效管理是人力资源管理的主体，如果忽视了，人力资源管理水平将大打折扣。因此，一定要把偷懒的人裁掉，否则企业不会形成机制。有几个问题需要企业注意：第一，绩效管理责任不清晰，搞所谓360度考核，人人都有评价别人的权力，但人人都不对评价结果承担责任；第二，考核中的沟通；第三，为员工建立考核投诉机制；第四，考核结果档次的比例控制；第五，绩效考核指标的量化与细化。许多企业的考核指标都有问题，没有进行量化和细化，因为我们有一堆借口，不好量化。在企业中，只要有工作，只要有职位，只要有职责，任何指标都可以量化。

面对新的《劳动合同法》，我认为有一点很重要，即绩效考核过程中的承诺制和合约制。为了避免给人留下一些话柄，双方签字，假定一家公司四个季度的考核都处于末位，它就必然要被淘汰，否则就是对那些干得好的人的最大侮辱和打击，一次干不好或许有理由，一年干不好就没有任何理由了。绩效管理体系只是评价体系的一个部分，确定职位职责也很重要，它是对员工能否胜任岗位的客观评价。当然，还有资格和能力的评价，这是一个体系，不是说我们做好绩效管理就可以了。

一位伟大的企业家曾在《建立一个伟大企业的全部秘密》中说道："如果认为活力曲线是残酷的，这是错误逻辑得出的结论，是那种弥漫着假慈悲的企业文化所产生的后果。"有人问韦尔奇，为什么通用做那么长时间还那么有活力？韦尔奇说，我们还保持着小公司的活力。用电视台的广告说就是，80岁的人20岁的心脏。有人问，你的活力从哪儿来？韦尔奇回答说是活力曲线，20%是优秀的，70%是一般的，10%裁掉了。有人说韦尔奇讲这话是假慈悲，让一个人待在一个他不能成长和进步的环境里才是真正的野蛮行径或者假慈悲。做出这样的判断并不容易，而且并不是准确无误的。用中国话讲，哪个庙里都有冤死的鬼，你可以错失几个明星或者出现几次大的失误，但是你造就一支全明星团队的可能性却会大大提高。

对于任何企业来讲，活下去最重要。但活下去不是靠愿望，而是靠实力，企业的实力来自其对人力资源和业务模式的管理能力。先进的内部动力机制是企业生存之本、活力之源，所以我们要"回归基本面"思考，这是富士康老板郭台铭的一句名言。"下雨打伞"，是松下老先生讲他一生经营松下公司的心得体会。"回到原点"，是2004年我写的一本书的书名。

张维迎说，从世界各国的实证研究来看，很多美其名曰保护劳动者的法律，最终给劳动者带来的都是伤害。关于这部法，我们要积极"应对"，面对外部挑战和风险，为了机制和活力，企业唯一的理智选择就是应对。应对没有善恶之分，其前提是法律还有漏洞；应对是基于企业自由裁量的选择，是趋利避害的理智决策；应对的条件是有规避的力量。机制固然重要，但活下去更重要，不能因为我们外部环境中法律条件的变化而忽视我们的机制建设。还有一点需要说，就是我们党的党章改了好多次了，我们国家的宪法也改过好多次了，我想，关于劳动的法律也会修改，问题是你要活得到那一天！

（2008年2月29日 16:49 《管理@人》）

如何制定关键绩效考核指标体系

绩效管理是现代人力资源管理的重要组成部分，而绩效考核又是绩效管理最重要的一环，这一点已形成共识。但是中国企业却面临着一个尴尬的现实：一方面，企业认识到绩效考核的重要价值，另一方面，企业又不清楚如何实施正确的绩效考核；一方面深知传统人事考核的弊病，另一方面又不得不继续操作以“德政勤绩”为特征的人事考核。问题的关键和企业的困惑在于：我们不能设计出一套可行的绩效考核指标体系。

将绩效考核回归真正的绩效

绩效考核是对员工绩效的评价，那么什么是员工的绩效？

绩效是一个含义广泛的概念，在不同情况下，绩效有不同的含义。从其字面上来看，“绩”是指业绩，即员工的工作结果；“效”是指效率，即员工的工作过程。也就是说：

绩效=结果+过程（取得未来优异绩效的行为与素质）

=做了什么（实际结果）+能做什么（预期结果）

需要说明的是，绩效考核无疑是绩效导向式的。但绩效导向并不意味着只关注结果，在关注结果的同时，它还关注取得这些结果的过程，即员工在未来取得优异绩效的行为和素质，因此，这里的绩效是过去绩效与未来取得优异绩效的行为与素质的总和。

对于员工来说，他对于企业的最大贡献是绩效，也唯有绩效是支撑企业生存与发展的核心要素。传统人事考核的着眼点是“工作中的人”，其价值判断在于人是成本；而现代绩效考核的着眼点则是“人的工作”，其价值判断在于人是资源。因此绩效考核的要素与指标必须聚焦于真正意义上的绩效。

当然，与员工绩效相关的要素是多样的，绩效考核并不是要对所有的绩效要素做出全面的评价，有些要素只能通过其他价值评价体系（如素质评价、任职资格评价等）来完成。这时适用的原则是：在把握绩效考核的基本理念前提下，缺什么，就考什么；想得到什么，就考什么；考什么，就能得到什么。而关键绩效考核指标就是实施这一原则的成功思路。

关键绩效考核指标体系

关键绩效考核指标（KPI）是对公司及组织运作过程中关键成功要素的提炼和归纳。因此，关键绩效考核指标具有以下特征：

1. 将员工的工作与公司愿景、战略及部门相连接，层层分解，层层支持，使每一名员工的个人绩效与部门绩效都与公司的整体效益直接挂钩。

2. 保证员工的绩效与内外部客户的价值相连接，共同为实现客户的价值服务。

3. 员工绩效考核指标的设计是基于公司的发展战略与流程，而非岗位的功能。

所以，与一般绩效指标相比，关键绩效考核指标把个人和部门的目标与公司整体的成败联系起来，就更具有长远的战略意义。因为关键绩效考核指标体系集中测量我们的行为，而且，由于其简单明了，少而精，就变得可控与可管理。对于员工而言，关键绩效考核指标体系使得员工按照绩效的测量标准和奖励标准去做，真正发挥绩效考核指标的牵引和导向作用。

在设计关键绩效考核指标的时候，必须符合“明智（SMART）原则”：

第一，关键绩效考核指标必须是具体的（specific），以保证其明确的牵引性；

第二，关键绩效考核指标必须是可衡量的（measurable），必须有明确的衡量指标。

第三，关键绩效考核指标必须是可以达到的（attainable），不能因指标的无法完成而使员工产生挫败感，但这并不否定其应具挑战性；

第四，关键绩效考核指标必须是相关的（relevant），它必须与公司的战略目标、部门的任务及职位职责相联系。

第五，关键绩效考核指标必须是以时间为基础的（time-based），即必须有明确的时间要求。

关键绩效考核指标的设计思路

关键绩效考核指标体系的建立，通常使用“鱼骨图”分析法，其主要步骤包括：

1. 确定个人或部门业务重点，确定哪些个体因素或组织因素会与公司产生相互影响；

2. 确定每一个职位的业务标准，定义成功的关键因素，即实现业务重点所需要的策略手段；

3. 确定关键绩效考核指标，判断一项绩效标准是否达成的实际因素；

4. 关键绩效考核指标的分解与落实。

关键绩效考核指标的分解流程如图3–1所示：

以市场营销人员为例，要确定其关键绩效，首先必须根据公司的战略目标，确定营销部门实现公司战略目标的职责和关键成功要素，然后通过层层分解，确定市场营销部门内部各职能部门和业务部门及相关流程的关键绩效考核指标体系，进而分解为营销人员的绩效考核指标。

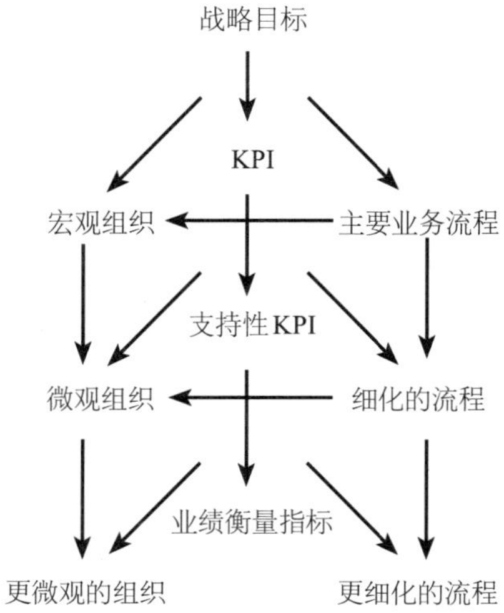

图3–1　关键绩效考核指标分解流程图

例如，如果将公司的战略目标定位于世界领先企业，那么，市场营销部门的关键绩效目标必须定位于市场领先。而要实现这一目标，必须在以下方面处于世界领先地位：市场形象、营销网络和市场份额。在这一过程中，营销人员的职责决定了其关键绩效考核指标应围绕着“市场份额”展开。

由此我们可以确定，市场营销人员某一考核周期的关键绩效考核指标体系为：

1. 客户满意度（如客户满意度提高率或客户投诉量）；
2. 销售订货额（如销售订货额或销售订货额增长率）；
3. 货款回收（如货款回收额或货款回收目标完成率）；
4. 销售费用（如直接销售费用率或直接销售费用降低率）；
5. 合同错误率降低率。

此外，依据市场营销人员的业务现状，企业还可制定团队合作、市场分析、客户关系等定性关键绩效考核指标。

需要补充说明的是，在以上市场营销人员的关键绩效考核指标体系的基础上，加入“营销系统人均毛利”指标，就可以将个人关键绩效考核指标体系扩展为组织的关键绩效考核指标体系，进而形成面向营销部门的组织绩效考核的关键绩效考核指标体系。

对于关键绩效考核指标难以量化的员工，如人力资源管理者、行政事务人员、财务人员，其关键绩效考核指标的确定难度相对大一些，但也并不是无法实现的。这类人员的关键绩效考核指标体系来源于：

第一，职位职责中的关键责任。

第二，对上级绩效目标的贡献（通过对公司目标或部门目标自上而下的分解确定）。

第三，对相关部门绩效目标的贡献（从横向流程分析，确定其对相关流程的输出）。

依据这一原则，这类人员的关键绩效考核指标可以通过对其考核周期内的工作任务或工作要求的界定来实现，至于其衡量指标，可以通过时间来界定。从实质上讲，被时间所界定的工作任务或工作目标也是定量指标。只要我们能够对员工的工作任务或工作目标做出明确的说明，同时提出明确的时间要求，这些关键绩效考核指标就具备了可操作性。

关键绩效考核指标的支持体系

关键绩效考核指标确定以后，这些指标能否运用于绩效考核，进而使绩效考核产生预期的效果，还取决于企业能否建立一套完善的支持体系。

第一，以绩效为导向的企业文化的支持。通过企业文化来使员工形成追求优异绩效的核心价值观，约束员工的行为，建立绩效导向的组织氛围，化解绩效考核过程中的矛盾与冲突。正如GE的韦尔奇所讲的那样：“我们的活力曲线之所以能有效发挥作用，是因为我们花了10年的时间在企业里建立起了一种绩效文化。”

第二，各级管理者承担起绩效管理的任务。各级管理者应该也必须承担绩效考核的责任，由管理者来分解与制定关键绩效考核指标，而人力资源部门在这一过程中则负责提供专业咨询与服务。

第三，保证绩效沟通的制度化。在关键绩效考核指标的分解与制定过程中，制度化的沟通是重要的一环，因为关键绩效考核指标与其说是自上而下传达的，倒不如说是自下而上承诺的，只有如此，才能保证关键绩效考核指标具有挑战性。

第四，设计对绩效考核的激励与约束体系。激励体系主要体现为绩效考核结果与价值分配挂钩。实践表明，两者挂钩得越紧，绩效考核的效果越明显。约束体系主要包括员工的绩效考核投诉机制、考核档次的比例控制、上级审核和主管负责的二级考核体制等。只有这些激励体系与约束体系得以建立并有效发挥作用，以关键绩效考核指标为核心的绩效考核才能真正发挥作用。

还有比选育用留更重要的

什么是现代企业的人力资源管理？

流行且标准的答案是：选，育，用，留。教科书上如此写，老板如此讲，企业如此做。这几乎是地球人都知道的真理。

选就是招聘优秀的人才，育就是通过培训培养人才，用就是合理地使用人才，留就是留住人才。如此看来，人力资源管理岂不成了人才管理，我们的企业岂不成了人才的摇篮，人才济济了？诚如此，成为世界500强指日可待，国际市场版图舍我其谁？看看老板们对人才饥渴的眼神，再看看企业的实际状况，现实似乎并非如此。

现实是残酷的，千挑万选进来的人才会变成庸才，辛辛苦苦培养的人才可能会成为竞争对手的人才；使用不好的人才不是人才，留不住的人才也不是人才。

人力资源管理除了这四个模块之外，似乎还应该包括其他内容。带着对这个问题的迷茫，我们只能向那些管理大师们讨教，比如杰克·韦尔奇。

韦尔奇有一个响当当的外号，叫作“中子弹杰克”。中子弹不会摧毁建筑物，而是专门杀伤建筑物里面的人，和蔼可亲的韦尔奇竟然是个杀人不眨眼的恐怖分子？确实，韦尔奇上任5年，共解雇了130 000名员工，占GE员工总数的25%。美国的500强企业中，有160位CEO

是从GE走出来的。

韦尔奇引以为豪的“活力曲线”，就是按照20∶70∶10的比例呈钟形分布，强制确定评价比例，从某种意义上讲，这就是一条“杀人曲线”，员工一旦进入10%，没有别的选择，杀无赦，斩立决。据说，10%的淘汰比例来自战场上伤亡率的经验数据。

读其自传，有一个故事令我印象深刻。某日，韦尔奇到商店购物，黑人店老板向其请教经营管理之道，问他：韦尔奇先生，我怎样才能把我的公司办得像GE一样伟大？韦尔奇反问：贵公司有多少员工？答：100位。韦尔奇答说：很简单，每年裁掉10人，就能达到你的目标。

也就是说，韦尔奇在选人、育人、用人、留人的同时，还在不停地裁人。

正因如此，韦尔奇才成为“世界第一CEO”“美国最大的财富创造者”。GE才成为“全球市场价值最高的企业”，成为“世界上最受人尊敬的公司”，成为1896年道琼斯工业指数设立以来唯一一家仍在榜上的公司。

其实，不光GE如此，那些世界级的成功企业大都如此（日本过去的企业例外），微软有裁人比例，福特公司也有，太阳公司是10%，IBM是5%~15%，惠普是5%。

这里的裁人机制，并不是指在企业遇到内外部危机后，企业所采取的大面积的一次性裁员，而是贯穿于其企业人力资源管理体系之中的、经常性的淘汰机制。

再看我们身边的案例：世界杯备战阶段，米卢确定的是24人的大名单，而国际足联要求的报名人数是23人。米卢为什么不事先确定23人，这样皆大欢喜；或先定22人，出战前新增一人，这样大家相安无事？道理很简单，就是通过这4.2%的淘汰率，对球员们的人力资源进行有效的开发。在这一点上，米卢与韦尔奇是不分伯仲的。至于中国队在世界杯上被洞穿9次，恐怕不是米卢一个人的责任了。

这种裁员机制，给企业提供的是源源不断的活力；给员工提供的是持续不断的压力、动力与激励力。有了它的存在，员工就不能懈怠、不会沉淀、不敢偷懒，他们别无选择，只能卓越。

回到本题上，现代企业的人力资源管理，选育用留是必需的，也是非常重要的。但仅仅会选育用留还是不够的，还必须有淘汰机制，因为“裁”同样是重要的，也是必需的。制度性的裁人机制的缺乏是中国企业活力不足或没有活力的症结所在。

可见，选育用留裁是现代企业人力资源管理的主体框架与内容。

干部管理的里程碑

——干部管理四象限给我们带来了什么

一

华为公司内部的干部大会确定了公司新的战略目标，就是“我们要加强干部的教育与管理，加强组织的有效性建设，明确干部的优胜劣汰制度，在3~5年内把我们公司建设成为最具有综合竞争力、管理最有序与高效、被客户信任的伙伴式关系的群体。这个集体在长期持续增长上具有巨大潜力，在短期经营增长速度与效益上成为业界最佳。”①

这一目标的实现，必须依赖于强有力的组织保证和干部保证，干部管理尤为重要，因为政策决定之后，关键在于干部如何实施。干部管理的目标政策与公司的发展阶段和目标紧密相连，当度过寒冷的IT冬天之后，华为进入了历史上最好的发展阶段。在这一阶段，干部选拔评价标准也必然发生转变，这一转变既是现实的客观要求，也是以往成功经验与失败教训的总结。这一变化的主要内容就是，加强对全体员工的思想道德品质以及职业道德修养的教育。要加强在思想道德

① 引自任正非2004年在干部大会上的讲话“持续提高人均效益，建设高绩效企业文化”。

品质上对干部的考核，把思想道德品质的评价纳入干部的任职资格体系中，并作为考核与选拔干部的重要标准。

也就是说，在新形势下，对干部的考核晋升将更重视品德的标准，公司将把品德教育作为干部培养的重要内容，将让品德好的干部承担更重要的职责，同时淘汰品德不好的干部。对于那些被公认为业绩不俗但素质不佳的干部（在GE被认为是踩着别人肩膀顺杆爬的人，也是韦尔奇一直在竭力查找并清除的干部），他们或者提升自身素质，或者成为业务专家；而对于那些造成部门虚假繁荣的素质很好但没有业绩佐证的干部，也必须转入业务岗位。简言之，干部必须有良好的品德，品德是华为干部最基本的任职资格条件，这是由公司的发展阶段和未来的发展目标所决定的。公司将通过干部的选拔甄别机制、晋升机制和淘汰机制，把干部管理的基本理念和政策付诸实施。

需要说明的是，我们不能用传统的和社会性的解释来理解品德。干部大会对品德的内涵与外延也做了系统的说明，以华为的核心价值观赋予了品德以新的内容，我们必须以华为公司的核心价值观来理解品德。品德是以公司核心价值观为基础的，与干部的为人之道、为官之道相联系的一切规范。

二

孙亚芳在干部大会上所做的总结报告《小胜靠智，大胜在德》对干部管理问题做了系统的分析与阐述，并首次提出了公司干部管理的四象限。作为本次干部大会的重要成果，干部管理四象限是公司干部管理政策的里程碑。

那么，干部管理四象限究竟给我们传达了什么样的信息，我们应该如何理解和把握干部管理四象限呢？

第一，干部管理四象限明晰了公司干部管理的基本理念和基本政策。

干部管理四象限是公司在干部管理问题上的重大突破。不可否认，经过以往的管理实践，华为公司已经形成了一整套系统的且行之有效的干部管理的组织体系和制度体系，为公司培养高素质的干部队伍奠定了重要的制度基础。干部管理四象限不仅系统地总结和提炼了以往干部管理的实践，而且在此基础上，对干部管理的基本理念、基本原则、基本政策和基本思路做了更全面的诠释，并使之更系统、更清晰、更具有针对性和可操作性。

第二，干部管理四象限使公司干部管理走向理性化和规范化。

可以说，干部管理四象限的提出标志着公司的干部管理走向理性，走向规范，是公司人力资源管理及干部管理走向成熟的里程碑。在本次干部大会上，公司以干部管理四象限为核心和牵引，出台了一系列干部管理规章制度，如《中高层管理者的绩效承诺暂行管理办法》《任命管理办法》《干部任期制管理规定》《干部任命前公示管理规定》《干部选拔推荐和360度考察管理规定》《中高层干部民主生活会制度》和《干部行为准则》。这些制度的制定与实施，不仅为干部管理四象限提供了强有力的支撑，而且也是干部管理四象限成为可落地的管理实践。需要说明的是，不能把干部管理四象限作为一种简单的操作工具来使用，干部管理四象限不能替代干部管理机制与制度。

第三，干部管理四象限为未来的干部管理指明了方向。

为适应公司未来新的战略目标和应对新出现的问题，干部管理的目标和举措也必须与时俱进地做出相应的调整，必须有新的思路。干部管理四象限的提出，意味着未来的干部管理将在继承以往成功经验的基础上有所创新和调整，使得公司的干部管理体系更趋于完善。通过干部管理四象限的提出，我们可以看出，公司的干部管理政策将出现一些新的改变，其中包括：由一把手依靠拐杖进行人力资源管理向一把手是人力资源管理的责任主体转变；由干部只能上不能下向干部制度化的能上能下转变；由全员任职资格管理向品德好、责任结果好、有培养前途、可以提拔的干部身上转变；由考核只面向中基层员工向自上而下层层考核转变；机关干部向国际化、职业化转变。也就是说，公司干部管理的重点是开发和培养责任结果意识好的员工，并使他们成为公司的管理者；而对于那些素质好但不打粮食，造成部门虚假繁荣的管理者，企业应该将其从干部队伍中清除出去，并以此形成干部队伍的优化和新陈代谢。

第四，干部管理四象限提出了干部的选拔任用标准。

干部管理四象限以简单、直观和明晰的方式提出了公司对干部标准的要求，可以说这成为华为干部的宏观任职资格标准（当然，它不能替代公司的干部任职资格体系）。更为重要的是，干部管理四象限打通了干部考核评价体系中各模块的相互关系，如干部绩效承诺考核、劳动态度考核、干部任职资格评价、干部民主评议及干部素质能力开发之间的相互关系，改变了以往多种考核评价体系共存，但又不能相互衔接的现象。这消除了偏重于以某种考核评价结果选拔干部的弊端，同时也避免了周期性地以几种干部考核评价结果选拔干部的弊端。

第五，干部管理四象限是对干部成长的牵引。

干部管理四象限为公司的干部成长指明了方向，那就是公司的干部必须是"双高"干部，即高素质（指好的品德与领袖风范）和高绩效。也就是说，干部必须认同公司的高绩效文化，具有强烈的责任结果导向，保证个人及团队的高绩效。同时，他们还必须具有良好的思想道德品质，具有团结力，有清醒的目标方向，以及实现目标管理节奏的领导素质。作为公司的管理者或未来的管理者，如果明晰了其努力方向和目标，他们就能成为实现高素质和高绩效均衡的管理者。高素质与高绩效是公司管理者的两大任职资格条件，高素质是成为公司管理者的必要条件，高绩效是干部的充分条件。高绩效是不能替代高素质的，高素质也不能替代高绩效。

第六，干部管理四象限是管理者改进管理水平的依据。

干部管理四象限为每一位管理者都提供了评判和改进管理水平的参照坐标。对照干部管理四象限，每一位管理者和未来有志成为管理者的人都应深省和反思：自己处于哪个象限？为什么会处在这个象限？自己的努力方向和目标是哪个象限？如何通过不断地自我批判来开发自身的潜力，走出负坐标，成为第一象限的管理者。

第七，干部管理四象限使公司的干部管理与领先企业接轨。

干部管理四象限提出，公司的干部管理与国外领先企业必须接轨。在干部管理方面，国外领先企业不仅依据其基本价值观提出了明确的理念、政策和制度，同时还根据绩效与价值观维度，将干部标准分为四个象限，以对干部进行分类管理。例如，GE提出了由素质和绩效构成的干部管理四象限和著名的活力曲线；朗讯有以“高绩效领导行为”和“绩效水平和工作结果”为维度的领导力系统潜能评估四矩阵。与后者相比，华为的干部管理四象限与其既有共性，又有创新和特色。

如何打赢“班长的战争”

未来的战争是班长的战争

未来的战争其实是班长的战争，什么是班长的战争？华为一直在学军队，军队是走在变革最前面的组织，也是最有功利性的组织。

军队组织的演变经历了如下历程：二次世界大战是以“师”为作战单位，不管是斯大林还是希特勒，都是“师”。到了近代的中国，我们以“军团”为作战单位，不管是淮海战役还是辽沈战役，都是“军团”。到了20世纪80年代，演变成“营长的战争”，战争的主体由师长、团长演变成为营长。到了21世纪，战争以信息化为特点，其实就成为了“班长的战争”。阿富汗战争就是“班长的战争”，战争主要是以“三个哥们”组成的一个战斗单位，他们是战争的主体，也是战争胜败的决定者。这“三个哥们”一个带着电脑打仗，是信息情报专家，主要负责搜集敌方信息、天气信息、地形信息等。第二个哥们也是带着电脑打仗，是爆破专家。信息专家把信息传递给爆破专家，爆破专家计算到底从哪打好，从空中打，从海上打，还是从地面进攻，哪个最经济，哪个效果最好，用多少炸弹，以实现精确打击。第三个哥们才拿着枪打仗，保护信息专家和爆破专家，这就是现代战争。有一部美国大片叫《拆弹部队》，里面就是三个人一个小组。我们再看现代阻击战，也是三个人一个组，一个负责搜集目标，第二个是狙击手，第三个负责战略撤退。狙击手只有放一枪的机会，一旦一枪过去，狙击手和观察者就撤退，后边留一个人做掩护，这就是现代战争。

现代战争有几个显著特征：第一，前端组织变成全能的，这三个人应该都是高手，都是“未来战士”。未来战士的装备，能够保证48小时不睡眠，美军现在已经在运作了。他们有各种保障系统，身上带着各种电脑和装备，都是精兵强将。第二，后台变成了支持系统。南研实际上就是我们公司的后勤，是联勤。任正非讲的联勤，叫联合勤务。前线呼唤炮火，我们的生产、研发、人力资源、财务全部变成了后勤系统。那么谁来呼唤炮火，谁来提供炮火？我们的流程是IBM做的，但IBM只做到研发（IPD）和供应链就做了五年。IPD、供应链和一线、行销如何对接，这是华为在没有任何经验借鉴的情况下自己做的，这是一个经典。华为营销和研发对接，把生产、职能部门全都变成了后勤，这是一个伟大的创举，同时这就是现代战争。

在现代战争中，70%的钱用来找目标，30%的钱用来摧毁目标。如今战争的主体已经不是坐在司令部运筹帷幄的将军，而是他们（三人组、班长的战争）决定战争的胜负和成败。“两伊战争”美国死了多少人？ 124位。那么大的战争只死了124位，其中有几位还是在战争空闲期间，在尼罗河上泛舟，船翻了才为国捐躯的。但是那场战争耗费了多少美国的银子？ 6 000亿美元。

企业应该向军队学习

所以从这个角度讲，企业应该向军队学习。军事组织变革是商业组织变革的先导，也是标杆，同时军事组织变革和商业组织变革可比性也非常强。德鲁克讲，管理一个家庭，一个军队，一个医院，一个企业90%的内容都是相同的，只有10%不同。

其实华为就是在革自己的命，华为过去的矩阵结构产生了强大的组织记忆，我们这么做不会有问题的，但我们为什么要折腾呢？实际上，就是在顺应环境。组织变革效率最高的就是军队，因为军队是在非假定环境下打仗的。非假定环境就是直接的对战，就是核心竞争力的直接PK，这里面没有什么假设，但企业管理是在假定环境下进行的，所以我们看到西点军校培养的CEO远远多于哈佛大学，将军是最好的管理者。我收集了一些数字，西点军校培养了董事长1 000多名，副董事长2 000多名，总经理、董事一级的5 000多名。这里有一些代表人物，比如“蓝血十杰”。“蓝血十杰”是美国的10个大兵，退伍以后用管理军队的办法来管理企业，利用数字化和基于数字事实的科学管理，他们中的代表人物就是美国的国防部长迈克·唐纳。此外，还有加西亚、雷锋、韦慧晓。韦慧晓以前是公司市场部的一位秘书，长得一般，但是做得不一般。她喜欢珠宝，所以就报考了中山大学地球与物理专业的博士，读博期间到西藏支教，她也是2008年北京奥运会的志愿者、残奥会的志愿者、小布什接见的青年领袖之一。毕业以后成为中国航母上的第一位女博士。偶然的机会我联系到了韦慧晓，任正非通过我转给韦慧晓一通短信：韦慧晓是当代青年的榜样，希望在时间合适的时候回娘家给新员工讲讲。任正非有个讲话，说专业人士就要像疯子一样，就是说韦慧晓。

我觉得华为很幸运，我们的老板是一位军人，军事思想对任正非的影响是巨大的，他有军队的经验，所以华为的组织设计一直在向高效率、便捷化发展。现在我们看华为的未来组织基本成型了，所以才有了“谁来呼唤炮火”“谁来提供炮火资源”，才有了“把指挥部建在听得见炮火的地方”，才有了“在上甘岭上培养干部”，才有了“少校、连长”。这都是公司的一些重要思想，这些思想既是实践，也是很伟大的管理思想。

人生只为一件大事来

去年有个流行语叫“您摊上大事了”，在这里我改成“您遇上大事了”。“您”指的是华为的员工，我们遇上大事了。华为经过25年的艰难历程，用任正非的话说叫发扬乌龟精神，一直跟着别人后边爬，心无旁骛，执着、经得住诱惑、耐得住寂寞。爬着爬着，最后发现前面没人了。这就是华为，把那些百年老店踩在脚底下。当然，我指的是在管道这一块。2013年，华为在《财富》500强的排位超过了爱立信，成功成为通信制造业的老大。其实我们EMT两年前就做过一个决议：要延缓超越爱立信的速度。为什么？任正非说，他还没有资格当这个行业的领袖，华为还没有资格在前面带路。孙亚芳说："我们不想成为世界第一，但我们不得不走在成为世界第一的路上。"这是个奇迹！我们作为奇迹的参与者，你可能不觉得这是怎么回事。但是想想中国，改革开放30多年没有一个世界级企业。共产党执政几十年，中国没出现过一个世界级企业。再往前推，鸦片战争以来中国也没出过一个世界级企业。一个大国，它的经济体就靠少数世界级企业支撑着，日本、韩国有什么？不就是那几个世界级企业吗？所以，华为能够走到这一步，历史价值和现实价值是巨大的。华为能够走到今天确实不容易。

登顶之后，华为新的战略开始出现，开始了垂直一体化，这又是惊险的一跳。华为营运商、企业、消费者三大BG的正式成立，意味着华为未来的战略领域和战略目标已经确定。当年华为三大BG成立的消息传出后，外界一片质疑声，谁都不看好华为能够把企业和消费者业务做好，他们最大的理由是华为没有互联网的基因。当时我在微博上就反驳他们：一帮学者，一帮没有智慧的人，按照自己的传统思维，来作出一些没有可信性的判断。什么叫互联网基因？诺基亚原来是干什么的？搞木材的。摩托罗拉原来干什么的？生产汽车收音机的。松下原来干什么的？生产自行车车灯的。它们就有搞电子通信的基因么？我也研究互联网，我觉得最能体现互联网基因和精神的一句话就是"亲，包邮"，这就是互联网精神。能够放下身段，与客户达成"不解领带"的关系，能够推心置腹地和客户说一说。过去我们传统企业没有这种精神，我们一脸严肃，告诉消费者干什么。

这次干部大会中胡厚崑的讲话给我们传递了信心：华为要成为伟大的公司，但在过去华为从来不敢说自己要成为一个伟大的公司。华为的确是一个伟大的组织，我们有幸跟这个伟大的组织结合，我们又身处一个伟大的时代，我们应该有所作为，如果你无所作为，那实在太可惜了！《下一个倒下的会不会是华为》出版以后，公司内部的反响很多。外部是赞扬，内部是骂，骂我们是“标题党”，也有说我们是拿着华为的钱，制造华为的好，这些都可以忍受。我最不能忍受的、一直耿耿于怀的，就是一个人对我们两个作者的评价：可惜了那些素材！我们不能辜负这个时代，这是一个伟大的时代，人生只为一件大事。如果我们辜负了这个时代，实际上是对自己的不负责任。所以胡厚崑的讲话，实际上已经定位了华为要成为一个伟大的公司。

徐直军的讲话是“超越美国，潇洒走一回”，华为开始潇洒起来，这个潇洒不是无所作为的潇洒，这主要是针对美国市场。美国折腾了华为10年，发展到最后竟然是国会调查。这是华为的奇耻大辱，华为被扒光了接受检查。但也正是这次国会调查，美国市场打不开，从此提出了潇洒走一回，不跟美国玩了，我要自己玩。自己玩是干什么？超越！超越什么？我们不可能超越美国，美国是一个国家，我们是一个公司。为了便于记忆，有鼓动性，我们提出：超越美国。但到底超越谁？要超越谷歌，超越思科，超越微软，超越EMC（易安信）。超越意味着什么？把这些公司踩在脚底下。一旦超越了，美国的交换机、路由器、手机用谁的？不就是用华为的么？这就是一种潇洒。有一种失败叫占领，有一种胜利叫撤退，这就是潇洒。

超越美国，这不仅是说说，这也是一个非常艰巨的任务，是否能够超越取决于我们内部的活力。我们内部要激发活力，如果不能激发活力，我们超越美国就只能是做梦了。所以谈到华为我就想到了几个场景，第一个场景就是那部电影——《让子弹飞》。我想象的场景就是华为的战车轰轰向前，华为人在火车上唱着歌，吃着火锅，不停往前跑。我还想到另外一个场景：一位独眼老海盗，领着一帮小海盗乘船出海。这个画面很悲壮，就像当年郭平去和思科打官司时我所目睹的那种悲壮：生死未卜，华为明天是否还能活下去。任正非跟郭平讲了这样一句话：要学习韩信，能受胯下之辱，但是要站着回来。那华为为什么要超越美国？为什么选定超越美国？因为没人可超越了，英国、澳大利亚、日本都没有可超越的了，这就是华为很重要的一个战略——超越。所以，这次干部大会我觉得又是一个里程碑，理直气壮地提出了我们未来的愿景。当年（1992年）任正非提出要“超越斯通”，到1994年我们超越了斯通，任正非又提出新的梦想“三分天下”，到2010年我们基本上实现了三分天下，未来华为登顶以后就是超越美国。有梦想总会有奇迹，有梦想谁都了不起。

组织运作模式

有梦想还要脚踏实地，要勇敢追梦，华为更大的梦想已经摆在我们面前。“班长的战争”就是在这种运作方式下公司的一个重大决策——组织权力下沉。给基层指挥的权力，将传统的作战方式转变为班长的战争，依靠强大的信息网络，前方后方协同作战。在班长的战争中是有元帅的，这就是公司人力资源部讲的战略家、思想家，我们需要元帅，也需要将军，将军和参谋制定战略，储备调配资源，将军后面就是班长。

挑战一：干部的经验差异日益明显

现在华为缺什么？第一，华为不缺一个良好的环境。第二，华为不缺一个伟大的时代。第三，华为不缺优秀的人力资源。每年有100万毕业生毕业即失业，今年更多，所以我们不缺人。但千军易得，一将难求，华为现在最缺的是干部。我们也不缺商业模式、整体格局，缺干部是公司最大的短板。成就大事必须有干部队伍，而且必须有一个后备队。就像足球联赛一样，场上有11个人，但最后联赛的胜利取决于板凳的长度和深度，坐在下面的人可能更重要。华为的干部很幸运。为什么？组织提供了大量的干部职位。一个公司在发展，业务在成长，就会出现大量的岗位。但很多企业不发展，就那么几个职位，比如我们的高校，就是定岗定编，现在的年轻教师水平很厉害，海归，能力也很强，但是他们上不来。为什么？因为教授不走没有空缺。所以，我们干部之所以幸运，就是公司提供了大量的职位，这是很多公司没有的。但同时这也造成一个问题：我们干部很多都是跑步上岗。你自身的能力、你的职权、所处的位置差距较大。你坐上这个位置，是否能做到“人岗匹配”？每个人都应该想一想。

挑战二：干部的人员管理能力是短板

这次公司的两个调查MFP（华为经理人反馈计划）、FMDP显示，我们管理者最大的短板都是和人有关，新生代的激励、员工培养、双向沟通等。上个月在北京有一个关于华为的培训，某企业老板也参加了。总结时他说：任正非的毛病和缺点我都有，但任正非的优点我一个也没有。他最后一句话是：我明白了，任正非是一个人性管理大师。他点到了实质。所以华为的CHO（首席人力资源官）是谁？是任正非。人力资源不是CEO，是人力资源政策的执行者。我的书里面有一个段子，一次EMT开会，会议议程结束后现场做了个投票调查。第一个问题：任正非懂技术吗？——0票。任正非的专业是建筑，重庆建筑工程学院还没毕业。后来学校说要给任正非追授毕业证，任正非坚决不要，说要实事求是。任正非学的还不是建筑设计，而是里面一个小专业——给排水工程。第二个问题：任正非懂市场营销吗？——0票。第三个问题：任正非懂管理吗？——1票。但是他（任正非）懂人，懂人性，他能用一个制度的平台，一个机制把我们15万人凝聚在这个平台上，能够把人的能力和潜力激发出来。所以，我们管理者面临的是什么？就是基于人性的对人的管理。

挑战三：未来还能否坚守华为的核心价值观

“下一个倒下的会不会是华为？”有人说我是制造话题，有人说我危言耸听，有人说提出这样的命题是吃饱了撑的。这个命题不是我提的，是公司领导提的。那本书最早叫《伟大与孤独》，后来觉得“伟大”这个词不好，改成《卓越与孤独》。再后来领导说华为能活着就不错了，所以改成了《下一个倒下的会不会是华为》。摩托罗拉倒下了，诺基亚、爱立信也出问题了，朗讯、阿尔卡特、富士通那些百年老店都倒下了，华为有什么理由不会倒下？我们看过那么多生生死死，在这变化的时代有多少企业不会倒下的？中国活过两三百年的朝代只有四个。有人算过，中国平均每个朝代的寿命也就十几年。一个朝代都这样，何况一个企业。全世界从1776年开始活到今天的组织也仅有76个，其中70

个大学，6个宗教组织，一个企业也没有，这就是现实。回看当年的秦王朝，多么伟大，兼并六国，气吞山河，天下无敌，但秦王朝活了多少年？活了两代，秦始皇、秦二世。两代加起来不到18年。是遇到强大的对手了吗？没有，就两个农民工。所以，华为会不会倒下？我觉得核心的问题就是华为的核心价值观、华为的哲学、华为的成长逻辑还能否坚守？我们还能否坚持“以客户为中心”？我们还能否坚持“以奋斗者为本”？我们还能否长期坚持“艰苦奋斗”？这就是华为的成功之道。20多年来，华为之所以能够登顶，就是靠这三样。但是未来，还能否坚持下去？还能否传递到我们更新的新员工中去？其实这方面面临很大的挑战。我们看看现在的华为，40后、50后、60后、70后、80后、90后六世同堂，每个年代的人都有自己的价值观。这些价值观还能被后来的员工接受吗？但我们的员工在发生变化。价值观能否得到传承或是受到破坏、背叛，这就决定了华为的未来。

我是80前，但我努力向80后学习。来到南京，我特别兴奋，因为我最喜欢看的节目是江苏卫视的《非诚勿扰》。为什么喜欢？不是我个人还有什么想法，而是我把它作为观察80后的窗口，听80后在说什么、想什么。80后有很多优点，但我认为也有一个最大的问题，就是纠结。这么好的时代，纠结什么？80后有一个很突出的问题就是觉得这一切都是应该的，所以他们对幸福的感知比较麻木，缺乏感恩的心。什么叫幸福？幸福是比较出来的。你没看过华为当年创业时候的样子，现在你在南研，待在漂亮的园区，坐着舒适的椅子，你觉得应该如此。你没在科技园待过，科技园是硬木凳子，只有老板坐了一把皮椅子。有一天，他站起来深情地说：有一天我要让所有的研发人员都坐上这样的皮椅子，这曾经是任正非的一个梦。80前是饿过的一代，我上高中前是吃不饱的，所以我觉得今天吃饱了就是幸福。80后和90后在我眼里差不多。我给90后的定义是：90后是80后的极品。我没有攻击80后的意思，只是我们中国过去的许多优良传统和文化被丢弃了。比如“勤”，如今等着天上掉馅饼的有多少人？比如“俭”，现在看看我们身上的奢侈之风有多少？所以我认为文化传承是一个命题，也对我们产生了挑战。华为用25年血汗浇灌的核心价值观之花还能否继续开放？如果我们背弃了自己的核心价值观，华为为什么不会倒下？如果我们坚持了自己的价值观，华为倒下，天理不容。

正确的价值观和强有力的干部队伍才能引领公司走向长期成功

我们人力资源聚焦于四个问题，第一，价值观和文化。这次干部大会有一个很重要的命题，华为的价值观应该坚守，而且还要大力宣传，但是我们在向客户和外籍员工讲的时候还有点顾虑，担心他们是否能接受。第二，干部和人才，就是我们的干部队伍。我一直在讲一个命题，可能有点偏执，但我认为是真理：没有坏员工，只有坏干部。我接触过很多这样的例子，员工是可以改变的，关键在于干部。“人才”是公司近年来才提出的，人和人之间有差异，这也是公司人力资源政策的重要改变。第三，组织的改变。之前已经讲过，这里不再赘述。第四，激励。这是公司人力资源管理政策的一个重要变化，是我们战略解码得出的四个关键点，是我们做好人力资源管理的四个关键成功要素。

公司的干部政策导向

第一，强调具备基层成功经验。华为干部路线确定就是“之”字形成长，改变早期干部烟囱式的发展路线。第二，承担全球业务管理责任，具备全球的视野与跨文化的管理经验。当然，在海外待过也不一定有全球视野，在国内锻炼也有可能具备全球视野，这就给我们的干部提出了一个更高的要求，就是一定要加强个人修炼。第三，强调中高层干部需具备跨领域的工作经验，这是公司干部政策的一个重要导向。有个词叫“人才辈出”，任正非改成了“人才倍出”。任正非早期有三篇文章都是和呼唤英雄有关的，现在是呼唤良将，呼唤干部，因为要做大事。这里强调了责任结果导向，强调了实战经验，强调会带队伍，实际上会带队伍就是人力资源管理。

在这里和各位开一个友善的玩笑，我把管理者分为这么几流。六流的管理者不知道为什么干，不知道如何干。这样的人不应该成为管理者，应该走专家路线。我的观点是，管理者不是“王侯将相，宁有种乎”，不是所有人都能成为管理者，或是通过管理课，就能成为一个管理者，管理干部不是培训出来的。我认为管理者最基本的，第一要天赋，第二悟性，第三实践，第四才是学习。五流的管理者，自己干下属没事干。五流的管理者常用的一句话是：你闪开，我来！因为他自己是个高手，看着下属着急，什么都大包大揽。造成下属没事干，无事生非，部门乌烟瘴气。员工成长不起来，他自己也成长不起来。我给五流的管理者起了个外号，叫“伟大的个体户”。有首歌叫“心太软”就是形容五流管理者的：五流的管理者总是心太软，把所有问题都自己扛，你无怨无悔，要做个强人，其实你并没有那么坚强，所以你老默默一个人流泪到天亮……四流的管理者，自己干下属跟着干。你在的时候下属跟着你干，你不在的时候下属就变成了无头苍蝇。三流的管理者，自己不干下属干。这是符合管理者的定义的。从管理者的定义来讲，管理者是专职承担管理人的职责的人。具体业务是下属干，管理者干管理，如流程建设、文化建设、氛围建设，人力资源的培训开发，这才是管理者的主要工作。二流的管理者，自己不干下属玩命干。这才是优秀的管理者。让平凡的下属做出不平凡的事，这是管理者的天职。一流的管理者是活着就够了，管理都不用做了。因为流程都建立好了，体系制度都完善了，管理者活着就行了。松下幸之助就是这样的例子。超一流的管理者，不用活着，都挂在墙上，比如毛主席。

我们看刘邦。刘邦战略不如张良，治理国家不如萧何，打仗不如韩信，为什么能成为老大，成就一番霸业呢？刘邦说因为我会用这些超一流的人，这也是刘邦取得天下的原因，所以不是刘邦能干，而是刘邦有一帮能干的下属。当然，刘邦对人力资源的吸引、培育和信任也很重要。这三位人才也不是到处都有的，刘邦要靠自己的魅力、自己的事业把这帮人吸引到身边。如果被吸引到项羽身边，刘邦会死得很惨。结论是：刘邦是一个人力资源高手。

学习史今好榜样

那在座的说，我不是刘邦，我身边也没有张良、萧何、韩信怎么办？——培养他，让他发挥个人所长，激励他。在这里举一个好班长的例子——《士兵突击》里面的班长史今。史今的职业生涯并不辉煌，但他的伟大在于他培养了一个群体，他对组织最大的贡献不是个人贡献，而是他为组织培养了“许三多”，培养了一大批优秀的“兵王”。

怎么对待下属？我认为就是任正非讲的“爱兵切，用兵狠”，这就是灰度。你要你的下属成长，为组织做贡献，你就要爱他。就像班长在急行军的时候，班长要为战士背背包、扛枪。大领导要把自己的马让给病号。到了驻地，班长要为战士端洗脚水，挑开脚上的血泡。晚上要查房，替战士掖好被角，这就叫“爱兵切”。你不关爱他？他凭什么跟你干？霍去病带10万大军攻打匈奴，取得了胜利，皇帝非常高兴并给将领们赏赐了十几坛酒。霍去病说仗是士兵们打的，酒光给将领们喝不公平，于是命人把酒倒进河里，10万大军同饮一条河的水，这就是“酒泉”这个地名的来源。

关爱你的下属，当然还要“用兵狠”，就是高绩效，你不用他实际上就是在废他，给他压任务压担子使他快速成长。那么“爱兵切，用兵狠”怎么结合？从史今身上我们可以学到一些东西。当时接入网提出的史今的5个标准，包括帮助下属的成长，以身作则，认可鼓励下属，知人善任，沟通，这就是一个好班长必备的素质。

有效管理者的三项职责

做好一个管理者到底要做什么？第一，指明方向，指导员工朝着一个既定的方向前进。员工是迷惑的，对于努力目标、方向员工是迷惑的。管理者站得高，看得远。引用克劳塞维茨《战争论》中说的一句话：将领的作用就是为迷惑的士兵指明前进的道路，用内心之火为士兵照亮前进的道路，这就是将领的作用：指明方向，确定目标和绩效承诺。第二，监督工作绩效并指出和帮助下属解决问题。员工错了，指出他的问题；他遇到难题了搭一把手帮助他渡过难关。员工在我们的帮助下完成了任务，我们就该做第三件事情：向其上级汇报有关情况。德鲁克认为一个有效的管理者就是干这三件事。所以，一个管理者到底该干什么？我认为是一只眼睛盯住客户，一只眼睛盯着下属。管理者要学会转身，建议把《情景领导模型》作为管理者的必修课。这个课程启发我们要改变自己的领导风格，适应下属的情况。我们的员工愿意紧张地工作，但不愿在紧张中工作，所以说领导的转身真的很重要，不能让下属来适应管理者。

给大家讲个故事：某次在公司培训，由于投影仪的问题耽误了20多分钟，当时我就质问负责组织这次培训的小伙子：为什么不事先检查、事先调试？让那么多人在教室等着我浪费了大家多少时间？负责的小伙子知道是自己的问题因此也没有辩白。一个星期后他给我发了一封邮件，说：吴老师，您也曾经年轻过。的确是这样，在座的想想自己，想想自己的过去，哪一位不是一把鼻涕一把泪，一路跌跌撞撞、风风雨雨，才走到了管理者这个位置。你既然犯过错，你就要容忍你的下属也可能犯错。年轻人犯了错误上帝都能宽恕，我们为什么不能宽恕呢？在总部我配合人力资源部做过离职员工调查，访谈了很多人。访谈结果发现，没有一个人骂任正非、骂公司，他们骂的最多的是主管。可能就是因为主管的一句话这帮人就离职了，我觉得很可惜。把朋友变成敌人很容易，但把敌人变成朋友很难。

关键在于改变自己

有一位企业老板说了这样一句话，人没有优点，没有缺点，只有特点。每个人都是资源，就看我们怎么开发。想当年，我们成长过程中我们的领导是怎么宽容我们的，我们就应该怎么去宽容下属。关键在于改变自己，要改变别人，首先要改变自己。

从动机曲线来讲，就是要激发下属的成就感。对于每个层级的管理者，都要注意几个关键字：修正动机，管理预期，控制欲望。管理者重要的一点就是要控制自己的成就欲，把自己的成就欲给下属，让下属有成就感。如果你想有成就感，那下属就没有了，这是很重要的动机曲线管理，管理者不能什么都要，最忌和下属争功。你把这些你不在意的东西给他们，他们就会很感动，他们感动了，他们是会给你卖命的。

学会非物质激励

这次干部大会也提出了非物质激励，我认为非物质激励和物质激励一样重要。我的一篇文章里曾经提过一个案例：2008年汶川地震，一个四川员工给家里打电话但怎么都打不通。这时有个电话进来，居然是客户打来的，问他家里现在是什么情况，有什么需要帮助的，而他的主管却一个电话都没打。员工在讲这个案例的时候都快掉眼泪了，这就是非物质激励，一句话，一个短信，可我们管理者为什么不做？非物质激励不可能代替物质激励，但是我们过去太过于强调物质激励，把一切聚焦于物质激励。

现在我们需要思考：如何在物质激励基础上加入非物质激励？人的需求是多样的。物质激励如山，如父爱，厚重；非物质激励就像母爱，温暖，母亲的几句唠叨其实也是一种激励。物质激励不是我们能给员工的，工资奖金是公司给的，管理者能给员工的只有非物质激励。我们能够从管理者变成领导者很重要的一个知识就是学会非物质激励。非物质激励其实很简单，一声问候，一个眼神，一条短信。我们来看一个不太乐观的调查数据：在中国，只有9.8%的领导鼓励了下属，57.7%的管理者挫伤了下属的积极性。我们的管理者更多的是居高临下和指责，一直想把自己的经验和思维方式灌输给下属，这些数字都提醒着我们要时刻去反思自己的管理方式。

一个人的能力在短期内是很难改变的，能力是惰性因素。能力为恒定量的时候取决于你的态度，你以什么样的态度投入就变得重要，所以我们要善于开发我们的人力资源，这里强调了一个常识：你的下属潜力无限。华为潜力多大？早年就七八个人，发展到现在的规模，我们靠的就是华为的潜力，就是任正非讲的在员工的头脑中挖出大煤矿来。

学习任正非的优秀品质

对任正非，我有一个概括是："行万里路，读万卷书，与万人谈，干一件事。"任正非很喜欢读书，去北京出差2.5小时的路程他能读2个小时书。他大量地涉猎，这就是一种自我修炼。与外人交流，从每个人身上都能吸取知识，上到国家领导人，下到小团体，最后聚焦干一件事。这就是所谓的"一杯咖啡的帮助"，虔诚地跟别人的对话、沟通。任正非就像一块大海绵，我对他做了一些总结：

向党学习："八项规定""自我批判""多劳多得"；

向军队学习："呼唤炮火""在上甘岭上培养干部"；

向企业学习：海底捞、顺丰速运；

向动物学习：狼性、狮群、蚂蚁军团；

向植物学习：薇甘菊。华为就是一株薇甘菊，什么是薇甘菊？它一旦扎下根，就会快速攫取大地的营养，快速地成长，华为这些年就是薇甘菊。有人说华为的企业网和终端刚起步，起步就像薇甘菊刚发芽，我是看好这两块的。一旦长起来，别人就没有成长的空间了。

我们应该向任正非学习，非常值得学习的就是任正非的文章，华为是身在宝山人不知。这里有一个故事：北京有一个老板，白手起家，从最初帮别人烧饭到现在成为一个集团公司的老板，一直以来他就是学习华为，任正非所有文章他都学过。他是怎么学的？初中没毕业，有的字都不认识，也理解不了。他就让秘书把任正非文章录音后放在手机里，有时间就听一听。除了学习还要"悟"，多悟多学，我们才有更大的成长空间，才能更好地参与华为这个伟大公司的里程。什么是幸福？任正非的答案是：人生充满回忆就是幸福。我们可能很盲目，也很劳累，但是参与了华为这个伟大公司的历程，就叫幸福。

最后，我用一句最喜欢的话作为今天分享的结尾："世间自有公道。"我换了个词：华为自有公道。华为是一个有公道的公司，有不公平，但整体上是一个有正义的公司。华为自有公道，"付出总有回报"。有人说我付出了但是还没回报，别着急，因为"以奋斗者为本"是一个长期的过程，对于奋斗者的鉴别也是一个长期的过程。今天种下粮食，明天不一定收获，再等等，时间没到。“说到不如做到”，华为是一个讲绩效的公司。“要做就做更好”，既然做了，就做得更好。有大目标、有使命感、有自己追随的梦想。

（根据2013年12月25日
在南京研究所《班长的战争》授课录音整理，有删节）

华为的素质模型实践

在企业人力资源管理实践中，构建素质模型和任职资格管理体系是实现人力资源管理与开发的两个重要工具，也是保证人力资源开发与管理理念落地的重要途径。在国内企业中，华为是较早构建素质模型和任职资格管理体系的企业，其领先的管理实践和成功的管理经验，对中国企业构建有活力的现代人力资源管理体系有着重要的启发意义。

华为素质模型的基本理念基础

作为企业实践，素质模型和任职资格管理体系在整个人力资源管理体系中的定位，是构建这两个管理体系的重要前提。从中国企业人力资源管理现状看，它们并非缺乏人力资源管理，而是它们的人力资源管理实践没有形成一定的体系，没有发挥相应的作用。大多数企业的人力资源管理现状可以概括为两点：摊大饼与孤岛化。

这是非常尴尬的局面。每家企业都建立了人力资源管理的选育用留体系，业界流行的人力资源管理工具、方法都悉数引进，并且在每个模块的建设上都下了很大功夫，费了很大力气，每个模块都尽善尽美，然而这些模块却没有发挥出应有的作用。这种现象给许多企业带来了困惑，让它们认为人力资源管理是一项代价昂贵且不实用的事情。实际上，其原因还在于大多数企业摊大饼与孤岛化的人力资源管理模

式。人力资源管理的各个模块就像组成石墨与金刚石的碳原子，但是由于排列组合的方式不同，发挥的作用也不同，

华为人力资源管理体系的搭建始于《基本法》。在《基本法》里，华为确立了人力资源管理的“铁三角”，那就是价值创造体系、价值评价体系和价值分配体系。这三个体系构成了华为人力资源管理的价值链，成为华为人力资源管理的核心。

华为的人力资源管理实践就是基于这个由“铁三角”构成的人力资源管理价值链，因此，这个价值链也被称为华为人力资源管理的战略地图。这种人力资源管理模式非常值得我们肯定，我们先确立人力资源管理的蓝图，然后再根据这个蓝图构建人力资源管理实践。

华为人力资源管理体系之所以有力，是因为所有人力资源管理实践都建立在人力资源管理价值链的“铁三角”之上，像金刚石那样呈空间三角排列。华为的素质模型就是在价值评价体系中构建的，这就是素质模型在华为整个人力资源管理体系中的定位。不管它是胜任特征模型还是素质模型，都是华为价值评价体系中的一个组成环节。如果一家企业把胜任特征模型（或者素质模型）作为一个独立的模块来看，而不把这个模型融入人力资源管理体系中，那么即使它再尽善尽美，依然难以发挥应有的作用。用一句概括，那就是看起来很美，实际上没用。因此，素质模型能否进入人力资源管理的整个体系，能否形成稳定的“铁三角”是素质模型能否发挥作用的关键。

华为的素质模型在人力资源管理体系中的定位

华为是国内企业引进素质模型比较早，并且做得比较好的一家企业。如上所述，华为素质模型在人力资源管理体系中有着明确清晰的定位，隶属于华为人力资源管理“铁三角”中的价值评价体系。在价值评价体系中，也包括三个模块，那就是以企业目标与使命为导向形成的绩效管理体系；以职位、流程以及组织为基础的评价体系；以任职资格、素质模型为核心的评价体系。一块是面向绩效的，一块是面向职位的，一块是面向人和能力的。如果用三个字分别来概括这三个

模块，绩效是“事”，职位是“岗”，能力与素质是“人”。

这三大价值评价体系形成了一个稳定的评价体系，因为这三个体系之间有着明确的分工，任何一块都没有独立于华为的整个人力资源管理体系，而是与人力资源管理体系进行了有机的融合，与其他体系进行了很好的对接，其中，最为明显的是与价值分配体系的挂钩。首先，我们对职位进行评价，确定职位价值，然后对每一个职位进行明确阐述，也就是说，在职位描述里面确定该职位所需要的任职资格、能力素质和基本经验等条件。然后，我们对人进行评价，把职位要求与能力素质等结合，就是我们经常讲的“人岗匹配”。人配置到了相应的位置上之后，我们再看事，评价人的态度、绩效等。

在现实中，我们应如何将其进行结合呢？职位价值和基本工资挂钩，任职资格、工作态度以及能力素质和晋升挂钩，绩效和奖金挂钩。这就形成了价值评价和价值分配的有机结合。一个人在一定的职位上长期做得好，就会有累积绩效，这是靠员工持股和期权进行回报的，在华为则通过饱和配股来实现。饱和配股也是员工持股的一种方式。所以华为坚守一种理念：我们绝不让“雷锋”吃亏，奉献者定当得到合理的回报。它对奉献者、对“雷锋”的回报，主要通过股票期权、员工持股来解决。

这就是华为素质模型在整个人力资源管理体系中的定位。对于其他企业来说，不应该把素质模型仅仅作为一个模块，塞到人力资源管理体系中，而是应该把它作为一个元素与其他人力资源管理元素有机结合。这样，素质模型才会起作用。

素质模型是要用的，而不是做出来就放在桌子上，锁在抽屉里。怎么落地、落实到人，是素质模型中最为关键的问题。在国外研究中，薪酬战略已经开始把素质当作一个重要的付酬要素。实际上，素质与职位、绩效、价值观以及市场竞争力已成为世界领先国家的薪酬模式中的重要因素。在这个模式中，已经没有了工龄、学历、年龄等要素，这也就是我们研究企业薪酬制度、评价制度以及人力资源管理体系的一个重要的关注点。

华为素质模型的基本构架

华为的素质模型是由国外咨询公司协助搭建的，经过“先僵化，后优化，再固化”的管理过程，已成功地融入华为的人力资源管理实践。

素质模型的分类

华为的素质模型分为两大类：通用素质模型与基于职位族的素质模型。通用素质模型包括成就意识、演绎思维、归纳思维、信息搜集、关系建立、团队精神等18项素质。除了通用素质模型外，华为还有基于职位族的素质模型。在华为，本来领导和管理是一个职位族，但是为了对干部与一般管理者进行区分，又做了领导通用素质模型、管理者通用素质模型。因此，基于职位族的素质模型就包括领导者、管理者、研发族、营销族、专业族、操作族的素质模型。另外，各个职位族下面还细分为更小的族，比如专业族下面还细分为计划、流程管理、人力资源、财经、采购、秘书等族，每个细分都有专门的素质模型。不管是通用素质模型还是基于职位族的素质模型，都做得非常细致，绝对不是简单的能力词汇的拼凑。针对职位特点做出的素质模型广泛地应用在了人力资源管理的各个层面。

素质模型的构成

上面，我们对华为素质模型的类型进行了阐述，接着，我们将分析华为素质模型的构成要件。在华为素质模型中，包括素质词典、素质定义、分级标准、标准描述、反映各项素质的关键事件以及评价结果的运用。

素质词典是对模型中所有素质的总结。在素质词典中，各项素质都有明确的定义，比如研发人员的“团队合作”被定义为：“团队合作是指个人愿意作为群体中的一个成员，与群体中的其他人一起协作完成任务，而不是单独地或采取竞争的方式从事工作。这里所谓的团队就是为了实现某个或某些目标而共同工作的群体，它可以是一个部门内部产品研发小组或营销小组，也可以是为满足顾客需要而组合成的跨部门的工作群体。”各项素质具有独特的分级标准，比如研发人员“团队合作”可分为4个等级，每个等级都有对应的描述和有针对性的案例分析，也就是说，这种素质是通过什么事件来反映的。这些事件都是在华为营销人员、研发人员等身上真实发生的。

然后，我们根据这些关键事件回归现实，在人力资源管理实践中加以运用。如果仅仅提炼出来，放在那里，那是没用的。在华为的素质模型中，对分级标准的制定是非常细致的，因为素质模型如果没有分级标准，就只能放在那里，成为空中楼阁。有了分级标准，我们就可以对素质模型进行评价，并可以明确地告诉员工，你的某种素质是几级。

华为素质模型的运用

华为的素质模型是真正用起来的，既有评价标准，又有评价结果，以及评价结果的运用。在很多企业中，素质模型都缺乏运用，往往是费了很大力气，花了很大代价，才做出一个与时俱进的素质模型，却不知道用在哪里。

从这个角度看，素质模型就是一个华而不实的奢侈品，做出来以后，一方面很难落实到实践中，另一方面即使能找到运用的地方，也往往由于适用范围很小，而被大多数企业束之高阁。

这是一个很尴尬的状态，不做不行，做了后怎么用，用在哪里，成为困扰大多数企业的一个核心问题。那么，让我们先看一下华为素质模型的运用领域。

第一，职位描述。如果做了素质模型，可以将其直接运用到职位说明书的任职资格一栏，比如一个职位需要什么素质，需要几级素质，都可以直接做出来，与任职资格进行对接。

第二，招聘选拔。在招聘选拔中运用素质模型，既可以增加招聘选拔的依据性、针对性与有效性，又可以降低企业后续的培训成本。

第三，任职资格管理。华为除了素质模型外，还有任职资格体系。

素质模型以能力为基础，而任职资格则以职位为基础，但是两者也有交叉，我们将在下面进行讨论。

第四，后备干部管理。在华为后备干部选拔标准中，素质是一项非常重要的参考条件，而这里的素质一般直接依据该职位的素质模型来确定。

第五，报酬。前面提到，素质已经成为国际领先的薪酬模式中一项非常重要的付酬要素，相对于其他要素来说，员工素质的提升往往是循序渐进的。

第六，培训。根据素质模型确定培训需求，是提高培训目标性与效果性的关键。这不仅可以大大降低培训成本，而且还可以形成明确的培训目标，使培训有据可依。

以上模块是华为素质模型的应用领域，但是在某些领域，即素质模型的运用也并不平衡、充分。所以对华为来说，它也面临这样的问题，即如何把素质模型更好地融入整个人力资源管理体系，与其他模块实现更多、更严密的对接。

华为的任职资格管理体系与实践

是素质模型，还是任职资格管理

素质模型作为管理工具，确实为现代人力资源管理与开发提供了先进的理念与方法。但是，由于其自身存在的问题与缺陷以及企业在引进过程中存在的问题，素质模型在实践中的运用范围与效果并不令人满意。尽管国内的企业非常热衷于构建素质模型，素质模型也被管理咨询公司大加推介，但从实践来看，中国企业成功的案例并不多。

那么，为什么会出现这种巨大的反差呢？

首先，许多企业长期在管理方法与工具的引进上追求时髦，对素质模型的功能定位、内在机理、作用条件等没有清晰的把握，盲目引入，不求所用，不求实效，只求拥有。不能像华为那样，在引进国外先进的管理体系时，坚守“先僵化，后优化，再固化”的基本原则。机会主义式的学习与引进心态，必然导致机会主义的结果。

其次，许多企业构建的素质模型并没有有机地嵌入其人力资源管理体系，只是作为一个孤立的管理工具外挂于管理体系之外，更有甚者，有些企业人力资源管理的基本体系还没有构建好，就开始引进先进的素质模型，使得二者难以匹配，于是，素质模型得不到其他管理模块的支持，其在人力资源管理与开发中所起的作用也就可想而知了。

再次，素质模型本身存在的器质性缺陷也制约了其作用的发挥：其一，素质模型关注的是隐形的和潜在的高绩效能力，潜质的存在与发挥并不是一回事，正如人力作为资源，只是一种客观存在，并不能与价值创造画等号一样，高素质不等于高绩效；其二，素质模型关注企业人力资源的未来和长期能力的提升与发挥，对于当前人力资源素质能力的提升并不会产生积极的作用；其三，尽管素质模型有一套完整的理论，但因为它起源于公共组织中外交官的选拔，而对于在企业中如何与人力资源管理体系对接，如何在企业中有效发挥作用等问题，其理论本身并没有给出可操作性的实施方案。

基于以上原因，素质模型在企业中陷入了一个尴尬的境地：一方面大受追捧，另一方面又难见实效。许多企业耗费了大量的财力和人力构建了素质模型，却使其成了一个高价的奢侈品。辛辛苦苦做出的素质模型，仅仅在招聘中作为一个辅助工具使用。

作为个案，华为的任职资格管理实践启示我们：通过在企业中建立任职资格管理体系，将素质模型纳入任职资格管理体系，既可有效地弥补素质模型自身的缺点，又能够把搭载素质模型的任职资格管理体系与人力资源管理体系进行密切对接，使得两者真正成为人力资源管理与开发的有效管理工具。

任职资格与任职资格管理

任职资格

任职资格是指在特定的工作领域内，根据任职标准，对工作人员工作活动能力的证明，是按照各职位绩效标准完成工作任务所必须具备的能力。换言之，任职资格是从事某一工作的任职者所必须具备的知识、经验、技能、素质和行为的总和，它是在特定的工作领域内对工作人员工作活动能力的证明。任职资格强调工作对任职者个人素质能力的要求，符合要求的任职者才是合格的任职者，不符合要求的任职者应该调换工作岗位或继续学习。

任职资格除包含素质模型的基本要素外，还包括以下因素：

知识。指人们掌握的分析问题和解决问题的能力，分为理论知识和实践知识。理论知识是通过系统性学习和培训获取的，而实践知识则是在实际工作中逐步掌握的。知识是分析问题和解决问题的基础。

经验。指人们在实践活动中总结出来的具有指导意义的判断，它通常来源于人们直接参与的实践活动。经验为以后的活动提供了习惯性支持，这也正是经验的价值所在。经验与知识可以互补，但与知识不同的是，经验一般不能通过学习获取，而只能通过亲身经历获取较高的可信度。经验通常与时间呈正比，时间越长，所获得的经验就越丰富。经验在为人们提供方便的同时也会让人产生错觉，从而为决策结果带来误导和负面影响。

技能。指对某一项工作或任务的熟练性操作，它强调的是实用性技巧。技能决定了员工是否适合某项工作或任务，也决定了员工的工作绩效和企业的管理效率。技能也会因为专业知识、投入时间和精力的不同而具有差异，而且还与人的个性和潜质有关。

行为。指员工的具体实践活动，它不仅包括个体的实践活动过程，也包括实践活动的结果。行为既受到员工个性、价值观和内驱力的影响，也受到员工知识和经验的约束，同时还与一定的客观条件相关联。在行为中，有三个方面需重点关注：行为结构、行为关键要素和行为标准。

与素质模型相比，任职资格不仅具有素质模型的功能和特点，而且还涵盖了除价值观外人力资源自身的关键绩效要素，因而，任职资格具有以下特点：

第一是针对性。任职资格的针对性体现在特定的任职资格与某一个特定的职位相对应，任职资格在普遍性要求的基础上突出职位的个性化特征，任何一个任职资格都不可能涵盖众多职位的素质能力要求。不同职位的工作内容、工作环境和工作时间都不一样，因此其任职资格也存在差异。例如，高级管理岗位的任职资格中要求任职者必须具有一定年限的管理经验，同时还必须在多个不同的部门中担任过一定的领导工作。

第二是具体性。任职资格的具体性是指任职资格是具体细化的，而不是理论抽象的。任职资格的具体性体现在任职资格必须细化为一系列的衡量标准，这些标准具有实践性和可操作性。例如，打字员的任职资格中要求每分钟打120个字以上，且差错率低于3‰。

第三是动态性。任职资格的动态性是指任职资格随着企业管理实践的发展而变化，任职资格的确定需要一定的前提条件。科学技术进步和管理理念的变化，必然带来管理模式和管理方法的变化，这也要求任职资格要根据需要进行相应的调整。例如，互联网的迅速普及使得一些企业开始实行无纸化办公，这要求管理岗位的任职者必须熟练掌握网络的应用。

任职资格管理

任职资格管理是根据企业战略目标和企业经营管理的需要，对员工的工作能力和工作行为进行的系统管理。任职资格管理是企业人力资源管理中的重要环节，它不仅与人力资源管理战略密切相关，而且与员工招聘录用、薪酬管理、绩效管理、员工职业生涯设计以及员工培训等人力资源板块紧密联系，并为后者提供基础性的支持依据。

任职资格管理是一个包含多个子系统的复合系统，具体包括：任职资格标准开发、任职资格认证和任职资格达标这三个过程，而其中又以任职资格标准开发和任职资格认证为主。

任职资格标准开发就是确定任职资格内容和任职资格标准的过程，它包括前期准备、实施开发和意见反馈过程。

任职资格认证是为证明企业员工是否具有相应任职资格标准而进行的鉴定活动，它包括计划、取证、判断、反馈和记录结论等流程，也是认证员与企业员工充分合作并全面判断后者是否达标的过程。任职资格达标就是帮助企业员工不断提高职业素质的过程，它是企业员工职业发展的必要途径。

任职资格管理在企业人力资源管理中的定位

任职资格管理属于人力资源管理的子体系，它与人力资源管理其他子体系之间有着非常紧密的联系，与职位共同构筑了华为人力资源管理的基础平台。此外，任职资格管理的功能远远超出了人力资源管理范畴，它对企业文化、企业核心竞争力、员工职业化乃至企业战略都有重要影响。任职资格管理不仅对员工行为进行了规范和引导，同时也对员工价值观和思维理念进行了塑造和升华，从而在行为和精神两个层面对企业员工进行激励和约束，使企业员工真正走向职业化。

任职资格管理与招聘录用体系。任职资格管理为企业招聘录用员工提供了准入性标准，即新招聘录用员工需要具备哪些基本素质和专业技能，对新招聘员工应该从哪些方面进行考察审核，以及考察审核所依据的标准。任职资格为企业考核录用新员工提供了参照系，企业按照相应的任职资格要求对新员工进行考察，就能保证新录用的员工与所需职位相匹配。

任职资格管理与绩效管理体系。任职资格管理为企业的绩效管理提供了判断标准。任职资格管理与绩效管理的作用机制也体现在任职资格管理与绩效管理各环节的关联上。绩效指标设计必须参考任职资格的能力标准并借鉴任职资格的行为标准，从而使得绩效指标体系与职位特征相结合；绩效考核也应该与任职资格的具体能力标准和行为标准相对应，从而保证绩效考核的科学性与合理性；绩效辅导、绩效改进和绩效沟通都必须结合任职者的实际素质能力来开展，任职资格是了解任职者实际素质能力的重要参考依据。

任职资格管理与薪酬管理体系。任职资格管理为企业薪酬管理提供了基础性支持。任职资格为比较每个职位的相对价值提供了科学依据，并且任职资格标准的具体性也有助于职位相对价值大小的准确判断。现代人力资源管理体系中薪酬管理的基本思路就是，按照员工对企业的贡献大小而给予其相应的激励。通常情况下，员工贡献的大小与其所负责任密切相关，而所负责任的大小又来源于职位价值。衡量职位价值大小的关键方法是对任职资格进行比较，如果职位价值大，通常对应的任职资格标准也高；随着职位价值的减小，任职资格的标准也逐步降低。因此，任职资格管理对薪酬管理中薪酬水平、薪酬结构的确定与调整都起着重要作用。任职资格与职位的匹配决定了企业员工的薪酬范围，从而使得薪酬更具有实效性和激励性。

任职资格管理与员工职业生涯管理。任职资格管理有助于员工职业生涯管理的明晰化。员工职业生涯设计的根本出发点在于，让员工的个人发展愿望和潜力相一致，只有这样，才能进行有效的员工职业生涯设计。任职资格既为员工提供了现实能力，也为员工提供了实现个人发展愿望所必须具备的潜在能力，这样就为员工职业生涯设计提供了参照依据。任职资格对员工将来担任职位的要求，使得员工首先要根据自身潜力判断自己能否达到这样的标准，同时也为有志于达到此标准的员工提供了学习知识、积累经验和提升素质的努力方向，使员工的发展与公司发展相结合。

任职资格管理与员工培训。任职资格管理为员工培训提供了方向性支持。员工培训的首要前提就是要掌握员工的现有水平和将要达到的目标水平，这样才能进行有针对性的培训和增强培训效果。任职资格是了解员工现有水平和目标水平的良好途径，它通过对员工的工作水平进行较为全面的评估和要求，对不同资格的员工分别进行达标辅导培训和再开发培训，使得员工培训更有针对性和实效性。

任职资格管理与员工选拔晋升。任职资格管理为企业员工的选拔晋升提供了资格标准。良好的选拔晋升机制首先必须保证客观公正性，让合适的人拥有合适的岗位，做到人尽其才，才尽其用。任职资格可以作为员工选拔晋升的主要考核标准，同时也可以结合员工的道德品质等其他评价标准，建立有效的员工选拔晋升标准。但是，任职资格必须是其中的核心标准，这样也能确保得到选拔晋升的员工的个人能力与职位要求相适应。

任职资格管理与员工职业化。员工职业化被理解为员工自觉地将个人发展与企业发展相结合，以企业发展带动个人发展。员工职业化需要企业制定相应的管理规章制度，通过硬性约束对员工行为进行规范，但更多的是将硬性约束转化为软性约束，使得员工自发地将个人价值观向企业价值观靠拢，以整体价值观指导个人价值观。任职资格管理是企业的硬性管理规章制度，强调员工管理的规范性和制度化，推动有能力的员工不断提高水平并给予相应的合理回报。同时，任职资格管理中也体现出公平竞争的理念，激励员工自身不断提高其职位胜任能力，从而实现职业发展规划。任职资格管理还要树立有效培训和自我学习的标杆，以任职资格标准引导员工终生学习和持续改进，从而保持企业的可持续发展。

华为的任职资格管理实践

任职资格管理来源于英国国家职业资格制度。华为自1998年开始正式引进NVQ，其间经历了三个阶段：1996—1998年，在关注行为规范化基础上，在部分职类试行任职资格管理；1998—2001年，建立开发任职资格标准，并对员工进行任职资格认证；2001年开始，将认证结果与人力资源其他模块相结合。这是一个将国外的职业资格体系改造成企业任职资格体系的成功案例。

在华为的任职资格管理体系中，包含以下几个关键要素和环节。

划分任职资格等级体系

华为任职资格管理体系包括技术任职资格、营销任职资格、专业任职资格和管理任职资格。共分为6级，每级又分为4等，即职业等、普通等、基础等、预备等，并形成了详细的任职资格标准体系。

构建职业发展通道

任职资格与职位相结合，为员工提供了职业发展通道。通过任职资格管理的牵引，形成管理和专业/技术两条职业发展通道。企业要建设一支强大的技术及业务专家队伍，引导优秀员工在擅长的领域追求卓越、精益求精，在核心业务能力上形成长期聚焦和持续积累的氛围和组织行为，以避免由于职业发展通道的单一，出现“官导向”和千军万马同挤独木桥的现象发生。华为的职业发展双通道如图3–2所示：

建立任职资格标准

任职资格标准是基于岗位责任和要求，对该岗位上长期综合绩效优秀的员工的成功行为和能力要素进行归纳的评价指南。标准开发源于业务发展和职位责任，不同级别的标准应有明显的区分度，并能够

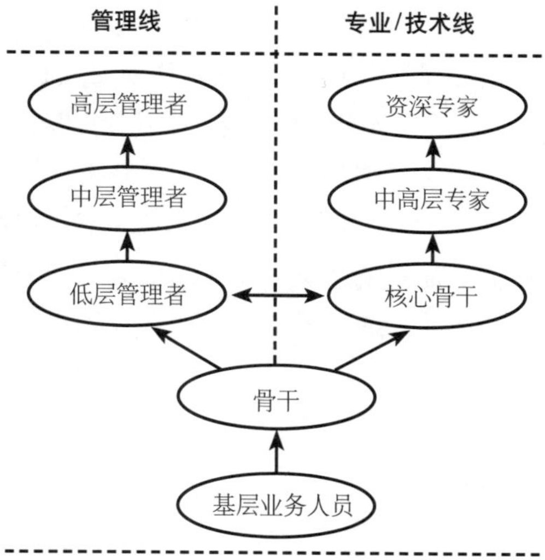

图3–2 基于任职资格的职业发展通道

引导员工持续改进任职能力。它包括基本条件、核心标准和参考项三部分。其中，核心标准是主体，包括必备知识、行为、技能和素质构成。每一个标准又包含诸多单元、要素和标准项。

任职资格认证

任职资格认证是指为证明申请人是否具有相应任职资格标准而进行的鉴定活动，包括计划、取证、判断、反馈、记录结论等。任职资格认证是认证员与申请人充分合作并帮助其达到任职资格标准的过程。

相同工作性质（职类）的人员要按照统一的标准接受程序公正的认证，以促进认证结果的客观性，真实反映自身持续贡献的任职能力。

任职资格认证经过申请（个人或主管推荐）、基本条件审核、自评、主管或评议小组认证评议、公司批准、结果反馈几个环节，确保认证程序的公正和透明。

任职资格结果的应用

任职资格结果的应用包括：作为培训需求的重要来源，培训体系根据各类别任职资格标准的要求，进行课程体系建设；作为职位说明书中任职要求的补充和细化，用于在招聘中参考确定拟聘职位的考察标准；指导员工日常工作的改进。

任职资格结果是评判员工针对目前承担岗位责任胜任程度的重要观察因素之一，但不直接影响员工职位晋升或薪酬提升。

针对具体岗位的准备度提升将有助于员工获得更多的任用机会。任职资格是人员选拔、职位晋升、岗位调配和任命管理的必要条件。

各级主管应根据认证复核过程中提出的改进点，指导员工制订改进计划、参加培训及相关锻炼；合理地分配工作任务，有针对性地对员工进行辅导。

构建有活力的薪酬体系

这几年，关于人才流失的问题越来越引起业界的关注。如何利用最灵活的薪酬体系来招募、留住和激励人才，也成了众多中国饭店业领军人物日夜为之殚精竭虑的难题。

中国企业缺什么

《劳动合同法》的实施，对中国企业的冲击是巨大的。我个人认为，这是一部出于善意的法律，但其积极效果并不一定像立法者所期望的那样。相反，它会使中国企业的内部机制和核心竞争力受到很大的损伤，会使中国的就业形势受到很大的挑战。有学者指出，这部法律实施后，中国企业的劳动力成本将提高5%~40%，饭店业也不例外。如同中国的其他行业一样，饭店业同样也面临着巨大的挑战。

劳动力成本提高40%！这对中国饭店业意味着什么？很惨。中国饭店行业可能会因此失去一次改变内部机制、用人机制和改变人力资源结构的大好机会。

从实践来看，作为一个有着13亿人口的泱泱大国，中国不缺优秀的企业家，不缺规模庞大的人力资源，也不缺潜力巨大的市场，更不缺非常好的历史机遇。

那么，我们到底缺什么？我们缺的是培育人和让人成才的机制和制度，是优秀人力资源成长的土壤和舞台，是人力资源开发的工具和方法，是人力资源的经营模式，是优质的人力资源生态环境。我们的员工流向其他行业的现象说明，饭店业人力资源的生态环境出现了问题。

企业的经营管理没有什么秘诀，但有底线和真理。任何一家企业都要找到自己的商业模式，即如何赚钱，赚谁的钱？对饭店业等服务行业来说，商业模式就是客户化，把客户服务好了，企业就会有源源不断的收益。所以，企业文化应该坚持高绩效导向，讲究效率、讲究改进和改善。现在，很多企业一谈企业文化就是“以人为本”，我认为这里的“人”首先是客户，企业必须“以客户为本”，以员工为本只是一个结果，而不是一个前提。

很多企业都试图贯彻客户化，但在实际操作过程中，味道全变了，变成了“奴性化”，平时得过且过；一旦有领导来了，管理立即上去了，服务水平也上去了，不会笑的也会笑了。

俗话说，在商言商。企业不要把更多的精力投入商业之外的东西，做企业最大的秘密就是回到企业的基本面去思考，下雨打伞，实事求是，该干吗就干吗，哪里不足，就及时改进。

人力资源管理做什么

如今，人力资源的概念已经深入人心。绝大部分企业都把人事部改成了人力资源部，但干的还是人事那点儿事，一切似乎还仅仅停留在嘴上，“说的时候重要，做的时候次要，忙的时候不要”，人力资源部成了一个很尴尬的部门，人力资源管理者成了最容易受伤的人。

人力资源管理不是简单的发工资、记考勤、培训和招聘，其目的是要建立一支队伍。有了这支队伍，干什么都能成功。这支队伍不是乌合之众，而是“三高荟萃”：高素质，高境界，高度团结。

最好的管理是没有管理。人力资源管理就是要建立一种机制，使员工自我激励、自我约束，这样，优秀的人才才会脱颖而出。

企业要培育一种良好的工作氛围和企业文化，这二者也是生产力，也能创造价值。优秀的企业中孕育着优秀的文化，但我们的文化很多是有问题的，卡拉OK、歌咏比赛、运动会之类的，这是文体活动，而不是企业文化。企业文化是构建企业的愿景、使命和核心价值观，并使之得到制度的支撑。

建队伍、创机制、育文化，这就是人力资源管理的关键所在。人力资源管理就像农民种地一样，浇水施肥，使人力资源的种子开花结果，创造价值。问题是，我们如何在企业内部耕耘出一片肥沃的土地，使每个人都能成长，并能达到其所追求的职业生涯的高度？

当今时代，已经不是那种靠一两个人就能打天下的时代了，饭店行业更是讲究协同作战。一家企业如果依附少数几个所谓人才才能存活，是非常可怕的事。我将人才比喻为U 235，搞好了就可以核发电，搞不好就要核辐射。所以，机制重于人才。

吸引到优秀的人力资源后，如何让他们持续地努力工作？很多企业提出感情留人和事业留人，我却不敢苟同。在今天物价飞涨、人们的经济压力日益增大的时代，这种提法是毫无意义的！竞争对手多出1 000元，你朝思暮想的人才很可能就此一去不回。每个员工进入饭店业，都是渴望得到回报的，因此，构建一套有活力的评价体系和激励体系，使人力资源在得到回报的过程中不断地为企业创造价值，就成了众多饭店企业的一件大事。从这个角度来讲，人力资源管理也就成了饭店企业管理的核心内容。

企业机制如何有活力

如何构建充满活力的企业机制？简单地说，就是三句话：干部能上能下，工资能高能低，员工能进能出。托尔斯泰曾说，幸福的家庭都是相似的，不幸的家庭却各有各的不幸。但凡有活力的企业，以上三方面都做得比较成功。

所有有活力的企业都可以做到这三点，而那些实行“大锅饭”的企业，干好干坏都一样，最终只能导致企业活力日渐丧失。

这句话从改革开放到现在讲了30年了，但非常遗憾的是，许多企业都没有将其付诸实施。问题就在于：让谁上，让谁下？有人说，让好的上，让不好的下。可问题又出现了，什么是好，什么是不好？

关键在于制度建设，在于有活力的机制。

任何企业的人力资源都可以划分为三类：奉献型、打工型、偷懒型。人力资源是一个动态的选择，在不好的机制下，奉献者（投入大于回报）总是吃亏，他就会反思，对自己的行为做出怀疑，进而减少自己的投入，使投入与回报在低层次上持平，于是，他就变成了打工者（投入等于回报）。同样，打工者也会向偷懒者（投入小于回报）转变。结果，奉献者变成了打工者，打工者变成了偷懒者，最后大家都偷懒了，没有付出和贡献。

因此，我们要构建一个不让“雷锋”吃亏的有效机制，让奉献者得到更合理的回报。奉献者拿得多，打工者就会因为羡慕而向他们看齐；偷懒者将会受到惩罚，他们只有两个选择，要么离开公司，要么增加投入，将自己变成打工者或奉献者。让小人不得志，让好人不吃亏，这样，公司就有了正气和正义。

一个有活力的机制的核心，在于对员工利益进行调整。任正非说，华为绝对不让“雷锋”穿破袜子，你为公司做出了贡献，我就给你体面的回报。这就是在用制度培育“雷锋”，而不是用道德来培养“雷锋”。

企业构建有活力的机制关键，是要建立科学的评价体系，也就是建立科学的绩效管理体系。

很多企业的考核体系都非常落后，搞所谓的反向考核，下级评价上级，到了年底将干部搞得灰头土脸；还有所谓的民主考核，考核哪里有民主。这都摆脱不了人评价人的羁绊。

如果我们能把考核制度从人评价人转为由制度评价人，就会避免考核当中存在的腐败。由制度评价人，就是定性评价与定量评价相结合，这个员工属于哪类人？是奉献型、打工型，还是偷懒型？

除了考核个人，部门也要考核，要弄清楚哪些是奉献型部门、打工型部门和偷懒型部门。解决了这些，薪酬问题就变得简单了，就实现了从给“人”发工资到给“事”发工资的转变，使钱都用到了刀刃上，发多少都不冤枉。

在绩效管理中还有几个关键要素：第一是绩效考核必须自上而下，而且是承诺制，下级给上级的承诺；第二是考核一定要量化，而且指标一定要水涨船高，这样就能提升人均效率，使持续的改良、改进和改善得到制度上的保障。

薪酬体系如何保持激励力

为实现这一目标，企业必须构建在现代人力资源管理理念指导下的人力资源管理机制、制度与体系。

第一，企业必须建立优秀的企业文化体系，建立人力资源开发的核心价值观，向员工提出企业的价值主张和核心价值观，并以此作为企业人力资源管理的系统纲领。而不是把文化做成口号或仪式。

第二，企业必须建立清晰的职位描述和职位价值评价体系，明确确定不同职位的价值创造职责，确定不同职位在企业价值创造过程中的相对价值，从而为现代人力资源管理搭建科学的基础平台，而不是仅仅罗列一些岗位职责。

第三，企业必须建立科学合理的价值评价体系，对员工及团队的价值创造过程和价值创造结果予以准确的评价，而不是模糊地考评工作态度、工作能力和工作绩效。

第四，企业必须建立合理的价值分配体系，依据价值评价的结果，对员工的价值贡献做出合理的回报与激励，而不是把工龄、学历、职称或职务作为薪酬支付的依据。

第五，企业必须建立适应职位与任职资格要求的培训开发体系和招聘选拔体系，以不断地提升员工的职业化能力和员工整体的素质。

当这些体系、机制和工具真正建立起来以后，中国企业才能由人事管理走向现代人力资源管理，人力才能真正变为资源。

企业必须建立三大评价机制，即对资格和能力的评价，对职位价值的评价，对绩效行为和结果的评价，并将评价结果与薪酬挂钩。从而使薪酬回报与绩效挂钩，而不是与工龄、年龄、学历、职称和职务挂钩。因为后者是不可激励的。

在薪酬设计时，要注意遵循以下三个基本的原则。

第一，对内公平，即明确不同职位对公司发展的价值大小，以价值评价结果为依据，对员工的价值创造予以回报。

第二，对外公平，即与外部劳动力市场相比较，公司的薪酬水平要保持竞争力，以吸引优秀人才。在饭店行业，员工流失率较低的企业，例如常常荣登最佳雇主榜的万豪国际集团，其薪酬水平在同行业中是相对较高的。

第三，员工公平，也就是严格遵循公司的价值评价体系，对同性质员工的价值创造与贡献进行客观评价，让每个员工都得到应有的重视和尊重。

至于员工薪酬的具体回报方式，除了上面讲到的短期激励（包括基本工资、奖金等），还包括长期激励，例如良好的工作氛围、学习与提高的机会（包括在职培训、脱产培训、职业生涯设计、岗位轮换等机会），以及其他福利，例如医疗保险、带薪假期、住房补贴、低息贷款等。

对于那些为公司创造了大量价值的人，应该有一个长期绩效的激励机制，例如给予持股权和股票期权。员工持股有很多好处，这既可以奖励那些给股东创造价值的人，也可以使股东的利益与员工的利益紧密结合，让员工分担公司的风险，分享公司的成功。最关键的是，可以留住对公司做出持续贡献的员工。

中国企业该如何构建以绩效因素为基础的充满活力的薪酬体系呢？主要有三个方面：第一，根据与市场价格相适应的技能、知识与经验付酬；第二，根据职位高低付酬；第三，根据绩效目标达成的情况付酬；此外，还要奖励那些对价值观的认可度较高及做出杰出贡献的人。

很多企业都对自己的薪酬体系讳莫如深。这里要做一区分：企业的薪酬战略与薪酬政策一定要公开，要大张旗鼓。让全体员工都知道，企业的薪酬向哪里倾斜，企业激励的是什么，回报的是什么。激励恰当的人和事，用适当的事激励适当的人，这才是企业正确的薪酬战略。至于员工的薪酬收入，则应该保密，这属于个人隐私。

经过30多年的发展，中国的企业已经到了重新洗牌的时候，这是大势所趋。在这个关键时期，谁能制定具有活力的薪酬体系，谁就能吸引到最优秀的人才，并在激烈的市场竞争中幸福地活下来！

激励断思

在高级管理干部培训班上，一位学员分享了这样一个案例：

2008年汶川大地震，这位川籍学员身在外地，家里的电话打不通，焦急万分。这时，他接到了来自客户的询问与问候。而其主管，主管的主管，在震后几天也没有打来一个问候的电话。

这位学员在分享案例时，我看到了他眼里有若隐若现的泪花。

有人会质疑，不就是一个电话吗？何须大惊小怪的。

这就是激励，客户予以的是正激励，主管带来的是负激励。

什么是激励？美国管理学家贝雷尔森（Berelson）和斯坦尼尔（Steiner）给激励下了如下定义：“一切内心要争取的条件、希望、愿望、动力都构成了对人的激励——它是人类活动的一种内心状态。”人的一切行动都是由某种动机引起的，动机是一种精神状态，它对人的行动起激发、推动、加强的作用。

人一半是天使，一半是魔鬼，激励就是激发人的真善美，约束就是抑制人的假恶丑。激发正能量，抑制负能量，就是激发活力的本质。

一谈起激励，人们马上就会想到金钱，尤其在这个物欲横流的社会里，金钱似乎是这个世界的主宰。果真如此吗？

在美国行为科学家弗雷德里克·赫茨伯格（Fredrick Herzberg）眼里，金钱根本不是激励要素，而是保健因素。20世纪50年代末期，赫茨伯格和他的助手们在美国匹兹堡地区对200名工程师、会计师进行了调查。得出的结论是：传统的激励假设，如工资刺激、人际关系的改善、提供良好的工作条件等，都不会产生更大的激励；它们能消除不满意，防止产生问题，但这些传统的“激励因素”即使达到最佳程度，也不会产生积极的激励。换言之，以物质激励为内容的保健因素，消除不满意，带来满意，只能使员工不会离开公司，而不能保证员工持续地为公司做贡献。

真正的激励要素都是属于工作本身或工作内容方面的成就、认同、挑战性的工作、增加的工作责任，以及成长和发展的机会。

有人或许会认为学者书斋里的研究结论不可信，不适合中国的国情，或者不适应“80后”，而现实情况并不如此，针对中国企业员工激励要素的相关调查，也再次证明赫茨伯格激励理论的成立。成就、挑战性工作、认可与尊重、关系的和谐、职务提升等同样被认为是最有效的激励要素。

我们的员工并没有掉到钱眼去，我们的管理者也不要认为金钱万能，花钱买不到真正的积极性，花钱只能买来唯利是图的小人。国人有一个传承很久的价值主张：为朋友两肋插刀，士为知己者死……都不是钱的事。

非物质激励与物质激励一样，同样重要！

物质激励是必要的基础，但它有刚性，会惰化，产生沉淀；物质激励与非物质激励相结合，犹如核碰撞和核裂变，产生出巨大的能量。

不管是物质激励，还是非物质激励，都应力出一孔，导向员工的活力激发、潜力挖掘和持续创新。

物质激励：如山，如父爱，厚重，刚性；非物质激励：如水，如母爱，温暖，柔性。

员工获取的物质激励来自于公司，决定于公司的价值评价与价值分配体系；管理者能够给下属带来的只有非物质激励。

与物质激励相比，非物质激励的成本代价更小，但效果更大，更持久，边际效应是递增的，而不是递减的；一个眼神，一声问候，一封邮件，一条短信，都是非物质激励，可谓一草一木总关情。当然，唬凶骂也是非物质激励，只不过是负的非物质激励，恶语一句严冬寒，可谓一句话，一辈子，把朋友变成了敌人，把朋友变成敌人易，把敌人变成朋友难。

中国古人荀况言：君子赠人以言，庶人赠人以财。

干部大会上有一宣传画：非物质激励像太阳，照到哪里哪里亮。斯言诚也！人没有优点，没有缺点，只有特点。每个人都是小宇宙，每个人都有大能量，但都需要激发。

当然，激励他人不仅仅是管理者的工具，被激励的对象不仅仅是下属，还可以激励上级，激励同事，激励一切可以激励的人，因为每个人都有被激励的需求。另外，千万别忘了，还有自我激励。

物质激励依据的是公司的核心价值观和制度，非物质激励来自于管理者的领导力。制度的衡量标准是科学与理性，而领导力的衡量标准是人性与艺术。

伟大的领导者都是激励大师，更关注人和人性，能够持续地影响其追随者；而平庸的管理者更多的是眼中有事，目中无人，最后变成了“伟大的个体户”。

有效的非物质激励不是工艺，是艺术，因此需要潜心的感悟、领悟，应坚守“唯悟主义”。

非物质激励无定式，无大全，无宝典，无秘诀，它基于人性，基于动机，基于心灵，基于需求，基于真诚。然后，直达心灵，直达人性。

有效的非物质激励的核心在于胸怀他人的品格，那种为激励而激励，出于个人私利的所谓激励，肯定是矫揉造作与虚情假意的表演，假以时日，总有穿帮的时候。

非物质激励有一条基本原则：己所不欲，勿施于人。

华为员工持股计划：为火车头加满油

自美国律师路易斯·凯尔萨在20世纪50年代提出员工持股计划理念并实施第一个员工持股计划以来，员工持股计划在国外取得了引人注目的发展，被称为“静悄悄的革命”，其对国外企业特别是高科技企业产生了革命性的影响。美国的实证调查表明，实行员工持股计划的企业与同类企业相比，劳动生产率高1/3，平均利润率高50%，平均工资高25%~60%。员工持股计划与风险资本被认为是带动硅谷高速成长的两部发动机。

近几年，员工持股计划及股票期权为国内诸多企业所关注，以至于继年薪制后形成了持股热或期股热，但综观国内企业已出台或准备出台的员工持股计划方案，尚存在诸多误区。很多与员工持股理念相左的“企业特色”都是不切实际的，有许多似是而非的问题需要进一步厘清。实事求是和智慧地领悟员工持股计划的理念，并在这一理念指导下系统地制订和实施员工持股计划方案，是保证这一制度创新取得成功的重要保证。

员工持股计划是一种管理机制，同任何管理一样，有着共性，也有其内在的规律。因此在实施员工持股计划方面，不应过多地强调中国特色。员工持股问题有诸多方面，没有理念的指引，是很容易迷失的，这方面，中国企业已有许多的教训。

为什么实行员工持股计划

实行员工持股计划的目的，是在企业内部引入一种新的力量、新的机制和新的动力，是企业在新的形势下进行的一种制度创新。

从本源上讲，员工持股计划是蕴含于企业内部的利益调整机制，即在企业资本所有者和劳动者之间建立起的一种新型的利益关系。它是在共同利益的基础上，对员工产生的激励和对企业经营发展的共同关注（凯尔萨称前者为“经济的力量”，后者为“民主的力量”）。可以说，员工持股计划本身就是现代企业制度的重要组成部分，它不能独立于企业制度之外。实施员工持股计划的目的，在于为企业引入一种新的动力机制，而不仅仅是一种利益分配机制。

从企业内部经营管理来看，员工持股计划属于人力资源管理体系，是一种报酬机制。在企业的薪酬体系中，工资是保障要素，奖金是短期激励要素，福利是保健要素，而员工持股则是长期激励要素。

实施员工持股计划的目的可以概括为：

（1）让员工分担公司的风险；

（2）让员工分享公司的成功；

（3）奖励为公司做出持续贡献的员工，激励员工不断地为股东创造更多的价值；

（4）不断地吸纳人才，留住人才，合理使用人才，提升企业的核心竞争力。

是员工持股计划，还是股票期权

员工持股计划是目前通行于国外企业的内部产权制度。它是指企业内部员工出资认购本公司部分股权，委托专门机构（一般为员工持股会）集中管理运作，并参与持股分红的一种新型的企业内部股权形式。

股票期权是指企业的所有者在企业经营者的经营业绩达到一定的要求时，使其在一定时期内可购得或向其奖励适当数量的企业股份的一种长期奖励方式。

不难看出，员工持股计划是普惠制的，它面向企业全体员工；而股票期权所激励的只是企业的少数高层经营者。

对中国企业来说，它面临着一个现实的选择，让谁持股？是激励少数人，还是激励多数人？当少数人的积极性被调动起来以后，多数人的积极性从何而来？未持股的多数人是否愿为持股的少数人的股份升值或分红而付出努力？两个阶层之间是否会因持股而引发新的利益冲突？

实际上，在国外，员工持股计划是一个内涵和外延都很广的概念，它既包括普惠制的股票购买计划（ESOP），也包括面向高层经营者的股票认股权（ESSP），以及受限股、奖励股和随意股等。不同的员工持股形式会针对不同的对象予以不同的激励。

国外的实证调查表明：员工持股计划的价值与持股员工的比例和员工持股所占的比例是成正比的。这一调查结果有助于企业在这方面做出正确的决策。

员工持股计划激励什么

制定和实施员工持股计划的目的是给员工的累计贡献予以回报，更重要的是激励员工为企业做出更大的贡献。但是，这种激励绝不是以持股换积极性，花钱是买不到积极性的，何况一旦持股，是收不回来的。那么，我们如何对待持股而又不思进取的员工？

员工持股计划必须有严格和规范的绩效考核制度。只有通过绩效考核制度加以甄别，企业才能搞清谁为企业做出了多大的贡献，谁还能继续为企业做出持续的贡献，并在这一前提下，给予持股激励。否则，只能按照诸如工龄、年龄、职务、学历、职称等因素为员工配股，员工持股成了一锅新的“大锅饭”，成了没有任何激励价值的福利。

员工持股计划必须有配套的约束机制。该计划的激励作用，是约束中的激励，是基于责任的激励，必须在确定持股对象、持股额、持股权力、持股责任等方面设置控制点，通过“金色的梦”和“金饭碗”

来吸引和激励优秀人才，通过“金手铐”来留住人才。归纳起来讲，员工持股计划所生成的机制是让员工关注公司的持续发展，关注自身业绩和能力的不断提高，使员工以业绩换持股，通过自己的诚实劳动致富。有所约束地使员工持股成为一种投资行为，而不是投机行为。

员工持股计划必须有足够的倾斜力度。它并不意味着全体员工平均持有股份。相反，员工持股必须拉开差距，否则又会走回内部职工股的老路。员工持股的激励力度之所以大于其他报酬形式，一是其回报的长期性，二是其回报的不确定性，三是其有足够大的倾斜力度。问题的关键在于，应该组合使用多种员工持股形式，拉开持股差距，即坚定不移地向那些为公司创造价值的部门和员工倾斜，向公司的核心层、中坚层和骨干层倾斜。此外，员工持股一定要有预留机制，以保持对新员工和老员工不断创新与创业的牵引和激励。

员工持股计划的条件是否成熟

员工持股计划的实施需要一系列的外部条件，特别是国家在政策法规等方面的支持。不可否认，中国在这方面还有诸多的欠缺，这也成为许多企业在推行员工持股计划时犹豫观望的重要原因。

对于中国企业来说，制度创新迫在眉睫。从国内竞争形势来看，企业之间的竞争最终会归结为内部机制的竞争，缺乏机制的创新，企业将会失去生存的价值和理由；从国际竞争形势来看，随着中国加入WTO（世界贸易组织），国内企业以传统的思维模式是无法与拥有现代企业制度的国外企业竞争的。等到一切条件均已成熟后，再推行员工持股计划，企业恐怕已失去这一制度创新的时机。

从中国企业改革的历史进程来看，我们已经走过了以“试点—推广”为特点的自上而下的改革方式，政府大力倡导的是企业根据自己的实际情况进行自主的改革。当企业依靠创新探索出成功的机制，并被实践证明是行之有效时，企业才会立足。

实际上，国家近几年在这方面已经给企业留出了很大的改革空间。从“十五大”开始，政府在正式的文件或报告中，已经对员工持股计划给予了足够的肯定，许多地方政府也相继出台了员工持股计划的指导性文件。更为重要的是，国内的一些先进企业在员工持股计划方面已经做出了大胆的尝试，并取得了许多成功的业绩与宝贵的经验。

可以说，中国已经具备了员工持股计划的土壤。

华为员工持股计划的管理理念与实践

什么是员工持股计划

路易斯 · 凯尔萨：员工持股理念奠基人

一个伟大的管理实践，一个经典的管理实践是要有理论指导的，没有理论指导的管理实践仅仅是一个工具。我们谈员工持股的基本理念，首先会想到路易斯 · 凯尔萨，他是“员工持股计划之父”，是这一理论的奠基人，在1956年他创立了美国历史上第一个员工持股计划。1958年，他系统地提出了员工持股计划的思想，写了一本很重要的书——《资本主义宣言：如何用借来的钱让8 000万工人变成资本家》。1986年，他和他的夫人完成了《民主与经济的力量》，所谓的民主与经济的力量，他提出了三条道路：第一条道路是社会主义道路，第二条道路是资本主义道路，第三条道路叫第三种经济力量，对员工持股计划的理论与实践做出了更深入系统的描述。

凯尔萨认为劳动只能维持生活，而资本产生富裕，因为富裕通常是资本，而不是劳动的产物，这就是他面临所处的时代环境做出的一个结论。他提出的理念，是基于改变这种现实，他提出的第三条道路就是把劳动者变成资本工人，进行身份转化，通过实行员工持股计划，使员工持有公司的内部股份，这样劳动者就有了双重身份，一重身份是被雇用者，另外一方面是作为公司股份的持有者，这样能够使劳动提供者以资本所有者身份参与公司财富分配，与资本所有者共享公司的成功。

这样，员工作为劳动工人，取得工资、奖金、福利保险，用于养家糊口；另外一方面，他作为资本工人，以内部持股的形式，积累个人财富。对于企业来讲，员工持股计划通过内部的设计，为企业的发展注入了经济与民主的两种力量（企业的两种新的机制产生）：民主的机制是作为股份的持有者，可以参与公司的管理决策；经济的力量在于通过物质力方面来调动员工的积极性，和企业达成命运共同体、利益共同体和责任共同体。前者叫“金色的握手”，后者叫“金手铐”。这就是凯尔萨整个思想的来源。思想的云化成了实践的雨，变成了员工持股计划的实践。

员工持股计划是一个制度体系

这个实践经过了时间的演变，员工持股计划其实已经形成了一个体系。有六种方式：员工持股计划（一般企业）；员工股票购买计划（高科技企业、惠普式）；股票认购权（高科技企业、关键员工）；受限股（赠送股、管理层）；随意股（小企业、特殊员工）；奖励股（员工股票购买计划的一种，限制使用）。

硅谷的崛起，主要有三个原因：一是美国的创新精神及对创新成果的保护机制；二是资本的力量，就是风投，创业者是没有资本的，你有了好项目，通过风投给你插上资本的翅膀，这是外部的台风；三是员工持股计划，改变了过去那种单纯的雇用关系，变成了一种基于合伙人或者是基于员工持股计划公司的内部治理结构。我们国内单一的形式比较多一些，实际上这六种员工持股计划在国外都有实践，而且一个公司也可以有很多种。像微软就有四种员工持股计划，针对不同对象为了不同的目标而设立。

员工持股计划的四大核心目的

员工持股计划目的何在？一是奖励为股东创造价值的人；二是使股东的利益与员工的利益紧密结合，而不是形成在企业内部不同的利益集团和利益群体；三是让员工分担公司风险；四是让员工分享公司的成功。

国外员工持股计划的基本原则是分担公司风险和分享公司成功，在国外一定是将分担公司风险放在前面，分享公司成功放在后面。只分享成功不分担风险，那叫天上掉馅饼。

在国内，往往是把员工持股计划、股票期权作为一夜暴富、天上掉馅饼的一种机制，这是一个极大的错误。员工持股计划能造就百万富翁，也可以造就穷光蛋。我们改革开放30年，中国经济高速增长，大家对员工持股计划的概念都是财富创造概念，而舍弃了风险，风险和成功应该是统一的、均衡的。

公司设计员工持股计划，实质上是要将能够持续贡献的员工“把根留住、把心留住”，这就是“金手铐”的理念，留人的一种手段。

员工持股计划的五大基本理念

第一，它是一场静悄悄的革命。我们读马克思的《资本论》就会知道，《资本论》为资本主义敲响了警钟，提出无产阶级是资产阶级的掘墓人。资产阶级也是有智慧的，他们经过深入的思考，提出了自己的解决方案，无产阶级既然是我们的掘墓人，那我们就要消灭掘墓人，怎么消灭？实施员工持股计划，把无产阶级变成资产阶级，最后无产阶级没了，就没有人为资产阶级敲丧钟，就这样，一个新的社会机制就诞生了。从这个角度讲，顶层设计很重要。员工持股计划实际是把无产阶级转化为资产阶级，最后形成了庞大的中产阶级，发达国家基本上已经没有了无产阶级，过去我们认为资产阶级是保守的，这是一个错误的判断，资产阶级最富有创新精神，美国社会的动力来自于中产阶级，中产阶级也是最稳定的阶层，这是一场静静的革命。

第二，它是金色的梦。现在我们生活很贫困，不得已，但是我们要有梦，如果没有梦，就会破罐子破摔。所以，今天不美好不要紧，我们向往未来，如果未来还不能带来什么，那活着就没什么劲。

第三，它是金饭碗。员工持股计划是一个金饭碗，意味着这个工作对员工很重要，它能给员工带来个人价值，也能给员工带来巨大的利益回报，员工才会珍惜工作。现在一些小企业，一个月给1 000块钱工资，你哪敢加强管理，你不管他都想走，你一个月给他1万块钱，带来的变化就不一样，这就是金饭碗。

第四个叫金手铐。在我们人力资源中有各种留人的招，感情留人（这是最虚的），个人和组织的关系（就那么回事），氛围留人……比如深圳一个区的离婚率和结婚率比较，离婚率超过了结婚率，两个人恩恩爱爱，山盟海誓，海枯石烂，还有法律做保证，还有都可以轻松地离开，何况企业和员工这种脆弱的情感关系。在高科技企业，留人主要手段靠的是金手铐。

第五是金色的握手。就是两个利益主体整合在一起形成一个利益主体，也就是我们讲的利益共同体。

这四个“金”中，第二个（金色的梦）和第三个（金饭碗）是激励，第四个（金手铐）和第五个（金色的握手）是约束。员工持股计划内含激励和约束的机制，它不仅仅是激励，还有约束，相互握手是一种承诺，是一种诚信，是一种约束。从人力资源的角度，我们去理解员工持股计划，不仅是激励，更是约束。

这就是凯尔萨所讲的第三条道路，给我们带来的新的力量。

华为员工持股计划的管理哲学

华为的员工持股理念

华为《基本法》里提出：

“华为主张在顾客、员工与合作者之间结合利益共同体。”

“努力探索按生产要素分配的内部动力机制。”

“我们坚决不让雷锋吃亏，奉献者定当得到合理的回报。”

“我们是用转化资本这种形式，使劳动、知识以及企业家的管理和风险的积累贡献得到体现和报偿：利用股权的安排，形成公司的中坚力量和保持对公司的有效控制，使公司可持续成长；知识资本化与适应技术和社会变化的有活力的产权制度，是我们不断努力探索的方向。”

“我们实行员工持股制度。一方面，普惠认同华为的模范员工，结成公司与员工的利益与命运共同体。另一方面，将不断地使最有责任心与才能的人进入公司的中坚层。”

“我们实行按劳分配与按资分配相结合的分配方式……”

在《基本法》出台之后，华为又有新提法，比如“深淘摊、低作堰”，这既是对外部合作者、客户讲的，也是对华为的资本者、所有者讲的，你不能肥水不流外人田，最后产生了一方的富裕和一方的贫困。“深淘摊、低作堰”就是让利益相关者都能够共享公司的成果。

华为还提到“效率优先、兼顾公平”，在华为首先是效率。还有“坚决防止高工资、高福利对企业未来的威胁，永远使公司处于低成本运作”“以长期奉献能力与实现贡献定薪酬，以短期贡献定奖励”“打破平衡，保持饥饿，大胆倾斜，增强活力”“以岗定级，以级定薪，人岗匹配，易岗易薪”……没有差别就没有矛盾，矛盾就是动力，要有计划地制造薪酬上的差别，有差别才有动力，有温差才有空气的流动，有电力差才有电力的流动，我认为最坏的体制就是“大锅饭”。

再就是华为由“分配回报制”，转变为“索取分享制”。最有活力的薪酬结构就是搬砖头，搬一块砖给多少报酬，不搬砖就没有钱拿，多劳多得。

最近任正非又提出了“三个最佳”：“让华为的员工在最佳的角色上，在最佳的年龄上，获得最佳的回报。”这是一个全新的理念，讲的不是一种持续性的均衡回报，而是让这些人在“三个最佳”上来实现利益的最大化。

华为员工持股计划的演变

华为员工持股计划是如何演变，它是怎么走过来的，其实还是摸着石头过河，与顶层设计相结合。

1990年：探索阶段。基于任正非的分享意愿，是一种潜意识的，自发形成的，一种朴素的员工持股计划。当时没有想到制度设计，也不是学哪一个企业做员工持股计划。

1997年：规范阶段。基本特征是工会代持。

2001年：重新设计。虚拟饱和受限股，创始人与工会共持。借鉴了国外员工持股计划的理念和实践，是华为的员工持股计划第一次顶层设计。到了2001年，华为才真正实现能够进入员工持股计划系列中的虚拟受限股，也就是说，今天的华为员工持股计划是从2001年开始的。它有几个关键词，第一它是虚拟的；第二华为的员工持股计划是饱和的，是按照职位评价，职位等级设定了上限；第三受限股，不交易、不转让、不继承。

华为员工持股计划的特点

华为员工持股有以下几个特点：

1. 普惠制，员工持股人数庞大；
2. 性质上属于“虚拟受限股”；
3. 员工出钱购股，持股员工要付出成本；
4. 饱和持股；
5. 高分红，低价股，保留与回购；
6. 所有者持股比例低，但不影响其控制力；
7. 持续地优化。

员工持股计划背后是科学的评价体系

员工持股计划很重要的要有评价体系。没有评价体系搞员工持股是可怕的，为什么这么说？没有评价体系做基础，最后员工持股计划依据就是工龄、年龄、学历、职务，很多企业搞员工持股计划没有效果，最大的一个陷阱就是没有评价体系。华为的评价体系实际上为股权分配建立起客观的依据。

搞员工持股计划，你要知道哪些可人用，哪些人需要员工持股激励，哪些人需要淘汰。员工持股计划最基本的理念是奖励那些为公司做出贡献，未来还继续做贡献的人。企业没有评价体系，我觉得员工持股计划要缓行，否则可能会在原来的“大锅饭”机制上再叠加一个新的“大锅饭”，这种新员工持股的“大锅饭”危害更大。

七问员工持股计划

1. 员工持股计划是一种机制，还是万能良药？

员工持股计划仅仅是，也只能是现代企业制度的一个构成部分，而不是现代企业制度的全部。员工持股计划只能建立在现代企业制度之中，而不能凌驾于现代企业制度之上，或独立于现代企业制度之外。员工持股计划不能解决企业经营的所有问题，其定位只能是企业的人力资源领域。

2. 员工持股计划是激励机制，还是约束机制？

如前所说，员工持股计划所提供的并不仅仅是一种激励机制，更是一种约束机制，是激励中的约束，也是约束中的激励，偏于任何一方，都是对员工持股计划的曲解。值得注意的是，激励的内涵是提供一种压力，绝不是花钱买积极性，长期持续的积极性是任何金钱也买不到的。

3. 是企业家持股，还是全员持股？

员工持股计划应该面向全体员工，而不仅仅是企业家个人，或企业家群体，企业家仅仅是员工的组成部分。从某种意义上讲，在员工持股计划面前，人人平等。

4. 员工持股计划是投资，还是投机？

投资是有规则的长期行为，其目的是取得更大的回报。投资是建立在对机会和风险的预期基础上的；投机是无规则的短期行为，其目的是不投入或少投入而取得回报，它对风险不承担责任。所以，员工持股计划要生成的是一种长期的投资行为。

5. 员工持股计划是送股，还是买股？

人们一般不会珍惜轻易得到的东西，这是人的天性，得到得越容易，失去得越快。没有投入，就不会珍惜产出。无可置疑的是，员工持股计划必须将股票放在高高的山上，而不是放在员工的手上。

6. 员工持股是重点倾斜，还是平均主义？

失去了重点倾斜，我相信员工持股就失去了激励力。平均主义的最大缺陷就是没有激励。同时必须注意的是，倾斜的重点是那些为企业曾经提供过和将继续提供贡献的员工，还必须建立在企业价值评价体系的基础上。

7. 要股票增值，还是股票分红？

股票增值是一种持久的长期激励，股票分红特别是高额分红，将长期激励演化为短期刺激。刺激能否发挥作用，不仅取决于刺激的力度，而且还取决于员工的反应程度。在国外，高速成长的企业一般是不分红的；国内公司则大多采用高分红的回报方式。

对于一个企业家来讲，要学会抑制自己的贪婪，学会分享，通过理性的制度设计，回报与激励那些为企业做出贡献而且未来还能继续做贡献的员工。

华为员工持股计划的理念与实施

企业的内部管理是有规律的，在员工持股的问题上，企业一定要谨慎行事，不要搞中国特色，在管理层次上遵循企业成长的规律。

员工持股问题，在国外确实发展很快，这场“静悄悄的革命”已经在企业内部引发了管理上的革命。其普遍性和影响范围，实际上已经非常大了。从1998年左右开始，国内已经对员工持股计划产生了一些兴趣，企业也在探索，并做出了一些特色，但这些特色是不按员工持股计划的一般规律来做的，是危险的。

大家对新的管理理念感兴趣，但是在推行过程中却存在一个问题，即在还没有把理念搞清楚时就盲目推进。因为股份一旦发出去便收不回来了。我们把员工持股理解为一种激励，这种激励是有约束性的。企业一定不要走老路，否则效益难以提高，员工效率也难以提高，机制建立不起来，我们调动积极性的努力都是徒劳。国外有句话值得深思，“一定要把股票放在高高的山上，让员工通过自己的劳动，取得他们应该得到的股份，千万不要把员工持股放在他们的手里、他们的脚底下。”

第一，员工持股的回报一定要通过他们的业绩、效率，以及企业的成长和发展来取得，持股计划绝不是我们把它瓜分了。因此，国内的员工持股计划在理念上确实有些问题。

第二，员工持股计划在实施上也有欠考虑的地方。员工持股是有内在规律的，资本家早已想透了，因此，我们不要闷着头搞所谓的创新，这一计划的代价是很大的，理念比方法更重要。

关于员工持股有三个问题，第一是理念问题，第二是一些国外企业的做法，第三是谈一谈国内员工持股计划的方案。

在讲理念之前，我们首先看看这样一个大趋势。首先，在美国500强企业中，90%的企业实行员工持股计划；其次，美国上市企业中有90%的企业实行员工持股计划。我觉得资本家是很聪明的，如果他们不想透，就不可能在短时期内大量展开这一计划。国外实证调查研究显示，把员工持股企业和非员工持股企业进行比较，员工持股企业比非员工持股企业的劳动生产率高了1/3，利润高50%，员工收入高25%~60%，这就可以看出，员工持股计划是有用的。许多企业还在徘徊和犹豫是否采用这一计划，对此，我只想说一点，我们的改革已经转换了新的想法，新的思路，已到了事后追认阶段。只要我们做出来的企业有发展，它就会成为一种模式。当模式越来越多，就会影响中央的一些改革政策，我们的经验就会被政府所承认。

员工持股计划已经到了我们不得不面对的时候，下面我把最基本的理念介绍一下。凯尔萨于1958年提出员工持股计划，其中包括两个基本理论：第一，人人都拥有与生俱来的不可让步的享有自己劳动成果的权利；第二，人人都拥有与生俱来的不可让步的民主自觉的权利。他的问题很简单，既然劳动者和资本所有者共同创造财富，那么劳动者就有资格分享这些财富，但现实却并非如此。现实中，劳动者只能养家糊口，而资本所有者才会拥有财富。所以他写了本书——《资本主义宣言》，副标题是“怎样使美国8 000万工人成为富翁”，他要解决的问题就是怎样使劳动者致富。在这个基础上，他提出了一个办法：让劳动者成为资本工人，这样劳动者就有了双重身份，既是打工者，又和资本所有者共同分享企业的成功，这就是员工持股计划最基本的理念。

员工持股计划到底有什么作用？对公司，对员工，对国家，对股东，其第一个作用是激励员工努力工作，吸引人才，提高企业的核心竞争力；同时，员工持股计划又是“金手铐”，能留人。有没有长期的利益激励，对人才的牵引作用有很大影响。第二个作用是能够获得资金来源，来自员工的低成本的资金有三点好处：首先，员工不要利息；其次，它是稳定的，是长期的；最后，减轻税务负担。在国外，员工持股企业都有税务上的优惠，中国现在还没有，但我想在不远的未来，这些会对我们现行税务政策产生影响。另外，它还可以帮助其他公司进行收购和合并。

员工持股计划是一个很好的项目，中国的国有企业员工本来就是国家的主人公。我们通过员工持股的方法，使主人公这个概念变成现实的经济概念，这应该是一个很好的思路。员工持股还有利于扩大就业，降低失业率，它实际上是通过让全体员工承担风险，把企业做大，因此从这一层面来看，员工持股有其积极的影响。日本有92.4%的上市公司实行员工持股计划，员工持股率达到88%，中国企业却没有这个优势。为什么年轻人都喜欢到外资企业？除了工资高以外，很多人的回答是到那儿能学到东西。基本工资是一种保障因素，奖金是短期的。大家想一个问题，从小时工资、日工资、周工资、月工资、年薪再到持股，为什么周期越来越长，就是要使大家有一个长期利益，因此员工持股是这个体系中的一个组成部分。

知识经济使个人致富的方式和企业创造财富的方式发生了根本性的变化，人才也呈现出三个特征：第一是流动性，第二是追求回报，第三是人才市场。对于企业来讲，永远短缺的就是人才。因此在这个基础上，美国企业大规模推行员工持股计划，实际上是有历史背景的，特别是硅谷。硅谷的成功，有人评价有两个动力，第一是员工持股计划，第二是风险资本。实际上都是面向人才的举措。

股票期权也是员工持股的一个组成部分。从国外来看，员工持股形式有这几种：第一种是员工持股计划，指的是狭义的员工持股计划；第二种是员工股票购买计划；第三种是股票认购权，即我们讲的股票期权；第四种是受限股；第五种是随意股；第六种是奖励股。员工持股计划是一个体系，针对不同的对象，企业可以设计不同的持股形式，而股票期权只是员工持股计划的组成部分。

员工持股计划的作用与员工持股比例成正比。员工持股的问题，指的不是人人平均分配，持股面尽量大，但内部收入差距一定得拉大。国外最高工资与最低工资收入差47倍；如果加上员工持股，最大差距是143倍，所以企业在制定员工持股计划时一定要拉大差距，但持股面要大。

员工股票计划根据工资而定，按照工资的10%来处理，这对国内企业来说又产生了新的问题。员工们认为自己的工资不合理，国内实行的是结构工资制度，和国外的绩效工资制度差距很大。

在国内还有一个问题，没上市的企业怎么办？答案是，给员工一定的犹豫期，在这个期限内，他们可以选择是否购买。这是回报非常高的投资，关键在于我们如何设计，员工权利行使没有时间限制，什么时间都可以，在这种情况下，员工是不会买到股票就抛的，为什么？因为它们未来的升值空间更大。

实施股票期权计划要注意两方面问题：第一，对象是少数人，首先是核心层，其次是骨干层，最后是中坚层。第二，股份的价格是确定的。国外员工持股量在5%~25%左右，一般来说，董事长大概占12%，财务总监占3%~7%，市场总监占2%~5%，销售总监占2%~3%，部门主管占0.1%~0.5%。提醒大家一点，员工持股计划一定要选择预定股。预定股有以下作用：第一，告诉员工好好干，干好了还有股份可分；第二，告诉新员工我们公司有预留的股份，千万不要一次分净。预留部分在国外占30%左右，其数量一定要大。

第四部分

文化与梦想

自20世纪90年代初开始，中国企业就兴起了一场造梦运动，即所谓的企业文化建设。在企业管理实践中，任何管理工具都会经历一个从流行到衰退的过程，唯有企业文化建设一直长盛不衰。为什么要大张旗鼓地做企业文化建设？归纳起来，理由有三：其一，没事找事；其二，闲着没事；其三，想做点儿事。但从结果来看，企业文化在中国企业中的大肆推广，还仅仅停留在文本层面、理念层面和形式层面。毋庸置疑，伟大的企业总有伟大的梦想，伟大的梦想是成就企业伟大实践的长期牵引力。但问题的关键是，平凡甚至平庸的企业，如何与伟大的梦想对接？梦想的云如何化为实践的雨？企业文化的核心不仅仅是造梦，更为重要的是让梦想得以实现。

华为是一家被梦想牵引的公司，任正非既是一个造梦者——不断地为华为赋予梦的力量，又是一个高明的“文化教员”、一个布道者；更重要的是，他还是华为梦想的实践者和追梦者。对于华为的企业文化，我们不能冠之以“优秀”或“伟大”，因为评价一家企业的文化是否优秀或伟大，其唯一的标准是企业的经营管理实践。华为毕竟是一家只有26年历史的公司，还没有经历过“九死一生”的场面。但不可否认的是，华为的企业文化很有特色且基于常识，是内圆外方的“小清新”。道是术的前提，要做学术，首先必须悟道。要学习华为，就要首先从感悟任正非的管理哲学和华为的企业文化开始。

华为核心价值观：在变与不变中升华

2005年上半年，华为重新梳理了自己的核心价值观，经过系统的思考和深入的讨论，提出了新的核心价值观体系，并以此取代了《基本法》中确定的核心价值观体系。对此，无论是客户，还是内部员工，都有一些疑问或迷惑。如何理解华为核心价值观的变与不变？在其核心价值观中，有哪些做了改变？哪些又是坚守不变的？本文将就此展开分析。

华为为什么要重新梳理和确定新的核心价值观体系

1998年3月23日，深圳蛇口，明华会议中心，经过三年讨论修改，八易其稿的《基本法》终于讨论定稿，华为公司的核心价值观体系也随之横空出世。这是改革开放以来国内企业首个系统的核心价值观体系。《基本法》的第一章对公司的核心价值观做出了以下概括：

愿景与使命：华为的追求是在电子信息领域实现顾客的梦想，并依靠点点滴滴、锲而不舍的艰苦追求，使我们成为世界级领先企业。为了使华为成为世界一流的设备供应商，我们将永不进入信息服务业。通过无依赖的市场压力传递，使内部机制永远处于激活状态。

员工观：认真负责和管理有效的员工是华为最大的财富。尊重知识、尊重个性、集体奋斗和不迁就有功的员工，是我们事业可持续成长的内在要求。

技术观：广泛吸收世界电子信息领域的最新研究成果，虚心向国内外优秀企业学习，在独立自主的基础上，开放合作地发展领先的核心技术体系，用我们卓越的产品自立于世界通信列强之林。

精神：爱祖国、爱人民、爱事业和爱生活是我们凝聚力的源泉。责任意识、创新精神、敬业精神与团结合作精神是我们企业文化的精髓。实事求是是我们行为的准则。

利益观：华为主张在顾客、员工与合作者之间结成利益共同体。努力探索按生产要素分配的内部动力机制。我们绝不让“雷锋”吃亏，奉献者定当得到合理的回报。

文化观：资源会枯竭的，唯有文化才会生生不息。一切工业产品都是人类智慧创造的。华为没有可以依存的自然资源，唯有在人的头脑中挖掘出大油田、大森林、大煤矿……精神是可以转化成物质的，物质文明有利于巩固精神文明。我们坚持以精神文明促进物质文明的方针。

社会责任观：华为以产业报国和科教兴国为己任，以公司的发展为所在社区做出贡献。为伟大祖国的繁荣昌盛，为中华民族的振兴，为自己和家人的幸福而不懈努力。

华为核心价值观的价值

经过8年充满艰辛的发展，华为已成功地探索出了自己的商业模式、内部运营模式和企业文化的内涵。可以说，《基本法》对未来的展望、描述和企盼，已经变为华为的实践。换言之，公司发展的实践正在不断验证《基本法》所构建的伟大蓝图。在《基本法》出台以后，无论是进入高速发展阶段，还是在寒冷的冬天，华为的核心价值观体系作为一种重要的牵引力量，起到了精神支撑的作用。华为多年的发展实践也验证了其核心价值观的正确。

经过8年的发展和思考，尤其是经过寒冬的考验，具有强烈自我批判精神的公司领导对自己的核心价值观体系有了更深入的思考和反思，任正非曾指出："《基本法》里也有泡沫。"因为它毕竟诞生于一个以泡沫为特征的时代。新的核心价值观体系无疑是建立在这种系统思考和自我批判基础之上的。公司推行的IPD、人力资源管理体系、干部管理和培养体系等变革，以及国际化的实践，不仅开拓了我们的思考空间，同时也呼唤着新的核心价值体系引导公司未来的发展。

如果说，《基本法》是华为公司在发展壮大过程中，在实现世界级领先企业过程中的重要里程碑，那么华为的核心价值观就是重要的引导力量和凝聚力量。随着时间的推移，《基本法》将离我们远去，成为历史，但在华为公司一步一步迈向世界级企业的过程中，核心价值观的价值将更清晰地凸显出来。

外界认为，华为"已经抛弃了《基本法》"，这种说法值得商榷。应该说，《基本法》从制定到实践，是一个不断扬弃的过程，任正非将其定位于"模糊、混沌中的一条光束"，并预言"《基本法》真正诞生的那一天，也许是它完成了历史使命之时，因为《基本法》已经融入华为人的血脉"。因此，可以说，《基本法》不是被抛弃了，而是被超越了，被华为企业经营管理的实践所超越。

古人云：盛世修典。当华为进入难得的发展时期，重新思考和梳理自己的核心价值体系也是不难理解的。

可以说，《基本法》中的核心价值观体系引导了公司的发展，8年艰苦卓绝的发展，为思考新的核心价值体系提供了厚重的思想土壤。

华为新的核心价值观体系

华为新的核心价值观体系由三部分组成：

愿景：丰富人们的沟通和生活。愿景表述的是公司期望达到的一种状态或对于目前的一般看法，来自企业内心的真正的愿望、期盼，是企业未来的一种图像式和展望式的描述。

使命：聚焦客户关注的挑战和压力，为其提供有竞争力的通信解决方案和服务，持续为客户创造最大价值。

使命阐明了公司存在的理由和目的，反映的是公司的业务范围、生存和发展目标、主要顾客、经营原则、社会责任等。

战略：（1）为客户服务是华为存在的唯一理由；客户需求是华为发展的原动力。（2）质量好、服务好、运作成本低，优先满足客户需求，提升客户竞争力和赢利能力。（3）持续管理变革，实现高效的流程化运作，确保端到端的优质交付。（4）与友商共同发展，既是竞争对手，也是合作伙伴，共同创造良好的生存空间，共享价值链的利益。

战略界定的是公司在实现自己的愿景，完成自己的使命过程中，对未来做出的一种智慧的选择和持之以恒的承诺。正如管理大师彼得·德鲁克所说："一家企业不是由它的名字、章程和条例来定义的。企业只有具备了明确的使命与愿景，才可能制定明确而现实的战略目标。"

在华为新的核心价值观体系中，愿景所表述的是华为为什么这么做，即未来的追求与向往；使命确定的是华为是什么，即公司的生存理由与价值；战略界定的是华为如何做，即公司实现愿景和完成使命的途径和安排。

核心价值观体系的变化与坚守

新的核心价值观体系是在原有核心价值观体系的基础上诞生的，并在后者的基础上进一步升华。新的核心价值观体系并没有否定后者，而是升华了原有的核心价值观体系。可以说，二者相比较，表述变了，内涵不变，在变的过程中升华，在不变中坚守住核心。

新的核心价值观体系在保留原有的核心价值观体系精华的同时，具有新的创新。

第一，新的核心价值观体系更精练、更严谨、更具有冲击力。原有的核心价值观体系涉及愿景与使命、员工观、技术观、精神、利益观、文化观和社会责任观等7个方面。由于涵盖内容较多，其"核心"性有所削弱。新的核心价值观体系涉及愿景、使命、战略三个方面，凝练的二百余字，更加准确地聚焦于公司的核心价值体系。新的核心价值观体系具有内在严谨的逻辑关系，以客户的终极价值为主线，将愿景、使命和战略有机地统一在一起。尤其是在公司战略的表述上，各个层次环环相扣，高屋建瓴，闭合循环，充分显示出内在逻辑力量的震撼。

第二，新的核心价值观体系的终极性更明确。它更强调核心价值观的目的性。新的核心价值观体系出现最多的一个关键词就是客户，达7处之多。也就是说，它将华为的生存、价值、愿景、使命的终极意义都归结为客户，即回答了华为“为什么这么做”的命题。而原有的核心价值观体系更强调公司的目的性，回答的是华为“干什么”的命题。彼得·德鲁克曾指出：企业的核心价值观应该回答三个命题，即我是谁，我从哪里来，我到哪里去。原有的核心价值观体系仅仅回答了前两个问题，而新的核心价值观体系在更高层次上系统地回答了这三个问题。概括地说，原有核心价值观体系是以华为公司为出发点的，具有很强的自我色彩；新的核心价值观体系是以客户为出发点的，具有很强的终极色彩。

第三，新的核心价值观体系更与国际接轨。由于在早期没有可借鉴的范本，原有核心价值观体系更表现出创新性的中国企业色彩。而新的核心价值观体系更具有大企业的风范和国际企业共同的表现方式，与国外领先企业的核心价值观体系更接轨。与下列公司相比，华为竭力提升世界范围内的生活水平（Cargill），创造性地解决未解决的问题（3M），保护并且提高人们的生命质量（Merck），体验竞争、胜利和击败对手的欢乐（Nike），让公众体会先进技术带来的快乐（Sony），华为新的核心价值观体系在内容上和表述上，可以说毫不逊色。如果说《基本法》确定的核心价值观引导了华为的成长壮大，那么新的核心价值观体系则是华为跻身世界级企业的动员令和宣言书。

第四，新的核心价值观体系由过去的七条，变为现在的三条，表面上看，似乎舍弃了一些必要的内容，但实际上并非如此。很显然，新的核心价值观体系并不是对《基本法》的替代，而是在后者基础上的凝练。《基本法》的核心价值观体系依然为华为所认同和坚守，并且为全体员工所遵循，已经深入员工的头脑中，表现在员工的行为上，因此也没有必要反复提及。固化的即是不变的。

第五，新的核心价值观体系经过了理智的思考过程，绝非应景之作。可以说，其中凝聚了华为高层领导和全体员工的智慧与心血。尽管新的核心价值观体系的内容不像《基本法》那样涉及企业经营管理的各个方面，但也同样经过了长达半年的、3~4次的修改。可以说，同原有的核心价值观体系一样，新的核心价值观体系同样凝结了全体华为人的心血与智慧。这不仅使人联想到，IBM的CEO彭明盛为确定新的核心价值观，曾经发动32万名员工，进行72小时的大讨论。这种对核心价值观的重视与珍爱，在华为也是一样。

华为换标与新核心价值观

为适应公司全球化业务的发展，树立国际品牌，公司制定了新的视觉识别系统，以保证对外传播和对内传播的一致性。新的核心价值观体系推出之后，华为于2006年5月8日更换了企业标识。新标识是在保持原有标识蓬勃向上、积极进取意味的基础上，更加聚焦、创新、稳健与和谐，表达了华为对客户的郑重承诺：我们将继续保持积极进取的精神，通过持续的创新，支持客户实现网络转型，并不断推出有竞争力的业务。我们将更稳健地发展，更加国际化、职业化，更加聚焦客户，与我们的客户及合作伙伴一道，构建和谐的商业环境，实现自身健康成长。

聚焦：新标识更加聚焦底部的核心，体现出华为坚持以客户需求为导向，持续为客户创造长期价值的核心理念。

创新：新标识灵动活泼，更具时代感，表明我们将继续以积极进取的心态，持续围绕客户需求进行创新，为客户提供有竞争力的产品与解决方案，共同面对未来的机遇与挑战。

稳健：新标识饱满大方，表达了华为将更稳健地发展，更加国际化、职业化。

和谐：新标识在保持整体对称的同时，加入了光影元素，显得更为和谐，表明华为将坚持开放合作，构建和谐的商业环境，实现自身健康成长。

华为新的企业标识中蕴含的聚焦（客户）、创新（面向客户）、稳健（内部运营）与和谐（外部环境）四大要素，实际上是以可视的形象，对华为公司和新价值观的诠释。

在确定公司新的核心价值观体系后，华为公司以此为基础，更换视觉识别系统，这使其新的核心价值观体系与新标识相互支撑，相互呼应。古人讲，相由心生。人如此，企业亦如此。

《基本法》为华为的未来探索出了一条可持续发展之路，为华为人构建了一个未来之梦。其后8年的艰难发展实践验证了公司发展之路的正确，使得华为之梦部分地演变为现实。作为华为公司的又一里程碑，新的核心价值观体系为华为人带来了新的追求，新的梦想。

这就是梦的力量。

构建华为公司的高绩效文化

伴随着公司的发展，华为的文化得到了越来越多的员工认同，华为已经形成了独具特色的企业文化价值体系。在企业变革过程中，我们的文化受到了冲击，也经受了考验。反思华为企业文化建设走过的历程，可以看出，华为企业文化的核心是高绩效文化。

高绩效文化是满足客户需求的客观要求

为什么华为企业文化的核心要定位于高绩效文化?

这一基本命题来自华为公司的基本使命：为客户创造价值。这是华为公司存在的唯一价值和理由。

对于客户来说，其需求内涵可以概括为三点：低价、优质和完善的服务。公司要持续不断地满足客户的这种需求，必须具有强大的价值创造能力，这种能力在企业内部的具体体现就是高绩效。高绩效是保证实现客户需求的基础。客户的价值观决定着华为公司的价值观。因此，华为公司的愿景、使命、基本价值观、战略、组织及业务流程必须聚焦于高绩效，企业文化的核心必须也只能是高绩效。

从市场竞争的角度看，在激烈的市场竞争过程中，并不是每一个人都能得到为客户服务的机会的，因为客户有选择企业的权利。企业的生存价值和生存空间只能通过市场竞争来取得。因此，要取得为更多客户服务的机会，必须持续不断地提高自身的效率，并依靠效率的持续提升，降低产品和服务的成本，提升产品和服务的质量，以更快的速度响应客户的需求。企业之间的生存竞争在本质上是效率的竞争，因为唯有高效率，才能降低单位产品的成本，产品才具有价格上的相对优势，才能够抢先于竞争对手获取满足客户需求的机会，企业才会有足够的生存空间。效率的竞争永远是市场竞争的主旋律。而效率的客观表现是企业内部绩效水平的高低。

在企业内部，企业有前途、工作有效率和个人有成就，是企业的三个最原始的命题，效率（或称绩效）永远是问题的关键和核心。工作的高绩效支撑了公司的前途，公司的前途保障了员工的成就，其实问题就是这么简单。因为企业是通过经营行为满足客户的需要，实现自己的功利目标的，它通过管理来提升效率，实现盈利目标的最大化。企业的盈利目标能否实现，企业能否持续地生存和发展，在于组织内部成员的价值创造能力，即员工的持续高绩效行为。

华为公司近几年实行的管理变革，其基本目的在于提升公司的运作效率和公司的整体绩效，以更好地满足客户的需求，并通过管理变革，进一步强化华为公司的高绩效文化。

管理大师彼得·德鲁克认为：工商企业的实质、决定其性质的根本原理，就是经济绩效。企业文化的本质无疑也应该回归企业的绩效本质。

在许多企业的文化理念中，“以人为本”是一个出现频率极高的词，也是一个被很多人误读的词，它甚至成为企业文化的代名词，但这仅限于中国企业。那么，什么叫“以人为本”？其内涵是什么？其目的何在？如何以人为本？没有统一的界定，每个人都有不同的理解。事实上，它不仅不能统一思想，相反会造成理念的混乱，使企业迷失了自身的生存价值。从现代人力资源管理的角度看，以人为本是一个永远都不会错的真理，但也是一个很难付诸实践的真理。许多企业正是在高扬“以人为本”理念的过程中，使本来是“本”的员工成为沦落街头的失业者。

“以人为本”或许并没有错，但它是有前提的：员工必须有信仰，能够忠诚于企业的核心价值；员工必须有信用，能够在遵守企业劳动契约的基础上，与企业达成心理契约；员工必须有信任，能够在相互信任的基础上与企业形成责任共同体、利益共同体和命运共同体。

“以人为本”能否作为企业文化的核心价值观，取决于其是否具备以上前提条件。否则,“以人为本”只能成为一句美丽动听的口号。“以人为本”是对那些富有责任感的、创造高绩效的人才的重视，它是结果，而不是前提。

高绩效文化是世界领先企业文化的共性

纵观那些世界级企业，我们会发现，其企业文化及基本价值观各不相同，但它们都实现了从优秀到卓越的跨越。那么，不同的企业文化为什么会支撑这些企业取得成功?

同时，我们也可以发现，那些世界级领先企业的企业文化尽管在表述上各不相同，但其内核却存在着共性，正是这些文化上的共性在支撑着不同企业取得成功。

它们是世界领先企业的企业文化的共同特征，具体表现为:

第一，企业文化是对企业成功的经营管理实践的提炼与总结，而不是外在的借鉴与引进，对于一家企业来说，其企业文化一定要具有原创性。

第二，各个企业的企业文化表现为基本的价值判断，隐含在基本价值判断背后的是企业文化的核心价值主张。

第三，企业文化必须体现在企业的机制、组织、流程和制度之中，并能够得到后者的强力支撑，否则企业文化会永远停留在假设层面。

第四，企业文化最终必须体现在企业的组织运作、业务运作模式，以及员工的行为和行为结果上，也就是说，企业是否拥有优秀的文化，必须通过企业的产品、服务和员工的行为来验证，现实的经营管理成果是检验企业文化的唯一标准。

第五，企业文化的优劣必须通过企业可持续的长期经营实践来判断，尤其是当企业面临困境时，才是企业文化的有效检验期，百年老店和长寿公司是优秀企业文化的标志。

接下来的问题是，构成这些共同特征背后的核心基因是什么，换言之，是什么使这些企业的文化表现出这样的共性？

企业文化表现为一系列的基本价值判断或价值主张。一方面，不同的企业因各自的特性而产生了不同的价值主张，这就是文化的差异性；另一方面，这些价值判断是有内在逻辑的，具有共同的灵魂，它是支撑基本价值判断的核心价值主张，是世界领先企业的企业文化本质的和共同的特征。

IBM前CEO郭士纳认为：

“最优秀的公司领导人会给自己的公司带来高绩效的公司文化。

“作为IBM的领导人，你当然需要领导和规划具体的项目。但是你的职责还包括带领员工、建立工作团队，并创立高绩效的企业文化。

“拥有高绩效文化的公司，就一定是商业领域的赢家，而且该公司的员工对公司的忠诚程度也很高，除了自己的公司，他们不愿到其他任何公司。”

近来流行于业界的“执行文化”，其实质同样是高绩效文化。

真理都是相同的。GE的企业文化与IBM的企业文化在文字表述上毫无共同之处，但两位CEO的话却揭示了表面上不同的共同点，那就是企业文化背后的共性：绩效。尽管在理念层面，企业文化的表述各异，但不能否认这样一个基本的现实，即企业文化的核心是高绩效文化。这就是成功企业文化背后相同的价值主张，或言共同的企业文化假设。

优秀企业文化的共同特征是高绩效文化。高绩效文化是支撑企业从优秀到卓越的核心动力。

构建华为公司的高绩效文化

华为的企业文化在《基本法》中已经得到了明确的界定，华为公司的基本价值主张和企业文化建设实践一直是围绕高绩效展开的，高绩效的企业文化构成了华为企业文化建设的核心命题。

1. 在宏观商业模式上，华为定位于为客户提供有价值的端到端的服务，以客户导向为目标。

2. 在内部管理模式上，华为通过业务流程变革，提高组织运作的效率，以流程导向为目标。

3. 在企业文化建设上，华为通过对企业文化的梳理，整合核心价值体系，以高绩效文化导向为目标。

客户导向、流程导向和高绩效导向是相辅相成的，有内在逻辑的统一体，其中，高绩效导向是前提和基础。没有高绩效文化的导向和牵引，就不可能实现客户导向，流程导向也就失去了方向。

这三个导向具有统一的价值指向，即都落脚于绩效——公司的绩效、组织的绩效和员工的绩效。如何产生高效率？高效率来自组织的简约、流程的畅通、工艺的改进、工作的熟练、员工的职业化。一家低效率的企业无法在市场上长期立足，除非它是垄断企业；没有高效和有效的管理就不可能实现高效率，而实现高效率的基础还是高绩效。

这里所讲的绩效，包括点绩效、线绩效和面绩效三个层次。

点效率：指的是个人绩效，员工的责任、权利与义务在于通过自我激励与开发，提升绩效能力。通过绩效改进，持续地取得高绩效，并据此取得合理的回报。员工的行为、技能与态度固然重要，但这些永远是手段、是过程，唯有高绩效才是真正的目的。

线效率：指的是流程的效率及流程中团队或部门的效率。首先，企业的商业模型由产品或技术导向转向客户导向，为客户提供端到端的快速服务；在企业内部，表现为以团队的形式运作，使得团队绩效和部门绩效最大化。

面绩效：指的是企业的整体绩效，但其衡量指标不是盈利水平或销售额，而是以绩效为基础的企业生存能力，是持续地为客户所认可的绩效创造能力，是企业是否优秀和卓越。

大象本来是能跳舞的，因为它有会跳舞的基因，但它必须找到舞台，拥有激情，必须经历内在的激活流程，有正确的引导，有核心的价值体系。

“如果大象能够跳舞，那么蚂蚁就必须离开舞台。”

如果大象能够跳舞，那么舞曲的主旋律就必须是高绩效。

相互的承诺，共同的契约

——我读《基本法》

经过三年的时间，《基本法》终于横空出世。华为公司又增添了一种新的财富，这是可喜可贺的。每一次捧读《基本法》，总有一份新感受。华为公司倡导员工“读社会，读人生”，而读《基本法》，对于我们这些用第三只眼睛看华为的人来说，何尝不是在读华为。《基本法》博大精深，含义深邃，若要读懂读透，需假以时日。现围绕《基本法》本身的几个问题，谈一些粗浅的认识。

许多人初次接触《基本法》，恐怕大都会产生这样的疑问：《基本法》是什么？为什么要制定《基本法》？这个问题很难用几句话来回答。《基本法》的重大意义和深远影响需要由华为的发展与历史来证明。随着公司的发展壮大，其作用与意义在将来会更加清晰地凸现出来。现在，我们只能从浅层面来把握它，即回答三个问题：《基本法》是什么，《基本法》不是什么，为什么要制定《基本法》？

《基本法》是什么

《基本法》是对过去的全方位反思

华为以往走过的路是用辛勤的汗水、成功的喜悦和失败的泪水铺就的。不论成功与失败，对于华为来说，都是珍贵的财富。在初创期，华为靠的是热血和直觉；不断发展壮大的华为在保持过去优良传统的同时，应学会理智，学会思考，再也不能跟着感觉走，不能以“摸着石头过河”为借口，容忍不明不白的成功和失败。不犯或少犯非理智型错误；不犯重复的错误，不犯不可挽回的灾难性错误。成功了，应知道成在哪里；走了弯路，也应知道哪一步没走对。任正非认为：“成功是一个讨厌的教员，它诱使聪明人认为不会失败，它不是一位引导我们走向未来的可靠向导。”《基本法》要做的，就是以过去为思考基点，反思以往为什么成功，并把这些反思作为未来取得更大成功的资源，以及引导未来的值得信赖的可靠向导。知道为什么成功，比取得成功更重要。中国有句古话叫“好汉不提当年勇”，但好汉永远不能忘记自己是如何成为好汉的，否则在未来，它将难以再被称为好汉。《基本法》所要做的，就是反思过去，把握未来，使过去的成与败都作为一种可复制的再生资源，投入华为的未来发展中。可以认为，《基本法》为我们提供的反思空间是巨大的。

《基本法》是对未来的超前探索

《基本法》是前瞻性的，它像一根纽带把过去、现在与未来联结起来，是基于过去和现实对未来成功之路的探索。过去的辉煌已成为历史，从某种意义上讲，我们应该把它作为包袱甩掉，轻装上阵，去迎接新的挑战。未来很难预知，但又是可探索的。《基本法》所做的就是这样一种探索：华为如何再次创造辉煌，应如何避开企业发展的陷阱，顺利地完成“二次创业”；华为未来成功的源泉是什么，公司应如何重新积聚和配置资源，在新的基点上，进一步扩大成功的规模，提高成功的可能性。每一个华为人眼中都有一个未来的华为，《基本法》将其聚焦，使得华为的未来更加清晰、更加可信。微软的比尔·盖茨曾著书《未来之路》，华为的《基本法》从某种意义上讲，昭示的就是华为未来的成功之路。毛泽东在评价我国第一部宪法草案时讲过，“一个团体要有一个章程，一个国家也要有一个章程，……用宪法这样一个根本大法的形式，把人民民主和社会主义原则固定下来，使全国人民有一条清楚的轨道，使全国人民感到有一条清楚的、明确的和正确的道路可走，就可以提高全国人民的积极性。”这句话同样适用于华为《基本法》。

《基本法》是一种大胆的创新

《基本法》以企业内部宪章的形式，对公司的未来发展做出了全面的规范，这在企业经营发展史上是一种创新。从国内来看，我们有过鞍钢和马钢宪法，但由于历史的局限性，它们只是昙花一现，在现实中没有发挥什么作用。改革开放以来，也没有企业做出类似尝试。从国外看，尽管许多公司对自己的经营理念、方针、政策、战略做了总结与归纳，如日本东芝公司总经理土光敏夫的《首脑方针》，韩国乐喜金星集团董事长具滋景于1988年提出的《面向21世纪的经营构思》，微软总裁比尔·盖茨的《未来之路》等，但与华为的《基本法》相比，无论在内容上，还是在体系上，它们都显得逊色。《基本法》最大的特色是规范，是以企业内部宪章的形式出现的，这就是华为的创新，是华为一贯的敢为天下先的创新精神的集中体现。37年前，毛泽东在《鞍钢宪法》上的批示是：“鞍钢宪法在远东、在中国出现了！”自豪与赞许之情溢于言表，这是对创新精神的肯定。华为《基本法》同样也会得到世人的肯定与赞赏。

《基本法》是一份庄重的契约和宣言

《基本法》对公司的未来、对全体员工、对现在和未来的顾客、对全社会做出郑重的承诺。这一承诺是在没有外在压力的情况下自愿做出的，并以企业内部宪章的形式予以规范和确认。更重要的是，这一契约不仅仅停留在纸面上，它长存于每一位员工的心中，是一份庄重的心理契约，全体华为人会以实际行动践约。

《基本法》向未来承诺：要在未来“成为世界级先进企业”（第一条）。

《基本法》向全体员工承诺：“尊重知识、尊重人格、尊重个性”（第二条），“奉献者定当得到合理的回报”（第四条），“我们谋求公司员工整体利益的最大化”（第六十九条）。

《基本法》向顾客承诺：“我们的目标是以优异的产品、可靠的质量、优越的终生效能费用比和周到的服务满足顾客的最高需求”（第七条）。“我们要以世界级通信企业的服务标准为基准，建立我们的顾客服务标准和推行标准化服务”（第三十条）。

《基本法》向全社会承诺：“我们以产业报国、以科技兴国为己任，……为伟大祖国的繁荣、为中华民族的振兴、为自己和家人的幸福而不懈努力”（第六条）。

从另外一个角度看，华为《基本法》又是一份庄重的宣言，它向全社会袒露了襟怀，公开了自己的最高商业秘密。如果说过去的华为还不想引人注目的话，那么未来华为的一言一行将因《基本法》而受世人关注。如果说华为过去还是“打肿脸充胖子，打肿一层，再贴上一层”，那么现在，它将以自己的实力证明其存在。可以说，这是一种破釜沉舟、背水一战的气概。同时，华为也有信心、有实力、有能力履行自己的诺言，因为华为人视信誉为自己的生命。

《基本法》是对华为人的一种导引

在企业文化大行其道的今天，华为也同样重视公司文化的培育与弘扬，任正非曾提出，“华为公司要把朦胧的文化变成制度性的文化，文化的实质是制度性建设”，但与其他企业不同的是，公司始终没有将华为文化变成文化，用具体的文字加以概括和提炼，华为人对此也心存不解。笔者试图破解华为文化之谜，探讨这个高文化企业之精髓。在一篇文章中，笔者将华为企业文化概括为“产业报国、责任意识、开拓创新、协同精神”四条。但总有力不从心、不得要领之感。细读《基本法》，似乎找到了答案，对华为文化有了新的感悟。《基本法》虽然没有专门论及“华为文化”，但每一条都是对华为文化的注解、提炼和概括。任正非的一段话非常准确地提示了两者的关系，“如果说企业文化是公司的精髓，那么《基本法》是企业文化的精髓。”有了《基本法》，实际上也不需要再做文字游戏。处处描述企业文化，又不对企业文化做直接的概括，这是大智若愚的做法。领会了《基本法》，实际上也就领悟了华为文化。企业文化从实质上讲，是看不见、摸不着的，因而也就没有必要落实到文字，以此局限人们的思维，进而引起误读与误悟。对于华为人来说,《基本法》实际上提供了一个思考的平台，它引导员工去思考和认同华为文化，进而丰富华为文化。它将企业文化以法的形式予以规范，这又是华为的一大创新。华为已将其文化视为一种重要的资源，并以企业宪章的形式使其成为制度文化。

《基本法》是对传统管理理论的挑战

《基本法》所涵盖的范围已经超出了华为，超出了一家企业的经营管理实践层面。换句话说，它在对华为经营管理模式进行理论概括的同时，也对现代企业管理理论做了全方位的探索，澄清了许多仍占主流的似是而非的观念，并在大量吸收国外管理理论的同时，向传统的管理理论发出了挑战。可以预见，以华为《基本法》为平台，一种崭新的管理模式和管理理论体系正在孕育，它将引发一场经营管理理论的变革。《基本法》在管理学理论方面的社会影响与社会意义，必须也应该得到更高的肯定。可以说,《基本法》是一部没有按照教科书形式写作的现代经营管理学教科书。许多人提出看不懂《基本法》，也是情理之中的事。

《基本法》提出了一套价值创造、价值评价与价值分配理论（第一章第四部分），它不仅修正了以亚当·斯密为代表的古典经济学提出的至今仍流行的价值学说，并在四要素学说（劳动、知识、企业家和资本创造了公司的全部价值,《第十五条》）基础上，提出了价值分配的理念（第十七至十九条）。这一创造性的提法，回答了后工业社会令人们困惑的难题。

《基本法》提出了一套“二次创业理论”。（如第一章第三部分；第二、三、四章）虽然还不能说华为已经完成了二次创业，但《基本法》为华为成功地实现“二次创业”做了充分的理论准备，它或许是华为完成二次创业的里程碑。从某种意义上讲,《基本法》对于华为来说，就是“二次创业”；《基本法》对于已经进入或者正在进入“二次创业”的企业来说无疑有着极大的借鉴价值。

《基本法》提出了完整的人力资源管理理论（第四章）、企业组织理论（第三章）。

可以说，从企业经营管理学的角度看，《基本法》的每一条都是可圈可点的，它会使真正的管理学家拍案称奇，使冒牌的管理学家目瞪口呆。

《基本法》不是什么

《基本法》不是可有可无的

在公司提出制定《基本法》时，笔者首先想到的问题是，华为为什么需要一部《基本法》。基于对华为的认识，笔者明白这不是哗众取宠、标新立异之举。但对其意义与作用的认识犹如雾里看花、水中观月，处于混沌状态。现在重新考虑这个问题，虽然还朦胧，但比过去清晰多了。

华为的发展历程，积累了以成功和失败形成的宝贵财富，虽然它会长存于经营者尤其是创业者的头脑中，但随着企业规模的扩大，对于新员工来说，或者知之甚少，或者一知半解，或者逐渐淡忘。《基本法》以不朽的文字记录这些失败和成功，目的在于避免华为人在思想上、精神上和文化上的断代和流失，使文化生生不息。可以说，华为选择了《基本法》，《基本法》也选择了华为。这是必然趋势，是华为经营者经营战略思想发展的一个重要阶段。

那么，《基本法》有没有用？如果仅从眼前看，从某一项具体的工作来看，它或许无助于推销出产品，或者突破某个科研难题。但华为要做大，要与国际接轨，要成为世界级领先企业，《基本法》就不是可有可无的，其意义与作用不论我们怎么估计都不过高。

《基本法》不是一成不变的教条

《基本法》对公司的经营政策做了全面系统的论述，它是指导性的、纲领性的、前瞻性的，它不会抑制每个人的自主意识和创新意识，不会磨灭公司的活力和士气，不会给人带来相互掣肘、束缚手脚的感觉。相反，《基本法》为公司的发展，为每个人的自我开发，开拓了广阔的空间。

《基本法》凝聚了全体华为人的聪明才智，是全体员工的智慧结晶，但其内容本身也不是固定不变的。在《基本法》之后，还将有更多的法规产生，它们将丰富与发展《基本法》。

《基本法》公布之后，公司随之展开学习活动，但目的不是让每个人都倒背如流、死记硬背，而是让每个人去领会、感悟。《华为人》报的社论讲得非常明确："《基本法》真正诞生的那一天，也许是它完成了历史使命之时，因为《基本法》已经融入了华为人的血脉。"

《基本法》虽然采用的是常见的条目体例，但它绝不是教条，也不应该被视为教条。

《基本法》不是超前的空想

看《基本法》有种超前的感觉，产生这种感觉是因为没有联系华为的昨天与今天。如前所述，《基本法》的许多提法都不是空穴来风、空中楼阁，它是对过去的总结。从今天看，《基本法》的许多内容正在或已经成为华为的实践。是否可以这样认为，《基本法》1/3来自过去，1/3基于现实，1/3指向未来？也就是说，《基本法》中的内容，有的是过去已经做过，因为它是成功的，现在和未来还将做下去；有的在过去曾经尝试过，因为不适合公司的情况，现在放弃了。所以说，《基本法》是扎根于华为现实的土地之上的。

另一方面，《基本法》自身的性质也决定了它不能仅仅停留于对现状的描述，如此，也难称为《基本法》，因为其意义将更多地体现在未来。我们必须从更高的角度，以战略的和长远的眼光去审视《基本法》。

在华为人心中，每个人都有一个梦，当然它不是卢生的那场黄粱梦，《基本法》统合了华为人的梦想，此梦必成真。

《基本法》不是杂乱无章的拼凑

《基本法》本身是一个完整的体系，共6章，103条，每一部分之间都有紧密的内在联系，都经过了严密的逻辑思考和字句的推敲。因此，它不是东拼西凑的结果，可以说它里面没有废话，每一句都有深刻的含义。《基本法》的初稿有89条，二稿有85条，三稿88条，四稿93条，每一次增减都使这一体系更加完善。

写《基本法》如此，读《基本法》也应该联系起来读，读进去，还要读出来。不能局限于单个字句，否则很容易看不懂。任正非曾提出，"《基本法》要让50%的员工看得懂。"笔者却认为，这一要求过低，更多的华为人都应该读懂《基本法》。

要以联系的方法读《基本法》，不妨举例予以说明。

第一章中讲的是核心价值观，其他比较容易理解，为什么要有"技术"一条（第三条）？如果联系到华为是一家高科技产业，技术是华为立身之本，是华为的生命力，未来华为要依靠先进的技术去发展，这一条就顺理成章了。接下来，"核心技术"一条（第九条）讲的是我们的技术目标，它把技术观具体化、明确化了。然后，"R&D政策"（第二十二条）、"研究系统"（第二十四条）、"中间试验"（第二十五条）讲的是如何实现我们的技术目标。由此形成了"技术观、技术目标、技术手段"这样一条主线。

又如，将"核心价值观""价值的分配"和"主要人事制度的规范"结合起来读，就比较容易理解"价值创造"（哪些因素创造了价值）、"价值评价"（这些因素创造了多少价值）、"价值分配"（创造的价值按什么原则进行分配）等问题。

简言之，看《基本法》不能断章取义，应读来读去，不仅要看，而且要读（读人生之"读"），要悟。

《基本法》不是盲目地造势

在华为，有做势与做实之说，加之国内许多企业不择手段地搞包装，在局外人看来，《基本法》似乎也有虚张声势之嫌。这也难怪，现在除了香港拥有《基本法》外，剩下的就是华为了。但他们不知道，中国还有一个为外国企业界所推崇的《鞍钢宪法》，他们不知道华为《基本法》的来龙去脉，也不知道华为人的胸怀和追求。外人这么理解，不足为怪，但华为人不应有这样的想法。

《基本法》有其造势的一面，但不是虚张声势之势，而是华为的未来之势，即为公司的未来事业确立更高的起点，为全体华为人确立更高的境界。这种势不是给他人看的，是华为的内部之势。任正非讲，"华为在'做势'方面比较擅长"，《基本法》实际所做的就是一种高屋建瓴之势。

从实质上看，《基本法》的宗旨是做实，是使华为今后每走一步，不仅迈长，而且还要迈实。是要每一个员工都脚踏实地地工作，并将工作的目标统一于《基本法》的要求上。因此，每一个员工都不能因有《基本法》而浮躁，不能从《基本法》中各取所需，或有意曲解，作为推卸责任、放松工作的借口，华为公司也不允许他们这样做。道理很简单，全体华为人是《基本法》的知识产权拥有者，也是《基本法》的最终解释者。

为什么要制定《基本法》

未读《联想为什么》一书时，以为作者告诉读者的是联想为什么成功。读完之后，总的感觉是阐述“联想为了什么”这一主题。这一部分的“为什么”取其后义，是为破题。

《基本法》为公司的未来发展指明了方向，确定了目标

也就是说，《基本法》以制度化的形式，对华为公司的未来发展做了规划。在以后的发展过程中，公司会面临诸多困难，还会遇到企业成长中的陷阱，但《基本法》所确定的方向不会改变。在这一点上，《基本法》确实像一部国家宪法。在美国，自其宪法诞生以来，有战争、有内部冲突、有天灾、有人祸、有各种主义、有各种思潮、有民主党和共和党的轮流坐庄、有几任总统死于暗枪，但200多年来，美国的发展始终没有出格、越轨，其宪法的作用功不可没。《基本法》之于华为公司的未来发展，所起的作用也是如此。它能够使任何内部力量和外部力量都不能改变华为沿着正确的道路前进，除非有一天它被废除。

《基本法》将使华为的内部管理制度更加规范、科学、有效

《基本法》涉及的方面很多，但它有一个中心，“基本法的中心是加强企业的制度建设”。换言之，《基本法》可称为华为的“管理基本法”。它要建立起适应华为“二次创业”和未来发展需要的内部管理制度，这一制度的特点有三：一是建立在理性思考基础上，排除了盲目的判断和选择；二是遵循现代企业发展管理的一般规律，使用国际语言并与国际接轨；三是继承以往公司管理的优点和成功的做法，保持华为公司独特的企业文化精髓。因而可以说它是规范的、科学的和有效的。

随着将灵魂注入《基本法》，具有可操作性的近百个子基本法产生，公司经营管理制度将更加丰富，更加系统化。也就是说，《基本法》中有关基本经营政策、市场营销管理、科研组织与管理、生产组织与管理、组织建设与管理、人力资源开发与管理、财务控制与管理等一系列具体的内部管理制度将逐步建立，并日益走向规范。实际上，在《基本法》尚未公布之前，这些工作已先进行了，如人力资源委员会、产品战略发展委员会已经开始运作（第四十六条），总裁办下属的计划统计处业已成立（第七十七条、第九十一条）等。

以往，相对于其他方面讲，华为在内部组织管理制度的建设上，投入的力量和取得的成果相对不足，《基本法》提供了一个重要的契机，促使华为公司的管理更加规范、制度更加科学、组织更加有效。从而为华为公司的“二次创业”提供强大的“管理推动力”“管理速度”与“管理效益”。

用一位公司领导的话说，《基本法》将使华为人“同过去一样，依然很忙、很累，但忙得有序，累得快乐，步履依然匆匆，眼前有开阔的道理、有明确的目标、有共同的观念和语言，有整齐统一的步伐”。

《基本法》为经营者的经营决策提供了科学的依据

华为的以往发展充满了艰辛，其未来发展也不会一帆风顺。随着华为整体实力的增加，它抗风搏雨的力量无疑大大增强了，但未来充满了陷阱，充满了各种诱惑，也充满了风险，高处不胜寒。公司未来能否一如既往地走自己的成功道路，不偏离方向，避免王安等公司的前车之鉴？华为这艘巨轮能否乘风破浪，驶向成功的彼岸，很大程度上取决于其经营者的决策，“决策的失败是最大的失败”“决策的浪费也是最大的浪费”。在以往的经营决策过程中，华为的成功取决于经营者的胆识、远见和其人格魅力，以及员工对此的认同，这是创业者必经的阶段。在“二次创业”过程中，仍然沿用这种做法，具有很大的风险，这种风险来自经营者判断失误和决策的随意性、独断性和员工们非理智的认同。一旦这一决策付诸实践，它为公司带来的影响将是灾难性的，毛泽东时代的中国实践为此提供了最好的例证。《基本法》的产生，不仅使公司的决策有科学的依据，而且或许还可以改变“企业不可能实现超越总经理（老板）实力的成长”这一定理。也就是说，因《基本法》的存在，公司的“民主决策、权威管理”将真正付诸实施。进一步来说，当经营者做出错误决策时，《基本法》将迫使决策者修正自己的决策，全体员工也将对照《基本法》的有关内容行使《基本法》赋予的各种权力（如咨询权、建议权、申诉权和保留权，第六十二至六十五条），修正或抵制错误的决策。

《基本法》中对涉及公司经营决策的一系列重大问题都做了阐述，如成长领域（第十一条）、成长速度（第十三条）、战略领域（第二十条）、研究与开发体系（第二十二条）、战略联盟（第二十三条）、财务战略（第三十四、三十五条）等都做了明确的而不是似是而非的界定。

《基本法》将统一每个人的思想，规范每个人的行为

《基本法》既然以企业内部宪章的形式出现，它对经营者和普通员工都有约束力。尽管每一个人都可以对《基本法》的某条内容有不同的看法、不同的理解，甚至有异议，但不能从根本上和整体上否定《基本法》，或反对《基本法》。否则，他将得不到公正的承认，价值大大降低，并且难以充分地享受到来自公司的人事待遇上的好处，无法实现个人职业生涯的辉煌。这意味着他将被公司的发展和未来所抛弃。公司所提倡的“克服自我、融入大我”，这个“大我”是什么，在现阶段就是全体华为人的《基本法》。所谓的“融入”，指的是对《基本法》的领悟并付诸行动。对于全体华为人来说，目前最重要的是学习《基本法》，领会《基本法》，并能结合自己的本职工作去领悟。这里不存在一个愿意学不愿意学的问题，实际上是早学主动，晚学被动，不学反动（逆潮流而动之意，非彼反动）。当然，学还有一个方式方法问题，它不能走形式，不能摆花架子，要有所得，注重效果。

需要强调的是，任正非讲过，“一般员工可以不学《基本法》。”这不能成为员工不学《基本法》的理由，因为在同一篇文章中，任正非还讲过，“一般员工要学习企业文化。”如前所述，《基本法》概括了华为文化的精髓，学习企业文化，首先要学习《基本法》，这或许是一条捷径。

任正非还讲过，“我希望想进步的员工要好好研究学习《基本法》。”所以，只要你有追求、有理想、不想碌碌无为，也必须学习《基本法》。也就是说，每一个员工不管是否担任领导职务，学习《基本法》是不可推卸的责任和义务。这也是每个人的权利——学习将会使你受益。古人说，读书要有“三上”（即马上、枕上与厕上），愿每个人都抽出一定时间研读《基本法》，是以共勉。

还需要强调的是，对于担任领导职务的干部来说，不仅自己要学好《基本法》，而且还要组织、督促、辅导下属学好《基本法》，这也是管理者的责任。他们必须为下属做出榜样，其学习的深度与广度也对下属有着直接的影响。

《基本法》向每一个华为人提出了更新、更高的要求

不可否认，当前，公司各个部门以及每个人的工作，与《基本法》的要求都有很大的差距。当然，公司不会修改《基本法》，以降低要求，唯一的办法是各部门及每个员工在领会《基本法》的基础上，做好本部门的工作。

《基本法》首先对领导干部尤其是各部门的主管提出了要求，它提出的一些理念，需要各部门去实践，并落实为具体的行动。但究竟如何落实，《基本法》没有做具体的回答，需要管理者发挥自己的聪明才智，去探索和创新。如中研部门如何实施项目管理（第八十七条），营销部门如何实现营销资源的共享（第二十八条），财务部门如何实施全面预算控制（第七十七条），人事管理部门如何建立和完善工资报酬制度（第六十九条）。华为通信如何建立事业部制（第四十二条）等，都是具有挑战性的课题，都需要各部门管理者将有关理念文字变为现实。在此提出，我们不可神化《基本法》，因为它还需要华为人去实践。

《基本法》对一般员工提出了要求，对于新进入华为的员工来说，首先，他们面临着一个了解与认同华为文化的问题。如前所述，读《基本法》实际是接受华为文化的启蒙教育，是认识华为并尽快由社会人转变为华为人，尽快融入华为的捷径。而对于其他员工来说，读不懂《基本法》，至少从一个侧面说明自己的素质与能力还有欠缺，还需要不断地进行自我设计与自我开发，以提高自己的管理能力，迎接公司的选择，因为《基本法》将成为公司“二次创业”的里程碑。随着华为的快速发展，它将为更多的人开放更多的管理职位，也就是说，将有更多人被赋予管理的责任。如果你对《基本法》一知半解，那么你将失去一次公平竞争的机会，或者在竞争中失去优势。

《基本法》也对全体员工的不正当或错误的职务行为和工作行为进行了约束，虽然它不像国家法律那样，有惩罚条款，但《基本法》所做的正面倡导，实际上也是从正面提出了劝告和警示。

以上仅是笔者个人读《基本法》的心得，自认为很浅显，缺乏深度和高度，但愿能够抛砖引玉，让华为人把《基本法》读懂、读透。这也是我们相互的承诺，共同的契约。

（原文发表于《华为人》报1997年第48期）

由《鞍钢宪法》所想到的

公司的成长与发展，需要纲领性的理念、政策与文化，世界各国的优秀企业无一例外。企业要有魂，有内在的精神寄托，有统一的意志、信仰、行动。如此，企业方能永远在竞争中战无不胜，独占鳌头。

就企业而言，思想、认识理念、价值、文化及行为的统一又是困难的。人在五湖四海，地缘不同，血缘不同，学缘不同，语言亦不同；职务有异，工作有异，年龄有异，工作地也不同。有识之士居多，誓与公司同生死，共命运；平庸者有之，借公司一方宝地，聊且捞个丰衣足食，安度小康；同时也不乏投机者，以至于居心叵测。统一、协调、磨合、趋合谈何容易，这需要灌输。

何谓灌输？即不管对方是否愿意，向其长期且不停地反复宣讲，使其在大脑中形成固定思维，进而指导其行为，使其行为统一到公司的理念上。人与动物的最大区别在于，人是可以教化的，是可以重塑的。“企业是一所大学”之说即源于此，“解放军是一个大熔炉”之说也源于此。管理的一个重要功能，在于教化于人，使其行动协调，目标统一。据此，我们就能理解，有“昭和经营之圣”之称的松下幸之助，为什么会远离尘务、潜心写那本《企业经营哲学》；也会理解英国著名管理学家K. 霍森那句名言，“倘若哲学家不能成为管理者，那么管理者必须成为哲学家。”①

那么，灌输什么？当然是企业的理念、文化和管理者的思想。但这些东西大多是只可意会，不可言传的。如果追问一下，丰田公司、爱立信公司的文化中肯定也包括这种东西，这种东西具体是什么、有几个人说得清？有人概括华为的文化是“学校文化”“军队文化”。闻后，在惊叹提出者悟性的同时，笔者也难免陷入迷茫，学校文化是什么？军队文化又是什么？恐怕处于这种文化氛围中的人，也只能顾左右而言他，更何况仁者见仁，智者见智。那只好以“不识华为真面目，只缘身在华为中”做托词，笔者曾两度赴华为，亲身接受华为文化的洗礼，感慨良多。但可付之于文字的，仅10个字，“华为的文化，文化的华为”。

对于文化的实质，我们只能竭力领悟，正如企业管理需要悟性一样。而每一位员工的悟性有多高，公司文化的含量有多大，恐怕永远是个未知数。以上所言，并非在排斥或贬低文化，相反，笔者始终坚信，没有文化的企业，是没有前途的。文化是企业生存之本。华为公司的成功，是最有说服力的佐证。那么，我们是否陷入了一个两难的境地：需要文化，但又难以使文化有效地贯彻下去？

行文至此，笔者也颇感尴尬，停笔苦思，不得要领，悔不该草率动笔，自讨苦吃，转而向经营大师们讨教。手头一份资料，是讲“丰田生产方式”的。其中讲到其精髓乃“团队合作即工人、技术人员和管理者的团体合作”。看后有似曾相识之感，随之，那独具魅力的湘音从冥冥之中飘来，“鞍钢宪法在远东、在中国出现了”。

这是1960年3月22日，毛泽东在鞍山钢铁公司《关于工业战线的技术革新和技术革命运动开展情况的报告》上做的批示。

所谓《鞍钢宪法》，其内容为“干部参加劳动，工人参加管理；改革不合理的规章制度；领导干部、技术人员和工人群众三结合”。即所谓的“两参一改三结合”。对大多数中国人而言，恐怕闻所未闻，或早

① 引自克里斯托夫·霍金森的《领导哲学》。

已忘记了。但历史就是这样喜欢捉弄人，这朵36年前开过的明日黄花，又在异域开放，且分外馨香。丰田人公然宣称，其生产方式来自《鞍钢宪法》。有目击者言，丰田车间里挂着一条标语，直译成中文就是“两参一改三结合”。后来，瑞典的沃尔沃公司为发挥团队合作的效率优势，从1988年开始，将装配线改造为装配岛，工人被从枯燥的流水线上拉下来，8~10人一组，灵活工作。美国的通用公司在每个团队负责人和各级管理者岗位均配备两人，一个由高层管理者选定，另一个由工会选定。

管理学家对此也大加赞赏，美国麻省理工学院管理学教授罗伯特·托马斯认为，毛泽东倡导的是经济民主，“两参一改三结合”道出了团队合作的实质。管理大师彼得·德鲁克则从“技术分工”与“社会分工”的角度，对其予以理论层面的诠释。从实质上看，西方大行其道的“后福特主义”与《鞍钢宪法》不仅相合，而且神交已久，两者间存在着紧密的内在联系。

笔者认为，《鞍钢宪法》对华为有诸多启迪之处。

华为自创业时起，就一直关注、培育并传播自己的文化与理念，故笔者提出“文化的华为”。但文化也需要“平台”，正如华为产品要有销售平台一样。这个“平台”，就是《基本法》，它会凝练、概括、涵盖华为的理念、方针、政策、目标、文化与精神，使每一位员工都以此为规范，有所感悟，有所体验，有所心得；使华为的文化成为看得见、摸得着的东西，进而改造与重塑每一位员工，使之融入华为的大家庭里。对华为的未来来说，此为紧要大事。

《基本法》不仅容纳了文化与理念的内容，还包括了华为的发展战略、组织形态、人力资源开发与利用、基本的管理制度、管理模式、产品与技术政策等大政方针，还有基本的业务流程、员工守则等规章与制度。

《鞍钢宪法》为华为的《基本法》提供了极好的范本，虽然鞍钢非华为，华为也不能照搬鞍钢，但它们却各领风骚，而且华为的起点更高，目标更宏伟，文化土壤更肥沃。文化无优劣之分，管理难求最优。

管理的有效即有效的管理。几千年的儒学在许多国外企业大行其道，即是此理。笔者认为，《鞍钢宪法》中诸多做法，在华为文化中都有充分的体现，值得华为进一步学习与借鉴。

比如，加大各部门的管理含量，提高管理的科学水平，造就"销售员+工程师"和"工程师+销售员"队伍，由基层培养与选拔管理者，优化管理队伍，研究开发面向市场、面向客户等，此乃"两参"的现代版本。

又如，建立新的人事考核、工资福利制度，重整业务流程，废除不合理的规章，加强人事教育培训和人力资源开发，对公司发展战略、组织的研究等加以明确，这是华为的"一改"。

再如，协调各部门的关系，规范各部门职能，实行任职资格等级制度，职务轮换与工作地轮换，"市场部集体辞职"，员工淘汰机制等，这是华为版的"三结合"。

需要申明的是，《鞍钢宪法》只是一个范本，华为绝不能照搬。华为有超人一等的创造力，不会邯郸学步，更不会东施效颦。华为的特色在于创新（制度、技术、管理、市场的创新）。

华为已经培育了自己的文化，生成了相同的理念，统一了共同的意志。

《基本法》应该全面地凝练自己的文化、理念、精神与意志。

华为虽然还没有在《基本法》指导下，形成规范的经营方针、战略、组织和科学的管理制度体系。但任正非已经提出了这样的要求。

以前，我们把《鞍钢宪法》这个婴儿与洗澡水一起倒掉了；现在，我们期待着华为宪法在鹏城呱呱落地！

（附记：受命访问东瀛，研究之余，心系华为，苦读之时，有所感悟，暂且记下，求教于华为，以尽绵薄之力。）

（选自《华为人》报1996年5月2日第28期）

企业文化：如何将理念变为实践

一个不容忽视的问题

自20世纪末开始，一场企业文化建设运动在中国企业中蓬勃兴起，企业文化为更多的公司所认同。尽管各公司对企业文化有不同的理解与定位，但这无疑是伟大的进步。

纵观中国企业文化的建设，不难发现，我们对企业文化的关注与投入，与所期盼的效果相比有着巨大的差距，我们所进行的企业文化建设，并没有对企业经营管理产生明显的积极影响，以致我们怀疑自己在企业文化建设方面所做的一切。

那么，问题的症结何在？

一方面，许多企业误读了企业文化，游离于企业的实质、经营管理的本质之外，肤浅地把企业文化定位为一些鼓舞人心的口号，媚俗地将企业文化建设变成了文体活动。简言之，企业文化外化于企业的业务活动。

另一方面，企业虽然制定了系统的企业文化理念，但企业文化仅仅局限于实践，企业没有依照自己的企业文化，系统地进行经营变革、制度建设与创新、流程的再造。换言之，企业文化理念没有得到组织、流程和制度的支撑。

例如，企业文化强调的是客户化导向，但对于功能型而非流程型的组织、个人而非团队的绩效、部门而非流程的业务运作，客户化导向的理念是无法实践的。

所以，对大多数企业来讲，必须转化企业文化建设的思路与重点，即由理念的开发、培育和弘扬，转向系统的制度建设。也就是说，我们面临着企业文化由做势到做实的转变，企业文化必须落地，必须变为可操作的实践，必须有可执行性。

企业文化的关键在于实践

企业文化是属于理念层次的，但这不是其核心本质。

哈佛大学埃德加·沙因教授认为，企业文化是“由一些被认为是理所当然的基本假设所构成的范式。这些假设是某个团体在探索解决对外部环境的适应和与内部环境的结合这一问题的过程中而发现、创造和形成的”。

企业文化来自假设，来自企业家在经营管理实践中的深层次思考。企业家在思考过程中，构建了企业的基本价值观、基本理念和行为准则，它通过一定的方式传达出去，为员工所接受，并在被贯彻于企业的经营管理制度和经营管理过程中，体现在员工的行为上，这就是企业文化的实质。

实践——假设——验证——实践，这就是企业文化在企业中的生成机理和作用机理。提出企业文化的假设固然重要，验证这种假设并将其付诸实践更重要。企业文化的建设和弘扬过程，本质上就是企业文化理念复归实践的过程，也是企业文化理念被企业经营管理实践验证的过程。

企业文化的核心是绩效文化

纵观那些世界级的企业，它们虽然奉行不同的企业文化，但都完成了从优秀到卓越的跨越。

其实，这一点如果从企业的最基本命题来思考，也会得出相同的答案。

- 企业的本质是功利
- 管理的本质是效率
- 经营的本质是赢利
- 员工的使命是付出
- 竞争的关键是价格
- 客户的需求是价值
- 市场经济的本质是投入决定产出

这一切都落脚于绩效——公司的绩效、组织的绩效和员工的绩效。企业的文化自然也无法脱离这一主题，由此我们得出的结论是：尽管在理念层面，企业文化的表述各异，但不能否认一个基本的现实，即企业文化的核心是绩效文化。这一点应该引起那些推崇“以人为本”的中国企业深思。

如何使企业文化落地与做实

企业家对企业文化的理解和把握，直接决定了企业文化的落地与做实的方式及结果，在这方面，我们很难找出共同的模式。在此，我们通过两个成功的企业文化的案例来加以说明。

IBM的成功案例

IBM在20世纪90年代重新定位自己的文化，由老沃森时代的“尊重个人”，转向郭士纳时代的“高绩效文化”，后者的内容是“力争取胜、快速执行和团队精神”。那么，如何使这种新的公司文化付诸实践？

在IBM的绩效管理体系中，主要是围绕着PBC（个人事业承诺）考核运作的，而PBC考核的关键指标体系包括三个方面：工作成功的结果指标，怎样成功的过程指标和对整个团队目标达成的承诺指标。

两相对照，不难发现，IBM的高绩效文化，直接延伸到其考核制度层次，而考核制度与其薪酬制度又是直接联动的。在这种联动机制下，高绩效文化无疑会落地、生根、开花。

华为的成功案例

长期重视企业文化建设并卓有成效的华为公司一直认为："资源是会枯竭的，唯有文化生生不息。"其企业文化建设与IBM具有异曲同工之妙。

在华为的绩效管理体系中，有一种长期实行的劳动态度考核，其主要内容是：员工行为规范、责任心、敬业精神、创新精神和团队精神。劳动态度考核结果与晋升、机会分配、工资、奖金和股金等人事待遇直接或间接地挂钩。

《基本法》对其企业文化的定位是："责任意识、敬业精神、创新精神与团队合作精神是我们企业文化的精髓。"劳动态度考核与其企业文化一脉相承，它实际上就是企业文化考核。企业文化不是宣传弘扬出来的，而是制度牵引出来的。

由以上两个案例可以发现，其企业文化的成功背后是制度与机制的成功，是其文化假设的成功，更是提出这一假设的企业家的成功。

由以上两个案例我们可以发现，在这两家公司中，企业文化直接被其制度所支持，所验证。企业文化牵引着制度与机制的建立，制度与机制支撑了企业文化，进而使公司的绩效文化变为可操作的实践。

如何让使命感落地

任正非曾提出对华为干部的基本要求：高层要有使命感，中层要有责任感，基层要有饥饿感。“干部三感”确实揭示了干部管理的核心命题。

不论是使命感，还是责任感，确实是作为企业干部必备的素养，现实中干部缺乏使命感和责任感也是不争的现实，问题是在企业经营管理中，揭示问题重要，解决问题也同样重要。那么，如何为干部们赋予使命感与责任感，使之附体，就成为一个不可回避的问题。

以此问题，以使命感为例，结合以前对此问题的思考，提出几点建议：

1. 必须严谨定义使命感

使命感是个很泛化的词，加上浮躁的不求甚解的氛围，很容易将使命感曲解、

误读和滥用，最后造成大家都讲“使命感”，但不在一个频道上发声。因此，在企业中必须给使命感以定义，统一思想，首先必须统一语言，言不正，行不一。所以，使命感的界定，应该将普适的定义与企业的界定结合起来。顺便提一下，在企业的不同阶段，使命感的内涵或许是有差异的。卡普兰讲：“如果你不能描述它，你就不能衡量它。”

2. 回答使命感与企业的生存与发展的内在联系

必须分析使命感与公司发展、组织目标、管理哲学的内在联系，亦即从公司历史、现实与未来的角度回答“为什么需要使命感”或“使命感的价值何在”。唯此，才能使干部真正自动自发地重视使命感。

3. 归纳使命感的基本特质

可运用素质模型的基本方法，在现有干部中区分使命感强与弱的组别，运用关键事件访谈方法，归纳出具有使命感的干部的使命感特征，即素质特征表现，并归纳使命感素质词典。通过此，来寻找使命感的内在动因和外在行为特征。

4. 界定使命感的关键事件表现

借用使命感素质模型的结果，确定使命感的识别标准，进而建立“干部使命感关键事件库”。

5. 构建使命感的评价体系

以一套指标体系来识别使命感，包括使命感的识别方式，使命感的强弱差异和使命感的层次，形成评价指标。这些指标当然可以是KPI式的，也可以是关键事件式的。然后，将这些指标体系内嵌入，而不是外挂入干部评价制度。卡普兰还讲：“如果你不能衡量它，你就不能管理它。”

6. 建立使命感评价结果的运用规则

使命感评价的结果必须与价值分配挂钩，而且挂钩愈紧密，干部越重视，制度的效果越明显。挂钩的要素可以是干部的晋升降，也可以是后备干部的选拔，当然也可以与报酬待遇结合起来。

7. 建立使命感的培训体系

依据使命感素质模型或者任职资格中的相关内容，建立面向干部和干部后备队的使命感培训体系，包括教材、案例及师资等。

最后，谈谈对使命感的一点认识：

1. 使命是客观的——来自企业的管理哲学，是组织的要素，客观存在，不以个人意志为转移。

2. 使命感是主观的——个人对组织使命的感知与认同，是个人要素。

3. 使命感一定是超越个人自身利益的，也是基于组织利益的。

4. 具有使命感的干部一定是高度认同组织核心价值观的，以组织的核心价值观作为个人的价值观。

5. 使命感作为主观感知很难判断，但可以通过个人长期的行为、行为结果和关键事件能够做出判断。

6. 使命感既有基于个人经历、教育和成长背景的先天成分，也可以通过制度牵引培训的后天开发。

使命感并不是所有人都具备的。

感动“千手观音”

近期，在欧洲地区部财经管理干部培训班的讲话中，在新修改的《致新员工书》中，任正非多次提到了华为的企业文化。与以前对文化的论述相比，他给予了华为文化更形象的表述：“有人问我，华为的文化形象是什么，我想了半天讲不出来。这次，我看了《可可西里》的电影，以及残疾人表演的《千手观音》，我想他们的精神就叫华为文化吧！”

看过电影《可可西里》，我确实被感动了；但对《千手观音》，我却几乎没有印象。在浮躁的春节晚会中，它的娱乐价值太低，并没有引起注意，甚至很长时间内，人们都不知道是由残疾人表演的。

当我再次看到中央电视台转播的为财富论坛贵宾表演的《千手观音》时，我却完全为之震撼！为之感动！

许久没有被感动过了，这是一次洗礼、一次炼狱、一次升华。《千手观音》为什么能够打动我们那颗躁动的心？

《千手观音》本来就是一个感人肺腑的故事。古代妙庄国国王的三女儿为潜心修炼，逃避继承王位，拒绝了荣华富贵，毅然走出宫廷，隐居荒山，结茅为蓬，与鸟兽做伴，念经修行。最后不计前嫌，为父治病，折断手臂用作药引。因其修成正果，后长出无数手臂，故称千手观音。

一个委婉悲壮的故事，一部由残疾人演绎的艺术作品，包含了打动我们的所有要素。我们没理由不被感动！

这部作品已经不能用所谓的自强不息、顽强拼搏来概括了，因为它是艺术，是完美无瑕的艺术。在美轮美奂的艺术面前，我们实在没资格品头论足，说三道四。我们能做的唯有欣赏、感悟、品味。

在《千手观音》中，我们感悟了命运。当遇到一点儿小挫折的时候，我们往往会抱怨老天的不公。而对残疾人，上苍确实对他们不公，而且这种不公往往是与生俱来，伴其终生的。我们的挫折可以克服，也可以忘掉。但残疾是自己做出任何努力都无法改变的。面对残疾人，我们那点儿挫折算得了什么？“千手观音”们勇于与命运抗争，做自己命运的主人。上天可能对他们不公，但他们改变了命运，主宰了命运。他们靠的是什么？正如任正非所言，“员工在华为公司改变命运的方法只有两个，一是努力奋斗；二是做出良好的贡献。”正是依靠自己的努力和贡献，“千手观音”们改变了命运，赢得了人们的尊重。与正常人相比，残疾人在身体上与我们存在着差异，但是，“差异化产生的命运差异，不是宿命，人的主观努力是可以改变的。要教育员工正确认识社会差异的客观性，只有通过主观的努力，通过自身对社会、对企业的贡献，这样才能减少与他人的差异，对于一味抱怨、期待他人减小差异的人，等待他的只能是更大的差异。”①

在《千手观音》中，我们透悟了人生。对于这些残疾人，人们更多会予以同情，因为他们是弱势阶层。作为弱者，他们有充分的理由生活在人们同情的目光中。但观看《千手观音》，我们不敢有丝毫的同情和怜悯，有的只是感动！“千手观音”们靠自尊赢得了尊严。被人尊敬应该是做人最基本的底线，每个人都想有尊严地生活在这个世界上，为此，他们必须自律，必须付出，必须为他人和社会带来价值。“人生都有圆有缺有满有空，这是你不能选择的，但你可以选择人生的角

① 引自任正非《把财经管理体系建成随业务快速变化的铜墙铁壁——在欧洲地区部财经管理干部培训班上的讲话》。

度，多看人生的圆满。”邰丽华这句话道出了那些聋哑舞蹈演员们无声但积极的人生态度。

在《千手观音》中，我们理解了执着。这是对艺术的孜孜不倦的追求，他们摒弃了功利世俗，拒绝了诱惑，每一个成员都有强烈的成功动机，并由此形成团队的成功动机，像夸父逐日一样执着地向着自己的目标前进。奇迹来自付出，而创造这些奇迹的人最小的只有13岁，平均年龄在17岁左右，而且都身有残疾。邰丽华通过手语告诉我们：“残疾不是缺陷，而是人类多元化的特点。残疾不是不幸，只是不便。要保持健康的心态面对自己，面对人生的不圆满，你的前途会更加光明。对健康人也是一样的。”

在《千手观音》中，我们看到了沉静。邰丽华“说”：“我们听不到外界，但可以保持一种平静的心态，有的时候烦恼来得快，去得也快，我很快就会忘记的，我们的性格都是比较开朗的。没有抱怨过，要多看看它的优势。”《千手观音》让我想到了某些风头正盛的演出，这些表演无疑也是成功的，但多了几分张扬，人们看到更多的是成功的商业包装，是展示和炫耀；在《千手观音》中，我们看到的是手，是一张张气定神闲的脸，是一颗颗平静如水的心。当掌声响起时，他们还是一脸平静，然后静静地快速离开舞台。正常人也表演过这个节目，但看过的人感觉只是形似，没有神似，这并不是先入为主。“千手观音”这个故事，就是为“千手观音”们定制的，只有他们才能演绎故事的内涵，使之成为久久流传的艺术精品。

在《千手观音》中，我们看到了奉献。艺术的价值来自长期的默默无闻的奉献。激励他们的不是丰厚的薪酬，不是掌声、鲜花和媒体的曝光；他们为艺术而献身，而不是为回报。在《千手观音》中，我们记住的可能只有邰丽华那张青春和沉静的脸，其他20位演员，我们不知道他们的名字，甚至很多人都不知道在21位演员中，还有9位男演员。成就伟大的事业，需要伟大的胸怀。艺术如果与功利为伍，必将走向媚俗。艺术的源头首先来自奉献。联想起当年飞夺泸定桥的22位勇士，红一军团发给他们的奖励也不过是一个笔记本、一支钢笔、一个搪瓷碗，外加一双筷子。人生的价值首先在于付出，而不是回报，否则人生的意义将为功利所俘获，人生的价值将大幅下降。

《千手观音》作为一个舞蹈节目，只有短短的20分钟，但其每一个动作、每一个细节，都深深地定格在人们的脑海中，如同厚厚的巨著，还需要人们更仔细地解读、感悟和品味，因为《千手观音》中蕴含的那种境界和底蕴与华为所倡导的企业文化一脉相承，息息相通。

华为的贵族精神

遥远的贵族

一谈到贵族，人们很容易想到古老的欧洲大陆和英伦三岛：那些生活在古城堡，衣冠楚楚的谦谦君子们；想到了他们的生活状态，骑马、打猎与社交。

确实，在欧洲，有着贵族的基因与传统。最早的贵族起源于欧洲，作为一种历史文化传统，传承至今。

1793 年1月21日，在巴黎的巴黎革命广场（今协和广场），路易十六国王与王后玛丽·安托瓦内特被推上了断头台。玛丽王后不小心踩到了刽子手的脚，她马上下意识地说了句："对不起，先生。"正是这位王后，当其他人都开始逃亡的时候，她选择陪在路易十六的身边，陪伴着自己的丈夫，并直言，丈夫不走自己也不可能会离开。当民众聚集在宫殿门口抗议的时候，她走到阳台上，俯首向民众行了一个大礼。她的丈夫，面对刽子手，留下的则是如此坦然高贵的遗言："我清白死去。我原谅我的敌人，但愿我的血能平息上帝的怒火。"几分钟后，路易十六及皇后便身首异处。

伊顿公学，是英国的一所贵族学校。其教育理念是塑造学生的十大品格：独立、个性、友爱、忠诚、尊严、勇敢、传统、绅士、幽默和使命感这10种经典的品格。伊顿公学作为贵族男校之翘楚，英式教育之典范，是世界上最著名的中学之一。一代代“伊顿人”把教育本身变成了一项成功之道，用实际行动回答了“如何让成功者的后代继续成功”这个困扰过无数古老文明的问题。这里走出19位英国首相。传统、绅士、高傲是英国人的共性，这一切都源于这个民族历史奢侈感的自负和贵族身份的作祟。伊顿公学的学生，睡硬板床，吃粗茶淡饭，每天还要接受非常严格的训练。伊顿公学教什么呢？不要认为是打高尔夫球，那里没有高尔夫球场，也没有今天热门的工商管理、金融等这些实用知识。到贵族学校，不是去学有用的知识，而是学在今天看来没有用的知识，比如说拉丁文，熟读从古希腊、中世纪到近代的各种宗教、人文经典，到今天还是这样。打败拿破仑的那个威灵顿将军，就是伊顿公学的高才生。威灵顿是世界军事史上非常有名的人物，他在和拿破仑进行决战的时候，曾经留下过一句非常有名的话。当时他冒着炮火在前线观察敌情，他的参谋人员多次劝他早点撤下去，因为前线太危险，可是威灵顿就是不动，参谋人员只好问他，您万一阵亡了有什么遗言？威灵顿头也不回地说：“告诉他们，我的遗言就是像我一样站在这里。”

在“一战”中，有600万英国成年男性奔赴战场，死亡率为12.5%。当时英国著名贵族学校伊顿公学的参战贵族子弟伤亡率，则高达45%。按照常理，英国贵族大多担任军官，为什么死亡率反而远高于一般士兵呢？答案很简单，因为他们总是冲锋在前，撤退在后。对于他们来说，责任和荣誉比生命更重要。

英国的威廉王子和哈里王子，毫无疑问是贵族。英国皇室把他们送到陆军军官学校去进行学习。毕业后，哈里王子还被派到阿富汗前线，做一名机枪手。英国皇室知道哈里王子身份的高贵，也知道前线的危险。“二战”的时候英国有一张照片流传得非常广，当时的英国国王爱德华到伦敦的贫民窟进行视察，他站在一个东倒西歪的房子门口，对里面一贫如洗的老太太说：“请问我可以进来吗？”这体现了对底层人的一种尊重，而真正的贵族是懂得尊重别人的。

在美国，“南北战争”中，南方军即将面临失败，军官中有人提议化整为零分散到老百姓家里，进入山区打游击战。但当时南军最高统帅罗伯特·李将军却不同意，他说：“战争是军人的职业，我们要是这样做，就等于把战争的责任推给了无辜的老百姓。我虽然算不上一个优秀的军人，但我绝不会同意这样做，如果能用自己的生命换来南方老百姓的安宁，我宁愿作为战争犯被处死。”他的对手是大家熟知的林肯，林肯总统同样表现出宽宏大量的贵族风度。本来他确实应该按照军法对罗伯特·李进行处置，但是他认为南北之间的仇恨宜解不宜结，所以他对李将军说，您也到了退休年龄了，就告老还乡吧。于是，李将军就以这种方式光荣退休，回到自己的庄园，撰写回忆录去了。

在南非前总统曼德拉的就职典礼上，曼德拉与当年罗本岛监狱的三位狱警逐一拥抱。并言：“我年轻时性子急，脾气暴，狱中在他们帮助下，逐渐学会控制情绪。”“他们已经囚禁我27年，如果继续恨他们，我就仍在囚禁之中。”

在电影《泰坦尼克号》中，船即将沉没的时候，船长走进了船长室，选择了和船共存亡，这就是一种担当精神。在大船开始沉没的时候，船长请船上的小乐队到甲板上来演奏，以安抚大家的情绪。在演奏完毕之后，首席乐手向大家鞠了一躬，乐手们开始离去，船上非常混乱，大船马上就要沉没了，首席乐手看见大家都走远了，他自己又回到了原来的位置，架起小提琴，拉起了一支新的曲子，已经走远的乐手，听到音乐声，不约而同地又回到了首席乐手身边，大家重新开始演奏。船要沉没了，大家相互握手，互道珍重，首席乐手说：“今天晚上，能和大家一起合作，是我终身的荣幸。”

约翰·伯恩所著的《蓝血十杰》，出身名校哈佛，他们是“二战”期间美国空军后勤英雄，卓有成效地将数字化管理模式用于战争，为盟军节余了10亿美元的耗费，大大提高了美国空军的轰炸效率。战后，他们集体加盟福特汽车公司，把数字化管理引入现代企业，拯救了衰退的福特事业，开创了全球现代化企业科学管理的先河，推出了美国历史上最惊人的经济增长期。古老的西班牙人认为贵族身上流淌着蓝色血液，后来西方人用“蓝色”泛指那些高贵、智慧的精英才俊。

任正非在回答国外媒体采访时曾讲："'9 · 11'事件中，飞机炸掉世贸中心，人们纷纷逃难时，人们沿着楼梯往下走，不时还礼貌地给残疾人员让路。而消防队员却从下往上冲,老百姓往下撤，非常有序。这种精神的形成，不是一时就能形成的，应该是沉淀了几百年的文化素养。这些都是美国的伟大。""最近我看了一段视频，韩国'岁月'号沉船事件，在发放救生衣时非常有序，人们还互相谦让，秩序也没有混乱。这可是在生命的最后一刻，从这一点看出来韩国人民有多么伟大。我们都要向他们学习。"

被误读的贵族精神

以上摘录的是关于贵族的人与事。

在当今社会，贵族及其贵族精神已经很遥远。

贵与富，在中国人的词汇体系中往往联系在一起，但富不等于贵，当然贵也不等于富，正像在欧洲，贵族先于资产阶级出现，并与资产阶级、平民共同生活在欧洲的中世纪一样。

贵族，不是简单的富裕，物质生活的富裕也不一定产生贵族。精神的贵族不一定富有，富有之人不一定是贵族。贵族从来都不是由财富堆砌的，也不是通过财富能够置换的。

贵族，或许与贫寒相伴。正如高贵的牡丹，也曾历经贫寒。

贵族，也不是权势的代名词，古往今来，有权势者众多，但称得上贵族的并不多，尽管许多权势者想拼命地挤入贵族俱乐部。

贵族，不是暴发户，不是土豪金，不是养尊处优，不是悠闲奢华，不是小资情调，不是愤世妒俗，不是身份的炫耀。

如果把富作为纵坐标，把贵作为横坐标，贵，可以是第一象限，也可以是第四象限。"贵族"是具有丰富人文内涵的一种特指。

富，限于物质生活；贵，则体现在精神生活，这就是"贵族精神"。

贵族是一种生活方式,贵族不仅意味着一种地位和头衔，也意味着社会行为准则和价值标准，一种我们称之为"贵族精神"的东西。

在英文里的noble，除了有"贵族"的含义外，还有"出身高贵的”“高尚的”“伟大的”“崇高的”“卓越的”“辉煌的”“高贵的”“卓越的”等含义。

贵族精神，则包括高贵的气质、宽厚的爱心、悲悯的情怀、清洁的精神、承担的勇气，以及坚韧的生命力、人格的尊严、人性的良知、不媚、不娇、不乞、不怜，始终恪守“美德和荣誉高于一切”的原则。

贵族精神，不仅是人生崇高的价值观，蕴含着科学的人生成功法则。同时，贵族精神也应该成为一个组织或社会的价值法则。

储安平在其《英国采风录》中记述了他对英国贵族和贵族社会的观察，他说：“凡是一个真正的贵族绅士，他们都看不起金钱……英国人以为一个真正的贵族绅士是一个真正高贵的人，正直、不偏私、不畏难、甚至能为了他人而牺牲自己，他不仅仅是一个有荣誉的，而且是一个有良知的人。”用当年法国政治学家托克维尔的话来说：贵族精神的实质是荣誉。贵族精神跟物质条件，有的时候可以说没有什么关系。

在储先生眼里，贵族精神意味着荣誉、责任和奉献。这不由得让人想到美国西点军校的校训：责任、荣誉、国家。

许纪霖教授所说的，“有一个下岗的三轮车夫，靠自己蹬三轮车的微薄收入，养活了几十个孤儿，一个一个送他们去上学，我们也可以说，这个人具有一定的贵族精神。”

他认为：“所谓的贵族精神，就是教养、责任和自由。教养意味着每一个人要有精神的追求和品质的追求；责任是要有担当，承担起公共责任；而自由，不仅要追求不受强制的权利，而且要有政治参与的自由和内心的自由。”

“所谓的贵族精神，我认为是三个精神支柱：第一个是教养，第二个是责任，第三个是自由。”

贵族，坚守的是一种精神。贵族精神所体现出来的是：教养、责任、品格、尊严、自律、参与、价值、分享。

华为的贵族精神

在享乐、物欲、颓废的当今社会，贵族稀有，贵族精神式微。何处寻贵族？哪里是贵族精神的家园？

贵，在于稀有；族，是个群体。

在华为，能够找到这种高贵；因为这是一个庞大的群体，这是一“族”；这些贵族身上体现出的是华为的贵族精神。

在华为！作为一个群体，他们是贵族！在华为人身上看到的是清新的贵族精神！

1996年开始，众多华为员工离别故土，远离亲情，奔赴海外，无论是在疾病肆虐的非洲，还是在硝烟未散的伊拉克，或者海啸灾后的印尼，以及地震后的阿尔及利亚……到处都可以看到华为人奋斗的身影。我们有员工在高原缺氧地带开局，爬雪山，越丛林，徒步行走了8天，为服务客户无怨无悔；有员工在国外遭歹徒袭击头上缝了30多针，康复后又投入工作；有员工在宿舍睡觉，半夜歹徒破门而入拿枪顶着我们的员工进行抢劫；我们在拉美某地的班车也遭遇持枪歹徒抢劫，全车人被抢；即使是货物运送，也经常需要雇用特殊人员护卫；有员工在飞机失事中幸存，惊魂未定又救助他人，赢得当地政府和人民的尊敬；也有员工在恐怖爆炸中受伤，或几度患疟疾，康复后继续坚守岗位。

“从太平洋之东到大西洋之西，从北冰洋之北到南美南之南，从玻利维亚 高原到死海的谷地，从无边无际的热带雨林到赤日炎炎的沙漠……离开家乡，远离亲人，为了让网络覆盖全球，数万中外员工，奋斗在世界的每一个角落，只要有人的地方就有华为人的艰苦奋斗，我们肩负着为近30亿人的通信服务，责任激励着我们，鼓舞着我们。”

在中国，汶川大地震。华为的员工自带干粮和饮水，冲了上去，冒着余震、塌方和大雨，依靠肩扛人抬，在山顶架设基站，保障灾区的通信畅通。他们也有恐惧，也有痛苦。任正非有个批示：“只要上过战场，就是尿了裤子的也是英雄。”

在印度尼西亚，面对着海啸与地震，华为员工没有撤退，他们冲了上去，架设抢险通信设备。

在利比亚，战争的炮火使得旅游者撤了，外资企业员工撤了，友商撤了，华为员工也撤了——撤到土耳其作心理测试，没通过的原地待命，通过的重返利比亚，这一切都为了一个目的：保证华为在利比亚的网络安全，因为只有“网络的安全稳定运行才能挽救更多的生命。我们跑了以后，网络不稳定、瘫痪，会死更多的人”。（任正非语）

在日本，大地震、海啸和核泄漏，代表处的员工因为“这个世界上找不到一块土地，能容纳12 000万人的地方”（任正非语），而选择与日本人民共患难。华为的员工还穿着西装，打着领带正常上班。客户评价由此评价：华为是一家值得信赖的公司。地震一周以后，测试组的大部分人员根据代表处统一安排，到大阪暂时异地办公，需要小部分研发人员留守东京。在我们这个团队中，有妻子已经身怀六甲的准爸爸、有老母亲因为担心自己安危而生病住院的独子、有刚刚结婚正准备要孩子的人。选择谁留下，都会有背后的一个家庭在远方担忧。最后留守的名单宣布以后，一开始大家都沉默了。一位主管说：“无论如何，作为主管，我都会留下来。未来发生在东京的事情谁都不能预测，我不能保证留下来的同志们是绝对安全的，但留下来的人就是与我一起生死相托的兄弟，不放弃，不抛弃，这是我对团队成员的承诺。”从3月11日以来，代表处员工所展现的勇气在日本客户心目中树立起了良好的形象，一向谨慎保守的日本客户高层，一改常态，纷纷通过手机、邮件，表达对公司的认可和对坚守岗位的人员的谢意。

在智利，8.9级的大地震，华为的三位员工选择的不是逃避，坚守四天，为了客户Nextel有五跳微波因为地震中断了业务，紧急向代表处求助，希望派工程师协助他们恢复灾后通信。从代表处了解到客户的需求后，三位华为员工决定和本地员工一起前往Concepcion协助客户恢复通信。设备安全运行后，他们毅然决然地冲向地震的核心区。

在玻利维亚，这里是另一个世界屋脊，首都拉巴斯海拔约3700米，严重缺氧，紫外线辐射强，缺氧严重。因每年都有外交官因为高原缺氧死亡，这里被称为“外交官的坟墓”，中国大使馆的一位工作人员刚来3天就因高原反应去世，我国大使馆先后有五位工作人员因高原反应逝世。华为办事处就设在这里。在这个南美北的“上甘岭”，一群年轻的华为人克服种种困难，为建设高原的通信生活奋斗着。几年以来，玻利维亚高原很多地方都有华为人的足迹，几乎每个村庄都留有华为人不倦的身影。“他们在海拔4 000米高原上疾走，在亚马孙丛林中宿营，明月繁星陪伴着立塔，驼羊野马一起驰骋，他们留下了高高的铁塔，更用自己的汗水，在玻利维亚高原上灌溉着中玻两国友谊之海拔最高的站点：TCT项目GSM416，位于玻利维亚，海拔4 776米。”

在南苏丹，这个全球最年轻的国家（2011年7月9日独立）90%以上的地区没有电，没有路，没有自来水，大部分人在草屋里住，在河里洗澡。华为员工住在铁皮房，厕所是自行挖掘的茅坑，为防止疟疾，上厕所时，甚至要带上扇子，以防被蚊虫叮咬。某位员工，已8次患上疟疾。

在印度尼西亚，华为员工在热带雨林中，身卧在泥泞中，用自己的血肉之躯为华为的战车前进清除障碍。有华为的员工倒在泥泞中，华为的战车就不会止步，下一个倒下的就轮不到华为。

……

这些华为人，其实都是一些普通的人，就在我们身边，他们也是“80后”“90后”，他们也是独生子女，他们中还有很多女孩子。但他们与他们的同龄人不一样，不纠结，不抱怨，不蹉跎，不颓废，不攀比，不吐嘈，不宅，不闷，不骚，在世界的各个角落，追梦，践梦，默默无闻地向这个时代证明：狼性依旧，贵族仍在，贵族精神并未远逝。

贵族精神来自于教养，而非教育，因为教养是长期熏陶的结果。

华为的贵族精神同样来自于华为核心价值观的长期教养，来自于华为企业文化的长期熏陶。

近期公司在向李小文先生学习，李小文先生身上彰显的就是一种贵族精神！

“以客户为中心”，张扬的是一种责任，是承担，是诚信。她保证了华为这个功利组织能够超越单纯的利益追求，避免了公司蜕化为“以个人为中心”的利益集团，从而永远保持对客户的敬畏，而不是傲慢。“一杯咖啡主义”，使得华为能够以开放的心态，持续地吸取宇宙正能量。

“以奋斗者为本”，既是理想主义，也是现实主义，是理想主义与现实主义的完美结合：奋斗是为了理想，无理想，何须奋斗？无梦想，必自甘平庸；因为在这个世界上，无中生有的只有做梦，不劳而获的只有穷困。而在现实中，要张扬奋斗精神，就不能让奋斗者吃亏，不能让奋斗者流汗还流泪。充满能量的火车头，才能向着梦想滚滚向前，才能有更多的奋斗者“倍出”。雷锋精神必须弘扬，但雷锋精神不是机制，让雷锋不吃亏的机制才充满活力。在过去，贵族是分封世袭的，是一种“评价分配制”。华为贵族是修的，是依靠自我自己奋斗和修炼来的，因而它是来自于“索取分享制”。

“持续地艰苦奋斗”，是一种自律，是一种修炼，是对人性自私、贪婪和安逸的抑制，也是孔夫子宣扬的“克己复礼”。持续地保持自我批判本身就是“艰苦奋斗”的体现，只要一个组织持续地保持开放且保持自我批判精神和能力，任何自身所不具备的精神、思想、思维和基因，都能够在较短的时间以较小的代价移植并内化到组织内部。综观华为的成长，是在自我批判中进步，在“摸着石头过河”中探索，在自我改进中成长，在“顶层设计”中卓越。基于客户的制度性的和群体的自我批判，保证华为的管理哲学、核心价值观和企业文化不断地传承，使华为人能够执着地坚守心中的“上甘岭”，淡定地守护内心的精神家园。

谁言没有战争，就没有英雄和将军？将军决战岂止在战场？英雄何问出处！

谁言贵族已经远去，贵族已经败落？华为人难道不是贵族？华为张扬的就是贵族精神！

向华为的贵族们致意！向华为的贵族精神敬礼！

聚焦工作

一

聚焦工作，是公司对干部提出的新的基本要求。

干部为什么要聚焦于工作？

第一，当干部首先是一种责任，而不是权力、利益、资源和个人成功的标志。这种责任来自公司的愿景和使命。责任重于泰山，是不可谈判和妥协的。干部大会提出："在3~5年内把我们公司建设成为最具综合竞争力的、管理最有序与高效的、被客户信任的伙伴式关系的群体。这个群体在长期持续增长上具有巨大潜力，在短期经营增长速度与效益上成为业界最佳。"完成这一任务，首先在于干部队伍。决定正确的路线之后，关键在于干部。各级干部所承担的职责，决定其不能以员工的标准要求自己，而应以公司赋予的基本职责和干部标准要求自己。公司对干部提出的最基本的要求，就是聚焦于工作。

第二，干部承担着繁重的经营管理任务，做好这些任务的必要条件就是全身心地投入。因为管理绝不是浪漫的事情，是需要日积月累下细功夫的。不仅依靠长期的体力投入（激情），而且还需要长期的智力开发和不断提高的经营管理水平（领导力）。一个人的精力是有限的，如果干部不能聚焦于工作，他就不可能长期保持工作的激情，也不可能持续地提高领导能力；市场经济的“丛林法则”在个人身上也是行得通的，即投入决定产出，付出决定回报，有耕耘才会有收获。

第三，公司所面临的市场环境和发展要求决定了干部必须聚焦于工作。公司面临的环境还是冬天，信息产业总有一天会变成传统产业。聚焦于工作，不是公司对干部过于苛刻的要求。从外部环境和公司面临的任务来看，这一要求并不苛刻，“市场逼得我们不得不这么做。我们只有紧紧盯着风云不断变化的市场，才会发现机会窗，才会有所作为”①。如果我们不能依靠自身的努力度过寒冷而漫长的冬天，很多干部会失去聚焦于工作的机会，而转向聚焦于寻找工作。

第四，当干部就要有献身精神，这是干部区别于员工的基本要求。干部之所以不同于员工，因为他们是部门的组织者、领导者和管理者，身上承担着更艰巨的任务，这是使命使然，职责使然。当官是一种责任，要更好地履行自己的责任，就必须有献身精神。“当干部就要有献身精神，就要有严格约束自己、宽以待人的品质。任何腐败都会使我们丧失战斗力，直至使公司走向死亡。”②

第五，聚焦于工作也是干部成长之道。比较个人的成长阶段，往往有相同的起点却有着不同的终点。成长没有一定之规，但聚焦于工作是干部成长的基础。确定成长目标是很简单的事情，也是每个人都能做到的，但能够坚持下来的人不多，因为现实中有各种诱惑，所以成功的总是少数人。

二

干部应该如何聚焦于工作？聚焦于工作，不是指游离于工作或发散于工作，也不是指干部要每天加班加点（这是对聚焦于工作的庸俗理解），而是指干部应该将自己的精力、关注力、专注点和兴奋点聚焦于工作。

---

① 引自任正非《持续提高人均效益，建设高绩效文化》。

② 同上。

聚焦于工作，就是指对工作的专注、关注与偏执，就是要耐得住寂寞，禁得起诱惑。正如任正非所言："我们要求干部要聚焦在工作上，这是一句十分沉重的话。"需要干部细细品味，慢慢感悟。

福特汽车创始人亨利·福特在其回忆录中写道："如果你想永远做个雇员，那么下班的汽笛吹响了，你可以暂时忘掉手中的工作；如果你想继续前进，去开创一番事业，那么汽笛仅仅是你开始思考的信号。"这就是聚焦于工作。

克劳塞维茨在《战争论》中有一段名言："要在茫茫的黑暗中，发出生命的微光，带领着队伍走向胜利。战争打到一塌糊涂的时候，将领的作用是什么？就是要在看不清的茫茫黑暗中，用自己发出的微光，带领着你的队伍前进。谁挺住了最后一口气，胜利就属于谁。"这就是聚焦于工作。

中央领导集体提出的"聚精会神搞建设，一心一意谋发展"，指的就是聚焦于工作。

"注重干部的思想品德进步，注重干部的综合素质成长，注重团队建设。创造一个好的环境，让员工的聪明才智围绕在客户需求服务上，得到更大、更宽松的自由的发展，为公司的长治久安做出贡献。"①这就是聚焦于工作。

三

干部大会进一步明确了干部选拔的考核评价标准，也为干部聚焦于工作指明了方向。"要加强对那些敬业精神好，有责任感、使命感、责任结果导向完成好的干部的培养。"②也就是说，干部应聚焦于责任结果导向、综合素质与能力两个方面。

第一，干部应聚焦于所在部门的组织绩效目标，其中包括个人的绩效承诺、部门绩效目标和下属的绩效目标。公司的各层面的KPI指

① 引自孙亚芳《小胜靠智，大胜在德》。

② 同上。

标体系，是对干部工作任务的基本要求，各级干部的短期首要职责是完成公司的绩效目标，在保证本部门人均效率基线的基础上，持续提高所在部门的人均效率或人均服务人数。

为了维持人均效率，关注流程和客户的要求，干部就必须关注如何与周边部门协调，关注部门氛围和员工的培养，关注对员工的激励与约束，关注组织文化和氛围建设，关注整体绩效的持续提高，关注价值创造。

第二，干部应聚焦于自身综合素质的不断提升。其中包括加强自身道德和品格的培养，强化使命感、责任感和献身精神；学会继承和发扬，学会均衡，学会平和与理性，学会虚心地听取他人的意见与建议；提升业务素质和业务能力，提高职业管理水平，提高自己的任职资格能力。

要做到这一点，有两条基本指导原则：其一，就是认同华为的核心价值观；其二，有自我批判精神。公司的核心价值观是标杆和依据，自我批判是改变的前提条件。

干部聚焦于工作，仅有责任结果导向是不行的，仅有综合素质的提升也不行，必须实现两者的均衡。而均衡的标志是，能够将综合业务素质持续不断地转化为能力和责任结果。

启动知觉，拒绝麻木

在《华为人》报上，笔者曾读过一篇文章，题目是“从另一个角度谈市场创新——论职业麻木”，作者邹志磊先生从习以为常的火车广播中，联想到人们的职业麻木，联想到自己本职工作的市场创新。这篇文章，见微知著，是一篇非常有价值的管理案例，读后感受颇深，受益匪浅。

但一年后，这篇文章也像其他好文章一样，被埋没在华为浩瀚的资料中，在麻木中没有留下多少记忆。文章只是短暂地唤醒了人们已经麻木的意识，然后，又归于麻木。一篇不麻木的好文，面对的是麻木的读者，以至于今天为了找到这篇文章，笔者也颇费了一番工夫。

确实，华为是学习型组织，在“两报”上，在公司的知识平台上，有大量的案例和学习资料，让人目不暇接，美不胜收。这真是华为人的福气。

记得在科技园时，曾有一位清洁工写过一篇文章，文中讲：在华为，扫地之余，多看几眼墙上的管理文章，出去就敢应聘一个小公司的总经理。此话虽有些桀骜，但我宁愿相信他讲这话时是有底气的。确实，华为在为员工提供好的就业机会的同时，也为员工提供了一个学习、成长和思考的平台。

但也正因如此，面对大量的优秀文章，参加大量的培训，我们是否也麻木了？是否有一种身在福中不知福的感觉，正像没钱买书的时候，我们拼命地读不归自己所有的书；当有钱买书的时候，我们却把大量的时间用于买书，而不是读书；我们的眼光和品位越来越高，看东西也越来越挑剔，最后变得迟钝，变得慵懒，变得傲慢，失去了学习的欲望，最后沉淀于麻木之中。难怪有的人已经有好多年不能有所进步和改变了，这与公司如此快速发展形成了极大的反差。

在一篇小文章中，我曾认为，公司进步最快的那个人，是因为“行万里路，读万卷书，干一件事”。只有不断地学习，不断地领悟，并将其付诸实践，个人才能不断地进步，才能跟得上公司的发展，否则会失去很多机会，或者被淘汰。

公司总裁办曾发过两个通知，要求组织学习《隐藏在项目中的“金矿”》和《领导一声令下》两篇文章。其背后也反映了，这两篇文章并没有入某些部门和员工的法眼，而变成了过眼烟云。

近日，一个偶然的机会，我看到了招商银行主办的《招银文化》2006年第9期，在这里再次看到了《从另一个角度谈市场创新——论职业麻木》一文。文中写道：一次从沈阳乘坐火车到北京，刚上车时火车上正播放着当时春节晚会很火的一首歌曲《常回家看看》，优美的旋律让不经常坐火车的我感到非常的惬意，真的是一种享受。此时的我对当前很多人诟病的中国铁路部门的服务非常满意。但随着时间的流逝，火车上还在不停地一遍又一遍地播放这首歌，让人烦躁不已，坐卧不安。我刚开始以为列车员睡着了或者列车员有事把换磁带这件事给忘记了，总想提醒别人把磁带换一换，问了好几个列车员，要么他们随便应付我一下，要么就用奇怪的眼光看我，我自己也很郁闷，难道是我太挑剔，或者是我有毛病？这时在一边看我忙活了半天的一位老兄给我讲，他经常坐这趟火车，半年了一直都听这首歌，从沈阳听到北京，又从北京听到沈阳，习惯了也就好了。我在郁闷中结束了我的旅程，等到下火车时，我终于明白中国服务部门的真正症结在哪里了！

这期刊物不仅全文转载了华为的这篇文章，编辑部还专门写了两篇长长的“编者话语”（其中一篇的标题是“左手握右手”，另一篇的标题被本文借用了）。接下来是编者按，再接下来是9篇学习心得，总篇幅达15页。同时，编辑部还继续向全行征文，要求发表对职业麻木的感想，讲述自己身上或身边职业麻木的案例，检查招银机体麻木症状的行为，提供医治麻木的方案。据文中透露，招银的副行长对华为的这篇文章，还做了专门的批示。

真没想到，华为的一篇名不见经传的文章，在招银却弄出这么大的动静！像华为其他好文一样，又是一个墙内开花墙外香的例证。

招银人对这篇文章用得最多的是："震惊""感慨颇多""汗颜"，对作者及华为的赞慕，对自己工作的反思。

"这是《华为人》报中某篇文章给我们讲的故事，看到这些的时候，大家还只是笑，但当看到文章后半段华为人的反思时，我们汗颜：我们并非没有类似的职业诟病：职业麻木！

"延缓'职业麻木'最重要的一点就是不断超越自己，做好自己。以脚踏实地为中心，以积极、自信、胸怀、勇气等人生态度为同心圆的第二层，以追寻理想、发现兴趣、有效执行、努力学习、合作沟通等行为方式为同心圆最外面的一环。

"希望我们每个人都能保持知觉，主动感知社会压力、环境态势、企业变化、客户需求，使可感知自身惰性的意识蔓延，惊醒自身的惯性麻木。

"其实麻木未尝不是一种幸福，想想那些终日为生活奔波的下岗者，以及那些刚刚走出校门的'莘莘学子'，至少你还有麻木的机会。对于将来未知的生活，我们应当保持最起码的激情，今天的不麻木就是为将来的永远不麻木奠定坚实的基础。你不能改变天气，但你可以改变心情；你不能选择容貌，但你可以选择表情；你不能预知明天是否依然麻木，但你可以用好今天。"

讲得太好了！招银人没有麻木，他们在震惊，在汗颜，在反思，在行动。我们在他们的营业点里看到的良好的管理和服务，就证明了这一点。

其实，应该汗颜的倒是华为人。我们自己谈麻木的文章，被不麻木的招银人发现了，学习了。

我们不应该麻木地看着那篇谈职业麻木的文章，将其静静地放在公司的某个文件夹里了。

《基本法》嬗变的缘由及挑战

华为的经营管理实践已超越了《基本法》。

《基本法》面临着三个变化：

第一，随着华为公司大规模的人力资源扩张，大量的员工（90%以上）处于“后《基本法》时代”，新员工对《基本法》的感知与了解在逐渐淡化，这是个正常的现象，因为《基本法》是战略性的管理策略，属于“大政方针”范畴。新员工毕竟处于基层，当前任务就是把自己的工作做好，至于对《基本法》理解与否，对他们来说不是至关重要的。现在，新一代员工的价值观和道德底线与上一代人有非常大的差距，第一代创业者的创业激情也在递减，“80后”是伴随着手机和互联网长大的一代，知识面很广，对企业的管理提出了巨大的挑战。所以，彼得·德鲁克提出，21世纪管理的最大挑战是对知识型员工的管理，是提高知识型员工的生产效率。

第二，《基本法》本身是一个过程，并不是一个固定不变的教条。所以任正非说：“《基本法》真正诞生的那一天，也许是它完成了历史使命之时，因为《基本法》已经融入华为人的血脉。”

《基本法》的真正价值，体现在其制订过程中，而不是文本之中。历经三年，八易其稿的《基本法》，本身就是企业文化的培育和认同过程。

第三，《基本法》是有阶段性的，历史性的，它是一个特殊阶段的特殊产物。如果有人说华为抛弃了《基本法》，那我认为是华为经营管理实践超越了《基本法》，而不是抛弃了《基本法》。由于时代的局限性，《基本法》在很多方面都没有具体阐明，比如说核心竞争力问题、流程问题、客户问题、国际化问题等。另外一方面，原来管理的是国内的单一市场，现在管理的是全球市场，在全球都有分支机构，有55个海外办事处。如此长的管理跨度，无论是在地域上、空间上，还是在人员的构成上产生来了普遍的压力。

第四，从华为内部面临的管理挑战来看，首先是华为由过去的“土狼时代”（在国内拼杀市场，抢占别人地盘）上升到现在的“共赢时代”（与合作伙伴共享价值链），这一转变将成为一大难题。其次是怎么提高公司整体人均效率。从人均效率来看，华为和国际上的竞争对手还是有比较大的差距的。这是华为一直想解决的问题。但是人均效率低是管理水平低的一种表现，还是应该强化管理。最后是在华为这么多的营销机构和各类组织不断扩大的同时，机会很多，怎样使更多的人能够顶上去，这是最核心的问题。

华为很重视干部，目前海外有9个地区部，55个代表处，这些部门的管理人才从哪儿来？主要靠企业内部培养。但是现在，华为缺的就是对干部的培养。华为过去沿用的是“上甘岭”式的干部培养机制，是业绩导向。现在，随着人员的膨胀，原有的管理体系越来越庞大，其压力也越来越大。所以，建立起一套适应企业成长的管理体系是非常重要的。

在机构建立起来以后，关键还是人。毛泽东说，正确路线决定之后，关键在于干部，那么，怎样才能拥有更多的干部？过去，靠一个人看一眼就够了；现在，人员这么多，要培养各个层次的干部需要靠制度来保证，不是说干好了就升为干部，这需要形成一个系统。建立华为大学的重要作用就是培养干部。由于对干部的大量需求和干部的自然长大之间的距离特别大，因此建立一套体系，使干部选拔、培养、晋升能够走向制度化，就成为一项非常繁重的任务。但是职业化不是短期的路程，要加快职业化，我觉得最大的挑战还是管理。华为近几年召开了人力资源大会和干部大会，要解决的就是人力资源管理体系的问题，解决干部的选拔和培养的问题。华为出台了一套人力资源管理体系，每个人都写了EMT。EMT是务虚的，不是务实的，是看大方向，大决策。任正非是CEO，负责执行决议；EMT形成一个决议，具有最高决策权。其次，每一个部门下面也都有EMT，比如说研发有EMT，研发里面各个产品线还有一个EMT。在选拔干部方面，绩效是首要考核指标，以业绩为导向，如果某个部门绩效考核不合格，就别想出干部。另外，华为现在所有干部都采用任期制，包括任正非自己也要遵循“两年任期制”。

华为面临的最大困难就是干部。我问过任正非最担心的问题是什么？他说“最担心的问题是华为富起来了怎么办”。打个很形象的比喻，华为现在的文化就是“千手观音文化”“可可西里文化”。什么是“千手观音文化”？其实就是奉献，戒骄戒躁。任正非说，那些富起来的创业元老不干就退休，再招一批胸有大志、身无分文的人重新创业。说白了还是企业内部机制的问题：企业小的时候什么都没有，但是有激情、有奋斗的勇气、有管理机制；当企业大了以后，激情削减、机制退化，企业将无可救药。为了保持华为的基业长青，关键还是要让机制延续下来。

其实华为并没有死守《基本法》的条条，为了适应国际化的进程，华为不仅推出了新的企业标识，而且对《基本法》前七条的“核心价值观”部分做了系统的调整，提出了新的“使命、愿景和战略”。第四部分已对其进行了详细解读，在此不再赘述。

关于核心价值观的新的表述与原来的表述相比，差异很大。但实际来看，其实是一脉相承的。这是对《基本法》的升华。旧《基本法》讲的是“我们要干什么，我们要成为什么，我们要怎样去做”，主观色彩特别浓。而现在的新“使命、战略”更多的是回答华为的“为什么”。在华为新的使命、愿景、战略中，“客户”是一个关键词，出现了7次之多，这比旧《基本法》中关于核心价值观的表述更理性、更客观，也更与国际接轨。

《基本法》作为企业管理大法，是改革开放以来中国企业的第一部企业宪章，有开创性的历史价值与意义。这一价值可能随时间的流逝而日渐凸现出来。所以不能用一些改变来否定《基本法》，应该把《基本法》作为一个企业系统来思考，华为在这方面为很多企业做出了榜样，对中国其他企业的系统思考有绝对的示范价值。

《基本法》在中国企业发展史上的作用是不可否认的。第一，《基本法》是中国民营企业制定的，对中国企业未来的发展，以及企业未来的经营有一个系统的思考和假设。经营假设在某种意义上保证了华为在一段时期内的目标不可能变。因为华为已经度过了创业时期和高速增长的时期，进入了新一轮的发展，而且现在面临的经营环境也发生了变化。第二，它已经进入了国际大公司的行列，已经成为行业的领先者。

经营假设其实是一个验证，并没有说这个假设做出来后就被扔到一边去了，而是在验证以后需要产生新的经营假设。企业的经营管理过程，从某种意义上讲，就是一个"假设——验证——再假设——再验证"的过程。8年前，《基本法》提出的假设，有的被充分地验证，有的是部分得到了验证，有的可能被放弃了验证，现在是需要提出新的假设的时候了。同时，我们也不能认为假设被验证，就忘记当年提出假设的艰难过程。

新的假设系统本身的内涵一样也发生了变化。面对整个经营环境的变化，企业发展节奏的变化，华为的经营假设也应该做相应的调整，因为面临新的竞争环境要有新的思维。所以不能简单地说华为抛弃了《基本法》。企业的经营假设在不断地变化，但是华为最基本的核心价值观都没有变，只是表达方式发生了变化。

对两个企业文化问题的思辨

企业文化的变与不变

华为的企业文化给人的感觉是一直在变，从创业期的产业报国、科教兴国，到高速成长期的《基本法》，再到国际化时期的愿景、使命和战略，直到今天的管理哲学大纲，每一时期都有不同的内容和价值主张。

哈佛大学教授埃德加·沙因认为，企业文化的本质是一种假设。他认为，企业文化是“由一些被认为是理所当然的基本假设所构成的范式。这些假设是某个团体在探索解决对外部环境的适应和内部的结合问题这一过程中而发现、创造和形成的”。华为这20余年的发展实践，一直是基于经营管理假设，阶段性地验证自己提出的假设。当企业的经营管理实践在得到验证以后，需要新的经营假设。企业的经营管理过程，从某种意义上讲，就是一个“假设——验证——再假设——再验证”的过程。过去提出的假设，有的被充分地验证，有的被部分验证，有的可能被放弃了验证，但这些都更有利于提出新的假设。另一方面，面对整个经营环境的变化，企业发展节奏的变化，企业的经营假设也应该做相应的调整，因为新的竞争环境要用新的思维来应对。

在不同的历史发展阶段，有不同的管理假设，因此在表象方面，华为的企业文化确实在发生着变化。但同时我们也可以看到，这些变化都有一条主旋律，都有一条主血脉。表述的文字有变，具体的表现方式有变，其本质内容却没有变化。

在梳理公司管理纲要的过程中，我们会发现，许许多多的基本观点和主张，今天看来很新鲜，其实在几年前甚至十几年前的文献中早已存在，只是我们不曾关注和领悟。

所以，企业文化确实是在变，在不同的企业发展阶段，企业文化有不同的表述；但企业文化最核心的最本质的基本假设和管理哲学是没有变化的。

当一家企业的经营管理实践能够为企业文化和价值主张提供更多的思考空间和基础时，企业的一系列经营管理假设就会形成理论体系，形成经营管理假设的大颗粒，这就是一家企业的管理哲学。

管理哲学是企业人共同拥有的宝贵的精神财富，它不仅能指导企业当下的成长与发展，而且也能为企业在未来不确定的环境里指明前进的道路，确定发展路标。所以，企业的管理哲学不仅需要痛苦的感悟，还需要各级干部的传承。

企业文化的特殊性与普世性

不可否认，企业文化具有特殊性，企业的成长历史、成长环境和成长追求不同，面临的问题不同；企业领导人的境界不同，其价值主张自然也会不同。

从现实来看，古今中外的企业，其企业文化的表述各不相同，我们很难找到有相同企业文化的企业。

从不同国家的企业看，由于长期受所在国家历史文化的浸染，不同国家的企业文化和价值主张都表现出鲜明的国家特色。因此，对于国际化的企业来说，跨文化冲突成为其面临的很难逾越的问题，跨文化管理成为跨国企业必须解决的管理问题。

但从另一个角度看，企业文化是企业的基本价值主张，企业文化的属性决定于企业的属性。作为功利性的企业组织，它们不会因国家、民族和历史的差异，而在本质上具有差异。也就是说，企业本质的共同属性，决定了企业文化具有共同性。这就是企业文化具有普世性的根本原因。

从现实来看，尽管不同企业的文化表述和价值主张千差万别，但其实质都是对企业经营管理层面的思考，对企业成长发展规律的探索。企业文化的差异更多地表现出不同企业对企业内在规律探索程度的差异。

作为企业中的员工，每个人都有自己的价值观或世界观。进入企业后，认同或信仰企业文化，其实质都是对企业内在规律的共同认识。这不会因民族和国别而有本质的差异，所以文化差异更多地表现在习惯和惯行方面，而在本质上是没有差异的。

以艰苦奋斗为例，不论在哪个国家，不论过去和现在，个人要想成就事业，得到认同，超越他人，除了艰苦奋斗，还有其他的路可选择吗？还有一条路可选，那就是继承先辈艰苦奋斗的结果，但发达国家通过遗产税制约了不劳而获的所得，所以人们还需要艰苦奋斗；在中国，上一代没有给我们留下可传承的财富，我们更需要艰苦奋斗。

再以以客户为中心为例，试想，哪家企业不是以客户为中心的。企业存在的目的就是为自己的客户和潜在客户提供产品或服务，这是企业存在的唯一理由。不以客户为中心，企业就失去了存在的价值。

当参加运作交付体系管理大纲辩论会，中方员工与外方员工辩论时，我们非常清晰地看到企业文化的普世性，并没有所谓的跨文化冲突。在某种程度上，外籍员工理解得似乎更深刻一些。

至于很多企业并没有提出艰苦奋斗和以客户为中心的企业文化，最重要的原因在于它们过去没有相关的艰苦奋斗和以客户为中心的经营管理实践，在于它还没有深刻地领悟到这一普适的企业价值主张。悟道有先后，并非人人都可以悟道。所以，现实中的许多既没有优秀经营管理实践又没有管理智慧的企业，或者把企业文化当作企业的文体活动，或者从古人那里寻找高雅的词句，或者追时髦地引用（如“以人为本”）。

当然，企业也可以做出不同的价值观选择，但现实是，如果企业的选择有悖于商业的本质，必将面临着优胜劣汰、适者生存的选择。很多企业的技术、人才、市场和商业模式都没有问题，但为什么最终会出问题呢？其根源在于其经营哲学出现了问题。

所以，企业文化的特殊性仅仅是表象，普世性是企业文化的本质。

“从南到北，从东到西，遍布在全世界各个角落的华为人，不论肤色，不论民族，不论语言，都有一个共同的声音，以客户为中心，成功基于奋斗。”[①]

这就是华为经过20多年艰苦的探索，对自己管理哲学与核心价值观的深刻把握。

① 引自华为内刊专稿：《天道酬勤》。

从任正非的两个“不要忘了”，看华为的企业文化

企业文化被中国企业搞得像孕妇的肚子，很伟大，很壮观，很神圣，此起彼伏。

其实，企业文化并没有那么神秘。它如春风，如春雨，润物无声，静水潜流；企业文化在细节中彰显伟大，在平和中体现价值，在淡定中凸显非凡。

企业文化无影无踪，又无时无刻不在发挥作用。

企业文化首先来自企业的领导者，在于其身体力行，以身作则。没有坏孩子，只有坏家长——人之初，性本善。同样，没有坏员工，只有坏老板——上梁不正，下梁歪。为什么有的企业乌烟瘴气，妖魔当道，旁门左道，人鬼情未了？从老板身上找答案吧！

华为总裁任正非先生在其《春风送暖入屠苏——2010年新年献词》一文中，曾号召华为人：“记住：‘不要忘了给爸爸、妈妈洗次脚’，‘不要忘了身边卖火柴的小女孩’。”

这句话的出处来自两篇小文章，或许我们从这两篇小文章中，能够感受到华为文化春风般的清新。

“不要忘了给爸爸、妈妈洗次脚”源自2006年任正非的《新春献词》。该文是对《南方周末》上的文章《给父母洗脚》所做的批示。

原文如下：

这篇文章十分感人，它使我们懂得爱的真正含义。

春节期间，我们全体员工能否给自己的父母洗次脚，一个不爱自己父母的人很难爱亲人，一个不爱亲人的人，很难爱别人。我太太经常打盆温水给我泡脚，然后用磨砂一样的刷子，将我脚上的厚皮挫去，以防脚开裂，而我还一边看电视，一边让她服务，从未想过应该感谢她，为她洗一次脚。这篇文章，给我很大的启发，我已经不能给自己的父母洗脚了，只有等将来了。但我可以回敬我的太太，想想一个家庭妇女，将一生献给了相夫教子，是多么的难得，多么的伟大。

华为的员工，也要有自我牺牲精神。事事斤斤计较，很难想象在公司生死存亡的危难关头，会像金融危机中韩国人民去倾家荡产救国家一样地救公司。爱自己，爱别人，爱公司，从小事做起。

一个人要先爱别人，别人也会爱您的。

当年春节，华为很多员工响应任正非的号召，回家给自己的父母洗了一次脚，其中包括任正非的秘书。

“不要忘了身边卖火柴的小女孩”出自《华为人》报编辑部2009年1月份的文章。《你身边有“卖火柴的小女孩”吗？》源自任正非的一次讲话。

原文如下：

当寒风吹动落叶，下雪的消息从北方传来，当对经济的忧虑还在人们心头萦绕，2009年依然在灿烂的阳光下迈开了脚步，我们仿佛听到了新春的爆竹声，回乡的心也热切起来。

2006年春节前夕，《华为人》报曾刊登《给父母洗脚》一文，希望大家春节回家给父母洗洗脚，从小事做起，爱父母、爱亲人、爱他人。家庭是我们力量的源泉。从小，就是母亲温暖的双手，捧着我们的小脚，一次次轻柔地清洗，一直到送我们独立走上人生的道路；现在，让我们端上一盆暖暖的水到父母跟前，怀着爱和感谢，虔诚地弯下腰，在春节期间为父母清洗一下那双历经风雨、长满茧子的双脚吧。我们成长到今天，与亲人默默无闻的无私奉献同样分不开，春节你能否也给夫人或先生洗洗脚？

这个春节，我们还可能会遇到为生计犯愁的亲朋好友、左邻右舍、乡里乡亲，遇到缺钱读不起书的孩子，遇到还没有过冬物资的孤寡老人……包括我们身边可能有些同事，他们家里也许碰到了困难，需要帮助，我们能不能在自己力所能及的范围内，给他们一些关心？

窗外依然寒冷，我们即将在温暖的家里和亲人欢聚。这个时刻，你是否意识到，在我们周围，总会有一些像“卖火柴的小女孩”那样的人。他们可能遇到这样那样的困难，今天，当我们有了一些条件时，能不能献出一点爱？

这个春节，即使偶尔遇到路边的乞讨者，我们能否不怀疑他们的动机，给他们一些零钱；雨雪里遇到卖菜、卖水果的小商贩，不管你是否需要，多少买一点，让他们能早点收摊回家；碰到露宿街头的人，能否帮他们买份食物，替他们给救助站打个电话联系一下；家里有多余的衣物、棉被，清洗干净，捐出去说不定能帮助更多的人……

也许我们这样一些细小的行动，不能解决他们的全部问题，但是如果每个人都能身体力行为他人做点事，献出一份爱，汇聚起来，就会让他们有更多的信心，或许他们能更勇敢地面对未来的生活。

有一首歌唱道：“总有一些时候，天空会出现无名的黑暗，就在这个时候，天空缀满明亮的眼，你不会孤单，所有的人都在身边，心连心，肩并肩，我们站起来。”

春节，越是在亲人团聚的时刻，关于爱，这个简单而美好的主题，越值得我们思考和付出行动。

如果人人都献出一点爱，世界将变成美好的人间。

任正非：在思考中度过华为的20岁成人礼

一家企业活过一定的年数，是值得庆幸的事，尤其是中国企业，预期寿命如此之短，大多活不过1狗年（苦于企业寿命太短，日本某管理学家提出以狗年作为计量单位，1狗年=10自然年）。如果企业能活过几狗年，庆贺一下，无可厚非，何况人每活0.1狗年还要呼朋唤友地过一次生日。

企业庆贺自己的生日，无非是如钱锺书老先生所言："招邀不三不四之闲人，谈讲不痛不痒之废话，花费不明不白之冤钱也！"再加上"颁发不伦不类之奖牌"，几乎千篇一律，庆贺一番，热闹一阵，亢奋一时，回顾一下过去，展望一下未来，然后，该干什么干什么！

2008年，华为也度过了20岁的生日，当然，这家活了2狗年的企业自然也不能免俗，也召开了一系列会议，庆贺自己20岁的成人礼，这一活动一直延续到今天。

与其他企业庆贺所不同的是，任正非系统地思考了华为20年的成败得失，并在此基础上，完成了对华为未来成长战略与模式的全面定位。通过任正非的讲话，我们看到了一个企业家对过去、现在与未来的系统思考。

以客户为中心，成功基于奋斗

2008年5月31日，华为召开无线系统产品线奋斗表彰大会，任正非做了题为“让青春的火花，点燃无愧无悔的人生”的讲话。

感谢客户

我们至今仍深深感谢那些宽容我们的幼稚，接受我们的缺陷，使我们能从一个幼儿，成长到今天的人们。吃水不忘挖井人，永远不要忘记客户需求是我们发展之魂。没有他们，就没有我们的今天。我们要永远尊重客户，尊重他们的需求，别把自己的主管行政长官看得太重。

感谢时代

是时代给了我们机遇，让我们坐在时代的船上漂到了今天，当然我们乘船的时候也划了桨。

坚持创新

坚持在大平台上持久地大规模投入，拒绝机会主义，拒绝短视。

在有清晰长远目标的思路的条件下，要敢于采取机会主义，敢于抓住机会窗开窗的一瞬间，赢取利润，以支持长线产品的生存发展。

当长得长，当短得短。长短结合，相得益彰。这就是战略。

打造铁军

我们要培养起一大群敢于抢滩登陆的勇士，这些人会不断激活我们的组织与干部体制。尽管抢滩的队伍不担负纵深发展的任务。但干部成长后，也会成为纵深发展的战役家。只有敢于胜利，才能善于胜利。猛将必发于卒伍，宰相必起于州郡。我们各级部门，要善于从成功实践者中选拔干部。没有基层实践经验的干部，需要补上这一课，不然难以担起重任。

艰苦奋斗

我们过去从落后到赶上，靠的是奋斗；持续地追赶靠的也是奋斗；超越更要靠奋斗；安享晚年，还是要靠奋斗。什么时候不需要奋斗了呢？你退休的时候，安享奋斗给你积累的幸福，无论心理上的，还是物质上的。

我们要给奋斗者合理的回报，足够的关怀，良好的沟通，也要接受他们的批评。我们要逐步建立起以奋斗者为本的文化体系，并使这个文化血脉相传。这个文化不是在大喊大叫中建立起来的，它要落实到若干考核细节中去，只要每个环节制度的制定者每天抬头看一眼奋斗，校正一下我们的任何动作和决策是否能对客户有贡献，三五年时间，也许就会有初步的轮廓。

现在还无人能解决电子供给远远大于电子需求的问题。我们稍一休息，可能就被历史抛弃，从而破产、衰败、颗粒无收。我们宁可辛苦一些，也要活下去，谁叫我们走入了电子行业。

百年老店，从一砖一瓦开始

2008年9月22日，华为召开中央平台研发部表彰大会，任正非做了题为“从汶川特大地震一片瓦砾中，一座百年前建的教堂不倒所想到的”讲话。

平台优势

我公司的基础平台，要经历几代人的智慧不断累积、优化，谁说百年后我们不是第一？这些平台累积，不是一个新公司短时间能完成的，而且我们已把过去的平台成本不断地摊完了，新公司即使有能力，也要投入相等的钱，才能做出来。我们拥有这样巨大的优质资源，是任何新公司不具备的，这就是一个大公司制胜的法宝，否则大公司创新不如小公司，干劲不如小公司，为什么胜的还是大公司。

通过平台化、构件化的交付，降低研发成本，提高研发效率和产品质量，构筑信息安全，缩短产品上市周期，使得我们以更低的运作成本更快地响应客户需求。华为能够以后来者的身份赶上，走上业界一流的道路，靠的就是平台战略。经过十多年默默耕耘和艰辛努力，已经初步建成了有竞争力的软硬件平台、工程工艺能力、技术管理体系，打造了百年教堂的平台基础。

产品间的竞争从长期来看，归根结底在于基础平台的竞争。一个产品不能完全从零开始做起，要有丰富的平台、CBB支持，要有强大的工程工艺能力和技术管理体系支撑，使得产品的成本、质量能在一个很好的平台体系上得到实施。

开放平台

为更好地满足客户需求，建设百年教堂，平台必须坚持开放与创新。一个不开放的文化，就不会努力地吸取别人的优点，是没有出路的。一个不开放的组织，会成为一潭僵水，也是没有出路的。

宽容失败

我们要进行创新，最大的可能是错误，而不是成功。如果不宽容错误，不宽容从泥坑中爬起来的人，那就不是真创新。因此要宽容失败，不怕失败，敢于探索，我们才有光辉的未来。

持续改进

在管理和流程上要坚决反对盲目创新，要在原有的基础上不断改良和优化。我们要持续百年的不断改良，不要随意地改革，改来改去的。只有在历经数年充分认证，才进行必要性的革命。坚持百年，我们不死就是胜利。

保护创新

财富的积累，历尽了岁月与艰辛。但财富的毁灭却在一瞬间。例如，风华正茂时遭遇危及生命的车祸；一把大火将你所有一切付之一炬；地震震塌了你没有买过保险的房屋……我们经历几代人建立的平台，实质上是由软件代码和设计文档等组成的，如果遭遇拷贝，财富就会毁于一旦。因此我们要高度重视信息安全，理解信息安全一时的过激行为。但我们在信息安全上要学“灰色”，不要防卫过度。

成功于教堂

每个人都能甘于平淡，耐得寂寞，默默奉献，是一件不容易的事，这是一种伟大的人格修炼。板凳要坐十年冷，我们几万员工已经做到了，才有了华为今天，才有了打造百年不倒的教堂的可能。我们已经走出了一条成功的平台道路，为什么不走下去，为什么不一代一代地走下去？越走会越顺利，越走会越省力，越走会效率越高，越走会使你和家人获得更多的物质与精神上的报酬。一条一条的砖缝铺满砂浆，让砖块受力均匀；摆平每一块砖，让它垂直于地心……你终于会享受到这种默默无闻的无私奉献的快乐。当你回首往事，不因虚度年华而悔恨，也不因碌碌无为而羞耻。你可以自豪地对儿孙说，我参与的平台，数十年了还在全世界运转。平凡中孕育着伟大，你就是一个伟大的人，不在乎哪条砖缝是你修的，也不需要别人给你评价，只要你自己认同就行，它能激励你与同事和睦相处，共同前进就行。只要家人给你祝贺，分享了你的幸福，人生就是伟大的，哪怕只填了几条砖缝。不要在乎别人说三道四，自己激励自己，才能实现人生的伟大。

什么叫幸福？人生攒满了回忆，就是幸福。

呼唤炮火，寻求支援

2009年1月16日，华为召开销售、服务体系奋斗颁奖大会，任正非做了题为“谁来呼唤炮火，如何及时提供炮火支援”的讲话。

流程变革

流程变革要倒着来，从下往上做，平台只是为了满足前线作战部队的需要而设置的，并不是越大越好，越全越好。要精减平台人员，减少行政部门，减轻协调量，效率自然就会提高。

做厚客户界面，以客户经理、解决方案专家、交付专家组成的工作小组形成的“铁三角”作战单元，有效地提升客户的信任，较深地理解客户需求，良好有效地交付，及时地回款。

决策权力

公司主要的资源要用在找目标、找机会上，利用较少的资源建立对实现目标提供的支持服务。我们后方配备的先进的设备、优质资源，应该在前线一发现目标就及时发挥作用，提供有效的支持，而不是由拥有资源的人来指挥战争，拥兵自重。谁来呼唤炮火，应该让听得见炮声的人做出决策。

也就是说，前端的组织是全能的，在授权范围内，有权力直接呼唤炮火（指在项目管理上，依据IBM的顾问提供的三个授权文件，以利润考核进行授权，在授权范围内直接指挥炮火，超越授权按程序审批）。后台变成系统支持力量，必须及时、有效地提供支持与服务，以及分析监控。公司机关不要轻言总部，机关不代表总部，机关是后台，必须为前方提供支持与服务，不能颐指气使，不能坐而论道。公司的最高决策层是EMT会议，EMT成员只是在会议结束后，推动决议的执行。机关干部更不能以总部自称，并发号施令，更不能让前方的每一个小动作，都必须经机关批准，那样机关就会越做越大，越来越官僚，越来越低效率。

平台联动

我们已明确后方平台要以客户需求为中心，平台的客户就是前方作战部队，作战部队不需要的，就是多余的。后方平台以支持前方为中心，按需要多少支持，后方就设立相应组织，而且要提高后方业务的综合度，减少行政部门设置，减少内部协调，及时准确地服务前方。

我们要继续坚持以有效增长、利润、现金流、提高人均效益为起点的考核（条件成熟的地方，可以以薪酬总额为计算基础），凡不能达到公司人均效益提升改进平均线以上的，体系团队负责人、片区、产品线、部门、地区部、代表处等各级一把手，要进行问责。在超越平均线以上的部门，要对正利润、正现金流、战略目标的实现进行排序，坚决对高级管理干部进行末位淘汰，改变过去“刑不上士大夫”的做法，调整有一线成功实践经验的人补充到机关。

“日出江花红胜火，春来江水绿如蓝。”春天还远吗？

优胜劣汰，天道酬勤

2009年3月23日，华为召开财经系统表彰大会，任正非做了题为“市场经济是最好的竞争方式，经济全球化是不可阻挡的潮流”的讲话。

艰苦奋斗

华为20年的炼狱，只有我们自己及家人才能体会。这不是每周工作40个小时能完成的，我记得华为初创时期，我每天工作16小时以上，自己没有房子，吃住都在办公室，从来没有节假日、周末……想想这是十几万人20年的奋斗啊，不仅仅是在职员工，也包括离职员工的创造。这些成绩怎么会在很短的时间，每周只工作40小时，完成产业转换呢？

华为就是赶在死亡之前，达到了一定的经济规模，并在近10年时间，努力变革自己，谦虚地向西方公司学习管理，提高效率，并制定了优异的人力资源机制，促使全体员工不断奋斗，从而我们一定是会成为最后的赢家。

监控体系

没有优良的财务管理，没有可靠的监控，我们的授权就不能完成，前方不能直接呼唤炮火，官僚、臃肿的机构长存，我们如何能活下来？我们要坚定地支持财务的IFS变革，加强财务人员自身的业务建设，选拔及吸收优秀的骨干到各级岗位，真正从计划、预算、核算实行全流程管理，更好地服务于业务的发展，这是历史赋予我们的使命。

深淘滩，低作堰

2009年4月24日，华为召开运作与交付体系表彰大会，任正非做了题为“深淘滩，低作堰”的讲话。

学习李冰好榜样

“深淘滩，低作堰”的治堰准则，是都江堰长盛不衰的主要“诀窍”。华为公司若想长存，这些准则也是适用的。

“深淘滩”，就是深挖河床，让水在自己的渠道中流动。在企业管理上就是不断地挖掘内部潜力，持续地提高人均效率，大幅度地降低运作成本，为客户提供更有价值的服务。客户绝不会为你的光鲜以及高的福利多付出一分钱的。我们的任何渴望，除了用努力工作获得外，别指望天上掉馅饼。公司短期的不理智的高福利政策，都是饮鸩止渴。员工持续获得高回报的唯一途径，就是不断艰苦奋斗，持续地改进，深入地挖掘潜力。

“低作堰”，就是不依赖堤坝挡水，充分发挥自然的作用。也就是说，自己留存的利润低一些，多一些让利给客户，以及善待上游供应商。当华为高筑堰了，就会把利润截流，上下游和客户的利润就会干枯，我们截流的利润也将是死水一潭。

将来的竞争就是一条产业链与另一条产业链的竞争。从上游到下游产业链的整体强健，就是华为生存之本。

职业化

什么是职业化？就是在同一时间和同样的条件下，做同样的事的低成本。

我们面对金融危机，要有管理改进的迫切性，但也要沉着冷静，减少盲目性。我们不能因短期救急或短期受益，而做长期后悔的事。不能一边救今天的火，一边埋明天的雷。

但面对未来市场发展趋缓，我们要更多地从管理进步中效益。但是，我们从来就不主张较大幅度的变革，而主张不断地改良，我们现在仍然要耐得住性子，谋定而后动。

西方的职业化，是从100多年的市场变革中总结出来的，它这样做最有效率。并非是穿上西装，打上领带，为了好看。我们学习它，并非是完全僵化地照搬，并非穿上中山装就不行。我们20年来，有自己成功的东西，我们要善于总结出来，我们为什么成功，以后怎样持续成功，再将这些管理哲学的理念，用西方的方法规范，使之标准化、基线化和文档化。

七大反对

管理改革要继续坚持从实用的目的出发，达到适用目的的原则。在管理改进中，要继续坚持遵循七大反对的原则："坚决反对完美主义，坚决反对烦琐哲学、坚决反对盲目的创新，坚决反对没有全局效益提升的局部优化，坚决反对没有全局观的干部主导变革，坚决反对没有业务实践经验的人参加变革，坚决反对没有充分论证的流程进行适用。"

应对不确定性

我们要清醒地认识到，面对未来的风险，我们只能用规则的确定来对付结果的不确定。只有这样，我们才能随心所欲，不逾矩，才能在发展中获得自由。任何事物都有对立统一的两面，管理上的灰色，是我们生命之树。我们要深刻地理解开放、妥协、灰度，领悟李冰父子的深淘滩，低作堰，保证华为的基业永固，长治久安。

关于华为核心价值观的对话

2005年上半年，华为重新梳理了核心价值观，经过系统的思考和深入的讨论，于5月提出了新的核心价值观体系，并以此取代了《基本法》中确定的核心价值观体系。对此，无论是客户，还是内部员工，都有一些疑问或迷惑。下面，我们以虚拟对话的方式，谈谈对这些问题的理解。

问：华为为什么要重新梳理和确定新的核心价值观体系？

答：1998年3月，经过三年的讨论修改，八易其稿的《基本法》终于讨论定稿，华为公司的核心价值观体系也随之横空出世。这是改革开放以来国内企业首个系统的核心价值观体系。在此后的发展过程中，无论是进入高速发展阶段，还是在寒冷的冬天，核心价值观体系都作为一种重要的牵引力量，起到了重要的支撑作用。华为多年的发展实践也验证了其核心价值观的正确。

经过8年充满艰辛的发展，公司已成功地探索出了自己的商业模式、内部营运模式和企业文化的内涵。可以说，《基本法》对未来的展望、描述和企盼，更多地已经变为华为的实践。换言之，公司发展的实践正在不断地验证《基本法》所构建的伟大蓝图。

经过8年的发展和思考，尤其是经过寒冬的考验，具有强烈自我批判精神的公司领导对自己核心价值观体系有了更深入的思考和反思。任正非曾指出："《基本法》里也有泡沫。"因为它毕竟诞生于一个以泡沫为特征的时代。新的核心价值观体系无疑是建立在这种系统思考和自我批判基础之上的。公司推行的IPD、人力资源管理体系、干部管理和培养体系等变革，以及国际化的实践，不仅开拓了我们的思考空间，同时也呼唤着新的核心价值体系引导公司未来的发展。

古人云：盛世修典。当华为进入难得的发展时期时，重新思考和梳理自己的核心价值体系也是不难理解的。

可以说，《基本法》中的核心价值观体系引导了公司的发展，8年艰苦卓绝的发展，为思考新的核心价值观体系提供了厚重的思想土壤。

战略界定的是公司在实现自己的愿景、完成自己的使命过程中，对未来所做出的一种智慧的选择和持之以恒的承诺。正如管理大师彼得·德鲁克所说："一家企业不是由它的名字、章程和条例来定义的。企业只有具备了明确的使命与愿景，才可能制定明确而现实的战略目标。"

对于公司新核心价值观体系的内涵及背后的深层次思考，任正非在《华为的核心价值观》一文中已做了全面的诠释，在此不再赘述。

问：新的核心价值观体系与原有的核心价值观体系有什么联系与差异？

答：公司新的核心价值观体系是在原有核心价值观体系的基础上诞生的，并在后者的基础上得到了进一步升华。

两相比较，公司新的核心价值观体系在保留原有的核心价值观体系精华的同时，具有新的创新。

第一，新的核心价值观体系更精炼、更严谨、更具有冲击力。原有核心价值观体系涉及愿景与使命、员工观、技术观、精神、利益观、文化观和社会责任观等7个方面。由于涵盖内容较多，其"核心"性有所削弱。新的核心价值观体系涉及愿景、使命、战略三个方面，凝练的200余字，更加准确地聚焦于公司的核心价值体系。新的核心价值观体系具有内在严谨的逻辑关系，以客户的终极价值为主线，将愿景、使命和战略有机地统一在一起。尤其是在公司战略的表述上，各个层次环环相扣，高屋建瓴，闭合循环，充分显示出内在逻辑力量的震撼。

第二，新的核心价值观体系的终极性更明确。它更强调核心价值观的目的性。新的核心价值观体系出现最多的一个关键词，就是客户，达7处之多。也就是说，它在反复张扬着华为的生存、价值、愿景、使命，将其终极意义都归结为客户，即它回答了华为“为什么”的命题。而原有的核心价值观体系更强调公司的目的性，回答了华为“干什么”的命题。彼得·德鲁克曾指出，企业的核心价值观应该回答三个命题：我是谁？我从哪里来？我到哪里去？原有的核心价值观体系仅仅回答了前两个问题，而新的核心价值观体系在更高层次上系统地回答了这三个问题。概括地说，原有核心价值观体系是以华为公司为出发点的，具有很强的自我色彩；新的核心价值观体系是以客户为出发点的，具有很强的终极色彩。

第三，新的核心价值观体系更与国际接轨。由于在早期没有可借鉴的范本，原有核心价值观体系更表现出创新性的中国企业色彩。而新的核心价值观体系更具有大企业的风范和国际企业共同的表现方式，与国外领先企业的核心价值观体系更接轨。

问：新的核心价值观体系是如何诞生的？

答：2005年1月，华为开始筹划新核心价值观体系的修订工作，其后成立由市场部牵头、人力资源部、两报和党委有关人员组成的“起草小组”，历经3~4稿的修改，以各部门干部部为主体，广泛地征求了全体员工的意见。任正非对核心价值观体系多次提出指导性意见，并参与讨论。可以说，同原有的核心价值观体系一样，新的核心价值观体系同样凝结了全体华为人的心血与智慧。不仅使人联想到，IBM的

CEO彭明盛为确定新的核心价值观，曾经发动32万名员工，进行72小时的大讨论。这种对核心价值观的重视与珍爱，在华为也一样。

《基本法》为华为探索出了一条可持续发展的未来之路，为华为人构建了一个未来之梦。其后8年艰难发展的实践，验证了公司发展之路的正确，使得华为之梦部分地变为现实。新的核心价值观体系，作为新的里程碑，为华为人带来了新的追求，新的梦想。

这就是梦的力量。

问：华为为什么要制定《基本法》？分析《基本法》对华为公司的意义。

答：1.《基本法》是对华为成功要素和失败教训的集中反思、提炼与归纳。当一家企业不清楚自己是如何成功或失败的时候，在未来也无法取得更大的成功，企业实际上就是在不断地复制自己的成功要素。历史决定未来。

2.《基本法》是企业的内部管理纲领，为未来确定发展的基本方向，统一认识，才能统一行动。

3.《基本法》确定了公司的愿景与核心价值观，文化变为有形的存在。要弘扬与培育文化，必须将自己的文化说清楚，必须有统一的文本，之后才谈得上培育与灌输。

4.《基本法》产生于华为的特殊发展阶段，业务扩展、人员大规模增加、管理压力增大，华为需要一种凝聚力量，否则原有的优秀文化将受到冲击。

5.《基本法》是企业家思考的结果，同时又帮助企业家思考，反过来又制约企业家的行为，由人治走向法治。

6.《基本法》并不是华为的独创，国外长寿的大公司大多都有自己的企业宪章，华为不过是领先与国外接轨：

- 1964年，美国大企业约40%有企业宪章。
- 1973年，2 000家企业中有73%有企业宪章。

• 1987年，2 000家企业中有87%有企业宪章。

• 1991年，日本218家大公司中，30%有企业宪章。同期，西欧的比例达到41%。

7.《基本法》对华为的意义在于使企业文化得以传承，为公司的进一步发展提供重要的牵引力量，使华为的文化真正落地、生根。当然，《基本法》对于提升公司品牌与知名度，对于市场的开拓，对于凝聚优质人力资源，都有不可忽视的意义。

8.《基本法》不能解决所有问题，它处于理念层次。在《基本法》背后，华为还有30个子基本法，都具备可操作价值。

9.《基本法》产生之后，华为按照《基本法》的理念，将工作重心转移到提升内部管理水平上，与《基本法》是相互呼应的。

问：《基本法》的框架是否符合国情？

答：1．不符合。

2．只符合华为的公司情，不同的企业发展阶段，面临的问题是不同的。

3．中国企业过多地强调中国特色，强调所有制特色，历史证明这是一个误区，在企业经营管理方面，没有特色，只有规律，特色只是一种借口。

4．《基本法》顺应企业的基本规律，或者是对规律的一种探索，《基本法》的最大特色就是：实事求是。

5．《基本法》的框架又是符合国情的，它的框架与理念值得中国企业借鉴。

问：《基本法》是做势、作诗还是做事？

答：1.《基本法》的作者是几千个华为人，他们都不是诗人，而是商人，在商言商。

2.《基本法》有做势的嫌疑，但结合华为在《基本法》产生之后的高速发展实践来看，作势的内涵也很清楚，发展之势，成长之势，将公司置于一个高起点之上，为公司的发展建立一个高起点。

3. 如果把《基本法》定位于炒作之势，炒作只能是短时的。《基本法》之后，华为的业绩证明这一观点是不成立的。

4.《基本法》更多的是做实。

问：你对知本主义是如何理解的？知本主义的分配机制是否适用于国有企业？分析华为在分配和激励机制上的理论突破和实践创新。

答：1. 知本主义是在知识经济背景下提出的一个理念和价值主张。

2. 知本主义是相对于人本主义、资本主义的一个概念。

3. 知本主义强调的是知识对于价值创造的重要性，强调对知识拥有者的充分尊重，强调对知识拥有者的合理回报。

4. 知本主义不是一个特殊的经济发展阶段，其意义存在于企业内部。

5. 国有企业分配上的“大锅饭”的症结，不承认企业家的价值，不承认知识的价值，不承认不同要素对企业的价值贡献，所以提倡知本主义是有现实意义的。强调以人为本，实际上是变相的“大锅饭”，知本主义的理念是反对平均主义的。

6. 政府提出的按生产要素分配与知本主义的理念是共通的。

7.《基本法》提出的知本主义理念实际上适应了知识经济的潮流，这种探索对中国企业具有普遍的意义。

8. 华为在分配和激励上的创新与突破归结为：绝不让雷锋吃亏，奉献者将得到合理的回报。

问：如何评价“永不进入信息服务业”？

答：1. 敢于把鸡蛋放在一个篮子里，是对自己自信的表现，是企业家魄力的表现。

2. 有所为才能有所不为。

3. 多元化是一个美丽的陷阱。

4. 当企业的能力／资源，特别是其管理达不到一定水平时，就没有多元化。

5. 在自己擅长的领域专心致志地做自己擅长的事。

6. 几乎每一个失败的企业背后都有多元化的问题。

7. 学会放弃是痛苦的，尤其是看到别人在赚钱的时候。

8. 微软连硬件都不做，对中国企业来说简直不可思议。

9. 国外企业发展的趋势是一元化，美国最大500家企业平均进入的产业领域：20年——4.3个，当前——1.2个。

问：分析“压强原则”在华为公司的发展中起到的作用。

答：1. 集中优势兵力打歼灭战。

2. 形成自己的核心竞争力。

3. 与国外领先公司看齐，进入国际市场。

问：华为对文化的定义和阐述是否符合公司的战略发展目标？对文化的地位评价是否过高？

答：1. 华为对文化没有定义。

2. 战略发展目标应该符合文化，特别是文化中的愿景与使命，而不是颠倒过来。

3. 对文化的地位无论怎样定位都不会高，关键在于对文化的理解。

4. 文化是支撑百年老店的力量。

第五部分

近观与远思

大师言，管理是手艺，是实践，也是艺术。在中国，几位公认的著名的企业家所学专业都不是管理学，而且也没有上过EMBA（但有几位是EMBA的导师）。管理理论是灰色的，管理实践之树常青。管理很难有最优最劣之分，其标准是有效。企业管理的精进之道，是悟。彼得·德鲁克把自己定位为“旁观者”，在观的过程中，他悟出了企业经营管理之道，成为伟大的管理大师。

对于管理大师，本人只能望其项背，不敢与其齐肩。在华为的十几年，个人角色定位，其实就是一个微不足道的“旁观者”，边观边悟，边记录，做的基本上就是“驴友”的事。幸运的是，我能够有机会近距离旁观华为，风光无限，收获颇丰。以下就是部分观光记录，杂七杂八，零零散散，没有水平。

任正非：铁军的领袖，自古以来都十分爱兵

1月的一天，结束了在华为的工作，我由深圳机场回京，因工作较多，特意定18:55的飞机。冬天天短，准备登机时，外面已夜色朦胧，偶遇华为总裁任正非先生。他与我乘坐同一航班去北京，坐这么晚的航班，想必他也是为了节省时间。这是我十余年来第一次与任正非同机出差。

任正非大概是刚从机场书店出来，手里拎着“学而优”书店的塑料袋，里面有四五本书。记得任正非多次在公司会议上要求干部多读些书，并讲他自己每次去北京出差，3个小时左右的航程，有两个半小时在读书。还记得在2001年访问日本时，深夜1点钟，任正非还在看书。这次，我对任正非刻苦读书的印象更加深了一层。

一个人的成长，源自其学习和领悟能力，源自其见识，源自长期的实践，正所谓“行万里路，读万卷书，与万人谈，干一件事”。任正非所学的专业是建筑（确切地说是建筑学中一个很小的学科），没有学过通信，更没有读过企业管理、MBA或EMBA。像华为公司一样，他也是很幼稚地进入通信领域，并管理着一家有6万人的国际化公司。他的学识来自不断地学习，当然还有天赋。可以说，在华为成长最快的人力资源是任正非。许多公司失去了成长力，很大的原因是老板不学习、不进步。老板到了天花板，企业肯定也长不大。

与任正非见面后，没有任何寒暄，他直接问的是到北京后有没有车接。当听说我坐出租车后，任正非说：让我的车送你回家（任正非住的酒店比我家远），而且不容我推辞。

国航晚点了，到达北京的时间已是22:15。由于我所坐的舱位靠后，又托运了行李。飞机落地后，任正非让同机的市场部领导转告，他们三位同坐一辆车，让自己的那辆车送我回家。出了登机廊桥以后，我发现任正非在门口等着，再次告诉我坐他的车回家。然后，自己拖着行李，向出站大厅走去，我看到的是一个越来越远去的背影，在那里，我看了很久。

我又想起两年前的身影。同样也是在北京首都机场，我从哈尔滨授课回来，电话响起，是任正非打来的，问我是否回家，有无车接。原来到京出差的任正非在嘈杂的机场发现了我。与任正非同车到燕莎凯宾斯基饭店南侧的三环路，他坚持在路边下车，让司机直接送我回家。那是个周末的黄昏，天气有点儿寒冷。一家大公司的总裁，拖着沉重的行李，以他那快速的脚步，一个人孤独地走向远方，背影越来越小，但夕阳下的身影却越来越大；任正非的背影越来越模糊，但夕阳中的身影却越来越清晰……

记得任正非曾对市场部门的管理者讲过："铁军的领袖，自古以来都十分爱兵，真心去关心你的弟兄。"

近来，又一次读《论语》，孔夫子的几句话令我印象颇深，抄录如下：

"子曰：其身正，不令而行；其身不正，虽令不从。"

"政者，正也。子帅以正，孰敢不正！"

"苟正其身矣，于从政乎何有？不能正其身，如正人何？"

"为政以德。譬如北辰，居其所而众星共（拱）之。"

（本文原载《中国企业家》2007年第三期）

4.28 邮件：我在现场

9:00 到了办公室，迟到了。因这几天给华为黑马特训营授完课，处于极度疲乏中。

进办公室，见任正非正与EMT秘书处的秘书们聊天，谈笑风生，精神饱满。任正非的脸上贴着纱布，刚看见以为是挂着蓝牙耳机。

或许是没有看见，或许是看见了，彼此没有打招呼，这也是他的一贯风格，他不理我，我也不会搭讪，他从来不玩虚的。

9:45 正在吸烟室吸烟，秘书通知任正非召见。回到办公室，带上记录本，进入任正非办公室。

坐定，第一句话如往常一样："过来了？"

我问："脸受伤了？"答："动了个小手术。"

接下来，如往常一样聊天，所聊话题：商学院教育、创业家精神及创业能力培养、军事、团级干部蹲点、大学生教育与就业、信任危机与危机管理、红十字、火星一号、旷野生存……话题有点儿散，没重点。

唯一聊到公司的话题是徐直军副董事长前几天关于美国市场的讲话，印象最深的是任正非提到的一段歌词："红尘呀滚滚，痴痴呀情深，聚散终有时，留一半清醒留一半醉，至少梦里有你追随，我拿青春赌明天，你用真情换此生，岁月不知人间多少的忧伤，何不潇洒走一回。"

看得出，任正非有点儿疲惫，聊天过程中，由军人坐姿，变为斜靠在沙发上。

10:30 结束聊天，带着任正非赠送的袋装豆腐干，离开他的办公室。

豆腐干是四川所产，品牌忘了，记得包装袋上有一行小字：来自小平故里。刚进办公室时送一袋，临走前又追加一袋。味道很好，据说是尼姑做的。

12:00 秘书来通知：任正非在办公室请大家吃饭。共8人，套餐，有汤、玉米、花生、叶菜、笋片，任正非买单，每份120元，餐厅对老板下手也够狠的，难怪公司的大领导都舍近求远跑到员工餐厅排队就餐。

今天中午又没吃饱。后悔当初派代表提出的合理化建议没被采纳。

其实，在公司的几天，我已经大致知道今天有文件发布，亦知道了大致的内容。但一直有一种莫名其妙的焦躁和期待。

我与有公司级文件发布权限的秘书同一办公室，什么时候发布，“核按钮”就在她手里。

整个下午，我都在关注她的一举一动。但她若无其事，进进出出，忙忙碌碌。好淡定啊！

17:52 在公司内网“公司文件夹”的“总裁办电子邮件”中，出现了《任总在员工持股代表大会的发言摘要》，文件编号2013–56号。

约20秒后，此文件出现在“心声社区”论坛的“华为家事”板块中。

此时，路经任正非的办公室，已关门。

18:00 本文首次出现在外部媒体上，是《创业家》杂志的新浪官方微博。之前，他们的记者打过电话，很显然，他们在赶时间，没有耐心听本人讲下去。微博的全文是，任正非：家族成员将永远不会接班。今天 18:00左右宣布，华为创始人任正非宣布其家族成员将永远不会接班，华为5~10年内一定不会上市。并附来自“心声社区”的文件截屏。

提示一下，《创业家》组织的华为黑马特训营第二期27日晚刚刚结束，牛文文社长的微博为证："华为特训班第二期结业了，三天三夜没出华为，吃住上课在百草园培训中心，和华为的高管、顾问、员工密集交流学习，恍若华为人。做媒体十几年，总想着走近神秘华为，报道传奇华为，这段时间作为一个创业人走进了华为，反而觉得华为如水，静水潜流。创业的华为，令人尊敬，引人学习。"

然后，天下人都知道了。

弱弱地回答几个问题：

1. 为什么华为选择这一天发？

这份文件是3月30日形成的，一个月后才发出，这符合华为的惯例。总裁办和EMT文件都是反复征求意见，修改补充，才正式公布的。尤其是任正非的文章，一个月以后甚至更长时间才发布，都是常态。

在这份文件后，多处出现"……"，因为这是一份摘要，在此之前，相信华为的中高层管理者已先于员工看到了"全本"。这也需要时间。

2. 为什么选择节前发？

为了减少外部对这份文件的关注、炒作。还有别的考虑吗？没有了！真的没有了。

3. 为什么选择这个时间发？

其一，任正非给文件发布权限秘书的授权是："你下班前。"想一想，秘书如果在16:00发出了文件，任正非肯定知道她早退了。借给秘书三个胆，她也不敢，华为的考勤制度可不是吃素的。何况，连这点儿智商都没有，还能做总裁办秘书？

其二，在18:00前发出，也是为不影响员工的正常工作。员工因这封邮件而奔走相告，思绪难平，百感交集，必定影响工作，降低效率，破坏氛围。这不符合华为的核心价值观，也不是华为人的做派。其实，文件公布后，在华为内部并没有引起多大的波动，截至24:00，"心声社区"上的点击只有1 000余次，到29日20:00也仅有11 000多次点击，147条回复，与那些动辄几十万的热帖相比（当天就有一条37万多点击的热帖），显得很冷清。与外面铺天盖地的热议相比，公司内部平静如水。为什么这样？华为就应该这样，理解不了，说明您太不了解华为了！用阴险心理解读别人的人，得出的永远是阴暗的结论。

4. 为什么以这种方式发出？

文件是以“总裁办电子邮件”的名义发出的，文件密级：内部公开。即面向全体员工，这里面并不包括外部媒体等。既然是内部公开，肯定也会出现在“心声社区”，而后者对社会是限制开放的，只要想看，一个终端，一个有线或无线接入方式，再加上一个拥有小学及以上学历的人。华为绝没有主动向某位员工或外媒发邮件——任正非喜欢的是自媒体。

当晚，回到百草园，一杯铁观音，一支柔和七星，伴随着网络上铺天盖地的转发、评论、解读、质疑、狂赞、猛贬……

21:17 发了一条：“答某人：我在百草园的房间里，面对电脑中一位军人的一篇讲话稿，致以军礼！”——本人是军人的后代。

24:00 我困了，该洗洗睡了！

晚安！华为！晚安！任总！

任正非的谦卑与霸气

5月20日，正参加会议，手机震动，一看显示，是任正非打来的，迅速跑出办公室接听电话。任正非问在忙什么？告知在开会时，任正非讲：不打扰您了。当我反复地讲，没关系，不影响，我已经出来了等，还没说完，那边就挂断了电话。

昨天又接到任正非的电话，开头还是“您方便吗？”用的还是“您”。

由此想到了人格魅力，想到了谦卑，想到对他人的尊重，想到了许多……

前天看到一篇文章：伟人都是平易近人的，当然，平易近人的人不一定是伟人。

谦卑不是懦弱，谦卑是一种伟大的力量。

每次与任正非打完电话，不论谈论什么话题，手心或者额头都会冒汗——尽管他在几千里之外，一贯如此。

这就是一种霸气。

谦卑与霸气，是两种完全不同且矛盾的特质，能将两者并存于一身，很不容易。

有的人很谦卑，但要区分对象，对权贵谦卑的人多了，尤其是在官场，甚至到了登峰造极的地步，故“奴才文化”在政府和企业已成为主流文化，但能像李白那样“安能摧眉折腰事权贵”的人有多少？能对弱者保持谦卑的人有多少？

有的人很霸气，几乎到了螃蟹的境界，尤其是对弱势者，子系中山狼，得志便猖狂。这种霸气，倒不如说是一种霸道。

有的人很谦卑，也很霸气，但要看对象，谦卑与霸气是择机使用的工具，而不是坚守的价值观。

在谦卑的同时，能够时时刻刻彰显霸气，本人做不到，很多人也做不到。任正非却做到了。

站在富士康门口

一

人有命，也有运。国有运，企业也有运。顺了，一顺百顺；不顺，喝口凉水都塞牙。决定运的有些是外部不可控因素，有些是内部可控因素。古人云：“天作孽，犹可违；自作孽，不可活。”运程不佳，叫作“犯小人”，用老人的话讲：“趟上了。”

富士康的运程绝对有问题，9位员工先后跳楼，把富士康推倒了风口浪尖上，引起了舆论一波又一波的关注。郭台铭先生绝对会很郁闷，很茫然，很无奈，一定会感叹流年不利，运程不佳。

富士康出事后，舆论几乎口诛笔伐，媒体连篇累牍，学者上蹿下跳。愤青差点儿把富士康说成人间地狱，理性的人又是人文关怀，又是以人为本，又是柔性管理。

这几天，我就先后接到三家著名媒体的电话，都与富士康现象有关。有的约稿要求深入分析富士康现象，有的约稿要求分析富士康的员工帮助计划，有的要求做网上论坛，主题是如何由中国制造走向中国创造，以避免富士康现象的发生（绝对有想象力的选题）！

对这些邀请，我都一一谢绝了。其一，对富士康没有深入了解。尽管看过写郭台铭先生的《虎与狐》，很敬佩郭台铭先生“回到基本面”

的经营理念，对富士康“赤字接单，黑字出货”充满敬意。尽管与富士康的高管比过赛（印象最深的是他们的涵养和身穿工服，据说郭台铭先生第一次到华为访问也是穿着工服）。但从整体上讲，我对富士康是不了解的，因此没有资格解析评价这家企业，也非常鄙视那些连企业大门都没进过，就敢大放厥词，甚至写书的专家们。其二，人家企业出事了，不能表达一些同情，也不要胡说八道，指手画脚，更不能幸灾乐祸，毕竟在这个事件中，有9条鲜活的生命消失了。这样做是不厚道，不地道，最起码是缺乏人性。

二

5月19日晚，18:00，我站在了富士康门口。

出梅关高速，沿梅观高速前行十余公里，第一个出口就是富士康/华为。富士康在左边，华为在右边。高速路上方有一小桥，把两家企业相连，富士康在西侧，华为在东侧。本人站在桥中央。

正是下班时间，华为员工的小车和班车形成车流，车水马龙，由东向西，进入深圳市内；富士康员工形成壮观的人流，浩浩荡荡，自西向东，涌向雪象、岗头、马蹄山（均为村庄名）。在深圳，富士康员工有40余万人，每平方公里有近20万人，是华为总人数的4倍（每平方公里1万多人）。

走出了富士康的厂门，他们的脚步很匆忙，又很坚实，脸上的表情有些疲惫，很少有人嬉闹，静静地向前……

与华为员工相比，富士康的员工年龄更小，身体看起来更单薄和矮小，戴眼镜的很少，没有华丽的着装，显得更纯朴，更可爱，让人想到了邻家的小弟小妹，更确切地说是小侄子，小侄女。

他们绝大多数是中国农民的子女，从他们先辈那里继承的只有贫困；

他们由农村进入原本不属于他们的城市，在身份差异的剪刀差下打拼；

他们是农民的后代，但他们又不会种地，更不愿再回到农村；

他们背负着家庭的责任，肩负着兄妹的期望，还要改变自己的命运；

他们年纪轻轻，远离父母，难以享受天伦之乐；

他们没有选择，背井离乡，进入城市打工或许是他们的唯一选择；

他们绝大多数没有进入高校，去享受同龄人激情的风花雪月；

他们也是“80后”“90后”，有着同样的梦想，同样的追求；

他们的身后不远就是观澜高尔夫、欢乐谷、东门购物街和香港，但这些都与他们无关；

他们生产着世界上最先进的手机或iPad，但自己却使用着廉价的功能机。

因为是下班时间，在富士康门口，没有看到传说中长长的求职队伍。

对于富士康员工来讲，他们进入富士康，与富士康结缘，迈出了他们人生的第一步。进入世界级的企业，或许能够改变他们的命和运。

对于富士康公司来讲，它承担了巨大的社会责任，解决了近80万员工的就业问题，缴纳税收，为国分忧，为社会做贡献。没有富士康，更多的人会沦落在深圳街头，游荡在城市与农村之间做布朗运动，会进入小煤窑，会从事特殊性服务。

有人讲，富士康员工的压力大，劳动强度高，加班时间长，这不是富士康之过，《劳动合同法》使然。在全球产业分工体系下，在中国，在劳动密集型企业，在计件工资体系下，要多挣点儿工资，得到加班的机会，意味着有更多的收入。在珠三角，在长山角，为了一份无固定期限的劳动合同，有多少茫然地徘徊街头，苦苦寻觅！

富士康的员工不是“富二代”，他们没有财富可继承；

富士康的员工更不是“官二代”，也不像层出不穷的贪官们那样，可以轻轻松松地掠夺他人的财富。

富士康挺住了！富士康的员工挺住了！

天佑富士康！

看着富士康涌动的人流和华为涌动的车流，我又想到了人的“命”

和“运”。耳边响起了贝多芬的《命运交响曲》、柴可夫斯基的《悲怆》交响曲和《北国之春》的混合旋律。

（写于深圳自北京的晚点3个多小时的国航1314航班，
原定题目为“天佑富士康”）

没变的任正非

6月12日（周六）上午，任正非打来电话，问有没有时间，他在北京出差，上午没有安排，邀请一起聊天。为了本人方便，任正非把地点定在海淀，实在不好意思，再三推辞，最后定在金融街附近的七彩云南。其间，又邀请了彭剑锋教授一起聊天。

静静的阁楼茶室，淡淡的普洱茶香，浓浓的海阔天空，君子之交淡如水，友人相谈浓如茶。

其间，作为出差的礼物，任正非为夫人精选普洱茶。原以为会选高档的普洱茶，没想到他比较半天，拒绝了店员推荐的所谓的极品，选的是普通低档的一饼普洱。

中午，任正非请客，五人共进午餐。

下午，任正非要见客户，还要回深圳，时间安排得紧。而餐厅的服务员是“90后”的实习生，业务不熟悉，饭店还没有组建“铁三角”和海军陆战队，求助系统不完善，端到端的流程没打通，联勤保障能力弱，对呼唤炮火的反应比较慢。

结账时，随行的刘总提出了善意的改进意见。没想到，“90后”的服务员哭了，应急反应倒很快。

任正非一直反复地讲：对服务员不要那么凶，她们很不容易，那么小的年龄，那么低的工资，跑到北京打工，很不容易，对待她们更要友善。还不时地安慰那个“90后”。

由此，我想到了近期网上炒得沸沸扬扬的女教师逼饭店服务员下跪事件。

我悟到了，一个人更应善待地位比自己低的人，这是人格和人品的反映。

出饭店，在电梯里，任正非给了三位服务员小费。

这不是第一次，以前也有过。请吃一碗面条，被请客的人没有吃饱，请客的人倒给服务员数量可观的小费。

剑锋教授已经10年没见任正非，聊起这次见面的印象，他一言概之：任正非没有变。

10年前，华为还是过百亿的中小企业；10年后，华为已成为过千亿的世界级大公司。

华为发生了很大的变化，任正非却没有变。

企业家的变与不变

写《没变的任正非》时，其实有很多话没有写出来，主要出于两点考虑：一是怕故事的主人有意见，只能收敛着写；如果写过了，就会像《任正非给竞争对手员工捐款》一样，被任正非勒令删除，空留遗憾。二是考虑看客有不舒服的反应，又是盲目崇拜，又是个人迷信，自留地里就会收获很多口水和垃圾。

今天看《创业家》第6期，该期的封面文章是《小富豪》，牛文文主编以敏锐的商业观察力，指出了中国的一群“怪”公司——规模只有几个亿的小公司，因上市，创始人个人的市值财富天价放量。

牛主编告诫这些“小公司，大富豪”：“身幼多金，已处危境；尚不自知，危而又危。”斯言，诚也；此人，牛也！

这些被资本运作的公司富豪，确实透支了未来几十年的发展红利，庞大的虚拟财富确实有可能扼杀公司的未来。运作在一夜之间能撑大公司，但不能做强公司。许许多多高扬资本运作大旗的老板们，最后都被资本运作得满地找牙，甚至失去对公司的控制。上市意味着老板得到了财富，但失去了股份以及相应的红利回报，以一次性虚拟财富换取未来实体财富的损失。

10年前，我曾为中关村一家公司做过咨询，那是一次失败的咨询。当时公司的规模有2个亿左右，有技术，有市场，也有机会，老板提出要成为“中关村的华为”。但后来把主要精力用在上市上，折腾了几年，无疾而终。加之决策失误，到今天还是一家2亿多元的公司。还好，这家公司还活着。而其赶超对象华为已经是一家价值1 400亿元的国际化大公司了。

10年后，这家公司上了创业板，老板的身价达到几十亿，上市后公司净值达到100多亿元，而其公司的营业规模2亿元多一点。一个典型的“小公司，大富豪”横空出世了。

前一段时间，看了大量该公司的报道，发现老板又豪气冲天了，又口出狂言了，又有点儿忘乎所以了，不知可否还把华为放在眼里。

像在现实中看到的那样，一个人一当官，脾气就大，架子也大，以为什么都懂了，什么都会了。

其实这都没变，会飞的猪，不是因为有一双隐形的翅膀，而是因为台风来了！

“小公司，大富豪”的真正危机是什么？

危在老板们因财富的增加，变了。变得不可一世了，变得迷失自己了，变得心态浮躁了，变得更加投机了。

任正非一直没变，他领导下的华为一直在变。

大富豪转眼变了，上市后，他的小公司一直不变。

这真的很危险。

不敢写书

闲来无事，去书店一逛。出版业繁荣得真是一塌糊涂，种类繁多，包装精美，书名吸引眼球。

以经管类图书为例。

所谓“成功”的企业和企业家们，关于他们的图书全是“密码”“秘诀”“神话”“奇迹”“传奇”“秘籍”“真经”“帝国”，还有“DNA”“如是说”。

写那些成功了又失败的企业，全是“真相”“内幕”“嬗变”“危局”“困境”“不归路”，还有“劫”。

更滑稽的是，同一个传主，同一家企业的书，解释成功与失败的书并立书架，让人五味杂陈。还没来得及学习其成功经验，就要吸取其失败教训。

那个往牛奶里放大量三聚氰胺的老板，在教青年人如何创业；

那个以不当手段取得博士学位的才俊，在告诉读者他的成功如何复制；

那个被美国人称为“恶名企业”的老板，在讲述着快乐成功之道。

再以写华为的图书为例。

林林总总有30多本，但讲来讲去，就那么点儿事，尽是些陈芝麻、烂谷子的事，不买经不起诱惑，买了后悔。

连华为是“集团”，还是“有限公司”都没有搞清楚的人，就敢写：“任正非的生意经”；

连华为的总部在哪儿都没有搞清楚的人，就敢写一部华为的成功史；

连华为的基本组织结构都没有搞明白的人，就在写华为的事业部是如何运作的；

连华为高管的性别都没有搞清的人，就在研究华为的企业文化；

一帮高度疑似在校学生的人，就敢写一套华为管理模式的丛书，还有白金版；

一个高度疑似伪造自己身份的人，就敢与任正非对话……

此类现象不一而足，对他们的“崇拜”与“敬仰”如日本大地震的海浪，连绵不绝。

经常有人向我约稿，写一本关于华为的书，始终不敢应承，我倒不是遵循孔圣人的遗训：述而不作。而是不敢直面承担责任，不敢误人子弟，不敢胡说八道，不敢胡编滥造。

华为的内部更开放

伴随着任正非《要改善和媒体的关系》一文的发表，华为多位高管建微博，公司在香港机场等处打广告，媒体纷纷评论华为走向开放，甚至连《南方周末》也发表长文《华为开门》，并认为华为的开放是“逼出来的开放”。

其实，开放一直是华为坚守的核心价值观，华为从来不封闭，除了在技术、市场和供应链等业务领域坚持自主开放的政策外，华为的内部文化也并不像外界理解的那样封闭保守。华为确实是低调的，但又是开放的，如同公司的LOGO（标志），华为一直在低调中开放着。

其实，与其对外部的开放相比，华为内部更开放。

这一点，从华为的内部网站就可以清晰地看到。

华为的内部网站被称为“报纸与社区”，广告语是“有你更精彩”，印象中是在2008年上半年建立的。员工申请，网名登录，非华为员工也可以游客身份登录，但有限制。

报纸包括《华为人》报、《管理优化》报、《24小时》和《华为技术》，有中英文版；

社区的名称为“心声社区”，分为“华为核心价值观讨论区”“华为家事”“七彩生活”“行政服务之窗”和“视频专区”。

论坛分“核心价值观”“政策学习”“一路同行”“行政大家谈”等模块。

“核心价值观”模块讨论的是华为六大核心价值观：艰苦奋斗、成就客户、开放进取、自我批判、至诚守信、团队合作。其中有讨论稿、背景文章和故事分享。

自2008年12月，公司发起名为“同一华为，同一愿景”的华为核心价值观讨论活动以来，至今已有244 660人次参与讨论，有959人次回复。参与讨论的人次为华为已有员工总数的2倍。

在论坛中，员工讨论的话题并无禁忌，开放程度之高在诸多企业中并不多见，对公司管理者指名道姓的批评也不鲜见，甚至外部恶意攻击华为的文章也会转载于此。

网名“任众平”于2010年1月30日发的帖子《如果任总退休了，华为的好日子还能继续下去吗》，浏览数达338 800，回帖数为1 960。

近期被外界广泛关注的“五斗米”发表于2010年12月15日的帖子《华为，你被谁抛弃——华为十大内耗问题浅析》，浏览数达86 600，回帖数为599。此文还被转载于《管理优化》报。

“逆光的粒粒橙”发表于2010年5月6日的帖子《一个华为人的回顾，我为什么离开它，选择你？》，浏览数达100 081。

当然这不是最热的帖子。由“该出手就出手”发表于2011年1月24日的帖子《2011最给力帖——图文直击新一届董事会/监事会成员在市场大会及新年酒会的讲话》，浏览数达239 390。

小结：

一家公司是否开放，基于其核心价值观；

一家公司对外部是否开放及其开放程度，取决于企业领导者的风格、决策与实力；

一家公司的开放程度和开放时间，要依据公司的战略来确定和调整；

一家公司的开放程度并不能作为道德判断的标准，不能受制于外部的压力；

一家公司对外部是否开放及其开放程度并不重要，重要的在于其内部是一个开放的系统；

一家公司必须对内外部的开放及开放程度保持有效的管理。

华为地震：鬼哄鬼的闹剧

不用再重复这个关于华为的所谓“地震”的故事了。

产生伊始，这个故事便充斥着网络，铺天盖地，微博上、博客上、论坛上到处都是，它以不同的版本迅速成为吸引眼球的热点。

然后，传闻变成了新闻，新闻演变成事件。再后来，又在事件的基础上进一步发酵成焦点问题。

于是，治理结构、家族企业、企业传承、拯救华为、朝鲜接班人、国美与华为、世袭制等一系列话题迅速出台。或是旁征博引，或是旁敲侧击，或是义愤填膺，或是慷慨激昂。

这几天，我也接到多个电话，有朋友，有学生，有媒体；有的要求证，有的是闲得无聊，有的猎奇，有的动机不纯，有的是探讨，有的是要访谈。

因为上周我在华为待了4天，见过那个故事中的两个主角，却对此传闻浑然不知。茫然。

今天看到了华为的声明。原来如此。

彭剑锋教授曾写过一篇美文，题目就叫“鬼哄鬼”，讲的是官场和企业中的一种现象：“领导要了解实情，不能被下面的小鬼蒙骗，小鬼通过精心设计安排领导，哄领导欢心，而领导则日益享受被哄的感觉，大鬼哄小鬼，小鬼哄大鬼，成了鬼哄鬼，而且这俨然已形成一种套路，并形成上下互拍互哄的利益群体，使得领导离群众越来越远，离实情越来越远，所制定的政策偏离老百姓的心声与疾苦。”

彭教授果然眼光独到！

关于华为所谓的“地震”，何尝不是一场鬼哄鬼的闹剧。

领略任正非的演讲魅力

作为一个领袖，需要具备各种素质，演讲可能不是最重要的素质，但也应该是重要素质之一。《论语》里讲："君子欲讷于言而敏于行。"并不是讲领袖们要木讷寡言，不善言辞，而是认为：君子的修养要尽力使自己做到话语谨慎，做事行动敏捷。

柯林斯在《从优秀到卓越》中强调，作为领袖的第五代经理人都有一个共性：他们通常沉默内敛、不爱出风头，甚至有点儿害羞，谦逊为怀的个人特质和不屈不挠的专业坚持集于一身。但在一次演讲中，柯林斯又修正了自己的观点：第五代经理人不一定都是谦虚、内向的，也不一定都缺乏领袖魅力，但他们都有一股坚毅的精神，能够做出痛苦的决定。他们之所以谦逊，是因为他们从不觉得自己已经解决了所有的问题，总是如履薄冰。

无疑，领袖有魅力，才能影响人、感召人，演讲是领袖魅力的重要体现，民众追随领袖，很多情况是通过领袖的演讲和演讲稿实现的。

看看现在的领导，在他们身上已经没有演讲素质了，除了会念稿子，就不敢讲话了。每次开会，台上一个人一本正经地念，好不容易抬头看一下听众，又赶快低下头接着念；再看看那稿子，假话、空话、套话、瞎话成堆；台下一帮人装着在像模像样地记，偶尔点一下头，简直像演戏。当年毛泽东演讲时的神韵早已荡然无存！

2010年12月，任正非在北京有一次演讲，是关于华为云计算战略的发布。虽没有现场聆听，但看其演讲稿，也领略了一个企业领袖的演讲风采。

信息业未来变化莫测

任正非：云计算是一种新的技术，它像IP技术一样，可以用在任何信息传播需要的地方。如同IP改变了整个通信产业一样，云计算也将改变整个信息产业。未来信息的广阔包容，规模强大，覆盖天涯，蓬勃发展，风起云涌，烟消云散……多么变幻无穷，多么像云一样不可估量，多么形象地描述了未来的信息浪潮。获得信息需要技术的变革、商业模式的创新，它的特性决定了任何人都无力独揽狂澜。开放、合作是云产业未来最重要的标志。

信息网络的未来其实已简化为两个东西：一个是管道，一个是云。未来管道的直径至少是太平洋，绝对不是黄河长江。电影《2012》是虚构的，但信息社会是真实的，这就是想象不到的信息网络的未来。我们认为，管道里流的是水，天上飘的是云，水是不可压缩的，有稳定的流态，有严格的程序与代码。而云是缥缈的，时有时无的，变化多端的。我们打造的管道要有稳定的水流量，有合理的管理。但是云在天上千变万化，刚才还在电闪雷鸣，突然又变成五彩云霞了。

云计算深奥难懂

任正非：在云平台上，我们要更加开放，同时将信息流管道的直径做得比太平洋还大，让它有更大的能力、心胸，迎接各种云带来的雨。我们的开放要像黄河、长江、密西西比河一样，任雨水在任何地点、以任何方式流入。

云水谣，云水谣，不断地自我循环，不断地自我加强，浸润着大地，服务于社会。

华为20年创业，是如何走过来的？

任正非：华为20年来，从青纱帐里走出来，作为一个孤独的“农民”，走在一条曲曲弯弯的田间小路上，像当年堂吉诃德一样封闭，手拿长矛，单打独斗，跌跌撞撞地走到今天。

怎么适应未来的新世界，华为面临着很大的挑战，我认为华为是不适应的，因为华为大多数人是修万里长城的，踏踏实实做事，华为很合适；但是做云技术，华为却并不在行。

华为如何开放

任正非：华为不能做“黑寡妇”，要保持“深淘滩，低作堰”的态度，多把困难留给自己，多把利益让给别人。多栽花少栽刺，多些朋友，少些“敌人”。团结越来越多的人一起做事，实现共赢，而不是成为一枝独秀。

所以，要开放，要合作，要站在长城上，多抓几朵云。心胸开放，对一家成功公司来说，是多么的困难啊！

如何与他人合作

任正非：我们在风起云涌的云业务上，要有更多的包容，我们永远不可能独自做成功几朵云，千万朵云要靠千万个公司来做。云的价值由市场来决定，只有为客户使用的云，才会生存下来。

当“苹果皮”出现时，我也让有关人向他们传递信息，最初得到的反映是负面的，看华为过去的“黑寡妇”形象，多么的恶劣。我们要理解一些“歪瓜裂枣”，并支持他们，这就是一个开放的、社会的“贝尔”实验室。你怎么知道他们就不是这个时代的凡·高，这个时代的贝多芬，未来的谷歌……

华为在哪里

任正非：我们已经走到了通信业的前沿。以前，我们靠着西方公司领路，现在也要参与领路了，我们也要像西方公司一样努力地对世界做贡献。

如何做好领路人

任正非：领路是什么概念？就是“丹柯”。丹柯是一个神话人物，他把自己的心掏出来，用火点燃，为后人照亮前进的路。我们也要像丹柯一样，引领通信产业前进的路。

华为的战略是什么

任正非：华为长期坚持的战略，是基于“鲜花插在牛粪上”的战略，它从不离开传统去盲目创新，而是基于原有的存在去开放，去创新。鲜花长好后，又成为新的牛粪，我们永远在存在的基础上去创新。在云平台前进的过程中，我们一直强调鲜花要插在牛粪上，绑定电信运营商去创新，否则我们的云就不能生存。

华为的未来是什么

任正非：在云平台上，我们要在较短的时间里赶上、超越思科；在云业务上，我们要追赶谷歌。让全世界所有的人，像用电一样享用信息的应用与服务。

本人认为，这是一篇可以称得上经典的演讲稿，挥洒自如，信手拈来，谈古论今，旁征博引。以此，我们便能感受到任正非的演讲魅力与风采。

沉痛哀悼李宁女士

昨晚，接到陈培根先生的电话，讲李宁女士因病在深圳逝世，愕然。

今天上午，李宁女士的告别会在深圳举行，赶不过去了。据陈老师讲，王星原先生代献了一个花圈。

在此，对李宁女士的逝世表示沉痛地哀悼。

李宁，一路走好！

对李宁女士的家属表示深切的慰问。

请节哀顺变！

李宁女士是《华为人》报和《管理优化》报前主编，也是本人的继任者。她生病后，本人还差点儿成为她的继任者。

本人在华为“两报”的许多文章都是由李宁女士约稿和编辑而发表的。

本人在《华为文摘》上的诸多文章都是由李宁女士选编发表的。

在华为唯一获得的“顾问奖”，是由李宁女士颁发的。

在华为多次与李宁女士一起讨论编写有关文章和宣传资料。

《走出混沌》一书是由李宁女士与出版社联系出版事宜的。

《华为与思科之争》一书是与李宁女士等人一起在北京经过一周的奋战编辑出版的。

上周在公司，任正非还提到：有时间找李宁聊聊。关于她那本写华为的书的事，任正非还让本人转告，一定写真情实感的东西，不一定要写华为管理的内容（李宁女士因病退休以后，一直在写一本关于华为的书，她认为现有关于华为的出版物并没有把华为的管理讲清楚）。

2007年，李宁女士因病向公司提出退休申请，谨摘录她退休申请中的一段话，作为纪念：

> 我的一生，最有幸的就是加入华为这样的公司，华为提供给了多少优秀员工施展的舞台。我感谢公司和各级领导给我创造的机会和平台。12年来，伴随公司的高速发展，我也从一个幼稚的普通员工，逐渐成熟起来，踏踏实实做好每件小事，低调做人，自我批判，成长为华为的一名中层干部。
>
> 12年里，我感到惭愧的是，自己能力有限，对公司的发展只尽了点绵薄之力，做出的贡献太少太少，但公司给我的却不少。除了物质方面，精神方面更多。我在最优秀的企业家和优秀的精英麾下做事，能得到他们的帮助指点及言传身教，多次参加公司举办的最先进的管理培训，这些都是我宝贵的财富。

这一切瞬间都变成了回忆。

李宁女士安息！

（写于2010年4月30日18:34）

2009年华为十大管理流行词

伴随着华为公司的管理变革，每年都会出现一些新的管理词汇，这些词在管理学教科书中是找不到的，它们是华为独有的。每一个新词汇背后都有一番思考，随之指导管理实践，变成华为管理的沉淀。在参考网络资料，经个人评选，2009年华为十大管理流行词隆重出台。

呼唤炮火。出自任正非1月在销售、服务体系奋斗颁奖大会上的讲话，《谁来呼唤炮火，谁来提供炮火支援》。其含义是：变革市场营销流程，让听得到炮火的人决策，指挥部迁移。呼唤炮火，成为华为流程变革的代名词，并引起诸多中国企业的共鸣，《中国企业家》年会曾有一个分会场，其议题就是“谁来呼唤炮火”。

深淘滩，低作堰。出自古代李冰父子治理都江堰时的治水箴言：深淘滩，低作堰，逢正抽心、遇弯截角。任正非4月在运作与交付体系奋斗表彰大会上的讲话以前两句为标题，并将其作为交付系统的运作原则。深淘滩，就是深挖河床，让水在自己的渠道中流动。在企业管理上，就是不断地挖掘内部潜力，持续地提高人均效率，大幅度地降低运作成本，为客户提供更有价值的服务。低作堰，就是不依赖堤坝挡水，充分发挥自然的作用。也就是说自己留存的利润低一些，多一些让利给客户，以及善待上游供应商。

铁三角。出自任正非多年前的金刚石理论和有关军事思想。碳元素的三角排列形成了坚不可摧的金刚石；林彪打辽沈战役时的“一点两面三三制”。在企业中，客户、产品及解决方案、交付是华为“铁三角”的原始模型。延伸到以客户为中心，做深做厚客户关系，需要更多的角色加入进来，形成大大小小的“铁三角”“铁四角”……

上甘岭。朝鲜地名，志愿军曾在哪里打过一次仗，引申为艰苦地区，一线。出自任正非之前的多次讲话《上甘岭在你心中，无论何时何地都可以产生英雄》《上甘岭是不会自然产生将军的，但将军都曾经是英雄》，在企业管理中主要指个人成长和后备干部培养。

资源池。简称池子，全称后备干部资源池。是华为后备干部培养与管理体系，将军的摇篮。

三大战役。2009年中国市场启动3G建设，华为对此展开市场营销活动。3G三大战役，直接涉及公司的营销、研发、供应链等体系。在国外营销中也有类似的三大战役。三大战役中，华为取得了决定性的胜利。

卖火柴的小女孩。出自任正非的讲话。希望员工在自己力所能及的范围内，去帮助那些因条件限制而无法上学的孩子，缺少关怀的孤寡老人，以及寒风中叫卖的小贩。同时，记住是用你自己的钱。

给父母洗脚。出自任正非的讲话。给员工春节回家时布置的家庭作业。与上一条含义相近，区别是：本条是家庭责任，上一条是社会责任。

弹劾。华为干部管理体系用语。对于那些“一唬二凶三骂”、不作为、怠惰、假公济私、作风腐败的干部，华为的弹劾机制都能发挥作用。弹劾不仅只是鞭策，而更多的是帮助与改进。

LTC。某三个英文词的缩写。是华为流程变革的主线，也是华为“以客户为中心，以奋斗者为本”文化的载体。为了达到这个目标，需要流程打通、IT平台建设、观念及行为的转变。

保持对过度创新的警惕

2009年6月9日和7月2日收到任正非的短信。短信是任正非原创，还是转发，不得而知。从文字风格上看，非常像是原创。出自谁手或许并不重要，重要的在于对商业本质的领悟，确实为高见。

需要提示的是：在2008年专利申请公司（人）排名榜上，中国公司首次占据榜首：华为2009年共递交了1 737份申请，从上一年的第四位跃升为递交申请最多的公司。中国申请数量是6 089件，美国申请了28 000件。

管理者警言：创新是企业进步之魂——众多的管理学大师如是说。是的，没错。任何企业每前进一步，都面临着很多未知的风险。

企业家的核心使命就是在前路茫茫的充满了不确定性的环境中，寻觅确定性，寻求方向与突破点以及制胜的乏术。因此，企业家无不具有冒险的特质：赌性，抗压性，以及对任何新鲜变化的亢奋。即使那些百年老店，主人代代更迭，但成功者无不是在反叛传统的范式中进步的。可以说，企业永续发展的秘诀就在于创新和变化。

然而，创新则意味着破坏，变革亦伴随着动荡。所以，如何控制创新与秩序的均衡，如何拿捏变革的节奏与分寸，恰恰是企业管理的真正难点。许多情形下，萧规曹随表现了企业核子基因的传承，而创新更多的是修补。变则通，说对了一半；另一半可能是，变则溃，则死。在创新成为时髦的当今，我们还是要多一些对过度创新的警惕。

眼看他起高楼，眼看他楼塌了

中国30年的改革开放史，同时也是一部无数的商界流星们纷纷升起又急急陨落地充满了悲喜色彩的历史长剧。昨日指点长空，风光无限；今日遍地黄花，一派萧索。何故也？一句话——显，则险矣！

争利于时，乃商人之本性，从商之要义；而逐名于朝，却是商人之大忌，经商之歧路。熙攘之红尘无疑有既定的角色定位，从某种意义上讲，“明星”的桂枝专属于从艺者和从政者，以及其他阶层者，唯独企业家和从商者要远离，甚至越远越好。名利不可兼得，就像从政者不得趋利，商人亦不应竞名。

30年的中国商史，有太多的商界强人耐不住寂寞，在有些许成就和辉煌面前，被动地或主动地将自己置于炫目的聚光灯下，或五色杂陈的聚会中，去寻求飞蛾扑火那一刹那的快感……其结果往往是，名成矣又败矣，而利亦失矣，甚或身裂也。

相反，那些有足够定力的孤独者，才有可能成为中国商界的孤独英雄，也有可能造就中国级、世界级的相对长寿的商业帝国，也许在当下会默默无闻，但他们很可能就是浩瀚长河中的那颗恒星——相对于恒尘中的流行而言……

人在旅途

刚发完《人在旅途》，忽然想起10年前还写过一篇同名的小文，那是在华为刊物上发的第一篇文章，重读一遍，文章很幼稚，但毕竟是一段记忆，是为纪念。

9月中旬，应市场部之邀，我到日照市电信局授课，短短两天，来去匆匆，但山东办事处4位华为人给我留下了极深刻的印象，他们的一言一行，他们的爱业、敬业与奉献。

小黄

由于飞机晚点，走出青岛机场，我一眼就认定他是华为人，因为在炎热的天气里，他几乎是人群中唯一一个打领带的人，稍近一些，手中的华为资料袋格外醒目熟悉，是山东办的小黄，一问，他刚由外地赶到机场，在这里足足站了一小时。

上路了，在直接赶往日照的车上，健谈的小黄如同见了亲人，问的全是公司的事，从市场部、中研部、生产部、《基本法》到生协，食堂的饭菜。我只好动用所知，尽量回答，尽管许多问题不着边际，但他疲倦的脸上始终流露出惬意，是那么满足。

问他累不累，小黄只是淡淡一笑“习惯了”，问到他的个人生活，他语调低沉了些，“在外面跑了一年，把女朋友跑丢了。”接下来是让人难以忍受的沉闷，只有汽车音响里阎维文用清脆的嗓音在唱“说句心里话”（这可是华为市场人员最爱唱的一首歌）。高速公路已被夜色笼罩，车灯犹如两道利剑，向目的地冲去。

到达日照已是晚上8点多，晚饭时不见司机与小黄的身影，明天他还要与另一市的客户谈项目，为赶时间，小黄与司机空着肚子又上路了。

叶工

小叶不知是否因为在山东干久了，他有山东人的直爽、豪放，脸上永远是一副灿烂的笑。刚见到小叶，我一直为他这个“大男孩”担心，他能受得了市场上的风吹雨打，能经得住重压和挫折吗？事实证明，我的担心是多余的，我们的大男孩一进入角色，完全像久经沙场的战士，更像纵横捭阖的外交家，谈话得体，应对自如，与客户的关系极为融洽，客户对他也表现出了极大的信任，不难想象，为此他付出了多么艰辛的劳动。整整一天，小叶忙前忙后，各项工作安排得井然有序。让他休息时，他的回答也是“习惯了”，脸上又是一副灿烂的笑。

午餐时，小叶谈得最多的是不在身边的妈妈，言谈中露出一丝牵挂。谈到工作时，小叶担心的是学习。长期奔忙在外，难得坐下来充充电，他特别羡慕在总部上班的人，我由此才想到，在上午上课时，小叶听得是那么专注，尽管我讲的是华为公司的内容。

小叶也有开心的时候，这几天他常常念叨，一位外市客户升任了局长，而自己还一直称他老伍。

电信局的人称小叶为叶工（想必是工程师之“工”），后面还往往开玩笑加一句：叶公好龙。而我听到的是：叶工好赢。

孙师傅

孙师傅是办事处聘的专职司机，或许是与职业有关，他不善言谈，但做起事来非常踏实。几天中他问过我的唯一问题还是与车有关的：

华为的创业者多年来是否真的用自行车驮着机器推销？这几天，孙师傅开着车子来回转，从青岛到日照，从日照到青岛，再去济南，他始终没有一句怨言，我发现在餐桌上，他吃得很少，但烟抽得很凶，问起家人有没有意见，他布满血丝的眼神闪过一丝难以察觉的无奈，随即憨厚地说了句“习惯了”——还是这句。

在去电信局的路上，因汽油不足，匆忙在路上加足了油，事后孙师傅觉得加的油量不足，直到驻地，孙师傅还在为当时少加了点儿油而懊悔。

孙师傅没有去过深圳，很想去公司总部看看，但我觉得他已经是一个真正的华为人，同时我也惊叹华为文化巨大的辐射力、影响力和感染力。授课时，我临时发挥，做了个假设“即使让这帮人去卖菜，肯定也比别人卖得多”。

查主任

不知道该如何描述查主任，我认为他是一个职业的营销管理者，齐鲁片区的不凡业绩，是最好的佐证。

我们还是回到正题吧。

讲课结束，电信局热情款待，已近21:00，我们又赶回青岛。在车上，由于连日劳累，我与小叶进入了梦乡，唯有查主任难以入睡，刚想打个盹，手机响了，有公司的、青岛的、烟台的、济南的。又是手机响起，是查主任夫人从江西老家打来的，快到中秋了，想必是电波传情，但听得出他用沙哑的声音在安慰夫人，隐约听出，他的爱女没有被什么舞蹈班录取。好长时间，查主任一直把目光转向了窗外。

窗外黑黢黢的，几道车灯一闪而过，让人感到一丝寒气，偶尔出现一片微黄的灯光，让人倍感温馨，那是一个温暖的家，想必屋里一家人正围坐在一起看电视吧。

我递给孙师傅一支烟，这次查主任没有讲违反公司规定，不吸烟的他也点上了一支。

小叶冒出一句“刚才我做了个梦，与客户谈判，居然有两位小姐负责接待”，查主任马上跟上一句“谈成了没有”。看来，这位查主任，太注重结果，不注意过程了。

汽车音响里唱着不知名的歌曲，车厢里是让人难受的沉默，不知小叶是否还在惦记着改称局长，孙师傅是否还在自责少加了汽油，查主任是否还在筹划着明天的工作。

终于，青岛的万家灯火出现在眼前，我看了一下表，10:50，今天是9月13日。星期天，明天一大早，查主任、小叶、孙师傅还要赶去济南，我在内心祝愿他们“一路平安”。

关于《华为没有秘密，任正非没有密码》的题外话

本篇文章源于《中国企业家》杂志的一次采访。为准备“2008年度最具影响力企业领袖”的评选，《中国企业家》杂志的丁伟先生来电采访，希望谈谈任正非先生。了解到有关背景后，我一时冲动，主动答应自己来写这篇文章。

等动笔之后，才发现这是一个极不明智的决定。很明显，这篇文章的主旨是献礼和致敬，但文章的主人公又是一位以低调闻名的企业家。在无知无畏中，笔者陷入了两难境地：写低了，任正非这位企业家认可了，《中国企业家》不登了；写高了，《中国企业家》刊登了，任正非这位企业家不认了。

其间，笔者曾数次想致电丁伟先生，请他另请高手，碍于脸面，没好开口。

看了丁伟先生的采访提纲，我才找到点儿感觉，形成大致的脉络。以下是丁伟先生的采访提纲：

《中国企业家》杂志“2008年度25位最具影响力的企业领袖”终身成就奖得主是任正非。此奖实至名归，在2008年经济困境下意义更加重大。为此，我们需要一篇关于任正非的客观的总结性文章，向他表示敬意和献礼。希望请您帮我们撰写，主要内容包

括：如何描述和评价任正非？任正非在国内企业界的地位，在国际产业界的影响？任正非最真实的性格、最鲜明的风格、最典型的事例、最传奇的经历、最深刻的思想？任正非最突出的产业贡献、领导力和人格魅力？任正非代表了中国企业家的哪些群体特征、历史宿命和未来可能？他是如何成为一个战略家、思想家、实干家的？他身上的创造力、创业精神、狼性文化、毛泽东思想、定力、远见、国际化视野、社会责任感是怎样的？他自身受过哪些商界领袖和其他精神资源的影响和启发？他一直以来的驱动力是什么？他的优点和缺点？他的工作方式和学习方法？他有哪些个人爱好、管理细节？他面临的最大的挑战是什么？他曾经有过哪些危机？他有过痛苦的时刻吗？他必须得和其他企业家一样跨过一道门槛，完成竞争力和商业模式的升级吗？最终，我们应该向任正非学习什么？

我用了一周的时间（包括两个法定休息日），将任正非1997—2008年来的上百篇文章/讲话看了一遍，将《华为人》报、《管理优化》报和《华为文摘》（9期）翻了一遍。

初稿完成后，先后交儿子和妻子看了一遍，两人的评价则是惊人的一致：还行——很低调的评价。

再次修改后，交稿，有近5 000字。远超出当时要求的2 000~3 000字（实际发表4 700字）。

丁伟先生及编辑部果然是高手，删去了枝枝蔓蔓和边边角角，调整了段落布局，文章立刻有了模样，再好的文章也需要修正，需要点睛，何况拙文。真的感谢丁伟先生及《中国企业家》杂志的各位。

在补充了关于上市和接班人两部分后，文章通过。

文章发表后，得到了很多人的好评，也有恶评的（主要在网络上）。有多位（包括华为或前华为员工）致电，给予高度评价——当然是给予任正非，不是给予本人的。

文章写作前直到发表，一直没有告知华为和任正非。这样做的原因，众所周知。12月初去深圳，只是讲写过一篇关于他的文章，任正非没有接话茬。过了几天，在聊天过程中，任正非提到了文章标题的前半句；又过几天，任正非提道："华为成功的关键是，由技术导向转变为客户需求导向。"

很遗憾，在这篇文章中，我把这一点给遗忘了。

在飞机上感受企业文化

2007年 7月28日上午，为重庆移动公司讲课结束后，笔者乘坐国航CA1419航班，由山城重庆返回北京，此行讲授的课程是“构建高绩效的企业文化”。在飞机上，我继续思考企业文化问题，以排解飞行的无聊。

长长的思考没有什么新东西，但在飞机上亲历的两件事倒让我很受启发，或许与文化问题相关。

一

在前排的4A座位上，坐着一位可爱的小女孩，只有5岁，是无陪伴儿童，姓谢。

由于天气比较异常，气流变化大，在一段时间内，飞机颠簸得很厉害，虽然经常坐飞机，但遇到大的颠簸，我还是很紧张，要知道这是一块很大的铁疙瘩在万米高空飞。

但看看前面的小女孩，泰然自若，处乱不惊，镇静自若，一副大将风度，笑看云卷云舒，没有表现出一点儿害怕和恐惧。

为什么一个5岁的小女孩能如此？

“你害怕吗？”

“不害怕！”

“为什么不害怕？”

“因为过一会儿就能见到妈妈了。”

原来战胜恐惧的力量来自文化！来自愿景的指引，来自目标的牵引。

我想起了尼采的一句名言：“一个人只要明白自己为什么而活，就可以忍受任何一种生活。”

想起了《圣经》中的一句话：“万物因为你的信仰而造就。”

想起了柏拉图的一句名言：“若神不在，一切皆无。”

这就是文化的力量，这就是信仰的力量，这就是梦的力量。

二

到了机上供餐时间，推餐车过来的是一位男空乘，他按照国航的标准服务规范，问小女孩：“请问要包子，还是面条？”

连问三次，小女孩没有任何反应，不理不睬，男空乘推车向前继续分发午餐。

是小女孩深知国航餐食质量不好，不想吃饭，还是没有想好吃什么？

这时，过来一位空姐，年龄较大，30岁左右，显然她注意到刚才发生的一幕。

她走到小女孩身旁，俯下身，问：“小朋友，是要吃面面，还是要吃包包？”

小女孩答：“我想吃面面。”

男空乘没有做错，他是按规范做的。但他显然对所服务的客户不了解，这也不怪他，他那个年龄不会有小孩。用客户听不懂的语言沟通，沟通的效果可想而知。

空姐估计有小孩了，作为一个母亲，她深知孩子的语言，使沟通达到了有效，使服务实现了优质。

真要感谢这位空姐（遗憾的是没有记住她的名字），否则那位有文化的可爱的小女孩要空着肚肚，见妈妈了。

服务体现了文化，文化无时不在，无处不在。

服务是细节。细节彰显伟大，细节显示渺小。

细节是魔鬼，细节是天使。

任正非管理名言

闲来无事，重读任正非的文章与讲话，摘录其中的语句。

1. 怠惰是最可怕的腐败。不奋斗、不作为、不思改进也是一种腐败。唯一阻挡我们前进的是腐败。

2. 要杜绝腐败，怠惰就是一种最广泛、最有害的腐败，人人皆有可能为之，不要以为与己无关。

3. 以客户为中心，以奋斗者为本，长期坚持艰苦奋斗，就是华为的文化核心。

4. 以规则的确定性来应对环境的不确定性。

5. 我们就是要提拔那些屁股对着领导，眼睛盯着客户的员工。

6. 要容忍“歪瓜裂枣”。我们要理解一些“歪瓜裂枣”，并支持他们。

7. 华为要习惯在谣言环境中发展。

8. 管理，管理，“叫别人干，你自己不干”就是管理。

9. 在与媒体关系上，也要“低作堰”，而不是“高筑坝”。

10. 规划管理要纸上先谈兵，谋定而后动。

11. 华为公司一定要允许大家讲错话，大家要觉着说错话光荣，公司就是真的公司，不是假公司。

12. 李云龙一辈子就是犯错误，我需要李云龙这种犯错误的干部。

13. 华为的文化是一个赛马文化。

14. 高福利就是高成本。

15. 不善于运作组织就是高成本，最终会转嫁给客户。

16. 华为长期坚持的战略，是基于“鲜花插在牛粪上”的战略，它从不离开传统去盲目创新，而是基于原有的存在去开放，去创新。

17. 明哲保身的人就是最自私的人。

18. 我们要去除不能为客户创造价值的动作，我们要警惕劣胜优汰。

19. 干部要学会经营组织，学会以组织行为去推动进步，增强组织弹性。

20. 干部一定要克服自己的贪婪，管理好自己的欲望，那样就没有什么摆不平的内外矛盾。

21. 当一个领导不把功劳归于自己，能够公正评价下属与协作部门的贡献时，就一定会激发出群体巨大的力量，难道还有什么不能胜利的吗？其最大的受益者反而是他自己，这就是，无私是最大的“自私”。

22. 思想权和文化权是企业最大的管理权，思想权和文化权的实质是假设权。

23. 接班人是用核心价值观约束、塑造出来的，这样才能使企业长治久安。

24. 为什么客户这么喜欢我们，是因为我们20多年来一直信奉“深淘滩，低作堰”的真理。

25. 猛将必发于卒伍，宰相必取于州郡。

26. 红过十分就成灰。

27. ①你们知道世界上对男人的最佳表达是什么吗？电影《泰坦尼克号》告诉我们，在生死存亡的时候让女人先走，自己死掉，这就是对男人的最佳表达。②华为只向客户表达未来，我们不展示历史。③只有当客户深刻地认识和理解了我们，他们才会买我们的设备，我们才能活下来。

华为思科之争背后的华为

当强势者已经预设结论时，任何调查都是走过场，任何公开辩解和自证都是徒劳的。因为强势者的逻辑本身就是其预设的结论，而不是为论证结论，澄清事实。最根本的原因是美国的国家利益，而国家利益的核心是商业利益，商业利益的直接体现是企业利益和市场利益。大选只是调查的背景因素，贸易保护是维护商业利益的手段而已。

长期以来，思科一直把华为作为挑战其垄断地位的最大威胁，而且从不隐瞒并高调宣传，10年前的诉讼并没有置华为于死地，10年后的这次调查，无非借助政府和总统大选，发起的又一次打压华为的活动。华为的创新、开放、活力和成长，使思科不得不使用非商业的力量来遏制华为。

与其说华为涉嫌威胁到美国国家通信安全，不如说是华为直接威胁到思科的商业利益安全。美国发起的调查表明：思科越来越惧怕华为，越来越恐惧竞争，越来越走向封闭，越来越变得傲慢，越来越背叛其价值观。

那么，这一调查结果对华为影响大吗？进军不了美国市场，对华为影响有多大？

美国对华为的调查所产生的影响有正向和负向之分。正向的：第一，如10年前思科起诉华为是高层领导的判断：“思科通过全球媒体，甚至头版头条，‘宣传’了华为，使用户知道了一个能与思科竞争，并且对思科有威胁的公司，这就是华为这样一个不知名的公司，这是用多少广告都做不到的。”第二，使客户对两家公司的价值观有了更深刻的比较和理解，如华为的广告词“华为不仅仅是世界500强……”。

让美国人民和企业能够分享创新的、优质的、低成本的和高效的产品和服务，是华为的长期追求。华为进军美国市场的决心一直未变，而且愈挫愈强。全面进军美国市场，只是时间问题，华为已经坚持了10年，未来不需要再等待10年了。

长期以来，美国一直担心任何与美国企业可以直接竞争的国外企业，并使用各种手段予以压制。钱伯斯有着浓重的“中国情结”，年轻时在王安电脑任职8年，他曾说，如果不是一个美国人，他最愿意做一个中国人。正因为如此，钱伯斯对中国企业的潜力和可能产生的威胁有着清醒而深刻的认识。10年前，在华为对思科的威胁刚露出苗头时，思科就果断拿起知识产权的武器，将华为挡在美国市场之外。

坚持以客户为中心，以奋斗者为本，长期坚持艰苦奋斗的核心价值观不动摇。

从创立到1997年，华为一直处于野蛮生长阶段，核心是活下去，同时探索成长发展之路；1997—2005年左右，华为全面引进世界级的管理体系，强化华为的核心竞争力；2005年之后，逐步由国际化向全球化发展。

长期地坚持自己的核心价值观和经营哲学不动摇；坚持自我批判，坚持开放、妥协、灰度和均衡的经营管理原则；坚持在商言商，坚持提升自身核心竞争力，聚焦于工作，拒绝机会主义。

华为十几年来坚持将销售收入的10%投入研发，创新企业和华为所处的行业决定了研发的高投入是别无选择的选择。

全面引进世界级的管理体系，改造华为的组织基因，增强组织的活力，提高组织的整体能力和运行效率，全面地提升组织的核心竞争力。

企业文化是一种假设，没有优劣之分，文化的优劣还要靠企业的成长与发展来验证，文化的传承是华为未来发展的保证。

在中国做企业，尤其是做一个民营的高科技企业太难了，如华为高层所言：欲哭无泪。

华为不可复制。有时间、外部环境、所处城市、行业及企业家等诸多要素，成功是所有正能量共同作用的结果。IBM等国外咨询公司为华为全面引进世界级管理体系做出了巨大的贡献。国内企业复制困难的原因不在技术层面，而是在核心价值观层面。

员工持股是华为内部重要的长期激力机制，为华为的发展提供了强有力的驱动力。华为的股权结构并不复杂，比许多企业甚至上市公司简单透明得多。既然有效，就没有理由抛弃，只能优化。

管理效率的持续提升，组织能力的持续提升，消除组织惰性，人力资源队伍和干部队伍能力的提升和潜力的挖掘。通过管理哲学核心价值观的坚守与传承。

伟大的企业有伟大的基因，小草的基因注定其不会长成大树。企业的基因是其坚守的核心价值观与经营哲学，而企业经营哲学与核心价值观则来自企业领导层。

华为的发展实践显然已经超越了1998年的《基本法》，但《基本法》的核心价值观没有变，华为一直在丰富与升华《基本法》。

华为和任正非所坚持的是：在商言商，自我批判，实事求是、开放、妥协、宽容、灰度。

20多年来，华为一直在“摸着石头过河”，在“顶层设计”中优化，在自我批判中反思，在不断改进中持续优化。

2014 年任正非讲了什么

——根据任正非的文章和讲话整理

论“互联网精神”

1. 别光羡慕别人的风光，别那么互联网冲动。有互联网冲动的员工，应该踏踏实实地用互联网的方式，优化内部供应交易的电子化，提高效率，及时、准确地运行。

2. 要再提互联网精神，以免误导青年员工。一定要相信汽车必须是汽车，金融必须是金融，豆腐必须是豆腐……互联网的特性是对标准化、数字化的内容传输得便利性和规模化，在任何事情上，减少中间环节。

3. 我们公司不要去炒作互联网精神，应踏踏实实地去夯实基础平台，让端到端的实施过程透明化。

4. 互联网时代不是指网络，一定不要把互联网时代理解成了网络时代。互联网已经成了人们的基本需求，网络只是一个承载工具，端到端连起来，老百姓也是互联网的组成部分。

5. 不要妄谈颠覆性，认为革命一定会被接受，不见得。

6. 在互联网时代，喜马拉雅的水是可以流入亚马孙河的。

7. 你们总说洞庭湖，我认为洞庭湖太小了，怎么装得下太平洋呢？

8. 口号连篇，就是管理的浪费。

9. 华为是不是互联网公司并不重要，华为的精神是不是互联网精神也不重要，这种精神能否使我们活下去，才是最重要的。乌龟就是坚定不移往前走，不要纠结、不要攀附，坚信自己的价值观，坚持合理的发展，别隔山羡慕那山的花。

10. 谁要颠覆这个世界，那最后他自己灭亡了。

11. 华为既要坚持已有优势不动摇，还要继续往前进，这就是“宝马”；积极关注“特斯拉”，学习“特斯拉”的优势所在，我们积极看待世界发生的变化，一旦出现战略性机会点，千军万马压上去。

12. 作为大企业，首先还是要延续性创新，继续发挥好自己的优势。不要动不动就使用社会时髦语言“颠覆”，小公司容易颠覆性创新，但作为大公司不要轻言颠覆性创新。

13. 能看到别人碗里的肉（互联网）炒得很厉害，我们不要那么互联网冲动。我们要先把内联网做好。

14. 华为还要持续走向开放，只有开放才能获得战略机会点，占据了战略机会点谁都会支持你，没有战略机会点，就无路可走。

15. 互联网造就的不是Google（谷歌），不是阿里巴巴，不是腾讯，而是造就了千百万实业家，他们挖掘信息，提高制造技术，改进产品与服务，造就整个社会的进步。

16. 自我批判是拯救公司最重要的行为。华为要通过自我否定、使用自我批判的工具，勇敢地去拥抱颠覆性创新，在充分发挥存量资产作用的基础上，也不要怕颠覆性创新砸了金饭碗。

17. 乌龟精神被寓言赋予了持续努力的精神，华为的这种乌龟精神不能变，我也借用这种精神来说明华为人奋斗的理性。我们不需要热血沸腾，因为它不能点燃为基站供电。我们需要的是热烈而镇定的情绪，紧张而有秩序的工作，一切要以创造价值为基础。

18. 我们只允许员工在主航道上发挥主观能动性与创造性，不能盲目创新，发散了公司的投资与力量。非主航道的业务，还是要认真向成功的公司学习，坚持稳定可靠运行，保持合理有效、尽可能简单的管理体系。要防止盲目创新，四面八方都喊响创新，就是我们的葬歌。

19. 华为坚持什么精神？就是真心向李小文学习。

20. 在大数据时代，敢于像当年挖掘巴拿马运河、苏伊士运河那样的大视野、大战略、大决心，寻找大数据时代的“巴拿马”“苏伊士”。

21. 华为坚持什么精神？努力向李小文学习。在大机会时代，千万不要机会主义。要有战略耐性。开放，开放，再开放。

22. 对于产品的创新是有约束的，不准胡乱创新。所以创新应该是有边界的，不是无边界的。

论战略思维

1. 我们现在要仰望星空，要有正确的假设，要用一杯咖啡吸收宇宙能量。

2. 有了正确的思想，才有了正确的方向；有了正确的方向，才有正确的理论；有了正确的理论，才有正确的战略。

3. 都江堰从两千年前到现在，水还是这么流动的呢？为什么我们总是落后？就是因为我们没有仰望星空，没有全球视野。

4. 你看不见世界是什么样子，就把握不住世界的脉搏，容易被历史所抛弃.

5. 华为公司缺少战略家和思想家，因为我们都是来自“上甘岭”，喜欢一手拿枪、一手握稿，喜欢手里握有权，眼睛总是往下看，不喜欢当思想家.

6. 我们要求有一些人望星空，一杯咖啡吸收宇宙能量，然后产生思想家、战略家。我们需要站在公司的角度，去思考整体资产、架构管理的人，这就是领袖。

7. 华为要产生越来越多的大思维家、战略家，今天若不培养，到大数据时，战略机会点就可能会一个个丢掉。

8. 善于用一杯咖啡吸收宇宙能量。

9. 我们要学会战略上舍弃，只有略才会战胜。

10. 合作要找强者合作，比如有时候我汽车没油了，我就蹭他的车坐一坐，总比我走路好，总比我骑毛驴好。所以我们要敢于、要善于搭上世界各种车，我们这个利益就多元化了，利益多元化，谁能消灭你?

11. 开放是为了战略平衡，提升我们的战略竞争力。华为不缺能力，而是缺战略意识。

12. 做行业谦虚的领导者,谦虚不等于不盈利。我们的个子总有一天会像姚明一样高，但要蹲下来说话，目的是为了多赚钱。

13. 未来的领袖要有两个条件：技术洞察能力和市场洞察能力。将来轮值CEO要做思想家，手脚都要砍掉，只剩脑袋。

14. 华为坚决不能有激进的改革，任何东西都是有继承性，要缓慢地改变。存在就是合理。我们不要用理想化的改革，乱变动现实。我一贯是“改良”，而不是“改革”。

15. 华为还要持续走向开放，只有开放才能获得战略机会点，占据了战略机会点谁都会支持你，没有战略机会点，就无路可走。

16. 如何超越美国？我认为就是要踏踏实实做有限的事情。有所为，有所不为，坚持在某个领域获取高价值的东西，而不是全方位进攻。

17. 要消灭复杂化，走向简单化。开放和简单是提高了竞争力，而不是降低了竞争力。

18. 最好的防御就是进攻，进攻就是进攻我们自己，永不停歇，直到死的那天。每日三省吾身，坚持自我批判。全世界美国和日本自我批判的精神最强，它们天天骂自己，美国大片里描述的不是美国打输了，就是白宫被夷为平地了；日本也天天胆战心惊，如履薄冰。这实际上就是一种批判，现在我们很多人就容不得别人说半句坏话，进攻就是进攻自己，永无止境。

19. 蓝军就是公司循环的活力，凡是不“骂”公司的人，他看不到改进的空间。

20. 自我批判就是用自己的脑袋打自己，本身就是蓝军思维。

21. 为什么公司现在收窄作业面，要纵向进攻，不横向进攻？横向进攻是多元化了，抢了许多山脚，形不成制高能力。还要踩别人的脚，带来了一种冲突，解决这个冲突要消耗一部分能量，对抢占制高点不利。

22. 你们这棵桃子树上一定要结西瓜，不能就只结桃子这一种商业模式。因为桃树的树干，就是公司共同支撑平台（如服务平台、维修平台、财务平台……），根状体系要分不同客户去吸取不同营养。你们要有多种商业模式，很多公司都有窍门，桃子树上如何才能结出西瓜，你们要去好好思考。

23. 这种开放的态度，会形成两个喇叭口，向上的喇叭口，吸收宇宙能量；向下的喇叭口，接地气，培育种子的生长。

24. 不要在一些非战略机会点上计较，否则局部利益牵制了战略竞争力量。

25. 就像100多年前，我们的先辈挖掘巴拿马运河、苏伊士运河一样，在那种历史条件下，设想出挖这两条运河，是何等伟大的视野和战略决策。

26. 现在我们攻不进"莫斯科大环"，仅靠提高奖金包没有用，最重要因为没有建立起系统思维结构。

论干部成长

1. 你们要激励好儿女上战场，二十几岁为什么不能当将军？我要是跟你们一样年轻，我二十几岁保证能当将军。

2. 战场枪一响，不死就是将军，死了就是英雄。怕死鬼就回家去好好过日子。

3.我们要团结一切可以团结的人，要团结一切可以团结的力量，有广泛的思想，我们从来英雄不问出处，管他是从什么地方来的，只要是真英雄。

4.英雄要善于找到自己身上的闪光点，为什么一定要别人承认呢？人生最大的激励是自己激励自己。

5. 写得出成绩的是将军，写不出成绩的可能是未来的统帅，统帅是组织好千军万马。谁搞得清统帅内心的世界怎么成长的，无私就是博大。

6. 所谓英雄不问出处，不论英雄来自何方，我们就是要英雄。

7. 真正的英雄，都是从本职工作成长起来的，在本职工作中展现出自己的才华，不能刻意塑造将军。

8. 你们经过培训，掌握了工具，但要通过创造价值，不断提高自己的能力和贡献，才会逐渐承认你们，我们才会给你们去“诺曼底登陆”的机会，死了就是英雄，不死就是将军！

9. 我们是在实践中选拔干部，没有受过培训的，也会有伟大的英雄。谁培训了毛泽东、邓小平？华大的培训模式也正在转变，越来越不像个大学，就是真正的大学。

10. 破格提拔是基于：贡献、责任、牺牲精神。

11. 非物质激励就是要把英雄的盘子划大，毛泽东说“遍地英雄下夕烟”。

12. 培训时要考试，我们不会由老师出题考试。老师懂了，老师上战场算了。为什么老师当不了将军？历史上都是学生当将军，没收听说过老师当将军的，因为老师就是缺少实践经验。老师出题考学生，考出的学生就是傻学生。

13. 我们并不能保证所有人都能当将军，将军是靠自己打出来的，不是封出来的。

14. 你看那《北京遇上西雅图》的弗兰克，他就是个司机，他根本就不该管别人的事，但是人家生小孩他也管，啥都管，大家都想投奔他，最后他不就是领袖了嘛。

15. 我奉劝凡是没有伟大理想、凡是没有信念、凡是不想当将军的人，不要贸然走向流动领域。如果这个人不是这样的苗子，他本人也不准备做将军，为什么要强行循环呢？训练信念和品格，就是苦，熬自己，经过痛苦以后，才会成“佛”。

16. 冲上去以后不一定人人都能当将军，但至少要给你英雄，在座很多人不都是英雄吗？实在没人说你是英雄，回家让你老婆拿土豆片刻一个，你就认为它是功勋奖章，自我激励嘛。

17. 所以个人成长不能仅靠公司赋能，更重要的是通过你像邓小平一样自学，这就需要修炼。

18. 国家可以“六亿神州尽舜尧”“遍地英雄下夕烟”，我们为什么不可以英雄倍出。作出优秀贡献的员工，发个金牌，人人都可争当英雄。有人的地方就有英雄。

19. 大家看看俄罗斯的现任国防部长谢尔盖·绍伊古，从上尉直接被提拔为上将。叶利钦怎么发现他可以当上将的？所以哪个项目都能出英雄？处处都能出英雄。

20. 绝大多数人都是英雄，所有人都要分享到公司胜利的成果。

21. 我们为什么起一条路叫稼先路，就是无名英雄，为什么起了一条路叫隆平路，就是说不要在乎你的学历，不要有自卑感，人人都能做出贡献。

22. 公司推行的是选拔制，从来没有期望把你们培养成什么，就像给小芽浇水，谁知道你是树苗还是小草，一直给小草浇水，将来能长成大树吗？

23. 我们经常在电影上看到一个老头儿蹲着擦皮鞋，说是党的领导人，我认为这是电影。真正党的领导人应该是装得像银行董事长、经理这样的人，能够出入敌方内部，打听到一些消息，有高文化素质，而且有城市管理能力。

论内部管理

1. 公司可以越来越大，管理绝不允许越来越复杂。

2. 在过去二十多年中，不断主动适应变化、持续自我完善的管理变革帮助公司实现了快速的发展和商业成功，我们不能等到泰坦尼克号撞到冰山再去调整航向，而是在欢呼声中出海时，就针对长远航程中可能遇到的挑战进行布局，未雨绸缪。功劳簿的反面就是墓志铭，近十年来多少行业巨头走向衰弱，就是不能适时顺应环境的变化，不能积极扬弃过去，不能主动打破自我舒适区。

3. 华为在这个世界上并不是什么了不起的公司，其实就是我们坚持活下来，别人死了，我们就强大了。

4. 在行业市场里面，我们要保持合理的利润水平，不能破坏行业价值。

5. 华为未来商业模式是坚持已有优势，加强开放合作，保证持续盈利，活下去就是胜利。

6. 华为既要坚持已有优势不动摇，还要继续往前进，这就是“宝马”；积极关注“特斯拉”，学习“特斯拉”的优势所在，我们积极看待世界发生的变化，一旦出现战略性机会点，千军万马压上去。

7. 做行业谦虚的领导者,谦虚不等于不盈利。我们的个子总有一天会像姚明一样高，但要蹲下来说话，目的是为了多赚钱。

8. 既然我们已经选择了修“万里长城”，中间不能随心所欲抽掉一块砖，每块砖都要结实。我们修“万里长城”，即使将来是导弹时代，“万里长城”还可以卖旅游票。

9. 华为坚决不能有激进的改革，任何东西都是有继承性，要缓慢的改变。存在就是合理。我们不要用理想化的改革，乱变动现实。我一贯是“改良”，而不是“改革”。

10. 项目做完了不输出案例就等于浪费。

11. 华为还要持续走向开放，只有开放才能获得战略机会点，占据了战略机会点谁都会支持你，没有战略机会点，就无路可走。

12. 如何超越美国？我认为就是要踏踏实实做有限的事情。有所为，有所不为，坚持在某个领域获取高价值的东西，而不是全方位进攻。

13. 要消灭复杂化，走向简单化。开放和简单是提高了竞争力，而不是降低了竞争力。

14. 最好的防御就是进攻，进攻就是进攻我们自己，永不停歇，直到死的那天。每日三省吾身，坚持自我批判。全世界美国和日本自我批判的精神最强，它们天天骂自己，美国大片里描述的不是美国打输了，就是白宫被夷为平地了；日本也天天胆战心惊，如履薄冰。这实际上就是一种批判，现在我们很多人就容不得别人说半句坏话，进攻就是进攻自己，永无止境。

15. 蓝军就是公司循环的活力，凡是不“骂”公司的人，他看不到改进的空间。

16. 自我批判就是用自己的脑袋打自己，本身就是蓝军思维。

17. 传统经济学中不断讲解，股东对未来长期富有信心，他们不谋求短期利益，这是讲义。真实的情况，股东更谋求短期的收益，这就是西方公司后来落后华为的原因。

19. 华为把股东、创造者绑在一起，形成长远眼光，不忙于套现，形成了战略力量，造就了华为的今天。

20. 美国是个伟大的国家，先进的制度、灵活的机制、明确清晰的财产权、对个人权利的尊重与保障，都是美国强大的支撑，比如乔布斯，在中国土地上，就很难生存下来，他身上很多怪癖，不容易被中国人接受。向美国学习，我们从来就没有动摇过。

21. 为什么公司现在收窄作业面，要纵向进攻，不横向进攻？横向进攻是多元化了，抢了许多山脚，形不成制高能力。还要踩别人的脚，带来了一种冲突，解决这个冲突要消耗一部分能量，对抢占制高点不利。

22. 资本主义就是因为开放走向成功，中国以前闭关自守没有成功，所以我们也要走向开放。

23. 对于产品的创新是有约束的，不准胡乱创新。所以创新应该是有边界的，不是无边界的。

24. 不要在一些非战略机会点上计较，否则局部利益牵制了战略竞争力量。

25. 我们优质资源向有限的有价值客户倾斜，帮助这些客户赢市场。

26. 输出产业秩序，抓住大数据时代机会窗的战略控制点，围绕盈利，聚焦主航道，主战场，优质资源向优质客户倾斜，满足有价值客户的有价值需求。

27.“管理好”的目的最终是要多产粮食！

28. 变革就是要增加收入、多产粮食。考核变革是不是成功，就看粮食产量是否增加了、战斗力是否增强了。

29. 多使用美国、欧洲的先进武器。攻下了“上甘岭”，下面的钻石矿全是你的，所以为什么非要用“洛阳铲”，才有自主创新的光荣呢？

30. 坚持聚焦管道的针尖战略，有效增长，和平崛起，成为ICT（信息、通信、技术）领导者。

31. 在主航道组织中实现“班长战争”，一线呼唤炮火，机关转变职能；非主航道组织去矩阵化或弱矩阵化管理，简化组织管理。虚拟考核评价战略贡献，抢占战略高地。

32. 我支持公司内部开放，不要怕资料被人偷走，我们的队伍比别人厉害，他搞到一两支枪炮有什么用？

33. 将来管理变革应该是两批人，一批是攻城部队，一批是守城部队。

34. 在这个时代，我们还是要继续学习蓝血十杰，对数据、对事实要有宗教般的崇拜，根据数据和流程来综合管理。互联网主要是解决了信息传送的速度和广度的问题，它不能改变事物的本质。不要认为现在是互联网时代，过去工业管理的科学就都过时了。

35. 坚持“针尖”式战略发展，突进了无人区，没有竞争对手，踩不到别人的脚，商业生态环境就会改善；就会提高我们的产品议价权。

36. 在主航道，我们要做战略不可替代的事情，否则就是在支末上发展。

37. 变革就是简单化，跟目标挂钩，目标就是多产粮食。

38. 通过指挥权前移，来避免后方机关过于庞大。如果我们把所有权力都收到机关来，机关将来就越做越庞大，成本就越来越高，不产生价值，最后的结果就是公司迟早要垮掉，很多倒下的大公司以及封建王朝的历史都印证了这一点。

39. “班长战争”灵活、轻便和高效的组织运作，其核心是在组织和系统支持下的任务式指挥，实现一线呼唤炮火。

40. 公司所有流程的改革一定要为客户服务，为客户服务产生价值，凡是绕了一大弯、不产生价值的流程都要砍掉。

41. 行政人员管理要以“爱人”为中心，不是“踩人”为中心。

42. 华为公司未来的胜利保障，主要是三点要素：第一，要形成一个坚强、有力的领导集团，但这个核心集团要听得进批评；第二，要有严格、有序的制度和规则，这个制度与规则是进取的。什么叫规则？就是确定性，以确定性应对不确定性，用规则约束发展的边界；第三，要拥有一个庞大的、勤劳勇敢的奋斗群体，这个群体的特征是善于学习。

43. 瑞典“瓦萨”战舰是当时世界上最大的炮舰，装修很漂亮，里面的雕塑都是艺术品，但战舰存在的目的是为了打胜仗，装饰是多余的。国王为了显示威力，又加建了一层炮塔，但船体本身没有改，结果一出海就沉船了。

论人力资源

1. 从公司过去的情况看，其实优秀人都走光了，就剩我们这些不优秀的人，我也是个阿甘，相信傻干会成功所以我没走，你们也傻就留下了。过去傻成功了，你今天同样傻也会成功的，华为文化最大的特点就是傻，傻的人就是以客户为中心，在人生的路上我们是合作奋斗，每个人去自省吾身去改变自己。

2. 这也是围绕着我们的生存条件做的，国家兴亡不是我们的责任，我们不能吃地沟油的命要操中南海的心，这是不行的，操心操太多了。

3. 我们要不断激活我们的队伍，防止“熵死”。我们绝不允许出现组织“黑洞”，这个黑洞就是惰怠，不能让它吞噬了我们的光和热，吞噬了活力。

4. 雷锋是一种精神，但不能作为一种机制。

5. 没有机制，精神是不能永存的。

6. 吸引优秀人才，团结一切可以团结的力量，这是我们走向未来成功的保证。

7. 华为公司以前实际上是三流人才的公司，一流人才、二流人才跑光了，但是我们为什么能胜利，就是因为我们团结，团结起来就是巨大力量，全世界没有一个公司15万人，还像我们这么团结。所以说我们无敌于天下，除了胜利，我们还有什么出路可以走的?

8. 人力资源价值观把15万员工团结起来了，目前世界上没有其他公司能够像华为这样一心一意谋发展，这就是胜利的希望和保障。

9. 我们是基于贡献、责任与牺牲精神来选拔干部的，当然一部分进步较快就被破格了。

10. 我们一定要坚持从战略贡献中选拔出各级优秀干部。干部获得提拔的充分必要条件：一是要能使所在部门盈利；二是要有战略贡献。如果你不能使这个代表处产生盈利，我们就对你末位淘汰；如果你有盈利，但没有做出战略贡献，我们也不会提拔你。

11. 我们要容纳得下世界级的人物进入公司。

12. 在商业系统里，空降兵很难成功，因为外来一个管理者，他会遇到来自上甘岭的兄弟连，指挥不动他们。

13. 技师是制造的中坚力量，要优化分配制度，提升技师待遇。

14. 拉长金字塔顶端，拉长后会出现很多空洞，我们称之为“蜂窝”，吸引全世界的优秀“蜂子”飞进来。

15. 金字塔基础要异化，还要拉开优秀骨干员工和一般骨干员工的差距。

16. 不能机械、教条、盲目地全员流动，否则就是高成本。

17. 为ABC绩效考核来源于美国西点军校的末位淘汰制，目的是选拔将军，从优秀人员中挤出更优秀，然后挤出很多能够统率千军万马的人来。

18. 所有细胞都被激活，这个人就不会衰落。拿什么激活？血液就是薪酬制度。社会保障机制是基础，上面的获取分享制是一个个的发动机，两者确保以后，公司一定会持续发展。

19.“先有鸡，才有蛋”这就是我们的假设。因为我们对未来有信心，所以我们敢于先给予，再让他去创造价值。

20.在这个世界上，阿甘是最伟大的人。阿甘精神就是傻，相信领导，按领导的话干，不挑领导的刺。

21. 公司破格提拔有三个原则，第一点是贡献，第二点是责任，第三点是牺牲精神。

22.非物质激励主要要管理好机会激励、思想激励。非物质激励应该是让多数人变成先进，让大家看到有机会，拼命去努力。如果只有少数人先进，被孤立起来，其实他内心是很恐惧的。

论价值分配

1.华为价值评价标准不要模糊化，坚持以奋斗者为本，多劳多得。

2. 我们不让雷锋吃亏，雷锋也要是富裕的，这样人人才想当雷锋。

3.一个年轻人呢，不要太多地去感觉社会对自己的评价。无私的贡献最终也会有结果的。

4.我认为要奉劝年轻的孩子们就是像阿甘一样傻一点，相信正能量，努力汲取正能量。等你地位高了以后，思想丰富了，哲学思想成熟了，你再去接触负能量，你可以把负能量变成正能量。

5. 公司讲求利益分享，华为的利益不是靠压榨员工来获得，而是要靠大家一起努力，促进公司发展及成长，成功后利益共享，合理分配给员工。

6.作为财务投资者应该获得合理回报，但要让“诺曼底登陆”的人和挖“巴拿马运河”的人拿更多回报，让奋斗者和劳动者有更多利益，这才是合理的。

7. 华为确保奋斗者利益，若你奋斗不动了，想申请退休，也要确保退休者有利益。不能说过去的奋斗者就没有利益了，否则以后谁上战场呢？但是若让退休者分得多一点，奋斗者分得少一点，傻帽儿才会去奋斗呢？

8.忠诚不能当饭吃，一定要通过循环赋能，把能力提起来，才能产生“忠诚”的价值。

9. 我们明确先有鸡，鸡先生蛋，我们是先给予，再贡献。

10. 你自己搞到一块蛋糕，切一小块给我，剩下的你拿走；若你眼睛看花了，搞到一大块牛粪，你切一小块给我，我不要，你自己留着吃吧。不要总认为付出了就要有收获。

11. 一定要有一部分人降职降薪，才有一部分人升职升薪。

12. 华为最早是坐牛车来的，现在牛车被装进了高铁，跟着高铁的高速运行，牛车车长也是高速前进的，但他还没有进步到高铁司机，实际拿了接近高铁助手的钱。

13. 根据当期产粮多少来确定基本评价（KPI），根据对土壤未来肥沃的改造来确定战略贡献，两者要兼顾，没有当期贡献就没有薪酬包，没有战略贡献就不能提拔。

14. “获取分享制”应成为公司价值分配的基本理念，敢于开展非物质表彰，导向冲锋，激发员工活力，公司就一定会持续发展。

15. 薪酬激励的对标分析要提高合理性，要管理好拉车人和坐车人的分配比例，让拉车人比坐车人拿得多，拉车人在拉车时比不拉车的时候要拿得多。

16. 我认为金牌奖比例还是太少，华为绝大多数人是先进人物和优秀分子，愿意发钱就发钱，即使发个奖章也好。

17. 绝大多数人都是英雄，所有人都要分享到公司胜利的成果。

18. 我认为健康比成功更重要，活着比金钱重要。

19. 要按价值贡献，拉升人才之间的差距，给火车头加满油，让列车跑得更快些及做功更多。

任正非与《致新员工书》

任正非先生的《致新员工书》共修订过四版：

首版是1994年年底所写，发于当年的第110期《华为人报》，那年华为销售收入8亿元，员工1 000人；

第二版修订于10年后的2005年5月，当年销售收入为482.72亿元人民币，员工3 000人；

第三版修订于2年后的2007年10月，当年销售收入为938亿元人民币，员工83 609人。

第四版修订于7年后的2014年12月19日，上年的销售收入达到465亿美元，员工人数160 000人。

纵观四个版本，结构有调整，内容有修改，词语有变化，篇幅有增减，但核心思想没变，对新员工的期望与期待没变。一如既往，始终如一。

以“您”相称

展现的是对新员工的期待，你与您的差异在于是否有心，显示了企业家的谦卑——谦卑造就伟大。有人曰：自古以来，成大事者皆：爱才如命，挥金如土，此言诚也！

“您有幸加入了华为公司，我们也有幸获得了与您合作的机会。我们将在相互尊重、相互理解和共同信任的基础上，与您一起度过在公司工作的岁月。”

叙述华为的愿景、使命与核心价值观，回答华为的基本哲学命题

重点强调的是华为文化开放性和包容性，群体奋斗和自我批判。（本部分内容是2015版新增加的）

新员工要学会求助

华为是矩阵组织，是一个人力资源成长的大平台，员工不能成为“伟大的个体户”，要学会融入群体，利用好平台资源。

“求助没有什么不光彩的，做不好事才不光彩，求助是参与群体奋斗的最好形式。”

从实践做起，从基层做起，甘于寂寞，干一行，爱一行

“猛将必发于卒伍，宰相必取于州郡”和“之”字形是员工的成长路经和成长阶梯。

“希望您接受命运的挑战，不屈不挠地前进，您也许会碰得头破血流，但不经磨难，何以成才！在华为改变自己命运的方法，只有二个：一、努力奋斗；二、做出良好的贡献。”

呼唤英雄，呼唤雷锋，同时绝不让雷锋吃亏

华为致力于打造“英雄倍出”“遍地英雄下夕烟”的机制与平台。

“我们呼唤英雄，不让雷锋吃亏，本身就是创造让各路英雄脱颖而出的条件。雷锋精神与英雄行为的核心本质就是奋斗和奉献。雷锋和英雄都不是超纯的人，也没有固定的标准，其标准是随时代变化的。在华为，一丝不苟地做好本职工作就是奉献，就是英雄行为，就是雷锋精神。”

正确面对公平，承受得起委屈，经得起考验，脚踏实地

但在努力者面前，机会总是均等的，要承受得起做好事反受委屈。

“烧不死的鸟就是凤凰”，这是华为人对待委屈和挫折的态度和挑选干部的准则。没有一定的承受能力，今后如何能做大梁？其实一个人的命运，就掌握在自己手上。生活的评价，是会有误差的，但绝不至于黑白颠倒，差之千里。要深信，是太阳总会升起，哪怕暂时还在地平线下。”

尽快地融入华为的工作文化，尽快地认同华为文化

华为文化就是艰苦奋斗，追求卓越，诚信服务。

“有人问我，您形象地描述一下华为文化是什么。我也不能形象地描述什么叫华为文化，我看了《可可西里》的电影，以及残疾人表演的《千手观音》后，我想他们的精神就叫华为文化吧！”

爱国，爱人，产业报国，科教兴国

“21世纪是历史给予中华民族一次难得的振兴机会，机不可失，时不再来。‘21世纪究竟属于谁’，这个问题的实质是国力的较量，国际的竞争归根到底是在大企业和大企业之间进行。国家综合国力的增强需要无数大企业组成的产业群去支撑。一个企业要长期保持在国际竞争中的优势，唯一的办法便是拥有自己的竞争力。”

《致新员工书》是任正非与新员工的心灵对话；从四次修订《致新员工书》，可以看出，任正非对人力资源的重视。

可以认为，《致新员工书》是新员工进入华为的入门培训教材，也是新员工在华为的成长与成功的“葵花宝典”。

您的公司有《致新员工书》吗？

APPENDIX | 附 录

2001 年 4 月与任正非访问日本，参观完气势宏伟的松下博物馆，笔者提议华为以后也要建一个大的博物馆，任正非不假思索地脱口而出“华为不需要历史”，说得极为决断。2012 年 11 月，在展厅汇报会上，任正非再次强调：“我们不展示历史。”华为确实没有恋历史的情结，华为的历史从当下开始。

收集整理一个不善待自己历史的企业的历史，既费力，又耗神，还不一定讨好。其中不乏或许是大量的不准确之处，敬请指正。

资料来源于华为内部文档、《华为人》报、《管理优化》报、《华为文摘》、华为内部网站及公开出版发表的出版物。资料截止于书稿定稿日：2013 年 9 月 11 日。

华为大事记

1987 年

7 月 27 日创立于深圳，6 位股东集资，注册资金 2.1 万元，租用的是南油新村南油大厦 A 区 16 栋的居民楼，成为一家生产用户交换机（PBX）的香港公司的销售代理。

1988 年

1. 员工人数达到 14 人。
2. 公司正式运营，经营范围是小型程控交换机、火灾警报器、气浮仪开发生产及有关的工程承包咨询，代理香港康力公司的HAX模拟交换机。

1989年

开始研制24口用户小交换机BH-01。

1990年

开始自主研发面向酒店与小企业的PBX技术并进入商用。

1991年

1. 员工人数增加到20人。
2. 9月，公司租下了深圳宝安县蚝业村工业大厦三楼，后搬至南山区南油工业区深意工业大厦五楼。
3. 12月，研制开发的BH-03交换机通过测试，正式入网销售。
4. 研制开发了500门的HJD-04用户交换机。

1992年

1. 销售额突破1亿元人民币。
2. 员工人数超过200人。
3. 开始研发并推出农村数字交换解决方案的基于模拟空分技术的局交换机JK1000。
4. 启动了C&C08 2000门数字程控交换机的开发项目。

1993年

1. 销售额达4.1亿元。
2. 员工人数达到400人。
3. 采用模拟技术的局交换机JK1000开发完成，但市场销售业绩不佳。
4. 9月，华为成功研制出C&C08 2000门数字程控交换机机，并在浙江义乌首次开局。
5. 开始C&C08万门交换机的研发。
6. 成立生产通信电源的莫贝克通讯实业公司。

1994年

1. 销售额达到8亿元。

2. 员工人数达到 1 000 人。

3. 6 月，公司LOGO 正式推出，其释义为：红色、阳光、东方。

4. 8 月，着手开发无线通信领域产品 ETS450，1995 年 8 月投入市场。

5. 10 月，C&C08 交换机通过广东邮科院鉴定，并在北京国际通信展上展出。

6. 11 月，第一个超万门的C&C08 交换机在江苏邳州开通，通过省局鉴定。

1995年

1. 销售额达 15 亿元人民币，主要来自中国农村市场。

2. 员工总数达到 1 200 人。

3. 注册资本增至 7 005 万。

4. 1 月，中央研究部正式成立。

5. 1 月，公司正式乔迁于南山区科技工业园华为用服大厦。

6. 9 月 8 日，香港华为举行开业庆典。

7. 正式成立知识产权部门。

8. 在北京成立了北京研究所，开始数据通信产品的开发。

9. C&C08 交换机通过邮电部的生产定型鉴定。

11. 首次进入中国电子百强，排名第 26 位。

11. 12 月，入选广东最大 100 家工业企业。

1996年

1. 销售额达到 26 亿元人民币。

2. 员工人数达 2 400 人。

3. 1 月 28 日，历时一个月的市场整训活动结束，市场部全体正职发表集体大辞职宣言，首开“干部能上能下”的先河。

4. 1 月，公司总部由深意搬入科技园。

5. 2 月 3 日，华为向云南丽江地震灾区人民捐赠 20 万元人民币及两套通信设备。

6. 3 月，莫贝克通讯实业公司委托经营期结束，更名为“华为通信股份有限公司”。

7. 5 月 13 日，首次参加 1996 年俄罗斯国际信息通信展。

8. 5 月，博士后工作站挂牌，这是继上海宝钢后的第二个企业博士后工作站，

8 位博士后入站。

9. 与香港和记电信签订 3 600 万美元合同，为其提供固定网络解决方案，实现华为海外市场的历史性突破。

10. 成立海外市场部。建立俄罗斯代表处、白俄罗斯代表处和南斯拉夫代表处。

11. 成立终端事业部。

1997 年

1. 销售额达到 41 亿元人民币。
2. 员工人数达到 6 000 人。
3. 1 月 26 日，华为龙岗生产中心奠基。
4. 4 月，C&C08 万门数字程控交换机获广东省电子工业科技进步一等奖。
5. 5 月，与俄罗斯贝托康采恩股份公司、莫斯科电信股份公司签署合资建厂协议。
6. 5 月 27 日，中国科技大学 - 华为信息技术研究所正式成立。
7. 7 月，在天津大学推出国内第一个 201 卡号系统。
8. 11 月 6 日，宣布正式推出自行研制的无线 GSM 解决方案。
9. 12 月 30 日，与铁道部北京二七通讯工厂合资成立的北方华为通信技术有限公司正式成立。
10. 分别与摩托罗拉、IBM、英特尔、SUN、高通、德州仪器和微软成立了联合实验室，截至 2005 年 6 月，华为共有 10 所联合实验室。
11. 成功举办莫斯科电信展，这是华为在海外举办的第一个展览。
12. 开始与 Hay Group（合益集团）合作进行人力资源管理变革，包括职位体系、薪酬体系、绩效管理及员工素质模型等。
13. C&C08 交换机在香港和记电信商用，并进入俄罗斯市场。
14. 公司科研投入达 4 亿元，占全年销售额的 10%。

1998 年

1. 销售额达到 89 亿元人民币。
2. 1 月 21 日，上海研究所成立。
3. 2 月 20 日，公司首次发布 1997 年年报。

4. 2 月 28 日，华为捐赠 2 500 万元，设立了“寒门学子基金”，资助家境贫寒的大学生完成学业。
5. 2 月，向河北地震灾区捐献了价值 50 万元人民币的通信电源设备，用于灾区通信网络重建。
6. 4 月 16 日，天津邮电—华为新技术联合实验室揭牌。
7. 7 月，龙岗坂田基地奠基。
8. 7 月，ViewPoint 2000 视讯产品获深圳市科学技术进步二等奖。
9. 7 月，SDH 光传输系列产品全面通过产品鉴定。
10. 7 月，GSM 系统在内蒙古邮电局成功开局。
11. 8 月，与IBM的合作项目“IT 策略与规划”项目启动，内容包括规划和设计未来 3~5 年需要开展的业务流程和所需的IT 系统，包括IPD、ISC、IT 系统重整。
12. 11 月，公司全套GSN 系统通过信息产业部组织的生产定型鉴定。
13. 成立南京研究所。
14. 向遭受洪水灾害的国内灾区捐赠 1 500 万元人民币和价值 2 500 元万人民币的无线设备。

1999 年

1. 销售额 115 亿人民币，其中海外市场销售额为 0.53 亿美元。
2. 员工人数达到 12 000 人。
3. 1 月 28 日，坂田生产中心落成投产。
4. 成为中国移动全国CAMEL PhaseII 智能网的主要供应商，该网络是当时世界上最大最先进的智能网络。移动通信系统继获得信息产业部生产定型后，又获信息产业部颁发的设备入网许可证。
5. 201 校园卡获得市场成功。
6. 在印度班加罗尔设立研发中心，这是华为首个海外研究机构。该研发中心分别于 2001 年和 2003 年获得CMM4 级认证、CMM5 级认证。

2000 年

1. 销售额 213 亿元人民币，其中海外市场销售额 1.28 亿美元。

2. 员工人数达到 16 000 人。
3. 7 月 26 日，与摩托罗拉签订产品合作协议，共同为中国及亚太地区提供 GSM 设备和端到端解决方案。
4. 12 月 25 日，华为电气技术有限公司正式更名为安圣电气有限公司。
5. 在美国硅谷和达拉斯设立研发中心。
6. 在瑞典首都斯德哥尔摩设立研发中心。
7. 与SUN 建立联合实验室。
8. 在电子百强评选中居第 10 位，利润居首位。

2001 年

1. 销售额 255 亿元人民币，其中海外市场销售额 3.3 亿美元。
2. 4 月 13 日，CDMA 打通第一个电话。
3. 9 月 18 日，TELLIN CDMA 无线智能网服务联通新时空。
4. 10 月 31 日，以 7.5 亿美元的价格将非核心子公司安圣电气（原华为电气）出售给艾默生。
5. 11 月 20 日，与华虹NEC、南通富士通联合研制国产 ASIC 芯片。
6. 德国STNB 电信公司正式签订合同，城域光网络进入德国市场。
7. Quidway NetEngine 80 第五代核心路由器：《计算机世界》2001 年度“年度产品奖”，《互联网周刊》2001 年度“CIO 选择奖”最佳IT 企业产品奖。
8. 在美国设立四个研发中心。
9. 加入国际电信联盟（ITU）。

2002 年

1. 销售额 221 亿人民币，其中海外市场销售额达 5.52 亿美元。
2. 1 月，在“2002 年IT 认证优秀品牌与机构颁奖典礼”中，华为认证获得“本土最具知名度认证奖”和“最佳原创教材奖”。
3. 2 月，TELLN 智能网系统荣获国家科技进步一等奖，SBS2500 光同步传输系统荣获二等奖。
4. 6 月 4 日，Supercomm 2002 展览：华为公司展台获得最佳展台设计奖。
5. 7 月，华为被《财富》评定为中国最受尊重企业，中国最佳雇主。

6. 9月，在《网络世界》评测实验室组织的三层交换机比较评测，Quidway S3526获得此次评测的最高荣誉——编辑选择奖。

7. 10月11日，与微软成立联合实验室。

8. 10月23日，与NEC共建3G移动互联网开放实验室。

9. Quidway NetEngine 80第五代核心路由器，荣获《计算机世界》2001年度“年度产品奖”，《互联网周刊》2001年度“CIO选择奖”最佳IT企业产品奖。

10. NEC、松下、华为宣布三方成立上海宇梦通信科技有限公司，主要从事3G终端的研发。

11. 为摩托罗拉提供GSM、GPRS、WCDMA等领域的OEM产品。

12. 研发投入30亿元人民币，当年发明专利申请达1 003件，居国内首位。用于专利申请的费用超过1 000万元人民币。截至年底，累计申请专利2 154件，获得专利授权329件，申请PCT国际专利和国外专利198件。

13. 缴纳国税、地税共20.6亿元人民币，缴纳各项海关关税和增值税7.55亿元人民币。

14. 海外常驻员工达到2 000人。

2003年

1. 合同销售额达到317亿人民币，同比增长42%，海外销售10.5亿美元，海外销售比例达到27%，增长80%。

2. 员工人数达到22 000人，其中85%的员工具有本科及以上学历，研发人员占46%。

3. 1月22日，思科正式起诉华为。

4. 2月28日，STM-64 MADM光传输系统获2002年国家科技进步二等奖。

5. 3月20日，与美国3Com组建合资企业——华为-3Com公司，华为占51%，3COM占49%，专注于企业数据网络解决方案的研究。

6. 4月，通过了ISO14001环境管理体系认证。

7. 6月，为抗击非典，以技术回报社会，华为向卫生部统计信息中心捐赠价值80万元的网络设备产品。员工自发捐款129万元人民币。

8. 8月1日，华为印度研究所获得CMM5级认证。北京研究所和南京研究所通过CMM4级国际认证。
9. 8月8日，在中国电子信息产业发展研究院、中国信息化推进联盟主办的"2003年中国IT服务年会"上，华为荣获"国内网络产品最佳用户服务满意度奖""中国IT认证培训服务用户满意奖"。9月，被《21世纪经济报道》评为IT行业最佳雇主。
10. 8月29日，西门子与华为签署备忘录，成立TD-SCDMA合资公司。
11. 9月，与德国英飞凌科技公司（Infineon）合作开发低成本WCDMA手机平台。
12. 9月，ViewPoint 8000系列的新型视讯终端获得了汉诺威工业设计论坛颁发的国际大奖iF Design Award。
13. 10月，ADSL modem MT800被评为《网络世界》评测实验室"编辑选择奖"。
14. 11月，华为-3Com有限公司成立。
15. 12月注册了华为终端有限公司，注册资本7.6亿元，2004年终端公司成立。
16. 12月24日，阿联酋电信宣布由华为独家承建的WCDMA 3G网络正式投入商用。
17. ViewPoint 8000系统：深圳市科学技术进步二等奖。
18. 2001—2003年全球交换机新增市场市场份额32%排名第一。
19. 华为在世界各地部署了1亿个C&C08端口，创造了行业记录。
20. SmartAX MA5100系列宽带接入产品：2002年度深圳市科技进步奖一等奖，广东省科技进步二等奖。
21. 累计申请国内专利4 628件，申请PCT国际专利和国外专利641件，获得专利授权1 127件。
22. 缴纳国税、地税共18.8亿元人民币，缴纳各项海关关税和增值税9亿元人民币。最近5年以来，华为累积缴纳各项税收总计188.3亿元人民币。
23. 名列电子百强第7位，利润居首位。

2004年

1. 合同销售额462亿元人民币，海外市场销售额达22.8亿美金，比2003年增长 117%。

2. 员工人数为 22 000 人，其中外籍员工近 3 000 人。

3. 5 月，华为获得Frost & Sullivan“2004 年亚太最有前途的设备提供商”和“2004 年亚太最佳宽带设备提供商”两项大奖。

4. 5 月，Lightreading 发布报告，华为在世界 10 大初创公司中排名第二。

5. 7 月 28 日，思科与华为各自发表声明，宣布持续一年半之久的“侵犯思科知识产权”官司彻底结束。

6. 8 月，华为GSM 网络经受住希腊奥运会的大话务量考验。

7. 10 月，海思半导体有限公司成立，其前身是创建于 1991 年的华为集成电路设计中心。海思目前已经成长为中国内地最大的集成电路设计公司。

8. 11 月，BT（英国电信）采购认证团对华为进行为期四天的认证。华为的国际化首次被全面“体检”。

9. 10 月 18 日，与西门子合作成立合资公司，开发TD-SCDMA 解决方案。

10. 11 月，美国《福布斯》推出美国以外全球最大私营公司 100 强排行榜，华为以 27 亿美元营业收入排名第 79 位，是唯一上榜的中国公司。

11. 华为赢得中国电信国家骨干网优化合同，此项目是优化中国电信广东省的 163 个骨干网络，华为高端路由器NE5000 获得了采购合同 100% 的市场份额，成功地进入了国家骨干网的两个超级节点。

12. 获得荷兰运营商Telfort价值超过 2 500 万美元的合同，首次实现在欧洲的重大突破。

13. 12 月 31 日，被《财富》杂志评为“全球 100 强最大私营公司”。

14. 为东南亚海啸受灾国捐赠 2 000 多万元和 2 000 万元的通信设备。

15. 缴纳国税、地税、各项海关关税和增值税 35 亿元人民币。

2005年

1. 销售收入达到 82 亿美元（482.72 元人民币），海外销售额为 32.8 亿美元，58% 来自海外收入，海外合同销售额首次超过国内合同销售额。

2. 员工总数超过 30 000 人，海外员工达到 10 000 人。

3. 2 月，获英国最佳中国投资者年度大奖。

4. 2 月，获首届深圳市长质量奖。

5. 3 月 18 日，西门子与华为合资成立的鼎桥通讯公司正式挂牌启动。

6. 3 月，华为Quidway NE高端路由器获国家科技进步二等奖。

7. 4 月 26 日，华为-3Com获 2005 年度中国IT技术创新企业奖。

8. 4 月 28 日，任正非被美国《时代周刊》评为“2005 年度影响世界 100 位名人”，是唯一入选的中国人。

9. 5 月，全网智能化：获深圳市科技进步一等奖。

10. 5 月，华为当选为《互联网周刊》“中国电信供应商 100 佳”第一名。

11. 5 月，华为被《经济观察报》、北京大学光华管理学院评定为 2004 年度“中国最受尊敬企业”。

12. 6 月，华为荣获Frost & Sullivan颁布的“亚洲最佳的无线设备供应商”、“最佳的NGN设备供应商”和“最佳的光网络设备供应商”三个奖项。

13. 6 月，获Frost&Sullivan亚太科技大奖、亚太最佳无线设备供应商和亚太最佳光设备供应商奖。

14. 7 月 25 日，获 2005 年全球十大最成功的私营电信企业第一名。

15. 9 月 3 日，入选英国《金融时报》“中国十大世界级品牌”。

16. 9 月华为入选由中国质量总局、中国名牌推进委员会评选的首届“中国世界名牌”。

17. 10 月 14 日，华为HONET UA5000 荣膺 2005 年InfoVision大奖。

18. 11 月，华为与英国最大电信运营商沃达丰正式签署了全球采购框架协议，参与沃达丰全球移动网络建设。华为成为首家正式进入全球供应链的中国通信设备供应商。

19. 11 月 25 日，华为印度研究所通过 SEI CMMi Level 5 认证。

20. 12 月，成立关联企业“慧通公司”，承包华为几乎全部软件外包业务及相关行政服务。

21. 与沃达丰签署《全球框架协议》，正式成为沃达丰优选通信设备供应商。

22. 成为英国电信（简称BT）首选的 21 世纪网络供应商，为BT21 世纪网络提供多业务网络接入（MSAN）部件和传输设备。

23. 获得了中国生产和销售手机的许可。

24. 为中国广东洪灾区捐款 380 多万。

25. 华为缴纳国税、地税、各项海关关税和增值税 40 亿元人民币。

2006 年

1. 销售收入达到 110 亿美元（664 亿元人民币），海外销售 54 亿美元，比上年增长 45%，其中 65% 来自海外收入。
2. 员工总数已达 61 909 名员工，其中 48% 的员工为研发人员。
3. 1 月 9 日，华为U-SYS NGN解决方案荣获国家科技进步二等奖。
4. 2 月，华为与北电网络宣布成立合资公司，共同开发“超宽带”项目。
5. 2 月，与沃达丰签订 3G 手机战略合作协议。
6. 5 月 8 日，正式推出新的企业标识，新标识在保持原有的蓬勃向上、积极进取的基础上，充分体现了我们聚焦客户、创新、稳健增长和和谐的精神。
7. 6 月 6 日，华为科技和港湾网络联合宣布，二者达成有关收购的意向性协定，并正式签定谅解备忘录，华为将收购港湾包括路由器、以太网交换机、光网络、综合接入设备在内的宽带产品线的全部资产、人员、业务以及相关的全部知识产权。
8. 7 月 25 日，与摩托罗拉合作在上海成立联合研发中心，开发UMTS技术。
9. 10 月，获首届“中国标志性品牌”。
10. 11 月，3Com 以 8.82 亿美元成功竞购了华为手中 49% 的华为–3Com 股份，华为–3Com 也由此成为一家外商独资企业。华为–3Com 于 2007 年 4 月更名为华三通信（H3C）。
11. 全球 50 强通信营运商中有 31 家选择华为作为合作伙伴。
12. 已累计申请专利 19 187 件，共获得专利授权 2 742 件。
13. 累计缴纳各项税收 304 亿元人民币。

2007 年

1. 合同销售额为 160 亿美元（938 亿元人民币），比上年增长 45%，其中海外销售额占 72%。
2. 员工总数达到 83 609 人，研发人员占 43%。
3. 1 月 8 日，任正非入选 2007 年《世界经理人》评选的“15 年来对中国管理影响最大的 15 人”。

4. 5 月 21 日，与赛门铁克公司联合宣布双方将成立合资公司，致力于网络安全与存储产品的研发、销售和服务。
5. 6 月 9 日，在圣彼得堡举办“华为在俄罗斯 10 年”庆典，吴仪副总理出席。
6. 6 月 13 日，被沃达丰授予“2007 杰出表现奖”，是唯一获此奖项的电信网络解决方案供应商。在 2007 年底成为欧洲所有顶级运营商的合作伙伴。
7. 7 月 4 日，获最具全球竞争力中国公司和欧洲之星。
8. 7 月，获 2006 深圳科技创新奖（原科技进步奖）。
9. 7 月，获 2006 广东省质量管理先进企业。
10. 9 月，以太网交换机获国家质监局“中国名牌产品”。
11. 11 月 13 日，为保证 2008 年奥运圣火传递直播，世界海拔最高的珠峰 6 500 米基站测试开通。
12. 11 月，“7 000 人辞职事件”，引起社会关注。
13. 12 月 12 月，与Global Marine合作成立合资公司，提供海缆端到端网络解决方案。
14. PCT国际专利申请量居全球第四，通信业首位。截至年底，累计申请专利 26 880 件，连续六年蝉联中国企业专利申请量第一。

2008年

1. 全球销售额达到 233 亿美元（1 252 亿元人民币），同比增长 46%，国际市场销售额占比超过 75%。
2. 员工总数达到 87 502 名，其中 43% 为研发人员。
3. 1 月 10 日，大容量智能光交换系统OSN9500 获 2007 国家科技进步二等奖。
4. 2 月，与赛门铁壳合作成立合资公司，开发存储和安全产品与解决方案。
5. 2 月，因为无法获得监管当局的批准，华为联合贝恩资本拟以 22 亿美元收购 3Com的计划已经被搁置。2007 年，9 月 28 日，贝恩资本与华为宣布，双方联合斥资 22 亿美元收购 3Com公司，收购完成后，贝恩资本将持股 83.5%，华为将持股 16.5%。3Com公司董事会已批准此桩交易。
6. 5 月，公司及员工向汶川地震灾区捐款 2 630 万元人民币（不含海外机构经使馆捐款），公司捐赠价值 5 800 万元的通信设备，华为紧急租用三架包机，460 名员工参与汶川抗震救灾。

7. 10 月，获国家发改委“国家高科技产业化十年成就大奖”。
8. 11 月 6 日，华为年度全球核心供应商大会在深圳召开。
9. 11 月 13 日，正式加入国际行业环保组织GeSI。
10. 12 月 18 日，华为海洋网络有限公司（“华为海洋”）开业庆典在天津举行，标志着由华为技术有限公司与全球海事系统有限公司合资成立的华为海洋正式进入运营阶段。
11. 12 月 19 日，北欧第一大综合营运商TeliaSonera与华为签署了全球第一个LTE/SAE商业网络系统，这是全球第一个 4G 网络合同。
12. 12 月，获德国汉诺威设计论坛“iF design award”。
13. 12 月，被商业周刊评为全球十大最有影响力的公司。
14. 根据Informa的咨询报告，华为在移动设备市场领域排名全球第三。
15. 首次在北美大规模商用UMTS/HSPA网络，为加拿大运营商Telus和Bell建设下一代无线网络。移动宽带产品全球累计发货量超过 2 000 万部，根据ABI的数据，市场份额位列全球第一。
16. 产品与解决方案已服务全球运营商 50 强中的 36 家。
17. 截至 2008 年 12 月底，华为累计申请专利 35 773 件，包括中国专利申请 26 005 件、国际专利申请 5 446 件和国外专利申请 4 322 件。累计申请专利 35 773 件。全年共递交 1 737 件PCT专利申请，据世界知识产权组织统计，在 2008 年专利申请公司（人）排名榜上排名第一；LTE专利数占全球 10% 以上。
18. 截至 2008 年年底，累计向国家缴纳各项税款 525 亿元人民币。

2009 年

1. 全球销售额达到 302 亿美元（1 491 亿元人民币），同比增长 30%，销售收入达到了 1 491 亿元人民币（218 亿美元），同比增长 19%，营业利润率为 14.1%，净利润达到 183 亿元人民币（27 亿美元）。
2. 员工总数超过 95 000 人，来自 140 个国家的研发人员占总员工数量的 46%，海外员工本地化比例为 65%。女员工比例在 2008 年为 21.18%；2009 年为 23%。

3. 无线接入市场份额跻身全球第二。
4. 1 月 12 日，分布式基站获国家科技进步二等奖。
5. 1 月 15 日，在挪威奥斯陆布置全球首个 LTE 商用网络。
6. 1 月，供应链相关车间及支持部门搬迁至松山湖工业园。
7. 3 月 20 日，因在新兴市场所取得的成绩和做出的贡献，获得《金融时报》“新兴市场创新和领导力大奖”。
8. 成功交付全球首个 LTE/EPC 商用网络，获得的 LTE 商用合同数居全球首位，率先发布从路由器到传输系统的端到端 100G 解决方案。
9. 7 月，“深圳市信访云技术产品”也正式上线，这是国内第一个基于云计算技术、云计算应用的国家机关信息化系统。
10. 6 月 19 日，获《全球通信商业》双项创新大奖。
11. 7 月 29 日，北美 LTE 实验室成立。
12. 7 月，在日本东京建立 LTE 实验室。
13. 7 月，开始在上海研究所部署桌面云，目前已有 6 万名工程师采用华为桌面云解决方案体验“云办公”，华为桌面云已成为全球最大的桌面云项目。
14. 11 月 18 日，OTN 获得美国《研究与发展》颁发的 R&D100 奖，该奖被誉为科技界创新奥斯卡奖。
15. 12 月 23 日，任正非登上《福布斯》“2009 年度最受国际尊敬的中国企业家人物榜”，居榜首。
16. 12 月，华为获美国电气和电子工程师协会（IEEE 标准组织）颁发的“杰出公司贡献奖”，成为第一家获得该殊荣的中国企业。
17. 获得 IEEE 标准组织 2009 年度杰出公司贡献奖。
18. 获英国《金融时报》颁发的“业务新锐奖”，并入选美国 Fast Company 杂志评选的最具创新力公司前五强。
19. 在全球设立 22 个地区部，17 个研发中心，20 多个联合创新中心和 36 个培训中心。
20. 截至 2009 年 12 月 31 日，华为加入了 123 个标准组织，在任 148 个领导职位，提交提案累计超过 18 000 件。
21. 累计申请专利 42 543 件，专利授权 13 236 件。

22. 2009 年，华为向国家缴纳各项税收共计 160 亿人民币。截至 2009 年年底，华为已累计向国家交纳各项税收达 685 亿元人民币。
23. 员工员工持股计划参与人数 61 457 人，公司员工福利保障支出达到 16.8 亿元人民币。

2010年

1. 全球销售额达到 280 亿美元（1 580 亿元人民币），同比增长 24%，国际市场销售额所占比例超过 70%。
2. 员工总数达 111 855 人，海外员工 21 700 人，占 19.4%。海外员工本地化达到 69%。
3. 2 月，美国知名商业媒体《快公司》评出了 2010 年最具创新力公司，华为紧随Facebook、Amazon、Apple 和Google 位列第五，华为也是排名前五的公司中唯一一个新上榜企业。
4. 2 月 16 日，在巴塞罗那世界移动通信大会上，获得最佳SDP大奖，该奖被称为“电信奥斯卡”的业界最高荣誉。
5. 年底，公司进行了新一届持股员工代表选举，61 359 名持股员工（具有投票资格的持股员工总人数为 64 278 人，投票率 95.5%）选出了持股员工代表。
6. 6 月 22 日，在Informa Telecom 主办的全球消息论坛上，华为凭借手机报业务应用，一举夺得了“2010 最佳个人消息应用大奖”。
7. 7 月 11 日，入选美国《财富》2010 年世界 500 强，列 397 位。
8. 7 月，华为竞购美国私有宽带互联网软件提供商 2Wire，出价高于竞争对手，但最终失利，2Wire 被英国的Pace 以 4.75 亿美元购得。
9. 7 月，华为收购摩托罗拉移动网络基础设施部门失败，被诺基亚西门子（Nokia Siemens）以 12 亿美元购得。
10. 10 月 22 日，获英国《经济学人》杂志 2010 年度公司创新大奖。Total Telecom 杂志年度杰出供应商奖。
11. 11 月，由于美国政府的干预，美国第三大营运商Sprint Nextel 已经将中国电信设备制造商华为排除在此次数十亿美元采购大单之外。

12. 11 月 2 日，GSM 用户突破 10 亿。
13. 11 月 12 日，获 2010 年“北美LTE研发最佳贡献”大奖。
14. 11 月 29 日，在北京正式发布云战略及端到端解决方案。
15. 各项福利保障支出 19.7 亿元人民币。
16. 截至年底，申请中国专利 31 869 件，PCT 国际专利申请 8 892 件，海外专利 8 279 件，已获授权专利 17 765 件，其中海外授权专利 3 060 件。

2011 年

1. 营业收入达到 324 亿美元（2 039 亿元人民币），同比增长 11.7%，净利润实现 11 亿元人民币，国内销售收入 655.7 亿元人民币，增长 5.5%；海外销售收入 1 384 亿元人民币，增长 14.9%。
2. 员工总数达 138 000 人，进行产品与解决方案的研究开发人员有 62 000 多名（占公司总人数的 44%）。
3. 荣获IEEE国际标准组织“杰出标准贡献奖”、荣获电信管理论坛（TMF）行业领导力大奖、2011LTE全球峰会、LTE 北美峰会上分别荣获 LTE 最佳研发贡献奖。
4. 1 月 15 日，51 名持股员工代表选举出新一届的董事会和监事会。
5. 1 月 28 日，马电案例在《华为人》报上正式发表，全公司以反面案例的方式，再次反思以客户为中心。
6. 2 月 22 日，美国北伊利诺伊州地方法院初步裁定，华为在诉讼摩托罗拉案中获胜，禁止摩托罗拉向诺西转移任何华为知识产权和专利技术。
7. 2 月 25 日，华为高管就收购服务器科技公司 3Leaf 遇阻事件发表公开信，同样因为安全原因，“已经决定接受美国外国投资委员会的要求，撤回收购美国公司 3Leaf 部分资产的申请”。2010 年 5 月，华为斥资 200 万美元收购了 3Leaf 的部分资产，但是这一交易直到 2010 年 11 月仍未提交到美国外商投资委员会（CFIUS）备案。该委员会负责审查有可能涉及美国国家安全的投资交易。
8. 3 月，华为获英国 *Trade Finance* 杂志“2010 年最佳交易奖”，在六个获奖销售融资项目中，华为占据五个。

9. 3 月 28 日，华为在 3 月 23 日在英国伦敦举办的 IPTV 全球论坛（IWF-IPTV）中荣获“最佳IPTV 业务部署平台奖”荣誉奖项，成为亚洲首个获此殊荣的厂商。这也是全球IPTV 业界最高级别的奖项。

10. 3 月 31 日，任正非入选美国《财富》中文版“中国最具影响力的 50 位商界领袖”，排名居首。

11. 4 月 6 日，2011 年中国民营经济 500 强出炉，华为荣登榜首。

12. 4 月 13 日，摩托罗拉与华为宣布，双方已就所有未决诉讼达成和解。

13. 4 月 28 日，华为宣布将以侵犯公司数据卡、LTE（第四代移动通信系统）专利和商标权的名义，正式在德国、法国和匈牙利对中兴提起法律诉讼。20 小时之后，中兴发表反诉声明称，中兴也以侵犯LTE若干重要专利的名义，在国内对华为提起法律诉讼。

14. 5 月 18 日，在 2011 年LTE全球峰会上，荣获“LTE最佳商用表现”和“LTE最佳设备网络”两项大奖。

15. 5 月 30 日，华为在 5 月 24 日爱尔兰都柏林举办的电信管理论坛（TM Forum）年度峰会上赢得了TM Forum 年度大奖中最具分量的“行业领导力大奖”。

16. 6 月，华为与三大移动营运商之一的TELUS及卡尔顿大学联合在加拿大建立云计算实验室。

17. 7 月 8 日，在 2011 年《财富》世界 500 强排行榜上，华为排 351 位，比上年上升 28 位。

18. 8 月 1 日，华为在“第二届全球绿色经济财富论坛”上入选 2011 全球绿色财富（中国）企业 100 强，“全球绿色财富（中国）100 强企业排行榜”是由国际绿色经济协会在全球首创的第一个关于“绿色＆财富”影响力的评价体系，旨在表彰那些为全球环境与经济可持续发展做出突出贡献和产生深远影响力的企业，以标杆和榜样的力量带动财富新轨道的大力发展。

19. 8 月 6 日，华为独家冠名赞助 2011 年意大利超级北京赛，而这也是华为首次在全球赞助国际顶级赛事。

20. 9 月 7 日，在中国国际金融展年度盛典——2011 中国国际金融展颁奖典礼上荣获“年度最佳服务奖”和“组委会年度特别推荐奖”两项大奖。

21. 9 月 26 日，公司发出“关于成立 2012 实验室的通知”。
22. 9 月 20 日，《中国企业家》杂志首度推出“2011 中国企业国际化指数暨中国企业国际化 50 强”，华为居榜首。
23. 10 月，正式成立 IT 产品线，该产品线将为客户提供定制化的云计算解决方案。
24. 11 月初，华为在深圳举行了超过千人规模的“2011 华为云计算大会暨合作伙伴大会”，进一步将云计算战略深化和可执行化。在这次会议上，华为发布了“云帆计划 2012”，并首次明确了华为云计算三大战略：大平台、促进业务和应用的云化、开放共赢。
25. 11 月 8 日，在上海举行的“2011 中国增长、创新与领导力峰会”上，Frost & Sullivan 授予华为全球管理服务领域唯一奖项“年度全球电信管理服务增长与创新奖”，同时华为 SmartCare 专业服务解决方案一并获得“用户感知服务卓越奖”。这是行业权威机构对华为管理服务在业界的领导地位和解决方案竞争力的进一步认可。
26. 11 月 15 日宣布，将收购赛门铁克在双方合资公司中所持 49% 股权，价格约 5.3 亿美元。
27. 11 月 15 日，在英国伦敦举办的宽带流量管理论坛（BBTM）年度峰会上，华为 MBB VGS 和 MegaFon 客户共同荣获 Informa 2011 年度“基于流量管理的最具创新性业务”大奖。
28. 11 月 16 日，《财富》中文版发布“中国最具影响力的商界女性”榜单，列出了中国内地 25 位女性商界领袖。华为董事长孙亚芳登顶榜首。
29. 11 月 30 日，任正非在云计算研讨会上发表演讲，提出华为的云战略目标：在云平台上要在不太长的时间里赶上、超越思科，在云业务上要追赶谷歌。
30. 11 年，华为的研发费用支出就达 37.6 亿美元，近 10 年累计投入研发费用达 1 000 多亿美元。
31. 12 月 13 日，亚洲电信杂志（Telecom Asia）在第四届年度读者评选活动中，授予华为“年度最佳电信供应商”“年度无线网络供应商”和“年度宽带网络供应商”三项大奖。
32. 在 2011 年研发投入达到 236.96 亿元，为销售额的 11%，比上年增长

34%，为业界最高。

33. 在德国、瑞典、英国、法国、意大利、俄罗斯、印度及中国等地设立了 23 个研究所。与领先运营商成立 34 个联合创新中心。

34. 累计申请中国专利 36 344 件，国际PCT10 650 件，外国专利 10 978 件。共获得专利授权 23 522 件，其中 90% 以上为发明型专利。在云计算相关技术上拥有中国专利 685 件、欧洲专利 226 件、美国专利 107 件，并积极参与到云计算的标准工作中，担任了DMTF 的 14 个董事成员之一，主导成立了IETF 云计算/数据中心领域的ARDM 工作组并担任主席职位。

35. 加入全球 130 个行业标准组织，共向这些标准组织提交提案累计超过 28 000 件，并担任OMA、CCSA、ETSI 和ATIS 等权威组织的董事会成员，在任 180 多个职位。

2012年

1. 1 月 7 日，任正非正式发表《一江春水向东流——为轮值CEO鸣锣开道》，标志着华为治理制度进入新的阶段。

2. 有 14.6 万名员工，遍及全球 155 个国家，华为是 100% 由员工持股的民营企业，员工持股参与人数为 65 596 人，全部由公司员工构成。中国员工占比为 79.81%，国外员工共占 20.19%，其中亚洲其他国家占比 7.56%，欧洲占 4.92%，南美洲占 2.93%，非洲占 2.85%，北美洲占 1.72%。目前华为深圳总部人数约 4 万人。

3. 1 月 12 日，华为与中软国际有限公司签署协议成立一家以聚焦软件外包业务的合资公司。

4. 1 月 28 日，新一届董事会、监事会在市场大会上进行自律宣言。

5. 1 月 30 日，任正非应邀参加第一届欧洲竞争论坛，做了《开放、竞争、合作》报告。

6. 2012 年 3 月 18 日华为商城已正式对外营业。

7. 3 月 30 日，美国著名商业杂志《财富》（中文版）发布中国最具影响力的 50 位商界领袖榜单，任正非总裁再次荣登榜首。公司董事长孙亚芳榜上有名。

8. 5月，华为公司正式将华为终端总部项目落户松山湖高新区，并于2012年10月注册成立华为终端（东莞）公司。该项目主要从事华为包括手机在内的全球终端总部运营业务，协议投资总额约100亿元，用地1 900亩。
9. 5月17日，2012年世界电信和信息社会奖授予三位杰出人士：阿根廷总统克里斯蒂娜·费尔南德斯、华为董事长孙亚芳和媒体性别平等研究院创始人吉娜·戴维斯、奥斯卡获奖演员吉娜·戴维斯。颁奖仪式在日内瓦举行，以纪念成立于1865年的国际电联147周年华诞。
10. 5月23日，在2012年LTE全球峰会上，华为荣获“LTE最佳商用表现”和“LTE最佳核心网”两项大奖。华为连续三年在LTE全球峰会上获奖，证明了华为对推动LTE产业发展做出的持续努力和贡献，也证实了华为在LTE领域所处的领先地位。
11. 6月14日，华为首个全球培训中心落户马来西亚。
12. 7月10日，华为入选《财富》世界500强榜单，名列351位，比上年上升1位，连续三年进入世界500强榜单。
13. “2012中国民营企业500强”今日揭晓，江苏沙钢集团以2 075亿元营收总额排名第一，华为、苏宁、联想控股及山东魏桥分列2~5位。
14. 8月8日，工信部发布的“2012年（第26届）电子信息百强企业”名单显示，华为、联想、海尔分别以83.78分、72.66分、60.76分的综合评分位居前三甲。
15. 8月20日，2012年中国对外贸易民营500强企业名单今日公布，深圳华为技术有限公司连任二届榜首。
16. 8月，华为在美国遭受“337调查”，华为高层出席美国参议院情报委员会公开听证会，明确否认任何间谍行为。
17. 9月4日，中国领先的IT服务提供商软通动力控股有限公司今日宣布，已正式与全球领先的信息与通信解决方案供应商华为签署合资协议。软通动力持有合资公司75%股权，华为持股25%。注册资本金为1亿元人民币。合资公司的CEO、首席财务官、首席运营官由软通动力任命；华为将指派财务总监，并派出两位高级管理人员参与合资公司华为业务线的管理。预计在2013年1月，合资公司正式投入运营。合资公司的宗旨是打造技术及通信领域全球领先的IT服务企业。

18. 9月11日，华为将在英国宣布一项投资项目，金额涉及12亿英镑（约合120亿元人民币），以促进该公司英国业务的增长。未来5年为当地至少创造700个工作岗位，另外6亿英镑的投资，主要通过采购方式完成。英国首相戴维·卡梅伦会晤了华为总裁任正非，并对这项投资表示欢迎。

19. 10月8日，美国众议院情报委员会发布报告，称华为中兴的产品和服务威胁到美国国家通信安全，这一报告也预示着这轮调查已经得出最终结论。自2011年2月开始，美国国会就对华为和中兴进行调查，以确定它们的产品和服务是否威胁了美国的国家通信安全。9月13日，美国众议院举行听证会，就所谓的“威胁美国国家安全”接受质询。华为和中兴分别派出高级副总裁丁少华和高级副总裁朱进云参加听证会，这也是中国企业首次在美国国会参加此类听证。在这次听证会上，华为和中兴的代表都表示，公司并没有受到中国政府的影响、得到了特殊待遇或是对美国通信安全构成威胁。

20. 10月8日，华为发表声明，对美国众议院情报委员会当天发布的有关这两家企业给美国“带来安全威胁”的说法予以驳斥：美方的报告与事实完全不符，且纯属空穴来风，毫无根据。美国众议院情报委员会当天发布的、由该院会历时11个月完成的报告充满了传闻，且未能提供明确的信息证明委员会的担忧是合理的。声明说：“该报告的本质和目的是阻挠中国公司进入美国市场、阻碍竞争。从过去到现在，中国企业拓展国际市场步履艰辛，过程十分不容易。”

21. 11月14日，华为于上海举办的“2012中国增长、创新与领导力峰会”上，荣获Frost & Sullivan授予的全球电信云市场领域唯一奖项——2012年全球最佳实践奖、“年度全球电信云市场杰出成就奖”。Frost & Sullivan全球总裁兼执行合伙人Aroop Zutshi为华为首个颁奖，这是行业权威机构对华为电信云计算在业界的领导地位和解决方案竞争力的进一步认可。

22. 12月18日，品牌中国产业联盟发布“2012品牌中国1 000强”榜单，此次是品牌中国产业联盟第二次向社会公众发布该榜单。腾讯、华为、阿里巴巴名列前茅。

2013年

1. 2013中国最具影响力的50位商界领袖，华为CEO任正非连续三年领军榜单。
2. 3月6日，全球著名增长咨询公司Frost & Sullivan在2013年度的“Frost & Sullivan最佳实践（BPA）奖”上授予华为“2013年度云基础设施产品创新奖”。这一奖项是为了表彰华为在云基础设施市场上，对产品创新方面所做出的卓越贡献。
3. 4月18日，美国《时代周刊》杂志公布了全球100位最具影响力人物，华为公司创始人和首席执行官任正非入选巨擘类最具影响力人物。在入选理由中，《时代周刊》称，“任正非是世界上最具争议的商人。”在中国国内，任正非“是一个英雄的企业家，他证明了中国能够与西方在最前沿的行业进行竞争”。据悉，任正非2005年也曾入《选时代周刊》“全球最具影响力人物榜”，也是中国唯一进入《时代周刊》全球100人名单的企业家。
4. 7月8日，2013年《财富》世界500强排行榜发布，华为以349亿美元的年营业收入排名第315位（上一年为351位），爱立信则以336.44亿美元排名第333位（上一年为309位），华为在财富500强中的排名超过了全球第一大电信设备商爱立信。2010年，华为携218.21亿美元年营业收入首次杀入《财富》世界500强榜单，排名第397位，当时爱立信以269.97亿美元排名第301位。

任正非文章、讲话年表

（本年表根据华为内部文档、《华为人》报、《管理优化》报、《华为文摘》、华为内部网站等收集整理，截至 2013 年 8 月）

1991 年

在清产核资动员会上的讲话

1992 年

赴美考察散记

1993 年

1. 关于人才的对话
2. 1993 年年终总结

1994 年

1. 胜利祝酒词
2. 致新员工书
3. 集中力量重点突破——谈“压强原则”
4. 对中国农话网与交换机产业的一点看法
5. 团结奋斗，再创华为佳绩

6. 从二则空难事故看员工培训的重要性
7. 脚踏实地才能有所成就
8. 明年会更好
9. 寻求平衡比翼齐飞
10. 集中力量打歼灭战
11. 脱胎换骨，再攀高峰——谈公司未来组织目标和体制蓝图

1995年

1. 目前形势与我们的任务——在市场部整训工作会议上的发言
2. 不前进就免职——在生产系统干部就职仪式上的讲话
3. 坚定不移地坚持发展的方向——在中央研究部干部就职仪式上的讲话
4. 解放思想，迎接1996年市场大战——在办事处工作会议上的讲话
5. 励精图治，再创辉煌——在财经采购系统干部就职仪式上的讲话
6. 要建立一个均衡的平台——在公司秘书业务培训班上的讲话
7. 英雄好汉站出来——在市场总部高、中级干部就职仪式上的讲话
8. 在集体奋斗中发挥个人才智

1996年

1. 反骄破满，在思想上艰苦奋斗——在十大杰出员工表彰会上的发言
2. 再论反骄破满，在思想上艰苦奋斗——在市场庆功及科研成果表彰大会上的讲话
3. 实行低重心管理，层层级级都要在做实上下功夫——在劳动工资汇报会上的讲话
4. 不要叶公好龙——在管理改革工作动员大会上的讲话摘要
5. 当干部是一种责任——在市场部全体正职集体辞职仪式上的讲话
6. 赴俄参展杂记
7. 当代青年究竟该怎样爱国
8. 管理改革，任重道远——在管理工程事业部工作汇报会上的讲话
9. 华为企业文化的几个特点
10. 集体奋斗发展高新技术产业——863专家访问华为座谈会

11. 持续技术领先，扩大突破口
12. 加强合作，走向世界——在深圳华为通信股份有限公司与云南电信器材厂通信电源合作签字仪式上的讲话
13. 建立开放高效的售后服务系统——在用户服务中心工作会议上的讲话
14. 端正态度，努力学习，不断进步
15. 脚踏实地，摆正位子，迎接公司全方位的改革
16. 坚持顾客导向，同步世界潮流——在北京市电信管理局和华为公C&C08交换机设备签订仪式上的讲话
17. 励精图治，再创辉煌——在财经采购系统干部就职仪式上的讲话
18. 秘书体系是信息桥——与人大孙健敏博士谈秘书体系建设等问题
19. 爱国是公理
20. 胜负无定数，敢搏成七分——在市场部内部竞聘现场答辩会上的讲话
21. 团结奋斗，再创华为佳绩——与市场培训人员座谈
22. 我们是要向前迈进一小步，而不是一次大飞跃——在技术能手大比武之前的讲话
23. 培训——通向华为明天的重要阶梯
24. 我们要向市场、开发、创造性工作倾斜——在工资改革汇报会上的讲话
25. 要树立服务意识、品牌意识、群体意识——在行政系统员工对话会上的讲话
26. 加强售后服务组织建设，迎接公司大发展——在海外工程部集训大会上的讲话
27. 文档系统的一体化建设——在文档系统工作汇报会上的讲话
28. 做好基础工作，逐步实现全面质量管理——在品质系统工作会上的讲话
29. 按照筛子的思想建设中试部——在中试部工作汇报会上的讲话
30. 尽心尽力地做好本职工作——在中层干部“安全退休金管理规定（草案）”讨论会上的讲话。
31. 人才是公司之本——在人力资源管理部应届生招聘汇报会上的讲话
32. 解放思想，走出新路——在终端市场部工作汇报会上的讲话
33. 加强管理，建立一支“铁军”——在用服中心汇报会上的讲话

34. 理顺计划流程，加强计划管理，降低库存积压——在听取计划、库存汇报后的讲话
35. 开阔思想，放眼未来——在MBC研究开发部、市场部汇报工作会上的讲话
36. 建立完善的评价体系——在合同处理中心汇报会上的讲话
37. 积极推行ISO9000，促进市场部管理进步——在市场部ISO9000 干部培训班座谈会上的讲话
38. 做好基础工作，逐步实现全面质量管理——在品质系统工作会上的讲话
39. 持续技术领先，扩大突破口——答中央电视台记者问

1997年

1. 不要忘记英雄——在来自市场前线汇报会上的讲话
2. 建立一个适应企业生存发展的组织和机制——与HAY 专家在职资格考核会上关于研究部分的对话
3. 资源是会枯竭的，唯有文化才能生生不息——在春节慰问团及用服中心工作汇报会上的讲话
4. 走过亚欧分界线
5. 提升自我，找到切入点，迎接人生新挑战——与客户工程部座谈纪要
6. 呼唤英雄——在公司研究试验系统先进事迹汇报大会上的讲话
7. 从混沌中寻找机会，牵引公司未来发展——在产品战略规划委员会建设研讨会上的讲话
8. 把握公司前进的主脉，用价值评价规律牵引文化认同——与人大老师谈《基本法》工作
9. 悼念杨琳
10. 自强不息，荣辱与共，促进管理的进步——在机关干部下基层，走与生产实践相结合道路欢送会上的讲话
11. 重视文化建设，树立华为理念
12. 调整心态尽快找到自己的位置——博士座谈会纪实
13. 加强思想文化建设，狠抓人的管理——在中研部新干部任命前的讲话

14. 练就一流技术学习、一流管理，提供一流服务——在用户服务中心管理培训班毕业典礼上的讲话
15. 在流动中寻找自己的位置，在流动中锻炼提高自己——谈今年秘书体系工作
16. 加强管理整顿作风，提高服务意识——在海外工程部工作汇报会上的讲话
17. 办出华为特色，服务市场前线——对在公司宣传工作会议上的讲话
18. 让萤火虫的光芒亮起来
19. 珍惜机会，扎根实践，解放自己蓄势待发
20. 管理重在做实
21. 融入集体共同发展——对新员工的讲话
22. 面向客户，从实做起——就广东视聆通问题讲话纪要
23. 加强夏收管理，促进增产增收——任正非在第三批机关干部赴前线欢送会上的讲话
24. 加强用户服务中心建设，不断提高用户服务水平——在用户服务中心1997年管理培训班上的讲话
25. 坚定不移地推行ISO9000——对市场部培训干部的讲话
26. 秘书如何定位——在秘书座谈会上的讲话
27. 胜则举杯相庆，败则拼死相救——总裁办公会议决定全公司向市场部学习
28. 谈学习
29. 提升自我，找到切入点，迎接人生新挑战——与客户工程部座谈纪要
30. 团结起来接受挑战　克服自我融入大我——在1996年12月28日公司各条战线优秀员工报告会上的讲话
31. 思想权和文化权是最大的管理权
32. 自强不息，荣辱与共，促进管理的进步——在机关干部下基层，走与生产实践相结合道路欢送会上的讲话
34. 建立装备精良、测试手段先进的大型试验中心，培养“宽频带、高振幅”的工程技术专家
35. 做好基础工作，逐步实现全面质量管理——在品质系统工作会上的讲话
36. 抓住历史机遇，迎接1998年大发展——在计划会议上的讲话

37. 当代青年怎样爱国——在与员工关于钓鱼岛事件座谈会上的讲话
38. 为提高电信网营运水平而努力——在广东省邮电管局与华为公司共建广东省商业网框架协议及共建“新技术联合实验室”协议签字仪式上的致辞
39. 要不折不扣执行优质服务政策——关于用户服务中心招聘工作的讲话
40. 缩短商品进入市场的时间差——对无线业务部讲话
41. 用好承诺书，抢占市场份额——在昆明办事处的讲话
42. 推动内部承诺，加强工作责任心——在华为通信工作会议上的讲话
43. 在人力资源委员会基层员工股金评定会上的讲话
44. 脚踏实地认真做实
45. 抓住机遇，调整机制，迎接挑战——上海邮电－深圳华为管理研讨会上的汇报
46. 在“华为北京研究所”座谈会上的讲话
47. 向国际和社会接轨，全面提高服务水平——在总务工作汇报会上的讲话
48. 在第二期项目管理培训班上的讲话
49. 客户的牵引和基础技术的推动是开发研究的新思路
50. 为了跨世纪的发展，必须推行合理化活动——在合理化活动工作汇报会的讲话
51. 建立实事求是的宣传教育系统
52. 做一个真正的人、实事求是的人——在研究系统党支部成立大会上的讲话

1998年

1. 在自我批判中进步——在GSM鉴定会后答谢词
2. 不做昙花一现的英雄
3. 希望寄托在你们身上——在中研部“品格的成熟铸就产品的成熟”交流会上的讲话
4. 华为的红旗到底能打多久——向中国电信调研团的汇报以及在联通总部与处以上干部座谈会上的发言
5. 小改进、大奖励——在QCC活动成果汇报暨颁奖会上的讲话
6. 建立一个适应企业生存发展的组织和机制——与HAY 专家在职资格考核会

上关于研究部分的对话
7. 我们向美国人民学习什么
8. 要从必然王国，走向自由王国
9. 以做实为中心迎接大发展
10. 一个人要有自我批判能力——在中研部“品格的成熟铸就产品的成熟”交流会上的讲话
11. 培训要务实
12. 苦练基本功，争做维护专家——在用服工程师培训动员大会上的讲话
13. 全心全意对产品负责，全心全意为客户服务——在欢送华为电气研发人员去生产用服锻炼酒会上的讲话
14. 狭路相逢勇者生
15. 坚定地实行以责任结果为导向的价值评价体系——在基层员工价值评价体系项目汇报会上的讲话
16. 以IT推动管理进步
17. 稳定产品，走与生产实践相结合的道路——在华为通信研究开发部科以上干部座谈会上的讲话
18. 在《委员会管理法》评审上的讲话
19. 规划中运行，运行中优化——在“委员会整改工作汇报”会上的讲话
20. 在对外合作管理工作会议上的讲话
21. 刨松二次创业的土壤——关于管理体制改革与干部队伍建设
22. 正本清源，从BOM抓起——在与BOM数据管理中心座谈会上的讲话
23. 办好餐厅的根本在于管理——在膳食事业部座谈会上的讲话
24. 四个统一，促进发展——在与财经系统干部座谈会上的讲话
25. 培训·培训·再培训——谈IT建设
26. 关于“员工登记表”的一些题外话
27. 我最痛恨聪明人
28. 坚定不移地从现场工程维护人员中选拔和培养跨世纪的网络营销专家与技术专家

1999年

1. IPD 关系到公司未来的生存与发展——在IPD 第一阶段最终报告汇报会上的讲话
2. 印度随笔
3. 把生命注入产品中去——在欢送博士去做工人酒会上的讲话
4. 创业创新必须以提升企业核心竞争力为中心
5. 能工巧匠是我们企业的宝贵财富
6. 学习IPD 内涵，保证变革成功——在IPD 动员大会上的讲话
7. 全公司上下一条心把集成供应链项目做成功——在集成供应链（ISC）项目软启动阶段的讲话
8. 在实践中培养和选拔干部——在第二期品管圈活动汇报暨颁奖大会上的讲话
9. 中国人今天说“不”
10. 答新员工问
11. 团结、紧张、严肃、活泼
12. 建立面向用户、面向全体员工的技术支援资料体系
13. 苦练内功，自力更生，建设符合公司战略发展需要的技术支援部
14. 大树底下并不好乘凉——在《1999 年管理工作要点》讨论会上的讲话
15. 自我批判和反幼稚是公司持之以恒的方针——在华为电气学习《1999 年十大管理要点》汇报会上的讲话
16. 自我批判触及灵魂，才能顺应潮流——对 1999 年管理要点分组讨论情况的评述
17. 大浪潮头当自立——在GSM 春节培训中的讲话
18. 充分利用华为平台，大力拓展市场空间，长期进行整饬吏治，全面建立成本意识——在华为电气市场部座谈会上的讲话
19. 居安思危，奋发图强——在技术支援部工作会议上的讲话
20. 优化内部管理，提高工作效率——在人力资源体系工作会议上的讲话
21. 苦练基本功争做维护专家——在用服工程师培训动员大会上的讲话
22. 内部创业的关键在于管理——与内部创业者及其家属座谈

23. 乱中有治出英雄
24. 抓住机会，逆境中实现增长
25. 设文件投入处，建“胡志明”小路——谈例外事件管理
26. 把文件投入处，建成流动的干部培训机构——谈文件投入处职责问题

2000年

1. 华为的机会与挑战——与mercer（美智）公司顾问座谈摘要
2. 活下去，是企业的硬道理——与HAY公司高级顾问Vicky Wright的谈话
3. 为什么要自我批判——在中研部将呆死料作为奖金、奖品发给研发骨干大会上的讲话
4. 创新是华为发展的不竭动力
5. 职业管理者的使命与责任——就《无为而治》作文考试对高层领导的讲话
6. 一个职业管理者的责任与使命——在副总裁以上干部就《华为人》报一篇短文《无为而治》，以公司治理为题作文考试前的讲话
7. 到前线去，到公司最需要的地方去
8. 凤凰展翅，再创辉煌——在“市场部集体大辞职四周年颁奖典礼”上的讲话
9. 与身处逆境的员工对话
10. 做实、做实、再做实——在GSM产能备战会议上的讲话
11. 在做实中进步——与员工座谈
12. 高层拜访重在“卖瓜”——对新形势下高层拜访的要求
13. 在欢送李一男内部创业座谈会上的讲话
14. 加强客户服务中心建设，提高远程支持效能——在技术支援部工作思路汇报会上的讲话
15. 加强培训中心的建设——在培训中心工作汇报会上的讲话
16. 调整思路，抓紧储备，备战公司大发展——任正非在海外工程建设思路汇报上的讲话
17. 把握机遇，脚踏实地迎接大发展——与南研所干部、员工座谈会议上的讲话

18. 再接再厉，努力夯实员工培养——在员工培训一营汇报会上的讲话
19. 法务工作要标准化、社会化，压缩人员编制，提高业务能力——在法务人力资源管理汇报会上的讲话
20. 全公司各环节都要把代理商作为第一客户来对待——在代理商座谈会上的讲话
21. 建立开放的合作体系，加快国际化进程的战略性转变
22. 全力以赴加紧“卖瓜”——在市场冲刺动员会上的讲话
23. 无私无畏，轻装前进——在采购系统干部座谈会上的讲话
24. 注重产品包装，创立产品品牌——在 2000 年市场规划工作汇报会上的讲话
25. 确保供应，抓住良机——在 2000 年物料供货形势汇报会上的讲话
26. 全要靠自己去奋斗——与华为电气高层领导人的谈话
27. 提高统计效率，降低管理成本——在统计工作会议上的讲话
28. 扩充队伍，准备打仗——谈新形势下客户技术支援队伍建设
29. 一流人才成就一流企业——谈员工培养

2001 年

1. 收紧核心，放开周边，提高企业的生存能力
2. 北国之春
3. 华为的冬天——在科以上干部大会上讲解《2001 年十大管理要点》的讲话
4. 为客户服务是华为公司存在的唯一理由——在与新员工交流会上的讲话
5. 我的父亲母亲
6. 雄赳赳，气昂昂，跨过太平洋——在欢送海外将士出征大会上的讲话
7. 产品发展的路标是客户需求导向，企业管理的目标是流程化的组织建设——在PIRB产品路标规划评审会议上的讲话
8. 坚决把流程端到端打通——在听取ISC项目汇报时的讲话
9. 迎接挑战，苦练内功，迎接春天的到来
10. 只有开放才有出路
11. 精简机关，压缩编制，提高人均效益
12. 贴近客户，奔赴一线，到公司最需要的地方去——欢送研发及管理干部走

向市场前线的讲话纪要
13. 分层授权，大胆创新，快速响应客户需求——在研发组织运作优化汇报会上的讲话

2002年

1. 2002 年管理要点
2. 为客户服务是公司存在的唯一理由
3. 我们未来的生存靠的是质量好、服务好、价格低——在营销系统干部培训中的讲话
4. 公司的发展重心要放在满足客户当前的需求上——在与光网络骨干员工交流会上的讲话
5. 静水潜流，围绕客户需求持续进行优化和改进
6. 加强道德素养教育，提高人均效益，满怀信心迎接未来——与智能、主控、信令、资料部部分员工座谈时的讲话
7. 以绩效为中心，以结果为导向，努力提高人均效益——在人力资源大会精神传达会议上的讲话
8. 认清形势，坚定信心，以开放的心胸和高昂的斗志和公司一起渡过难关——在战略预备队伍建设思路汇报会＆国内营销组织精简方案汇报会上的讲话
9. 我们必须用内心之火、精神之光点燃部属必胜的信念——在营销干部务虚会议上的讲话
10. 认识驾驭客观规律，发挥核心团队的作用，不断提高人均效益，共同努力度过困难——在研委会会议、市场三季度例会上的讲话

2003年

1. 产品发展的路标是客户需求导向，企业管理的目标是流程化的组织建设——在PIRB产品路标规划评审会议上的讲话
2. 在理性与平实中存活——在干部管理培训班上的讲话

2004年

1. 持续提高人均效益，建设高绩效企业文化——在干部工作会议上的讲话

2. 加强思想作风建设，练就一支过硬的研发队伍
3. 要从必然走向自由——为阿联酋 3G 工程总结一书写序
4. 关于 2003 年经营及预算目标完成情况向董事会的述职
5. 在 2004 年三季度国内营销工作会议上的讲话
6. 尼日利亚是干部成长锻炼的上甘岭——与尼日利亚员工座谈会上的讲话

2005 年

1. 华为的核心价值观
2. 加强职业化和本地化建设——在全球技术服务部 2005 第一季度例会上的讲话
3. 将岗位问责制落实到实处
4. 美丽的冰岛
5. 认清形势，加强组织建设和后备干部培养，迎接公司新发展
6. 把财经管理体系建成跟随公司业务快速变化的铜墙铁壁——在欧洲地区部财经管理干部培训班上的讲话
7. 关于华为大学与战略后备队的讲话
8. 要从源头上减少信息垃圾
9. 致新员工书（新版）

2006 年

1. 天道酬勤
2. 上甘岭是不会自然产生将军的，但将军都曾经是英雄——在苏丹、刚果、贝宁代表处员工座谈会上的讲话
3. 2006 年新春献词
4. 华为大学要成为将军的摇篮——在华为大学和党委领导座谈会上的讲话
5. 实事求是的科研方向与二十年的艰苦努力——在国家某大型项目论证会上的发言
6. 打造一支品德过硬，敢于承担责任，敢于和善于坚持原则的职业化财经队伍——关于财经干部管理的讲话
7. 改变对干部的考核机制，以适应行业转型的困难发展时期

8. 全流程降低成本和费用，提高盈利能力——在EMT办公例会上的讲话
9. 改变对干部的考核机制，以适应行业转型的困难发展时期——在 2006 年年中市场工作会议上的讲话
10. 在自我批判指导委员会座谈会上的讲话

2007年

1. 致新员工书（新版）
2. 自律宣言
3. 以“选拔制”建设干部队伍，按流程梳理和精简组织，推进组织公开性和均衡性建设
4. 财经的变革是华为公司的变革，不是财务系统的变革——在财经变革项目规划汇报会上的讲话
5. 将军如果不知道自己错在哪里，就永远不会成为将军——在独联体片区的讲话
6. 上甘岭在你心中，无论何时何地都可以产生英雄
7. 选拔财经干部的必要条件是品格和责任
8. 要快乐地度过充满困难的一生——给陈珠芳及党委成员的一封信
9. 以生动活泼的方式传递奋斗者为主体的文化——关于新员工培训的谈话
10. 在BT系统部、英国代表处的讲话
11. 变革最重要的问题是一定要落地——在IFS 项目汇报会上的讲话
12. 完善和提高对艰苦地区员工的保障措施——关于艰苦地区员工生活专项问题的讲话

2008年

1. 2008 年新年祝词
2. 让青春的火花，点燃无愧无悔的人生——在无线产品线奋斗大会上的讲话
3. 从泥坑里爬起来的人就是圣人——在核心网产品线表彰大会上的讲话
4. 让青春的生命放射光芒——在网络产品线奋斗大会上的讲话
5. 从汶川特大地震一片瓦砾中，一座百年前建的教堂不倒所想到的——在中央平台研发部表彰大会上的讲话

6. 逐步加深理解“以客户为中心，以奋斗者为本”的企业文化——在市场部年中大会上的讲话
7. 看《莫斯科保卫战》有感——在埃及代表处的讲话
8. 人生是美好的，但过程确实是痛苦的——与优秀党员座谈会议上的发言
9. 珍惜生命要从自己关爱自己做起——与孟加拉、坦桑尼亚、刚果（金）、肯尼亚、巴基斯坦、阿富汗、利比亚、安哥拉员工座谈纪要
10. 在PSST体系干部大会上的讲话

2009年

1. 开放、妥协与灰度——在2009年全球市场工作会议上的讲话
2. 市场经济是最好的竞争方式，经济全球化是不可阻挡的潮流——在财经系统表彰大会上的讲话
3. 深淘滩，低作堰——在运作与交付体系奋斗表彰大会上的讲话
4. 谁来呼唤炮火，如何及时提供炮火支援——在销服体系奋斗颁奖大会上的讲话
5. 具有“长期持续艰苦奋斗的牺牲精神，永恒不变的艰苦朴素的工作作风”是成为一个将军最基本的条件
6. 我们的奋斗主观上为了自己和家人的幸福，客观上为了国家和社会——在销服体系奋斗大会上为家属颁奖的讲话
7. CFO要走向流程化和职业化，支撑公司及时、准确、优质、低成本交付——与后备干部总队CFO班座谈纪要
8. 变革最重要的问题是一定要落地——在IFS项目汇报会上的讲话
9. 围绕客户PO打通，支撑“回款、收入、项目预核算”
10. 高质量、低成本，构建末端接入产品的竞争能力
11. 加快CFO队伍建设，支撑IFS推行落地

2010年

1. 春风送暖入屠苏——2010年新年献词
2. 以客户为中心，以奋斗者为本，长期坚持艰苦奋斗是我们胜利之本——在2010年年度市场工作会议上的讲话

3. 对“三个胜利原则”的简单解释
4. 干部要担负起公司价值观的传承
5. 开放、合作、自我批判，做容千万家的天下英雄——在华为云战略与解决方案发布会上的讲话
6. 改善和媒体的关系
7. 华为要习惯在谣言环境中发展
8. 以客户为中心，加大平台投入，开放合作，实现共赢——在PSST体系干部大会上的讲话
9. 在2010全球行政人员年度表彰暨经验交流大会的讲话
10. 拉通项目四算，支撑项目层面经营管理——在IFS项目汇报会上的讲话

2011年

1. 成功不是未来前进的可靠向导——在市场大会上的讲话
2. 从“哲学”到实践
3. 一江春水向东流
4. 力出一孔，要集中优势资源投入在主航道上，敢于去争取更大的机会与差距
5. 五彩云霞飞遍天涯——在华为云计算发布会上的发言
6. 做事要霸气，做人要谦卑，要按消费品的规律，敢于追求最大的增长和胜利
7. 以“选拔制”建设干部队伍，按流程梳理和精简组织，推进组织公开性和均衡性建设——在干部高级管理研讨班上的讲话
8. 在华为能源业务进展汇报会议上的讲话
9. 从关爱的角度去实现监管——与监管体系座谈会纪要
10. 关于珍爱生命与职业责任的讲话
11. 在关于如何与奋斗者分享利益的座谈会的讲话
12. 在与罗马尼亚账务共享中心座谈会上的讲话
13. 在与华为大学第10期干部高级管理研讨班学员座谈会上的讲话

2012年

1. 不要盲目扩张，不要自以为已经强大——在市场工作大会上的讲话
2. 开放、竞争、合作——在第一届欧洲竞争论坛上的发言

3. 董事会领导下的CEO 轮值制度辩
4. 回答华为“2012 实验室”科学家 16 问
5. 任正非与财经体系干部座谈纪要
6. 聚焦战略，简化管理——在财委会扩大会议、流程IT务虚会、地总季度大会上的发言
7. 马世民，永远是我的老师

2013年

1. 力出一孔，利出一孔
2. 紧紧围绕客户，在战略层面宣传公司
3. 面向未来，以客户痛点为切入点，全球化展示
4. 要培养一支能打仗、打胜仗的队伍
5. 在片联开工会上的讲话
6. 在持股员工代表大会的发言摘要
7. 在重装旅集训营座谈会上的讲话
8. 最好的防御就是进攻

2014年

1. 用乌龟精神，追上龙飞船
2. 把战略指挥中心，放到力量的聚集地去
3. 聚焦商业成功，英雄不问出处
4. 风物长宜放眼量
5. 喜马拉雅山的水为什么不能流入亚马孙河？
6. 洞庭湖装不下太平洋的水
7. 第一次就把事情做对
8. 三年，从士兵到将军！
9. 推动行政服务业务变革，试点流程责任制
10. 为什么我们今天还要向“蓝血十杰”学习
11. 一杯咖啡吸收宇宙的能量
12. 在大机会时代，千万不要机会主义

13. 自我批判，不断超越

2015年

1. 变革的目的就是要多产粮食和增加土地肥力

2. 坚持为世界创造价值，为价值而创新

3. 致新员工书（修订版）

4. 依托欧美先进软件包构建高质量的IT系统

POSTSCRIPT | 修订版后记

拙作自2013年底出版发行以来，受到众多读者的关注，笔者深知这种关注，与其说是对本书的喜爱，倒不如说是对华为及其任正非先生的关注。

应出版社要求，对本书重新修订出版，依然是诚惶诚恐：数十篇小文能否揭示“华为没有秘密”的主题？能否把没有秘密的华为管理哲学、成长逻辑、动力机制、管理体系等阐释清楚？能否对华为这个特殊的案例做出准确的解析？限于笔者的视野和能力，这或许是一项不可能完成的课题，只能留待以后更深入的研究。

本次修订的主要内容如下：

1. 删掉了7篇文章，对自己来讲，都是艰难的抉择。

2. 新增了17篇新文章，主要是近两年新的研究成果。

3. 修改了5篇文章的内容，主要依据的是自我批判和读者的反馈意见。

4. 调整了部分章节的结构。

5. 续写了两个附录部分的内容。

本书首版的感谢词依然有效。再次感谢田涛先生，牛文文先生和彭剑锋先生。

对拙著的大力推荐！再次感谢中信出版社诸位编辑的辛勤付出！再次感谢家人的支持与付出！再次感谢并期待读者的批评指正！

我的邮箱地址：wchunbo@ruc.edu.cn

吴春波

2015年9月8日于求实楼